COLECCIÓN
DERECHO PREMIUM

1

LÍNEAS JURISPRUDENCIALES E INSTRUMENTOS INTERNACIONALES CLAVES PARA EL ANÁLISIS DEL ODIO COMO LÍMITE A LA LIBERTAD DE EXPRESIÓN

A mi madre, por su confianza e inspiración.

A mi mujer, Beatriz por su apoyo incondicional y constante.

A mi directora de tesis, Eva por sus correcciones, sugerencias y aliento.

Evitemos encariñamientos excesivos con las propias ideas,
que deben hallar en nosotros, no un abogado, sino un fiscal

SANTIAGO RAMÓN Y CAJAL,
Los tónicos de la voluntad. Reglas y consejos sobre investigación científica

COLECCIÓN
DERECHO PREMIUM

COLECCIÓN
DERECHO PREMIUM

1

LÍNEAS JURISPRUDENCIALES E INSTRUMENTOS INTERNACIONALES CLAVES PARA EL ANÁLISIS DEL ODIO COMO LÍMITE A LA LIBERTAD DE EXPRESIÓN

Jorge Lucía Morlans

COLEX 2024

© Editorial Colex, S.L.
Calle Costa Rica, número 5, 3.º B (local comercial)
A Coruña, C.P. 15004
info@colex.es
www.colex.es

I.S.B.N.: 978-84-1194-435-9
Depósito legal: C 570-2024

SUMARIO

4

EL ODIO COMO LÍMITE A LA LIBERTAD DE EXPRESIÓN EN LA UNIÓN EUROPEA

5

EL ODIO COMO LÍMITE A LA LIBERTAD DE EXPRESIÓN EN ESTADOS UNIDOS

6
EL ODIO COMO LÍMITE A LA LIBERTAD DE EXPRESIÓN EN EL ORDENAMIENTO JURÍDICO ESPAÑOL

PÁG. 161

7
CONCLUSIONES

8
FUENTES DOCUMENTALES Y BIBLIOGRAFÍA

PÁG. 343

1

INTRODUCCIÓN

Vivimos en una época en la que el miedo y la inseguridad son el caldo de cultivo que permite germinar el sentimiento del odio. Parece que quien se siente en posesión de la verdad está legitimado para emplear la violencia, ya física, ya verbal, contra los que considera enemigos antes que seres humanos. En el «mejor» de los casos este sentimiento nos lleva a simplemente coexistir, en el «peor», a la agresión y a incrementar cada vez más el dolor, el rencor, el deseo de venganza, formando un ciclo difícil de romper. Tal y como señala De Pablo Serrano «(s)e ha entrado en una inmensa ola que lo arrasa todo, en la que la libertad de expresión todo lo puede, y esta tendencia es peligrosa porque tan importante es proteger la libertad de expresión como respetarla no pervirtiendo su contenido esencial»[1].

Con el objetivo precisamente de no pervertir la propia libertad de expresión el Tribunal Constitucional español reconoció en 1991 como límite a la libertad de expresión la dignidad humana y, con ello, el odio hacia instituciones, grupos o sentimientos colectivos. Este límite pasó a reconocerse en el Código Penal español cuando por la Ley Orgánica 10/1995, de 23 de noviembre, se introdujeron por vez primera los delitos de odio o los más específicos delitos de injurias contra la Corona o los delitos contra los sentimientos religiosos. Tras más de veinticinco años de aplicación penal de estos límites a la libertad de expresión se ha puesto de manifiesto la necesidad de precisar sus contornos legales y su interpretación jurisprudencial. En un clima que algunos autores han denominado de «sentimentalismo identitario»[2], se corre el peligro de que se conviertan los sentimientos subjetivos en el bien jurídico a proteger en este tipo de delitos, y con ello la mutación del derecho a la libertad de expresión como condición necesaria de una sociedad democrática en un «deber de no ofender» poco compatible con el pluralismo como valor superior de nuestro ordenamiento constitucional.

El proyecto de investigación tiene como meta precisar lo máximo posible la aplicación del «delito de odio» en España como límite a la libertad de

1 DE PABLO SERRANO, Alejandro: *Honor, injurias y calumnias, los delitos contra el honor en el derecho histórico y en el derecho vigente español*, Tirant lo Blanch, 2018, p. 30.

2 GALÁN, Edu, *El síndrome Woody Allen*, Debate, 2020.

expresión. Para ello este trabajo ha realizado un análisis pormenorizado de la jurisprudencia, tanto nacional como internacional, incluyendo también la jurisprudencia de EE. UU. por su relevancia, sobre el odio como límite a la libertad de expresión. Se trataría, a partir del análisis de los delitos de odio tipificados en nuestro Código Penal, de dar seguridad jurídica a la aplicación de un límite a un derecho fundamental que es basilar en toda sociedad democrática.

Respecto a la metodología seguida, se trata de un análisis fundamentalmente jurisprudencial sobre el odio como límite a la libertad de expresión, por lo que la principal fuente documental ha sido, obviamente, la jurisprudencia. En este sentido, la metodología de investigación que se ha seguido es el «estudio de casos», también denominado frecuentemente «análisis de casos», estudiando la respuesta jurisprudencial a los casos más relevantes. Al final de cada capítulo se ha tratado de hacer una síntesis de los criterios jurisprudenciales aplicados a la selección de casos a efectos de sistematizar y precisar los factores empleados por los tribunales en la aplicación del odio como límite a la libertad de expresión. No obstante, tal y como podrá comprobar el lector, aunque el trabajo es esencialmente un análisis de casos jurisprudenciales, complementariamente, y para una mejor comprensión, se hace referencia también a normativa y a otras fuentes como resoluciones, recomendaciones, informes o directivas. Además, como el objetivo de la tesis es precisar lo máximo posible la aplicación del «delito de odio» como límite a la libertad de expresión en España, resulta imprescindible, además de un análisis de la jurisprudencia constitucional, el estudio de la normativa penal española y las diferentes críticas doctrinales a la misma, ya que es a partir de la normativa vigente en España desde donde se harán las propuestas de *lege ferenda*, así como las sugerencias en cuanto a los factores a aplicar por los tribunales.

Respecto a la estructura, siguiendo la lógica desde lo más general a lo más concreto, en el primer capítulo trataremos de las resoluciones más relevantes que en el ámbito de la ONU se han aprobado respecto al odio como límite a la libertad de expresión para pasar a continuación a analizar en el segundo capítulo la jurisprudencia del TEDH tanto en España como respecto del resto de los Estados miembros. En el tercer capítulo, analizaremos los instrumentos diseñados en la UE para combatir el «discurso del odio». En el cuarto, nos remontaremos al origen del *clear and present danger* en EE. UU. hasta el cambio de paradigma con el caso Branderburg v. Ohio. A continuación, en el quinto capítulo, nos adentraremos en nuestro ordenamiento jurídico para analizar: el marco normativo; la doctrina del TC —que toma como eje la dignidad humana como límite a la libertad de expresión—; el origen y evolución de los «delitos de odio» en sentido estricto, incluyendo también los delitos de injurias y calumnias a la Corona, y contra la libertad de conciencia y los sentimientos religiosos. Finalmente, terminaremos con las conclusiones acerca de las necesidades de precisión legal en algunos aspectos, la naturaleza jurídica de los «delitos de odio», y los factores que han de ser considerados por los tribunales en su aplicación. Se concluye el trabajo con las referencias documentales y bibliográficas empleadas a lo largo del estudio.

2

EL ODIO COMO LÍMITE A LA LIBERTAD DE EXPRESIÓN EN LA ONU

2.1. INTRODUCCIÓN

Las Naciones Unidas nacieron oficialmente el 24 de octubre de 1945, después de que la mayoría de los 51 Estados Miembros signatarios del documento fundacional de la Organización, la Carta de la ONU, la ratificaran. En la actualidad, 193 Estados son miembros de las Naciones Unidas, que están representados en el órgano deliberante, la Asamblea General.

Dentro de los documentos elaborados en el seno de la ONU es absolutamente esencial la *Declaración Universal de Derechos Humanos*[3] (en adelante DUDH) que fue proclamada por la Asamblea General de las Naciones Unidas en París, el 10 de diciembre de 1948 en su Resolución 217 A (III), como un ideal común para todos los pueblos y naciones.

La Declaración establece, por primera vez, los derechos humanos que deben protegerse en el mundo entero. En concreto, en cuanto al derecho a la dignidad y a la libertad de expresión establece:

> «Artículo 1.
>
> Todos los seres humanos nacen libres e iguales en dignidad y derechos y, dotados como están de razón y conciencia, deben comportarse fraternalmente los unos con los otros».
>
> «Artículo 19.
>
> Todo individuo tiene derecho a la libertad de opinión y de expresión; este derecho incluye el no ser molestado a causa de sus opiniones, el de investigar y recibir informaciones y opiniones, y el de difundirlas, sin limitación de fronteras, por cualquier medio de expresión».

---

3 https://www.un.org/es/about-us/universal-declaration-of-human-rights.

Años más tarde se aprobó el *Pacto Internacional de Derechos Civiles y Políticos* (en adelante PIDCP), hecho en Nueva York el 19 de diciembre de 1966, que fue ratificado por España en 1977[4]. En el mismo se reconoce que los «principios enunciados en la Carta de las Naciones Unidas, la libertad, la justicia y la paz en el mundo tienen por base el reconocimiento de la dignidad inherente a todos los miembros de la familia humana y de sus derechos iguales e inalienables». Estos derechos «se derivan de la dignidad inherente a la persona humana».

Los Estados firmantes reconocen, que,

> «con arreglo a la Declaración Universal de Derechos Humanos, no puede realizarse el ideal del ser humano libre, en el disfrute de las libertades civiles y políticas y liberado del temor y de la miseria, a menos que se creen condiciones que permitan a cada persona gozar de sus derechos civiles y políticos, tanto como de sus derechos económicos, sociales y culturales».

Por este motivo los Estados tienen «la obligación de promover el respeto universal y efectivo de los derechos y libertades humanos».

Pero además recuerda que cada uno de nosotros, como individuos sociales, tenemos *deberes respecto de otros individuos y de la comunidad a que pertenece (mos), tiene (tenemos) la obligación de esforzarse (esforzarnos) por la consecución y la observancia de los derechos reconocidos en este Pacto.*

Se establecen en definitiva las bases de los derechos humanos que giran en torno a dos premisas esenciales. La primera es que todos tenemos dignidad por el mero hecho de ser humanos, es algo inherente. La segunda consiste en que de esa dignidad nacen los demás derechos. Por tanto, la base fundamental, causa y origen de las demás construcciones, será la dignidad, núcleo esencial, que habremos de proteger. Concretamente en materia de libertad de expresión se establece en el PIDCP:

> «Artículo 19.
> 1. Nadie podrá ser molestado a causa de sus opiniones.
> 2. Toda persona tiene derecho a la libertad de expresión; este derecho comprende la libertad de buscar, recibir y difundir informaciones e ideas de toda índole, sin consideración de fronteras, ya sea oralmente, por escrito o en forma impresa o artística, o por cualquier otro procedimiento de su elección.
> 3. El ejercicio del derecho previsto en el párrafo 2 de este artículo entraña deberes y responsabilidades especiales. Por consiguiente, puede estar sujeto a ciertas

4 Instrumento de Ratificación de España del Pacto Internacional de Derechos Civiles y Políticos, https://www.boe.es/diario_boe/txt.php?id=BOE-A-1977-10733 (consultado el 22-4-2020).

restricciones que deberán, sin embargo, estar expresamente fijadas por la ley y ser necesaria para:

a) Asegurar el respeto a los derechos o a la reputación de los demás;

b) La protección de la seguridad nacional, el orden público o la salud o la moral públicas».

«Artículo 20.

1. ° Toda propaganda en favor de la guerra estará prohibida por la ley.

2. ° Toda apología del odio nacional, racial o religioso que constituya incitación a la discriminación, la hostilidad o la violencia estará prohibida por la ley[5].

El órgano judicial con que cuenta la ONU es la Corte Internacional de Justicia. Ésta se creó en 1945 y tiene su sede en la Haya (Países Bajos). Entre sus cometidos *está encargada de decidir las controversias jurídicas entre Estados. También emite opiniones consultivas sobre cuestiones que pueden someterle órganos o instituciones especializadas de la ONU*[6]. Como quiera que sus pronunciamientos no descienden a los conflictos concretos que sufren las personas individuales como víctimas de delitos de odio nos centraremos más que en sus decisiones en las de otros organismos de Naciones Unidas.

Al respecto hay que tener en cuenta, en primer lugar, los organismos nacidos directamente de la Carta de las Naciones Unidas, y, en segundo lugar, los creados en virtud de tratados de derechos humanos, y en tercer lugar, la Oficina del Alto Comisionado para los Derechos Humanos (ACNUDH)[7]. Así:

En primer lugar, contamos con el Consejo de Derechos Humanos[8] que sustituyó a la Comisión de Derechos Humanos el 15 de marzo de 2006, en virtud de la resolución A/RES/60/251 de la Asamblea General.

En segundo lugar, existen 9 organismos creados por Tratados Internacionales con la finalidad de supervisar la aplicación de los mismos[9]: Comité

---

5 https://www.boe.es/diario_boe/txt.php?id=BOE-A-1977-10733 (consultado el 22-4-2020).

6 https://www.un.org/es/icj/ (consultado el 29-4-2020).

7 https://www.ohchr.org/es/about-us/mission-statement.

8 https://www.ohchr.org/SP/HRBodies/HRC/Pages/Home.aspx (consultado el 29-4-2020). Los informes anuales y documentos relacionados del Consejo de Derechos Humanos se encuentran en https://www.ohchr.org/SP/HRBodies/HRC/Pages/Documents.aspx (consultado el 29-4-2020).

9 https://www.ohchr.org/SP/HRBodies/Pages/HumanRightsBodies.aspx (consultado el 29-4-2020). El Comité de Derechos Humanos (CCPR) supervisa la aplicación del Pacto Internacional de Derechos Civiles y Políticos (1966) y sus protocolos facultativos; El Comité de Derechos Económicos, Sociales y Culturales (CESCR) supervisa la aplicación del Pacto Internacional de Derechos Económicos, Sociales y Culturales (1966); El Comité para la Eliminación de la Discriminación Racial (CERD) supervisa la aplicación de la Convención internacional sobre la eliminación de todas las formas de discriminación racial (1965); El Comité Para la Eliminación de la Discriminación Contra la Mujer (CEDAW) supervisa la aplicación de la Convención sobre la eliminación de todas las formas de discriminación contra la mujer (1979) y de su protocolo facultativo (1999); El Comité contra

de Derechos Humanos (CCPR), Comité de Derechos Económicos, Sociales y Culturales (CESCR), Comité para la Eliminación de la Discriminación Racial (CERD), Comité para la Eliminación de la Discriminación contra la Mujer (CEDAW), Comité contra la Tortura (CAT), Comité de los Derechos del Niño (CRC), Comité para la Protección de los Derechos de todos los Trabajadores Migratorios y de sus Familiares (CMW), y Comité sobre los derechos de las personas con discapacidad (CRPD) y Comité contra las Desapariciones Forzadas (CED).

Dentro de estos organismos destacaremos en especial el CCPR y el CERD[10]. El CERD está íntimamente ligado con el presente trabajo habida cuenta de que en los «delitos de odio» uno de los objetivos de ataque y, en consecuencia, de protección es el «odio racial». En este sentido la Convención Internacional sobre la Eliminación de todas las Formas de Discriminación Racial (en adelante ICERD)[11] definió en su artículo 1 qué se entiende por «discriminación racial» y estableció en su artículo 4 las medidas que los Estados miembros deben de adoptar para combatirla:

> «Artículo 1.
>
> 1. En la presente Convención la expresión "discriminación racial" denotará toda distinción, exclusión, restricción o preferencia basada en motivos de raza, color, linaje u origen nacional o étnico que tenga por objeto o por resultado anular o menoscabar el reconocimiento, goce o ejercicio, en condiciones de igualdad, de los derechos humanos y libertades fundamentales en las esferas política, económica, social, cultural o en cualquier otra esfera de la vida pública [...]».
>
> «Artículo 4.
>
> Los Estados partes condenan toda la propaganda y todas las organizaciones que se inspiren en ideas o teorías basadas en la superioridad de una raza o de un grupo de personas de un determinado color u origen étnico, o que pretendan justificar o promover el odio racial y la discriminación racial, cualquiera que sea su forma, y se comprometen a tomar medidas inmediatas y positivas destinadas a eliminar toda incitación a tal discriminación o actos de tal discriminación, y, con ese fin, teniendo debidamente en cuenta los principios incorporados en la Declaración Universal de

---

la Tortura (CAT) supervisa la aplicación de la Convención contra la tortura y otros tratos o penas crueles, inhumanos o degradantes (1984); El Comité de los Derechos del Niño (CRC) supervisa la aplicación de la Convención sobre los derechos del niño (1989) y de sus protocolos facultativos (2000); El Comité para la Protección de los Derechos de todos los Trabajadores Migratorios y sus Familiares (CMW) supervisa la aplicación de la Convención internacional sobre la protección de los derechos de todos los trabajadores migratorios y de sus familiares (1990); El Comité de los Derechos de las Personas con Discapacidad (CRPD) supervisa la aplicación de la Convención internacional sobre los derechos de las personas con discapacidad (2006); El Comité contra las Desapariciones Forzadas (CED) supervisa la aplicación de la Convención internacional para la protección de todas las personas contra las desapariciones forzadas (2006).

10 https://www.ohchr.org/SP/HRBodies/CERD/Pages/CERDIndex.aspx (consultado el 9-5-2020)

11 https://www.ohchr.org/SP/ProfessionalInterest/Pages/CERD.aspx (consultado el 9-5-2020)

Derechos Humanos, así como los derechos expresamente enunciados en el artículo 5 de la presente Convención, tomarán, entre otras, las siguientes medidas:

a) Declararán como acto punible conforme a la ley toda difusión de ideas basadas en la superioridad o en el odio racial, toda incitación a la discriminación racial, así como todo acto de violencia o toda incitación a cometer tales actos contra cualquier raza o grupo de personas de otro color u origen étnico, y toda asistencia a las actividades racistas, incluida su financiación;

b) Declararán ilegales y prohibirán las organizaciones, así como las actividades organizadas de propaganda y toda otra actividad de propaganda, que promuevan la discriminación racial e inciten a ella, y reconocerán que la participación en tales organizaciones o en tales actividades constituye un delito penado por la ley;

c) No permitirán que las autoridades ni las instituciones públicas nacionales o locales promuevan la discriminación racial o inciten a ella».

En tercer lugar, es muy relevante la Oficina del Alto Comisionado para los Derechos Humanos (ACNUDH) que fue creada en 1993 por la Asamblea General en la resolución A/RES/48/141[12] y está dentro del organigrama de la Secretaría General de las Naciones Unidas. Su función consiste, por un lado, en ayudar a los gobiernos a cumplir sus responsabilidades en relación a los derechos humanos. Por otro lado, conoce y denuncia las violaciones de derechos humanos.

2.2. RESOLUCIONES MÁS RELEVANTES RESPECTO AL ODIO COMO LÍMITE DE LA LIBERTAD DE EXPRESIÓN

La búsqueda y estudio de documentación internacional de las Naciones Unidas viene facilitada por la *base de jurisprudencia*[13] facilitada en las *webs* oficiales. En ella se aglutinan las observaciones, recomendaciones, informes y decisiones de los distintos organismos mencionados. De entre ellos los documentos más relevantes emanan del Comité de Derechos Humanos y del Alto Comisionado de las Naciones Unidas para los Derechos Humanos.

2.2.1. Resoluciones marco

Varios son los instrumentos básicos en materia de derechos humanos en relación con los delitos de odio. En primer lugar, la Recomendación n.º 15 del CERD. En segundo lugar, la Observación General n.º 34 del Comité de Derechos Humanos. En tercer lugar, el conocido a nivel mundial como «test de Rabat». Y, en cuarto lugar, la «Declaración de Beirut» del Consejo de Derechos Huma-

12 https://documents.un.org/api/symbol/access?s=A/RES/48/141&l=es.

13 https://juris.ohchr.org/ (consultado el 29-4-2020).

nos. Podemos afirmar que establecen los elementos fundamentales a tener en cuenta en esta materia. A partir de los mismos, en cada caso concreto, se ponderará su concurrencia o no, y el nivel de afectación de los mismos. Así:

A. Recomendación general N.º 15 relativa al artículo 4 de la Convención Internacional para la Eliminación de todas las Formas de Discriminación Racial[14] del CERD en 1993

En dicha recomendación el CERD puso el artículo 4 del Convenio en relación con los artículos 19 y 20 del PIDCP. Así, en primer lugar, recordó la obligación de los Estados miembros de castigar:

> «[...] cuatro categorías de comportamiento indebido:
> i) la difusión de ideas basadas en la superioridad o el odio racial;
> ii) la incitación al odio racial;
> iii) los actos de violencia contra cualquier raza o grupo de personas de otro color y origen étnico;
> y iv) la incitación a cometer tales actos».

En segundo lugar, el CERD indicó que dichas prohibiciones son compatibles con los artículos 19 y 20 del PIDCP:

> «[...] la prohibición de la difusión de todas las ideas basadas en la superioridad o el odio racial es compatible con el derecho a la libertad de opinión y de expresión. Este derecho está reconocido en el artículo 19 de la Declaración Universal de Derechos Humanos y aparece evocado en el inciso viii) del apartado d) del artículo 5 de la Convención Internacional para la Eliminación de todas las Formas de Discriminación Racial. En el propio artículo se hace observar su pertinencia respecto del artículo 4 [...]. El Comité desea, además, señalar a la atención de los Estados Partes el artículo 20 del Pacto Internacional de Derechos Civiles y Políticos, según el cual estará prohibida por la ley toda apología del odio nacional, racial o religioso que constituya incitación a la discriminación, la hostilidad o la violencia».

B. Comité de Derechos Humanos[15], Observación General 34[16], CCPR/C/GC/34, Ginebra, 11 a 29 de julio de 2011 en relación al PIDCP

En primer lugar, el Comité realizó unas consideraciones generales acerca de la naturaleza y función de la libertad de expresión. La libertad de expresión

14 https://tbinternet.ohchr.org/_layouts/15/treatybodyexternal/Download.aspx?symbolno=INT%2FCERD%2FGEC%2F7487&Lang=es.

15 https://www.ohchr.org/SP/HRBodies/CCPR/Pages/CCPRIndex.aspx (consultado el 22-4-2020).

16 https://tbinternet.ohchr.org/_layouts/15/treatybodyexternal/Download.aspx?symbolno=CCPR%2FC%2FGC%2F34&Lang=es.

es esencial para desarrollarse como persona, tener una sociedad democrática y poder ejercitar otros derechos y libertades (*vide* § 2 a 4):

> «2. La libertad de opinión y la libertad de expresión son condiciones indispensables para el pleno desarrollo de la persona. Son fundamentales para toda sociedad y constituyen la piedra angular de todas las sociedades libres y democráticas. Ambas libertades están estrechamente relacionadas entre sí, dado que la libertad de expresión constituye el medio para intercambiar y formular opiniones.
>
> 3. La libertad de expresión es una condición necesaria para el logro de los principios de transparencia y rendición de cuentas que, a su vez, son esenciales para la promoción y la protección de los derechos humanos.
>
> [...] Las libertades de opinión y expresión constituyen la base para el pleno goce de una amplia gama de otros derechos humanos. Por ejemplo, la libertad de expresión es fundamental para el disfrute de los derechos a la libertad de reunión y de asociación, y para el ejercicio del derecho de voto».

En segundo lugar, las observaciones recogen cuál es el contenido esencial de la libertad de expresión que consiste tanto en buscar y recibir como en difundir ideas de todo tipo (*vide* § 11):

> «[...] el derecho a buscar, recibir y difundir informaciones e ideas de toda índole, sin limitación de fronteras. Este derecho incluye la expresión y recepción de comunicaciones sobre toda clase de ideas y opiniones que puedan transmitirse a otros [...]. Abarca el pensamiento político, los comentarios sobre los asuntos propios y los públicos, las campañas puerta a puerta, la discusión sobre derechos humanos, el periodismo, la expresión cultural y artística, la enseñanza y el pensamiento religioso. Puede incluir también la publicidad comercial. El alcance del párrafo 2 llega incluso a expresiones que puedan considerarse profundamente ofensivas, aunque esta expresión solo puede limitarse de conformidad con lo dispuesto en el párrafo 3 del artículo 19 y en el artículo 20».

En tercer lugar, se definieron todas las posibles manifestaciones que puede tener la plasmación del ejercicio de la libertad de expresión, tanto por escrito, como oralmente y de cualquier otra forma, incluyendo también la expresión artística (*vide* § 12):

> «[...] comprenden la palabra oral y escrita y el lenguaje de signos, y expresiones no verbales tales como las imágenes y los objetos artísticos. Los medios de expresión comprenden los libros, los periódicos, los folletos, los carteles, las pancartas, las prendas de vestir y los alegatos judiciales, así como modos de expresión audiovisuales, electrónicos o de Internet, en todas sus formas».

En cuarto lugar, se ocupó de los medios de difusión de las concretas expresiones recalcando la necesidad de que sean libres, independientes y no sean censurados. Se abarcan tanto los medios de comunicación «tradicionales» como los basados en las nuevas tecnologías de la comunicación característicos de la sociedad de información y del «Internet de las cosas» (*vide* § 13-17):

«13. La existencia de medios de prensa y otros medios de comunicación libres y exentos de censura y de trabas es esencial en cualquier sociedad para asegurar la libertad de opinión y expresión y el goce de otros derechos reconocidos por el Pacto. Es una de las piedras angulares de toda sociedad democrática. Uno de los derechos consagrados en el Pacto es el que permite a los medios de comunicación recibir información que les sirva de base para cumplir su cometido. La libre comunicación de información e ideas acerca de las cuestiones públicas y políticas entre los ciudadanos, los candidatos y los representantes elegidos es indispensable. Ello comporta la existencia de una prensa y otros medios de comunicación libres y capaces de comentar cuestiones públicas sin censura ni limitaciones, así como de informar a la opinión pública. El público tiene también el correspondiente derecho a que los medios de comunicación les proporcionen los resultados de su actividad [...]».

«15. Los Estados partes deberían tener en cuenta la medida en que la evolución de las tecnologías de la información y la comunicación, como Internet y los sistemas de difusión electrónica de la información en tecnología móvil, han cambiado sustancialmente las prácticas de la comunicación en todo el mundo. Ahora existe una red mundial en la que intercambiar ideas y opiniones, que no se basa necesariamente en la intermediación de los medios de comunicación de masas. Los Estados partes deberían tomar todas las medidas necesarias para fomentar la independencia de esos nuevos medios y asegurar el acceso a los mismos de los particulares.

16. Los Estados partes deberían garantizar que los servicios públicos de radiodifusión funcionen con independencia. A este respecto, los Estados partes deberían garantizar la independencia y la libertad editorial de esos servicios, y proporcionarles financiación de un modo que no menoscabe su independencia [...]».

En quinto lugar se ocupó de las restricciones a la libertad de expresión recogidas en el artículo 19 del PIDCP y que se refieren bien a los derechos o reputación de otras personas, o bien a la seguridad nacional, orden público o salud y moral públicas. Lo relevante es que en ningún caso una limitación de la libertad de expresión puede llegar a suprimirla; es decir, una limitación-restricción nunca puede suponer una «eliminación-destrucción» (*vide* § 21):

«[...] el ejercicio del derecho a la libertad de expresión entraña deberes y responsabilidades especiales. Por este motivo, se prevén dos tipos de restricciones que pueden referirse al respeto de los derechos o la reputación de otras personas o a la protección de la seguridad nacional y el orden público, o de la salud y la moral públicas. Sin embargo, cuando un Estado parte impone restricciones al ejercicio de la libertad de expresión, estas no pueden poner en peligro el derecho propiamente dicho. El Comité recuerda que la relación entre el derecho y la restricción, o entre la norma y la excepción, no debe invertirse. El Comité recuerda también las disposiciones del párrafo 1 del artículo 5 del Pacto, según el cual, "ninguna disposición del presente Pacto podrá ser interpretada en el sentido de conceder derecho alguno a un Estado, grupo o individuo para emprender actividades o realizar actos encaminados a la destrucción de cualquiera de los derechos y libertades reconocidos en el Pacto o a su limitación en mayor medida que la prevista en él"».

Además el CCPR remarcó que cualquier restricción debe sujetarse a una serie de requisitos (*vide* § 22) como son el principio de legalidad, finalidad legítima, necesidad y proporcionalidad. Y antes de proceder a comentarlos subrayó la obligación de los Estados de proteger a quienes ejercen el derecho a la libertad de expresión (*vide* § 23):

«[...] las restricciones deben estar "fijadas por la ley"; solo pueden imponerse para uno de los propósitos indicados en los apartados a) y b) del párrafo 3 y deben cumplir pruebas estrictas de necesidad y proporcionalidad. No se permiten restricciones por motivos que no estén especificados en el párrafo 3, aunque esos motivos justificasen restricciones de otros derechos protegidos por el Pacto. Las restricciones solamente se podrán aplicar para los fines con que fueron prescritas y deberán estar relacionadas directamente con la necesidad específica de la que dependen.

23. Los Estados partes deberían adoptar medidas eficaces de protección contra los ataques destinados a acallar a quienes ejerzan su derecho a la libertad de expresión. No se puede hacer valer el párrafo 3 como justificación para silenciar a los defensores de la democracia pluripartidista, los principios democráticos y los derechos humanos. Tampoco pueden ser compatibles con el artículo 19, en circunstancia alguna, los atentados contra una persona, con inclusión de formas tales como la detención arbitraria, la tortura, las amenazas de muerte y el asesinato. [...] Todos esos atentados deben ser objeto de una activa y puntual investigación, sus autores deben ser sometidos a juicio y debe ofrecerse una reparación adecuada a las víctimas o, cuando estas hayan perdido la vida, a sus representantes».

En cuanto al principio de legalidad explicó que no se refiere únicamente al rango de la norma necesario para poder establecer límites a la libertad de expresión, sino que también abarca cómo debe de ser redactada. La ley ha de ser clara y precisa para que todos podamos conocer *ex ante* qué comportamientos son «correctos» y cuales no (*vide* § 24 a 26):

«24. Las restricciones deben estar previstas en la ley. Por ley" se puede entender las normas relativas a la inmunidad parlamentaria y al desacato a los tribunales. Habida cuenta de que cualquier restricción a la libertad de expresión constituye una grave vulneración de los derechos humanos, no es compatible con el Pacto que una restricción esté consagrada en el derecho tradicional, religioso u otras normas consuetudinarias análogas.

25. A efectos del párrafo 3, para ser calificada de "ley", la norma debe estar formulada con precisión suficiente para que una persona pueda regular su comportamiento de conformidad con ella, y hacerse accesible al público. Las leyes no pueden conferir a los encargados de su aplicación una discrecionalidad sin trabas para restringir la libertad de expresión. Las leyes deben proporcionar suficientes orientaciones a los encargados de su ejecución para que puedan distinguir cuáles expresiones pueden restringirse correctamente y cuáles no.

[...] Las leyes no deben vulnerar las disposiciones del Pacto relativas a la no discriminación ni establecer penas que sean incompatibles con el Pacto, como los castigos corporales.[...]».

La finalidad de las restricciones debe de ser legítima. Para ello la ley únicamente puede establecer limitaciones en los supuestos previstos en el artículo 19 del PIDCP. El CCPR analizó pormenorizadamente qué ha de entenderse en cada uno de ellos (*vide* § 28 a 32). En primer lugar, estudió el límite al respeto de los derechos o la reputación de los demás. El CCPR especificó que por «derechos» habrán de entenderse los reconocidos en el propio PIDCP y «los demás» comprende tanto a personas individuales como a colectivos.

> «28. La primera de las razones legítimas para introducir una restricción que se enumeran en el párrafo 3 se refiere al respeto de los derechos o la reputación de los demás. El término "derechos" comprende los derechos humanos reconocidos en el Pacto y, más en general, en la normativa internacional de los derechos humanos. Por ejemplo, puede ser legítimo restringir la libertad de expresión para proteger el derecho de voto amparado por el artículo 25, así como los derechos enunciados en el artículo 17 (véase el párrafo 37). Estas restricciones deben interpretarse con cuidado: si bien puede ser permisible proteger a los votantes de formas de expresión que constituyan intimidación o coerción, estas restricciones no deben obstaculizar el debate político, incluidos, por ejemplo, los llamamientos a boicotear una elección en que el voto no es obligatorio. La expresión "los demás" puede referirse a otras personas a título individual o como miembros de una comunidad, por ejemplo a una comunidad definida por su fe religiosa o a un grupo étnico».

En segundo lugar, en cuanto a la «seguridad nacional» el CCPR se ha pronunciado en el sentido de advertir que no puede servir como excusa para eliminar información de interés público que no la perjudica, ni para perseguir penalmente a periodistas o defensores de derechos humanos. El motivo de la seguridad nacional no puede servir para censurar con amplitud informaciones que afectan a otros sectores de la sociedad sin menoscabar la seguridad nacional.

> «30. Los Estados partes deben procurar con el mayor cuidado que las leyes sobre traición y las disposiciones similares que se refieren a la seguridad nacional, tanto si se califican de leyes sobre secretos de Estado o sobre sedición, o de otra manera, estén redactadas y se apliquen de conformidad con las condiciones estrictas del párrafo 3. No es compatible con el párrafo 3, por ejemplo, hacer valer esas leyes para suprimir información de interés público legítimo que no perjudica a la seguridad nacional, o impedir al público el acceso a esta información, o para procesar a periodistas, investigadores, ecologistas, defensores de los derechos humanos u otros por haber difundido esa información. Tampoco procede, en general, incluir en el ámbito de estas leyes categorías de información tales como las que se refieren al sector comercial, la banca y el progreso científico. El Comité ha determinado en un caso que una declaración en apoyo de una disputa laboral, aunque fuera para convocar una huelga nacional, no estaba autorizada por razones de seguridad nacional».

En tercer lugar, en lo que se refiere al «orden público» puede tener sentido una limitación en determinadas circunstancias cuando se trata de emplear un espacio público para expresarse.

> «31. Por razones de mantenimiento del orden público, en ciertas circunstancias podría ser permisible, por ejemplo, regular el derecho a pronunciar un discurso en un determinado lugar público. Las razones de orden público pueden ser los criterios de referencia para determinar si las formas de expresión son constitutivas de desacato al tribunal. Para cumplir lo dispuesto en el párrafo 3, estos procedimientos y la sanción que se imponga deberán estar justificados por el ejercicio de las facultades del tribunal para mantener el orden del procedimiento. El procedimiento no debe servir de ningún modo para restringir el ejercicio legítimo de los derechos de la defensa».

En cuarto lugar, por «moral» debe englobarse un sentido universal, sin que se discriminen unas tradiciones respecto de otras.

> «32. Como señaló el Comité en su Observación general N.º 22, "el concepto de moral se deriva de muchas tradiciones sociales, filosóficas y religiosas; por consiguiente, las limitaciones impuestas con el fin de proteger la moral deben basarse en principios que no se deriven exclusivamente de una sola tradición". Estas limitaciones han de entenderse en el contexto de la universalidad de los derechos humanos y el principio de no discriminación».

Respecto del principio de necesidad está íntimamente relacionado con el principio de proporcionalidad. El CCPR estableció que cuando sea preciso establecer una limitación ésta no debe de ser excesivamente amplia. He ahí el *quid* de la cuestión de la proporcionalidad, podrá establecerse una restricción cuando proceda conforme lo expuesto *supra,* pero la limitación deberá ser mínima, la estrictamente imprescindible para estar justificada.

En cuanto al principio de proporcionalidad *stricto sensu* el CCPR estableció que debe de existir una ponderación entre la amenaza a la libertad de expresión y la medida escogida para protegerla. Asimismo el CCPR explicitó que el principio de proporcionalidad debe aplicarse tanto en ley que fije las limitaciones como en la aplicación de la misma. Para ello habrá de valorarse por un lado la naturaleza de la amenaza, que sea directa e inmediata, su forma de divulgación y a quién se dirige; y, de otro lado, que la medida sea equilibrada (*vide* § 33-34 y 35-36, respectivamente):

> «[...] Las restricciones no deben ser excesivamente amplias. En su Observación general N.º 27, el Comité señaló que "las medidas restrictivas deben ajustarse al principio de proporcionalidad; deben ser adecuadas para desempeñar su función protectora; deben ser el instrumento menos perturbador de los que permitan conseguir el resultado deseado, y deben guardar proporción con el interés que debe protegerse... El principio de proporcionalidad debe respetarse no solo en la ley que defina las restricciones sino también por las autoridades administrativas y judicia-

les que la apliquen". El principio de proporcionalidad también debe tener en cuenta la forma de expresión de que se trate así como los medios por los que se difunda. Por ejemplo, el Pacto atribuye una gran importancia a la expresión sin inhibiciones en el debate público sobre figuras del ámbito público y político en una sociedad democrática.

[...] Cuando un Estado parte haga valer una razón legítima para restringir la libertad de expresión, deberá demostrar en forma concreta e individualizada la naturaleza precisa de la amenaza y la necesidad y la proporcionalidad de la medida concreta que se haya adoptado, en particular estableciendo una conexión directa e inmediata entre la expresión y la amenaza [...]».

En sexto lugar, la CCPR profundizó sus consideraciones y descendió a los casos concretos en los que pueden generarse más dudas y conflictos a la hora de resolverlos en atención a sus particulares circunstancias (*vide* § 37 a 49). En lo que se refiere al delito de odio como límite a la libertad de expresión, resulta de interés destacar sus consideraciones sobre las críticas a instituciones o las leyes de difamación.

Respecto de los «destinatarios» del mensaje emanado del ejercicio de la libertad de expresión el CCPR ha subrayado que debe prevalecer la libertad de expresión en el caso de críticas políticas a personajes de relevancia pública o instituciones del Estado. Ello por cuanto el CCPR entendió que en dichos supuestos no concurre el principio de necesidad para justificar una limitación.

«[...] todas las figuras públicas, incluso las que ejercen los cargos políticos de mayor importancia, como los Jefes de Estado o de Gobierno, pueden ser objeto legítimo de críticas y oposición política. En consecuencia, el Comité ha expresado su preocupación en relación con leyes sobre cuestiones tales como la lè se majest é, el desacato, la falta de respeto por la autoridad, la falta de respeto por las banderas y los símbolos, la difamación del Jefe de Estado y la protección del honor de los funcionarios públicos. Las leyes no deben establecer penas más severas según cual sea la persona criticada. Los Estados partes no deben prohibir la crítica de las instituciones, como el ejército o la administración [...].

42. Sancionar a un medio de difusión, a un propietario de un medio o a un periodista por el solo hecho de criticar al gobierno o al sistema sociopolítico al que este se adhiere no puede considerarse nunca una restricción necesaria de la libertad de expresión.

43. Toda limitación al funcionamiento de los sitios web, los blogs u otros sistemas de difusión de información en Internet, electrónicos o similares, incluidos los sistemas de apoyo a estas comunicaciones, como los proveedores de servicios de Internet o los motores de búsqueda, solo serán admisibles en la medida en que sean compatibles con el párrafo 3. Las restricciones permisibles se deben referir en general a un contenido concreto; las prohibiciones genéricas del funcionamiento de ciertos sitios y sistemas no son compatibles con el párrafo 3. Tampoco es compatible con el párrafo 3 prohibir que un sitio o un sistema de difusión de la infor-

mación publique material por el mero hecho de que ese material pueda contener críticas al gobierno o al sistema político al que este se adhiere».

Respecto a las leyes de difamación, el CCPR pone especial cuidado que se ha de tener para no utilizarlas como mecanismo de ataque a la libertad de expresión. Para ello contempló dos medidas, en primer lugar, la necesidad de incluir la *exceptio veritatis* en el caso de que se refirieran a hechos susceptibles de verificarse. En segundo lugar, cuando no fueran contenidos contrastables, pero afectaran al interés público, no se deberían castigar si fueron emitidos por error y sin mala intención. Pese a lo cual el CCPR se mostró más proclive a la despenalización de este tipo de conductas.

«47. Las leyes sobre difamación deben redactarse con cuidado para asegurarse de que cumplan lo dispuesto en el párrafo 3 y no sirvan en la práctica para atentar contra la libertad de expresión. Todas las leyes de esta índole, y en particular las leyes penales relativas a la difamación, deberían incluir medios de defensa tales como la prueba de la verdad y no aplicarse a las formas de expresión que, por su naturaleza, no estén sujetas a verificación. Al menos en lo que atañe a los comentarios sobre figuras públicas, habría que considerar la posibilidad de no sancionar las declaraciones que no fueran verídicas pero se hubieran publicado por error y no con mala intención. Sea como fuere, un interés público en el objeto de las críticas debería poder alegarse como defensa. Los Estados partes deberían tener cuidado de no imponer sanciones excesivamente punitivas. [...] Los Estados partes deberían considerar la posibilidad de despenalizar la difamación y, en todo caso, la normativa penal solo debería aplicarse en los casos más graves, y la pena de prisión no es nunca adecuada. No es permisible que un Estado parte acuse a alguien por el delito de difamación, pero no lo someta luego a juicio en forma expedita; esa práctica tiene un efecto disuasivo que puede restringir indebidamente el ejercicio de la libertad de expresión».

En cuanto a las críticas contra la religión o sistemas de creencia el CCPR consideró que su prohibición no era compatible con el PIDCP. El razonamiento de base descansa en que cualquier penalización de los ataques contra una religión o sistema de creencias concreto supone discriminar a unas por encimas de otras.

«48. La prohibición de las demostraciones de falta de respeto por una religión u otro sistema de creencias, incluidas las leyes sobre la blasfemia, es incompatible con el Pacto, excepto en las circunstancias previstas explícitamente en el párrafo 2 de su artículo 20. Estas prohibiciones deben ajustarse además a las condiciones estrictas del párrafo 3 del artículo 19, así como a los artículos 2, 5, 17, 18 y 26. Por ejemplo, no sería admisible que esas leyes discriminasen en favor o en contra de uno o varias religiones o sistemas de creencias, o en favor o en contra de sus seguidores, o bien en favor de los creyentes de una determinada religión con respecto a los no creyentes. Tampoco sería admisible que estas prohibiciones se utilizaran para impedir o sancionar las críticas contra dirigentes religiosos o los comentarios sobre la doctrina religiosa o el dogma».

Finalmente, en lo que afecta a la libertad de expresión en relación a hechos históricos el CCPR valoró que no deben imponerse sanciones respecto de opiniones erróneas en relación a acontecimientos del pasado.

> «49. Las leyes que penalizan la expresión de opiniones sobre hechos históricos son incompatibles con las obligaciones que el Pacto impone a los Estados partes en lo tocante al respeto de las libertades de opinión y expresión. El Pacto no autoriza las prohibiciones penales de la expresión de opiniones erróneas o interpretaciones incorrectas de acontecimientos pasados. No deben imponerse nunca restricciones al derecho a la libertad de opinión y, en cuanto a la libertad de expresión, las restricciones no deberían exceder de lo autorizado en el párrafo 3, o de lo prescrito en el artículo 20».

Por último, el CCPR fijó la relación entre los artículos 19 y 20 del PIDCP (*vide* § 37 a 49). Ambos son compatibles entre sí, el artículo 20 contempla los supuestos más graves y debe cumplir los requisitos del artículo 19 (que acabamos de exponer *supra*). Pero la medida a establecer en los supuestos del artículo 20 es meridianamente clara, la prohibición.

> «50. Los artículos 19 y 20 son compatibles entre sí y se complementan. Los actos a que se refiere el artículo 20 son de naturaleza tan extrema que quedarían todos sujetos a restricción con arreglo al párrafo 3 del artículo 19. Así pues, las limitaciones que se justifiquen por el artículo 20 tendrían también que cumplir el párrafo 3 del artículo 19.
>
> 51. El elemento que distingue los actos a que se refiere el artículo 20 de otros que también podrían ser objeto de restricción con arreglo al párrafo 3 del artículo 19 es que respecto de los primeros el Pacto indica la medida concreta que debe tomar el Estado, o sea, prohibirlos por ley. Solo en esta medida puede el artículo 20 ser considerado lex specialis con respecto al artículo 19.
>
> 52. Los Estados partes solo están obligados a promulgar prohibiciones legales con respecto a las formas concretas de expresión que indica el artículo 20. En todos los casos en que el Estado restringe la libertad de expresión, es necesario justificar las prohibiciones y poner sus disposiciones en estricta conformidad con el artículo 19».

C. «Test de Rabat[17]» recogido en el anexo del Informe anual del Alto Comisionado de las Naciones Unidas para los Derechos Humanos, A/HRC/22/17/Add.4 de 11 de enero de 2013 en relación a la DUDH

El informe parte de la dificultad de conciliar la libertad de expresión con la prohibición de incitación al odio (*vide* § 9). Se reconoció que el artículo 19 del

17 https://www.ohchr.org/Documents/Issues/Opinion/SeminarRabat/Rabat_draft_outcome.pdf (consultado el 7-5-2020). En octubre de 2012, el ACNUDH convocó una reunión de expertos en Rabat (Marruecos) que dio lugar a la adopción del Plan de Acción de Rabat en el que se estudiaron los patrones legislativos, las prácticas judiciales y las políticas sobre la prohibición de la incitación el odio racial o religioso.

PIDCP contiene una serie de orientaciones para la evaluación de la legitimidad de las restricciones a la libertad de expresión. Sin embargo, se consideró que éstas no eran suficientes para adaptarlas al «mundo real». El principal problema es que es esencial el contexto donde nace y se difunde el mensaje, «deben tenerse en cuenta las circunstancias individuales de cada caso, como las condiciones locales, la historia, las tensiones culturales y políticas (*Ibidem* § 10)».

Sentadas las anteriores dificultades el informe subrayó que se trata de proteger a las personas tanto individualmente como a las comunidades que formen. No se protegen sistemas de creencias o de religiones, que pueden ser legítimamente criticados. El único propósito de las restricciones a la libertad de expresión:

> «es proteger a las personas y comunidades pertenecientes a grupos étnicos, nacionales o religiosos, que posean creencias u opiniones específicas, ya sean de naturaleza religiosa o de otro tipo, de la hostilidad, la discriminación o la violencia, en lugar de proteger los sistemas de creencias, religiones o instituciones como tales de la crítica. El derecho a la libertad de expresión implica que debe ser posible examinar, debatir abiertamente y criticar los sistemas de creencias, las opiniones y las instituciones, incluidas las religiosas, siempre que esto no defienda el odio que incite a la violencia, la hostilidad o la discriminación contra un individuo o grupo de individuos (*Ibidem* § 11)».

A partir de esa introducción el anexo propiamente dicho abordó el trabajo desarrollado. El eje del mismo giró en torno a la relación entre la libertad de expresión y el discurso del odio, especialmente respecto a las cuestiones religiosas.

En primer lugar, recordó que la incitación al odio está prohibida tanto en los artículos 19 y 20 del PIDCP como en el artículo 4 del ICERD. Ahora bien, las limitaciones a la libertad de expresión reconocidas en el PIDCP deben de cumplir los requisitos de legalidad, necesidad y proporcionalidad (*Ibidem* § 18).

Por legalidad se entiende no sólo que la restricción se establezca por ley, sino que además ha de hacerse de forma clara y precisa, sin ser excesivamente abierta. Además deben de perseguir una finalidad legítima como hemos explicado *supra* al analizar la Observación General 34 del Comité de Derechos Humanos. También ha de ser necesaria en el sentido de que no existan medidas menos restrictivas y, finalmente, proporcionada, el daño a la libertad de expresión causado por su limitación debe de ser menor al beneficio del interés protegido.

Como apoyo a su argumentación el anexo se remitió a los principios de Camden[18] en concreto al n.º 11, a saber:

> «[...] Los Estados no deberán imponer restricciones a la libertad de expresión que no se conformen con las normas expuestas en el Principio 2.2 y, en particular,

18 VV. AA.: «Los Principios de Camden Sobre La Libertad de Expresión y la Igualdad», *Article 19,* Londres, 2009. https://www.article19.org/wp-content/uploads/2009/04/Camden-Principles-SPANISH-web.pdf (consultado el 10-5-2020). El artículo se basó en la consulta a diferentes expertos miembros de varias organizaciones internacionales cuyos datos constan en el apéndice A (*vide* el artículo *in fine*).

las restricciones deberán estar previstas por la ley, servir para proteger los derechos o las reputaciones de otras personas, la seguridad nacional o el orden público, o la salud o la moralidad pública, y ser necesarias en una sociedad democrática para proteger estos intereses. Esto significa, entre otras cosas, que las restricciones:

i. Sean clara y estrechamente definidas y que respondan a una necesidad social apremiante.

ii. Sean la medida disponible menos intrusiva, en el sentido que no hay otra medida que fuera efectiva pero al mismo tiempo la menos restrictiva de la libertad de expresión.

iii. No sean demasiado amplias, en el sentido que no restrinjan el discurso de una manera extensa o sin límites, ni vayan más allá de lo que constituye el discurso dañino para excluir el discurso legítimo.

iv. Sean proporcionadas en el sentido que el beneficio para el interés protegido supera el daño a la libertad de expresión, incluso respecto a las sanciones que autorizan [...]».

En segundo lugar, en lo que se refiere a la libertad de religión o de creencia recordó que conforme a los estándares internacionales no se incluye el derecho a que la religión o creencia propios no sea objeto de crítica o de burla. En este sentido, considera que las leyes contra la blasfemia son contraproducentes porque censuran el diálogo y, en ocasiones, son utilizadas para perseguir las religiones o creencias minoritarias o disidentes (*vide* § 19 del apéndice del «Test de Rabat»).

En tercer lugar, se estableció un «test» compuesto por seis factores para determinar cuándo nos encontramos ante un «discurso de odio» del artículo 20 del PIDCP constitutivo de infracción penal (lo que será el único recurso y sólo cuando esté debidamente justificado, *ibidem* § 34). Se tratará de los supuestos más graves que buscan causar daño. Constituyen una guía muy importante para llevar al «mundo real» las limitaciones a la libertad de expresión en los «delitos de odio».

Dichos factores son el contexto, el orador, la intención, el contenido y forma del mensaje, la extensión del acto del habla, y la probabilidad de lograr la incitación a la violencia (*Ibidem* § 29):

«[...] (a) Contexto: El contexto es de gran importancia a la hora de evaluar si es probable que determinadas declaraciones inciten a la discriminación, la hostilidad o la violencia contra el grupo objetivo, y puede tener una incidencia directa tanto en la intención como en la causalidad. El análisis del contexto debe colocar el acto del habla dentro del contexto social y político prevalente en el momento en que se hizo y difundió el discurso;

(b) Orador: Debe considerarse la posición o el estatus del orador en la sociedad, específicamente la posición de la persona u organización en el contexto de la audiencia a la que se dirige el discurso;

(c) Intención: El artículo 20 del Pacto Internacional de Derechos Civiles y Políticos anticipa la intención. La negligencia y la imprudencia no son suficientes para que un acto sea un delito en virtud del artículo 20 del Pacto, ya que este artículo prevé la «promoción" y la "incitación" en lugar de la mera distribución o circulación de material. En este sentido, requiere la activación de una relación triangular entre el objeto y el sujeto del acto del habla, así como la audiencia.

(d) Contenido y forma: El contenido del discurso constituye uno de los focos clave de las deliberaciones del tribunal y es un elemento crítico de la incitación. El análisis del contenido puede incluir el grado en que el discurso fue provocativo y directo, así como la forma, el estilo, la naturaleza de los argumentos desplegados en el discurso o el equilibrio entre los argumentos desplegados;

(e) Extensión del acto del habla: La extensión incluye elementos tales como el alcance del acto del habla, su naturaleza pública, su magnitud y tamaño de su audiencia. Otros elementos a considerar incluyen si el discurso es público, qué medios de difusión se utilizan, por ejemplo, por un solo folleto o difusión en los medios de comunicación convencionales o a través de Internet, la frecuencia, la cantidad y el alcance de las comunicaciones, si el público tenía los medios para actuar sobre la incitación, si la declaración (o el trabajo) se distribuye en un entorno restringido o es ampliamente accesible al público en general;

(f) Probabilidad, incluida la inminencia: La incitación, por definición, es un delito incipiente. La acción propugnada a través del discurso de incitación no tiene que ser cometida para que dicho discurso sea un delito. No obstante, debe identificarse cierto grado de riesgo de daño. Esto significa que los tribunales tendrán que determinar que existía una probabilidad razonable de que el discurso lograra incitar a la acción real contra el grupo objetivo, reconociendo que esa causalidad debería ser bastante directa».

D. La «Declaración de Beirut» del Consejo de Derechos Humanos A/HRC/40/58 de 5 de marzo de 2019[19]

La «Declaración de Beirut» trató de la relación entre la libertad de religión o de creencias y la libertad de expresión, al señalar que ambas están interrelacionadas y se refuerzan: «son esenciales en una sociedad democrática y para la realización personal y constituyen el fundamento para el disfrute de los derechos humanos[20]». Para el Relator Especial conforme al derecho internacional las limitaciones a la libertad de expresión deben cumplir las siguientes condiciones:

«a) imponerse por razones permisibles;

b) estar claramente articuladas en la ley para que los individuos puedan saber con certeza qué conducta está prohibida;

c) ser demostrablemente necesarias y constituir la medida menos intrusiva posible para lograr el objetivo perseguido;

19 https://undocs.org/A/HRC/40/58 (consultado el 9-5-2020).

20 *Vide* § 55.

y d) no ser discriminatorias ni destructivas del propio derecho, que se ha de seguir protegiendo con las debidas garantías procesales, incluido el acceso a recursos[21]».

Asimismo, recordó que conforme al Plan de Acción de Rabat tanto los líderes religiosos como los políticos deben abstenerse de lanzar mensajes que inciten a la violencia. En sus palabras:

«A ese respecto, en el Plan de Acción de Rabat se subraya que los dirigentes políticos y religiosos deben abstenerse de utilizar mensajes que puedan incitar a la violencia, la hostilidad o la discriminación, deben pronunciarse con firmeza y prontitud contra el "discurso de odio" y deben dejar claro que la violencia no se puede justificar aduciendo la existencia de provocaciones previas (A/HRC/22/17/Add.4, apéndice, párr. 36). Aunque algunas figuras influyentes en el seno de las comunidades religiosas han sido una fuente de incitación, hay que seguir fomentando su importante papel en la denuncia de violaciones de los derechos humanos y en la condena del uso de la religión para justificar el extremismo violento o las violaciones de los derechos humanos[22]».

De entre las conclusiones cabe destacar en primer lugar, la relevancia de los seres humanos, por encima de las religiones y creencias:

«En algunas jurisdicciones, la pena de muerte puede estar prevista en uno de esos tipos de leyes, o bien en ambos. Una legislación así no puede justificarse en el marco internacional de derechos humanos, que tiene por objeto proteger a los seres humanos, no las religiones ni las creencias como tales[23]».

En segundo lugar, el recurso al derecho penal sólo cabe en los supuestos más graves:

«Los Estados han de velar por que las sanciones penales se impongan solo en los casos más graves y que se basen en una serie de factores contextuales, incluida la intencionalidad[24]».

A partir de ahí, el Relator Especial dio una serie de pautas a tener en cuenta[25]: es importante la derogación de leyes que pongan en peligro la vida

21 *Vide* § 17.

22 *Vide* § 19.

23 *Vide* § 56.

24 *Vide* § 57.

25 *Vide* § 59 a 66.
59. En primer lugar, al analizar los efectos de la prohibición de expresiones relativas a la religión o las creencias, los Gobiernos tal vez deseen adoptar un enfoque orientado a las víctimas a la hora de examinar las sanciones. En algunas jurisdicciones, se aplica la pena capital por infringir esas prohibiciones, mientras que en otras los castigos son menos severos. Hay que dar la máxima prioridad a la derogación de leyes que pongan en peligro

la vida de las personas. Además, cuando la legislación nacional prevé la pena de muerte para los delitos contra la religión, es más probable que grupos parapoliciales y fanáticos se vean alentados a atentar contra la vida de presuntos infractores.

60. En segundo lugar, los agentes tienen que considerar la posibilidad de ampliar las salvaguardias frente a acusaciones espurias (u otras formas de abuso de las medidas restrictivas) a fin de prevenir la detención arbitraria generalizada de personas que hayan ejercido formas de expresión protegidas en virtud del derecho internacional. En algunas jurisdicciones, es posible formular denuncias sin necesidad de demostrar la veracidad de las alegaciones y se pueden presentar acusaciones formales sin tener debidamente en cuenta los hechos.

61. En tercer lugar, es urgente ampliar la protección frente a la discriminación en los casos en que se politice la religión, en los cuales a menudo se victimiza a quienes no pertenecen a la religión mayoritaria o establecida. Cuanto más estrechamente se entrelazan la religión y el Estado, más probable es que los disidentes y las minorías sean objeto de discriminación, hostilidad y violencia. El hecho de que las minorías y los disidentes no disfruten de la misma protección que el resto de la población, combinado con la existencia de políticas y prácticas que socavan las garantías de igualdad de condiciones de ciudadanía y, por tanto, fomentan la marginación y la exclusión, hacen que esas comunidades sean particularmente vulnerables a quienes intentan atacarlas.

62. En cuarto lugar, los países tienen que evaluar la legislación y las medidas vigentes para determinar si existe vaguedad en su formulación, por ejemplo, el uso de expresiones como «deshonrar a las personas», proteger «objetos de veneración» y ofender «mediante insinuaciones» o «indirectamente», y revisar y modificar las leyes y medidas que no subrayen la importancia de la mens rea (la presencia razonablemente evidente de intencionalidad) como elemento necesario para evaluar la culpabilidad y el castigo. La ausencia del elemento de intencionalidad al formular la definición de un delito, ya sea en el caso de la blasfemia o de la incitación a la violencia, a menudo ha dado lugar a condenas erróneas.

63. Un quinto factor es la falta de independencia judicial y las consiguientes vulneraciones de las garantías procesales que frecuentemente sufren quienes pueden haber puesto en duda las opiniones ortodoxas del Estado o cuya expresión de opiniones relativas a la religión o las creencias amenaza el poder de las autoridades.

64. Las limitaciones de los poderes del Estado, en virtud de las cuales algunas zonas del país escapan al control efectivo del Gobierno, se observa un descuido generalizado del Estado de derecho o existe un fanatismo en cuestiones relacionadas con la religión o las creencias que paraliza la capacidad del Gobierno para aplicar las sentencias de los tribunales, constituyen un sexto factor que la comunidad internacional ha de tener en cuenta a la hora de decidir en qué esferas se debe centrar la atención de manera inmediata.

65. Por último, el Relator Especial hace hincapié en el papel que desempeñan los agentes sociales, en particular los dirigentes religiosos y los medios de comunicación. A menudo transcurre un tiempo entre una supuesta declaración y la movilización de la ira de una parte de la opinión pública a través de fuentes de terceros que dan publicidad al acto supuestamente ofensivo. Los líderes religiosos y los medios de comunicación desempeñan un papel crucial tanto para fomentar el odio como para combatirlo. Internet y los medios sociales amplían enormemente las oportunidades y los riesgos asociados al influyente papel que estos y otros agentes desempeñan en la difusión de mensajes positivos o negativos.

66. En este contexto, la Declaración de Beirut sobre la Fe para los Derechos proporciona una importante guía e inspiración para la acción: «La palabra es fundamental para el florecimiento individual y comunitario. Constituye uno de los medios cruciales para bien y para el mal de la humanidad. La guerra comienza en la mente y se cultiva mediante un razonamiento alimentado por una defensa del odio que a menudo permanece oculta. El discurso positivo es también la herramienta de sanación de la reconciliación y la construcción de

de las personas. Se deben evitar las detenciones arbitrarias en base a alegaciones sin prueba. Deben protegerse a las minorías y a los disidentes de igual manera que al resto de la población. La legislación ha de ser precisa en su formulación; debe respetarse la independencia judicial, y las garantías procesales, que en definitiva, permitan cumplir las sentencias.

Finalmente, destacó que tanto los líderes religiosos como los medios de comunicación, *Internet* y los medios de comunicación sociales tienen un papel crucial tanto para fomentar como para combatir el odio.

2.3. SÍNTESIS DE LA DOCTRINA DE LAS NACIONES UNIDAS RESPECTO AL ODIO COMO LÍMITE DE LA LIBERTAD DE EXPRESIÓN

Todos los seres humanos nacemos libres e iguales. La dignidad como seres humanos debe de ser respetada por todos nosotros conforme al artículo 1 de la *Declaración Universal de Derechos Humanos.* De igual modo todos los seres humanos tenemos el derecho a la libertad de expresión conforme al artículo 19.

La libertad de expresión es esencial para desarrollarse como persona, tener una sociedad democrática y poder ejercitar otros derechos y libertades. La libertad de expresión consiste tanto en buscar y recibir como en difundir ideas de todo tipo. La libertad de expresión puede manifestarse de todas las maneras posibles, tanto por escrito, como oralmente, de manera artística, y a través de los medios de difusión, ya sean convencionales, ya estén basados en las nuevas tecnologías[26].

Ahora bien, la libertad de expresión tiene unos límites igualmente universales que están recogidos en los artículos 19 y 20 del *Pacto Internacional de Derechos Civiles y Políticos*:

> «[...] (la libertad de expresión) puede estar sujet(a) a ciertas restricciones que deberán, sin embargo, estar expresamente fijadas por la ley y ser necesaria para:
>
> a) Asegurar el respeto a los derechos o a la reputación de los demás;
>
> b) La protección de la seguridad nacional, el orden público o la salud o la moral públicas».
>
> «Artículo 20.

---

la paz en los corazones y las mentes. El discurso es uno de los ámbitos más estratégicos entre las responsabilidades que nos comprometemos a asumir, y nos apoyamos mutuamente para su implementación a través de esta declaración de Fe para los Derechos sobre la base de los umbrales articulados por el Plan de Acción de Rabat».

26 Comité de Derechos Humanos, Observación General 34, CCPR/C/GC/34, Ginebra, 11 a 29 de julio de 2011 en relación al PIDCP.

1. Toda propaganda en favor de la guerra estará prohibida por la ley.
2. Toda apología del odio nacional, racial o religioso que constituya incitación a la discriminación, la hostilidad o la violencia estará prohibida por la ley».

Dichos límites, tanto los del artículo 19 como los del 20, deben de cumplir los mismos requisitos para su imposición, como son respetar los principios de legalidad, finalidad legítima, necesidad y proporcionalidad[27]. Así, en primer lugar, el principio de legalidad, no se refiere únicamente al rango de la norma necesario para poder establecer límites a la libertad de expresión, sino que también abarca cómo debe de ser redactada. La ley ha de ser clara y precisa, sin ser excesivamente abierta, para que todos podamos conocer *ex ante* qué comportamientos son «correctos» y cuáles no.

En segundo lugar, la finalidad de las restricciones debe de ser legítima. Para ello la ley únicamente puede establecer limitaciones en los supuestos expresa y taxativamente previstos en los artículos 19 y 20 del PIDCP. Así dichos objetivos justificados en relación al artículo 19 son:

a) El «respeto a los derechos o la reputación de los demás» comprende tanto a personas individuales como a colectivos. Por «derechos» habrán de entenderse todos los derechos humanos comprendidos en la normativa internacional.

b) En cuanto a la «seguridad nacional» como objetivo legítimo no puede servir como excusa para eliminar o censurar información de interés público que no la perjudica, ni para perseguir penalmente a periodistas o defensores de derechos humanos.

c) En lo que se refiere al «orden público» o «la salud» puede tener sentido una limitación en determinadas circunstancias cuando se trata de emplear un espacio público para expresarse.

d) En cuarto lugar, por «moral» debe englobarse un sentido universal, sin que se discriminen unas tradiciones respecto de otras.

En tercer lugar, respecto de los principios de necesidad y de proporcionalidad es claro que están íntimamente relacionados. En atención al principio de proporcionalidad el daño a la libertad de expresión causado por su limitación debe de ser menor al beneficio del interés protegido. Podrá establecerse una restricción cuando proceda conforme lo expuesto *supra*, pero la limitación deberá ser mínima, la estrictamente imprescindible para estar justificada. El principio de proporcionalidad debe aplicarse tanto en ley que fije las limitaciones como en la aplicación de la misma. Para ello habrá de valorarse por un lado la naturaleza de la amenaza, que sea directa e inmediata, su forma de divulgación y a quién se dirige; y, de otro lado, que la medida sea equilibrada.

---

27 *Ibidem*. También se hace referencia a estos principios en el «Test de Rabat», A/HRC/22/17/Add.4 de 11 de enero de 2013 en relación a la DUDH y en «Los Principios de Camden Sobre La Libertad de Expresión y la Igualdad».

Por su parte el artículo 20 del PIDCP contempla los supuestos más graves, lo que no le exonera de cumplir los principios que acabamos de exponer *supra*. La diferencia sustancial entre las restricciones del artículo 19 y las del 20 es que en los supuestos del 19 en ningún caso una limitación de la libertad de expresión puede llegar a suprimirla; es decir, una limitación-restricción nunca puede suponer una «eliminación-destrucción». Sin embargo, para los casos del artículo 20 la medida a establecer es meridianamente clara, su prohibición por ley.

Por tanto los límites más «duros» o si se quiere estrictos están previstos para los casos recogidos en el artículo 20 del PIDCP. Dentro de los cuales la prohibición de la apología del «odio racial» es muy relevante. De hecho, goza de una protección especial en la *Convención Internacional sobre la Eliminación de todas las Formas de Discriminación Racial* la cual engloba «cuatro categorías de comportamiento indebido»:

> «i) la difusión de ideas basadas en la superioridad o el odio racial;
> ii) la incitación al odio racial;
> iii) los actos de violencia contra cualquier raza o grupo de personas de otro color y origen étnico;
> y iv) la incitación a cometer tales actos».

Dichas prohibiciones son compatibles con los artículos 19 y 20 del PIDCP[28].

Junto a ese «núcleo duro» tenemos materias, temáticas, sobre las que puede versar la libertad de expresión, que son más «blandas», menos estrictas y, por tanto, menos susceptibles de verse restringidas o limitadas[29]. En relación al discurso del odio, es importante destacar que:

Se deben de evitar las «leyes de difamación» para que no sean empleadas como mecanismo de ataque a la libertad de expresión. Para el caso de

a) Respecto de los «destinatarios» del mensaje emanado del ejercicio de la libertad de expresión debe prevalecer ésta en el caso de críticas políticas a personajes de relevancia pública o instituciones del Estado.

b) que tales leyes existan deben de contar con dos mecanismos de protección de la libertad de expresión. En primer lugar, la necesidad de incluir la *exceptio veritatis* en el caso de que se refirieran a hechos susceptibles de verificarse. En segundo lugar, cuando no fueran contenidos contrastables, pero afectaran al interés público, no se deberían castigar si fueron emitidos por error y sin mala intención. En ningún caso deberían tener carácter penal y si lo tienen debería reservarse para los casos más graves y no llevar aparejada la pena de prisión.

28 Recomendación general N.° 15 relativa al artículo 4 de la Convención Internacional para la Eliminación de todas las Formas de Discriminación Racial del CERD en 1993.

29 Comité de Derechos Humanos, Observación General 34, CCPR/C/GC/34, Ginebra, 11 a 29 de julio de 2011 en relación al PIDCP.

c) En cuanto a la prohibición de hacer críticas contra la religión o sistemas de creencias, incluidas las «leyes sobre la blasfemia», no es compatible con el PIDCP[30]. El razonamiento de base descansa en que cualquier penalización de los ataques contra una religión o sistema de creencias concreto supone discriminar a unas por encimas de otras. No existe un derecho a que la religión o creencia propios no sea objeto de crítica o de burla. En este sentido, las «leyes contra la blasfemia» son contraproducentes porque censuran el diálogo, y, en ocasiones, son utilizadas para perseguir las religiones o creencias minoritarias o disidentes. Se trata de proteger a las personas tanto individualmente como a las comunidades que formen. No se protegen sistemas de creencias o de religiones, que pueden ser legítimamente criticados[31].

d) Finalmente, en lo que afecta a la libertad de expresión en relación a hechos históricos no deben imponerse sanciones respecto de opiniones erróneas o incorrectas en relación a acontecimientos del pasado.

Para concluir, cuando en el «mundo real» se produzca una colisión entre la libertad de expresión y el discurso del odio, habremos de hacer una ponderación para determinar qué bien jurídico debe de prevalecer. Para ello contamos con unos «factores de evaluación[32]» que son:

a) Contexto, que comprenderá las circunstancias sociales y políticas del momento en que se ejerció la libertad de expresión.

b) Orador, es importante conocer su posición en la sociedad y en particular en relación a los destinatarios de su mensaje.

c) Intencionalidad por parte del emisor de, a través de su mensaje, provocar una reacción en la audiencia a la que se dirige.

d) Contenido y forma del mensaje (estilo del discurso), debe de ser directo, provocador.

e) Extensión del acto tanto en el tiempo como en el espacio, y número de personas a las que llega el mensaje. No será lo mismo si se hace ante un público determinado que si se utilizan canales de comunicación tradicionales o de la sociedad de la información, con mayor alcance e indeterminación de todas las personas a las que pueda llegar.

f) Probabilidad de que provoque una reacción en el público. Tiene que existir una relación causal directa de riesgo de daño.

---

30 Comité de Derechos Humanos, Observación General 34, CCPR/C/GC/34, Ginebra, 11 a 29 de julio de 2011 en relación al PIDCP.

31 «Test de Rabat» recogido en el anexo del Informe anual del Alto Comisionado de las Naciones Unidas para los Derechos Humanos, A/HRC/22/17/Add.4 de 11 de enero de 2013 en relación a la DUDH.

32 *Ibidem*.

3

EL ODIO COMO LÍMITE A LA LIBERTAD DE EXPRESIÓN EN LA JURISPRUDENCIA DEL TRIBUNAL EUROPEO DE DERECHOS HUMANOS (TEDH)

El Consejo de Europa[33] fue creado por el Tratado de Londres, el 5 de mayo de 1949, y está formado por 47 Estados. España es parte desde el 24 de noviembre de 1977[34]. En el seno del Consejo de Europa se firmó el *Convenio para la Protección de los Derechos Humanos y de las Libertades Fundamentales hecho en Roma el 4 de noviembre de 1950* (en adelante CEDH).

Dicho convenio, piedra angular de la defensa de los derechos humanos en Europa, fue ratificado por España mediante el *Instrumento de Ratificación del Convenio para la Protección de los Derechos Humanos y de las Libertades Fundamentales*, hecho en Roma el 4 de noviembre de 1950, y enmendado por los *Protocolos adicionales números 3 y 5, de 6 de mayo de 1963 y 20 de enero de 1966*, respectivamente[35].

En el preámbulo establece el pleno reconocimiento de la dignidad inherente a todos los seres humanos y en su articulado establece el derecho a la libertad de expresión y la prohibición del abuso de derecho:

> «Artículo 10.
>
> 1. Toda persona tiene derecho a la libertad de expresión. Este derecho comprende la libertad de opinión y la libertad de recibir o de comunicar informaciones o ideas, sin que pueda haber injerencia de autoridades públicas y sin consideración de fronteras. El presente artículo no impide que los Estados sometan a las empresas de radiodifusión, de cinematografía o de televisión a un régimen de autorización previa.
>
> 2. El ejercicio de estas libertades, que entrañan deberes y responsabilidades, podrá ser sometido a ciertas formalidades, condiciones, restricciones o sanciones

33 La *web* oficial es: https://www.coe.int/en/web/portal/home/ (consultado el 9-11-2019).

34 http://www.exteriores.gob.es/Portal/es/PoliticaExteriorCooperacion/ConsejoDeEuropa/Paginas/HistoriaActividadConsejoEuropa.aspx (consultado el 9-11-2019).

35 https://www.boe.es/buscar/doc.php?id=BOE-A-1979-24010 (consultado el 9-11-2019).

previstas por la ley, que constituyan medidas necesarias, en una sociedad democrática, para la seguridad nacional, la integridad territorial o la seguridad pública, la defensa del orden y la prevención del delito, la protección de la salud o de la moral, la protección de la reputación o de los derechos ajenos, para impedir la divulgación de informaciones confidenciales o para garantizar la autoridad y la imparcialidad del poder judicial».

«Artículo 17.

Ninguna de las disposiciones del presente Convenio podrá ser interpretada en el sentido de que implique para un Estado, grupo o individuo, un derecho cualquiera a dedicarse a una actividad o a realizar un acto tendente a la destrucción de los derechos o libertades reconocidos en el presente Convenio o a limitaciones más amplias de estos derechos o libertades que las previstas en el mismo».

El Consejo de Europa nació tras la Segunda Guerra Mundial. El Holocausto marcó la andadura para consolidar los Derechos Humanos y evitar que las atrocidades vividas puedan volver a suceder. Este hecho histórico es el que marca la diferencia con los Estados Unidos en materia de libertad de expresión. De hecho, la libertad había permitido en el período de entreguerras el acceso al poder de fuerzas antidemocráticas y Europa se plantea la necesidad de restringir esa libertad a los «enemigos de la democracia» como mecanismos de autodefensa de la propia democracia.

Es esta la razón histórica por la que en este continente se adopta una mirada más proteccionista, más vigilante y desconfiada de la «bondad humana». No es aceptable que semejantes hechos se nieguen y mucho menos que se pueda preparar un caldo de cultivo tal que permita reproducir las condiciones que favorecieron la fatalidad.

Por este motivo y desde esta perspectiva histórica, el modelo europeo es «una democracia en combate con los enemigos de la democracia y que, tomando decidida postura, priva de las garantías que ofrecen los derechos fundamentales a quienes se sirven de ellas para negarlas a los demás y, por ende, para subvertir el propio sistema democrático»[36].

En el seno del Consejo de Europa, como máximo garante de los derechos humanos, contamos con el Tribunal Europeo de Derechos Humanos[37] (en adelante TEDH).

El TEDH se constituyó en enero de 1959 y su primera sesión se celebró en el mes de febrero del mismo año. El tribunal tiene su sede en Estrasburgo y vela por el respeto de los derechos humanos. Su jurisdicción abarca a unos

36 Alcácer Guirao, Rafael: «Víctimas y disidentes. El "discurso del odio" en EE. UU. y Europa», *Revista Española de Derecho Constitucional*, n.º 103, 2015, 48. Como indica este autor, *la cláusula de abuso de derecho establecida el artículo 17 CEDH, [...] ha sido empleada con profusión por el TEDH para excluir de la protección de la libertad de expresión a distintas manifestaciones del discurso del odio.*

37 https://www.echr.coe.int/Pages/home.aspx?p=home (consultado el 30-11-2019).

800 millones de europeos pertenecientes a los 47 Estados que han ratificado la Convención de Derechos Humanos[38].

Tal y como advierte Valero Heredia, el TEDH, a diferencia de la Corte Suprema de EE. UU., entiende que «el criterio de la incitación es irrelevante. Y rechaza la doctrina del *clear and present danger* norteamericana para defender que las expresiones contrarias a la igualdad y a la dignidad de los grupos minoritarios tradicionalmente discriminados son, en sí mismas, constitutivas del discurso del odio sin que sea necesaria una incitación directa a la violencia contra estos[39]».

En la misma línea se pronuncia Presno Linera:

> «a diferencia de lo que sucede en Estados Unidos, en Europa, con carácter general, no hace falta que concurra incitación a la violencia en las expresiones de odio hacia grupos vulnerables. En estos casos o bien se entiende que ha habido abuso del derecho ex artículo 17 CEDH o que, directamente, se trata de conductas expresivas no amparadas por el articulo 10 CEDH. Fuera de estas expresiones de hostilidad hacia los grupos vulnerables, la represión de discurso del odio exigiría una incitación, directa o indirecta, a la violencia motivada por la aversión hacia las personas contra las que se dirige[40]».

3.1. JURISPRUDENCIA DEL TEDH

El TEDH está compuesto por 47 jueces nacionales de cada estado miembro, que son elegidos por la Asamblea Parlamentaria del Consejo de Europa entre 3 aspirantes propuestos por cada Estado miembro. Son nombrados por un período de nueve años y no pueden ser reelegidos[41]. Su composición y funcionamiento está recogida en los *arts. 19* y ss. del CEDH[42].

El TEDH actúa conforme al sistema del «case-law», o sistema del precedente que recuerda al sistema del «common-law», seguido en el mundo anglosajón, y en EE. UU.. De hecho, es una manera de aglutinar y facilitar la convivencia de los estados miembros: la gran diversidad social, cultural, y de los ordena-

38 https://www.echr.coe.int/Pages/home.aspx?p=court/doc_info&c (consultado el 30-11-2019).

39 Valero Heredia, Ana: «Los discursos del odio. Un estudio jurisprudencial», *Revista Española de Derecho Constitucional,* 110, 2017, p. 331.

40 Presno Linera, Miguel Ángel: «El discurso del odio contra las minorías sexuales: respuestas penales y administrativas». *La protección de los derechos fundamentales de las personas LGTBI.* Matia Portilla, Francisco Javier (dir.), Elvira Perales, Ascensión (dir.) y, Arroyo Gil, Antonio (dir.), Tirant lo Blanch: Ministerio de Economía, Industria y Competitividad : Universidad de Valladolid, Instituto de Estudios Europeos, 2019, p. 287.

41 https://www.echr.coe.int/Pages/home.aspx?p=court/judges&c= (consultado el 10-11-19).

42 https://www.echr.coe.int/Documents/Convention_SPA.pdf (consultado el 10-11-19).

mientos jurídicos internos, que integran el CE, hace necesaria una interpretación uniforme que garantice la seguridad jurídica, lo que se logra en base a los precedentes que se van resolviendo. Ello sin perjuicio de las adaptaciones que se deban de hacer para amoldarse a las nuevas situaciones.

El procedimiento establecido para resolver las demandas está recogido en los *arts. 26 y ss.* del CEDH[43].

La estructura de las sentencias es siempre la misma: se recogen los antecedentes del caso, las alegaciones del demandante, las del Estado miembro, se expone el derecho interno y a partir de ahí comienza la valoración[44].

En concreto, para realizar la valoración respecto a si hay o no una vulneración de la libertad de expresión, el TEDH aprecia si hay razones para una injerencia, si son relevantes y suficientes para justificar la injerencia, las circunstancias del caso concreto y la proporcionalidad de las medidas adoptadas[45].

Ese «triple test» también es conocido por la doctrina como «el test de Estrasburgo». El mismo se puede desglosar en las siguientes fases de análisis: la «Necesidad de la injerencia»[46], la «Proporcionalidad» y «La doctrina del margen de apreciación»[47].

Como veremos, no es una tarea fácil, puesto que el contexto es muy importante[48]. Se debe analizar el «status» del demandante, el del «ofendido» por sus expresiones, qué se dijo, cómo se dijo, con qué intención, y qué difusión

---

43 https://www.echr.coe.int/Documents/Case_processing_SPA.pdf (consultado el 10-1-19). La propia *web* recoge un esquema de la «vida» del procedimiento en diferentes idiomas.

44 Como apunta Presno Linera, el TEDH no está vinculado por las alegaciones de los tribunales nacionales, sino que su valoración es en conjunto —lo que significa que puede considerar hechos que no fueron tenidos en cuenta por el Estado miembro—:

[...] le corresponde al TEDH enjuiciar si la restricción impuesta por parte del Estado es compatible con el Convenio; esto es, si está prevista por la ley, si persigue alguno de los fines enunciados por el apartado segundo y si, finalmente, es una medida «necesaria en una sociedad democrática». Al efectuar ese control, el Tribunal no se limita a los razonamientos empleados por las resoluciones judiciales nacionales sino que valora el conjunto del caso, pudiendo apreciar como relevantes hechos o circunstancias no tenidas en cuenta en la vía jurisdiccional nacional.

Vide Presno Linera, Miguel Ángel: «La libertad de expresión según el Tribunal Europeo de Derechos Humanos» *Revista de la Facultad de Derecho de México*, Vol. 70, n.º 276, 2, 2020, p. 464.

45 Briones Martínez, Irene María: *El delito de odio por razón de religión y de creencias, la educación en la religión contra el terrorismo de la palabra y de la violencia*, Thomson Reuters Aranzadi, Cizur Menor (Navarra), 2018, p. 182.

46 Serrano Maíllo, Isabel: «El derecho a la libertad de expresión en la jurisprudencia del Tribunal Europeo de Derechos Humanos: dos casos españoles», *UNED. Teoría y Realidad Constitucional*, n.º 28, 2011, p. 583.

47 *Ibidem*, p. 584.

48 «(L)a similitud de supuestos se da en territorios con una cultura jurídica y unas tradiciones que no son uniformes». *Vid.* Briones Martínez, *ob. cit.*, p. 268.

tuvo. De suerte que «(e)stablecer los límites entre el terrorismo de la palabra y la libertad de expresión no resulta fácil, ni jurídica, ni éticamente[49]».

Analizaremos en primer lugar las sentencias relativas a España y, en segundo lugar, otras que afectan a diferentes países. Estudiaremos brevemente las circunstancias del caso y las bases de la decisión del TEDH, conforme a los parámetros que acabamos de citar.

3.1.1. Sentencias contra España[50]

A la hora de exponer la jurisprudencia del TEDH en relación a España atenderemos a dos grandes bloques. En primer lugar, los casos en los que España ha resultado condenada por el TEDH, que a su vez dividiremos según la condición del solicitante (si fue un particular, un periodista o un político). Y, en segundo lugar, analizaremos los supuestos en los que el TEDH ha inadmitido las demandas por ser manifiestamente infundadas conforme al art. 35.3.a del CEDH[51].

3.1.1.1. Condenas a España según la condición del solicitante y la materia

A. Particulares

A.1. STEDH (Sección 3.ª) Asunto de Stern Taulats y Roura Capellera c. España (Demandas n.° 51168/15 y 51186/15), de 13 de marzo de 2018[52]

El TEDH condenó a España (por unanimidad) por violación del art. 10 CEDH. Pero no condenó por daños morales al considerar que la declaración de vulneración supuso ya una satisfacción equitativa. Sí que condenó por

49 Briones Martínez, *ob. cit.*, p. 72.

50 La *web* del Ministerio de Justicia recoge el enlace a la base de datos oficial del TEDH (https://hudoc.echr.coe.int/eng#{"documentcollectionid2":["GRANDCHAMBER","CHAMBER"]}) y además ordena, resume y facilita el acceso a las sentencias en las que España ha sido demandada: https://www.mjusticia.gob.es/es/areas-actuacion/internacional/tribunal-europeo-derechos/jurisprudencia-tedh/asuntos-espana-sido-parte.

51 3. El Tribunal declarará inadmisible cualquier demanda individual presentada en virtud del artículo 34 si considera que:
a) la demanda es incompatible con las disposiciones del Convenio o de sus Protocolos, manifiestamente mal fundada o abusiva.

52 https://www.mjusticia.gob.es/es/AreaInternacional/TribunalEuropeo/Documents/1292428748246-Sentencia_Stern_Taulats_y_Roura_Capellera._c__Espa%C3%B1a.pdf.

daño material al pago a cada demandante de 2.700 € (correspondiente a la pena de multa a que fueron condenados), y a 9.000 € conjuntamente por gastos y costas.

El *quid* del asunto giró en torno a qué se entiende por «discurso del odio». Para ello el TEDH tomo en consideración el Anexo a la *Recomendación No R (97) 20 del Comité de Ministros a los Estados miembros sobre el «discurso del odio»*[53], que lo define así:

> «todas las formas de expresión que propaguen, inciten, promuevan o justifiquen el odio racial, la xenofobia, el antisemitismo u otras formas de odio basadas en la intolerancia, que se manifiestan a través del nacionalismo agresivo y el etnocentrismo, la discriminación y la hostilidad contra las minorías, los inmigrantes o personas de origen inmigrante».

Este punto es muy interesante y decisivo. Ello por cuanto el Gobierno de España solicitó la inadmisión de la demanda por entender precisamente que incurría en un abuso de derecho prohibido por el art. 17 CEDH[54] al entender que los hechos formaban parte del «discurso del odio».

El TEDH antes de llegar al «meollo» recordó que la libertad de expresión también ampara las informaciones o ideas que «hieren, ofenden o importunan», al ser necesario para proteger el «pluralismo, la tolerancia y el espíritu de apertura», pilares imprescindibles para que exista una «sociedad democrática».

Sobre esta premisa, nuevamente, puso de relieve, que las restricciones a la libertad de expresión deben ser, a su vez, valga la redundancia, restrictivas. Tanto más restrictivas cuando se dan en el ámbito del debate político y si el sujeto a quien se dirigen es una persona pública, porque debe de tener mayor tolerancia a la crítica.

Llegados a este punto el TEDH fija taxativamente los límites al derecho a la libertad de expresión. Dice, a las claras, que no es un derecho ilimitado cuando se trata del discurso del odio o incite al uso de la violencia. Sólo en estos casos, de manera excepcional, será admisible la pena de prisión.

Pero, en los casos de insultos contra Jefes de Estado, el TEDH considera que no es conforme al CEDH su sanción. Ello por cuanto considera que no se puede justificar ningún privilegio o protección especial en relación al derecho a expresar opiniones o a informar en relación al mismo.

En el caso concreto, el TEDH entendió que no se trató de atacar personalmente al Rey, sino que fue una crítica a la institución de la monarquía en

---

53 https://rm.coe.int/1680505d5b (consultado el 17-11-2019).

54 *El artículo 17 del Convenio pone en marcha lo que se conoce como el efecto guillotina [...] se pretende aplicar el lema de «no hay libertad para los enemigos de la libertad» [...] Vide:* Briones Martínez, *ob. cit.*, p. 187.

general, una disidencia política. Y en cuanto al desarrollo de los hechos, consideró que fue una puesta en escena provocadora, para llamar la atención de los medios de comunicación, sin que hubiera una intención de incitar al uso de la violencia contra el Rey.

A título de ejemplo consideró casos de «discurso del odio»:

> «a) declaraciones que negaban el holocausto, que justificaban una política pro nazi o que asociaban a todos los musulmanes con un acto grave de terrorismo.
>
> b) a todas las formas de expresión que propaguen, inciten, promuevan o justifiquen el odio racial, la xenofobia, el antisemitismo u otras formas de odio basadas en la intolerancia».

Con lo cual el TEDH consideró que el caso analizado no cabía encuadrarlo dentro del «discurso del odio». Y no solo eso, sino que, a mayor abundamiento, consideró que en el caso de hacerlo, en el supuesto de ampliar la protección al ofendido en detrimento de la libertad de expresión, se conseguiría un resultado perverso: «probablemente perjudicaría al pluralismo, a la tolerancia y al espíritu de apertura sin los cuales no existe ninguna sociedad democrática».

A.2. Decisión del TEDH (Sección 3.ª) Asunto de Toranzo Gómez c. España (Demanda n.º 26922/14), de 20 de noviembre de 2018[55]

Condenó a España (por unanimidad) al pago de 1.200 € en concepto de daños materiales 4.000 € en concepto de daños morales y 3.025 € en concepto de costas y gastos.

El enfoque que utilizó el TEDH para acercarse al asunto fue considerar que, mientras en un plato de la balanza estaba el derecho a la libertad de expresión, en el otro reposaba el derecho a la vida privada. Ello por cuanto las declaraciones imputando un delito de tortura inevitablemente afectan a la esfera de la reputación.

A partir de ahí, la balanza poco a poco se fue inclinando en favor de la libertad de expresión. La primera inclinación comienza cuando el TEDH quita peso a la afectación de la reputación de los policías. Ello por cuanto en primer lugar, en atención al contexto, consideró que no afectó a la vida privada de los policías, sino que las manifestaciones se refirieron a su actuación profesional. Al hacerlo deben de considerarse como de «interés público».

55 https://www.mjusticia.gob.es/es/AreaInternacional/TribunalEuropeo/Documents/1292429259698-Sentencia_Toranzo_G%C3%B3mez_v_Espa%C3%B1a.pdf.

La segunda pérdida de peso del plato de la afectación de la reputación vino cuando el TEDH acotó la controversia a la concreta expresión « tortura». El TEDH consideró que su función no era la de determinar si la hubo o no. Sino si el empleo de dicho término estaba o no amparado por la libertad de expresión.

El Tribunal consideró que se trató de una expresión coloquial y que lo que realmente quiso hacer fue criticar los métodos policiales concretamente empleados, y no, imputarles la comisión de un delito.

Finalmente, ya inclinada totalmente la balanza en favor de la libertad de expresión, el TEDH consideró que no se analizó si dichas declaraciones fomentaron el uso de la fuerza, ni si había otras vías a las que acudir, alternativas a la jurisdicción penal.

En definitiva, entendió que dicha injerencia no era necesaria en una sociedad democrática. Y además que la misma fue desproporcionada por cuanto las penas impuestas pudieran generar un «efecto paralizante en el ejercicio de la libertad de expresión del demandante ya que puede haberle disuadido de criticar la actuación de la policía».

A.3. STEDH (Sección 5.ª) Asunto de Fragoso Dacosta c. España (Demanda n.º 27926/21), de 8 de junio de 2023[56]

El TEDH por unanimidad declaró vulnerado el artículo 10 del CEDH ya que si bien la sanción estaba prevista por la ley con una finalidad legítima —como es la protección de un símbolo común a todos los miembros de una nación— la pena impuesta no era necesaria en una sociedad democrática.

En primer lugar, el TEDH distinguió entre la crítica y los insultos, en relación a los cuales cabría establecer una sanción adecuada «si la única intención de cualquier forma de expresión es injuriar una institución o a una persona». En segundo lugar, puso énfasis en que no hubo «indicios de desorden o disturbios tras las declaraciones del demandante», pese a que el lenguaje empleado pudiera considerarse provocativo. En esta línea destacó que los tribunales no analizaron si sus declaraciones suponían una incitación al odio valorando la existencia del trasfondo político o social o la capacidad de sus declaraciones. En tercer lugar, valoró que los comentarios se hicieron oralmente durante una protesta, por lo que no tuvo posibilidad de reformularlos, redefinirlos o de retractarse. En tercer lugar, el TEDH sopesó el objeto de las declaraciones —la bandera como símbolo nacional— y por tanto, que no iban dirigidas a una persona o a un colectivo, ni produjeron daño personal o material alguno. En cuarto lugar, valoró la condición del solicitante —era representante sindical— que realizó las manifestaciones durante una protesta contra

56 https://www.mjusticia.gob.es/es/AreaInternacional/TribunalEuropeo/Documents/Sentencia%20Fragoso%20Dacosta%20c.%20Espa%C3%B1a.pdf.

el impago de los salarios, lo que fue una cuestión de interés general para los trabajadores de la empresa de limpieza, por lo que se permite «cierto grado de exageración o incluso de provocación». Finalmente, en relación a la pena impuesta concluyó que el importe de la multa era considerable, y el hecho de que se podía imponer la privación de libertad como pena alternativa era particularmente relevante y, en consecuencia, fue desproporcionada en relación con el objetivo perseguido.

B. Condenas a periodistas

B.1. STEDH (Sección 3.ª) Asunto de Gutiérrez Suárez c. España (Demanda n.º 16023/07), de 1 de junio de 2010[57]

El TEDH condenó a España (con un voto particular), pero consideró que, como el demandante no presentó solicitud de satisfacción equitativa en los plazos definitivos requeridos, no había motivo para concederle suma alguna por este concepto.

El *quid* del asunto giró en torno a la veracidad de la información facilitada por el medio de comunicación.

El TS, consideró que el ataque el honor no estaba en la información dada sino en los titulares que «causaban en el lector medio la creencia que la familia real marroquí era cómplice en el tráfico ilegal de hachís».

Finalmente, el TC inadmitió el recurso de amparo al entender que el recurrente no comprobó de manera adecuada el contenido de la información, que no puede darse por veraz. Y consideró que la protección constitucional de la información «no podía extenderse a titulares que, debido a su brevedad, tenían por objeto sembrar dudas en el público sobre la honorabilidad de las personas a las cuales se había hecho referencia en la información».

El TEDH antes de comenzar su razonamiento expuso una serie de principios generales en relación a la libertad de prensa.

En primer lugar, recordó que ésta desempeña un papel esencial en una sociedad democrática, actúa como un «perro guardián». Su función es la de difundir información e ideas de interés público, lo que se corresponde con el derecho que todos tenemos de recibirla. Ahora bien, recalcó que existen unos límites «que se encuentran, en particular, en la protección de la reputación y los derechos de terceros, así como en la necesidad de impedir la revelación de información confidencial».

57 https://www.mjusticia.gob.es/es/AreaInternacional/TribunalEuropeo/Documents/1292427041882-Sentencia_Guti%C3%A9rrez_Su%C3%A1rez.pdf.

En segundo lugar, analizó al sujeto de la noticia. Distinguió según se trate de un personaje público o particular, para trazar «los límites de la crítica admisible». El primero, el «hombre político», está sujeto a un mayor control periodístico, y, por tanto, debe ser más permisivo con las críticas que se le puedan hacer cuando se trate de cuestiones políticas, fuera de su vida privada. Por este motivo el TEDH argumentó que si bien la libertad de expresión tiene excepciones, éstas, en estos supuestos deben de interpretarse restrictivamente.

A partir de ahí, el TEDH verificó que la condena al periodista tuvo sustento legal, y entró a realizar el «triple test» o «test de Estrasburgo»[58]:

«Necesidad de la injerencia»: el TEDH distinguió entre difundir hechos (que pueden probarse) y juicios de valor (que cuanto menos deben apoyarse en una «base fáctica suficiente»). Recogió que, tanto el TS como el TC, centraron el contenido injurioso, constitutivo del ataque al honor, en el titular de la noticia, más que en el cuerpo que la desarrolla. Es a partir de este matiz donde empezó el fundamento de la condena a España por violación del art. 10 CEDH.

En efecto, el TEDH, consideró que los titulares no dejan de ser un elemento de «técnica periodística» que busca el efecto de captar la atención del lector. Como tal, el TEDH estimó que no corresponde a los tribunales juzgar qué «táctica» deben emplear los periodistas, que pueden incluso acudir a la «exageración» e incluso a la «provocación». Ello por cuanto considera que se debe de leer conjuntamente tanto el titular como el contenido de la noticia.

En base a ello, concluyó que la injerencia en la libertad de expresión no era necesaria. Y a mayor abundamiento estimó que los hechos examinados no podían causar a la reputación de la persona un daño de importancia tal que justificase la injerencia.

B.2. STEDH (Sección 3.ª) Asunto de Asunto Jiménez Losantos c. España (Demanda n.º 53421/10), de 14 de junio de 2016[59]

El TEDH condenó a España (con un voto particular) por violación del CEDH, pero no se impuso una satisfacción equitativa por cuanto no fue solicitada.

Los argumentos del TEDH fueron similares a los que acabamos de exponer, ya que incluso se refirieron a dicho precedente, Otegi Mondragon c. España.

---

58 «Necesidad de la injerencia» , la «Proporcionalidad» y «La doctrina del margen de apreciación».

59 https://www.mjusticia.gob.es/es/AreaInternacional/TribunalEuropeo/Documents/1292428062044-Sentencia_JIMENEZ_LOSANTOS__c__Espana.pdf.

El TEDH comprobó que la condena impuesta a D.° Jiménez Losantos estaba prevista en la Ley y persiguió uno de los fines que el art. 10 CEDH establece como límite, como es la protección de la reputación o de los derechos ajenos.

Sentado lo anterior, el TEDH comenzó a razonar acerca de si dicha injerencia fue necesaria en una sociedad democrática. Para ello acotó los derechos en conflicto. Por un lado, el derecho a la libertad de expresión del art. 10 y por otro el art. 8 que protege la vida privada.

Fijados en estos términos el objeto de ponderación el TEDH comenzó a introducir parámetros para llevarla a cabo:

Así, de un lado, reiteró que hay que atender a la persona objeto de las expresiones. Si es una persona «notoria» deberá ser capaz de soportar más críticas. El «hombre político» tiene unos «límites de crítica admisible» más amplios. Ello es así por cuanto por su oficio se expone «inevitablemente y conscientemente a un control más atento a sus hechos y gestos, tanto por parte de los periodistas como por la masa de los ciudadanos; (y) debe, por tanto, mostrar una mayor tolerancia».

De otro, hay que distinguir si las manifestaciones examinadas eran sobre hechos o, si, por el contrario, se trataban de juicios de valor. Esta diferenciación enlaza con la obligación que todos tenemos, también los medios de comunicación, de ser responsables en el ejercicio del derecho a la libertad de expresión. Esta responsabilidad se anuda, en el caso de declaraciones de hechos, con la obligación de verificarlos. Cosa que no se puede hacer cuando se trata de juicios de valor, en los que dicha exigencia se reduce a constatar que tienen una base fáctica, ya que si no la tuviere podría considerarse como excesivo.

Para discernir si estamos ante un tipo u otro de manifestación «hay que tener en cuenta las circunstancias del caso y el tono general de las palabras».

En tercer lugar, el TEDH atendió a la «proporcionalidad», para lo cual prestó atención a la naturaleza de la sanción y a su extensión. Lo hizo porque en función de las mismas se puede medir el «efecto disuasivo», esto es, el miedo al ejercicio de la libertad de expresión.

Como resultado, del análisis, el TEDH concluyó que las declaraciones fueron dirigidas a un «hombre político». Se trataran bien de «declaraciones de hecho», bien de «juicios de valor», no estaban carentes de base fáctica. Fueron críticas graves, que forman parte del estilo periodístico y por tanto, pueden ser provocativas para captar la atención de los lectores. A ello se une que consideró desproporcionada la pena por su naturaleza y su extensión. Ello por cuanto se acudió a la vía penal que, al generar antecedentes penales, podría disuadir y limitar la libertad de prensa, lo que sólo puede hacerse en situaciones excepcionales.

C. Condenas a políticos

C.1. STEDH (Sección 3.ª) Asunto de Otegi Mondragón c. España (Solicitud n.º 2034/07), de 15 de marzo de 2011[60]

El TEDH condenó a España (por unanimidad) al pago de 20.000 € por daño moral.

El TEDH verificó que la condena tenía sustento legal en España, pero añadió como elementos a tener en cuenta no sólo el derecho interno de España sino también textos del Consejo de Europa[61]. Aquí está una de las bases de la condena a España.

En efecto, el TEDH pasó las sentencias condenatorias precedentes por el tamiz del «triple test». Al hacerlo consideró en primer lugar, que la injerencia no era necesaria en una sociedad democrática.

El tribunal parte de una premisa esencial, y es que, aun cuando la libertad de expresión no es absoluta, cualquier limitación de la misma, ha de hacerse con «carácter restrictivo».

Pero es más, el TEDH añade a esa premisa un «doble plus de restricción»: en primer lugar, en atención al contexto donde se ejerce el derecho. De modo que la injerencia estará menos justificada si es en el ámbito de la discusión y debate político. Y, en segundo lugar, valora quién es el destinatario del mensaje. De suerte que si es un personaje público o político gozará de menor protección . El TEDH lo denomina «los límites de la crítica admisible».

Sentado lo anterior, el TEDH, consideró que las declaraciones se hicieron en un debate sobre cuestiones de interés público. Así mismo valoró en relación a la figura del Rey que «una mayor protección otorgada por una ley especial respecto de las ofensas no se ajusta, en principio, al espíritu del Convenio» y que como representante del Estado que simboliza no puede ser protegido «de toda crítica en el ejercicio de sus funciones oficiales o —como en el caso— como representante del Estado que simboliza, en particular para los que rechazan legítimamente las estructuras constitucionales de este Estado, incluido su régimen monárquico».

El tribunal ponderó que no se afectó a la esfera privada del monarca. Y en cuanto a las concretas expresiones el tribunal las consideró como provocativas. Pero el «quid» de la cuestión en relación a estas es que, a juicio del tribunal, no incitan a la violencia, y no se trata de un discurso de odio.

---

60 https://www.mjusticia.gob.es/es/AreaInternacional/TribunalEuropeo/Documents/1292427042036-Sentencia_Otegi_Mondrag%C3%B3n.pdf.

61 *La Declaración sobre la libertad del discurso político en los medios de comunicación*, adoptada por el Comité de los Ministros el 12 de febrero de 2004 y *La Resolución n.º 1577 (2007) de la Asamblea parlamentaria, titulada «hacia una despenalización de la difamación».*

Además, en esa línea de descargo, también ponderó que eran expresiones orales pronunciadas en una rueda de prensa, con lo que el demandante no tuvo «la posibilidad de reformularlas, de perfeccionarlas o retirarlas antes de que se hicieran públicas».

En segundo lugar, el TEDH también consideró que la pena de prisión impuesta era desproporcionada por el tipo de pena en sí. Razonó que una pena de esta naturaleza ha de ser excepcional y como tal sólo cabe en supuestos graves, de discurso del odio y de incitación a la violencia, lo que no se da en el caso analizado.

3.1.1.2. Supuestos en los que el TEDH ha inadmitido las demandas por ser manifiestamente infundadas conforme al art. 35.3.a del CEDH

A. Decisión del TEDH (Sección 3.ª) Asunto de Saúl Jorge López c. España (Demanda n.º 54140/21), de 20 de septiembre de 2022[62]

El TEDH por unanimidad declaró inadmisible la solicitud. El contenido de las canciones de forma clara y abierta comunicó la idea de que el recurso a la violencia y al terrorismo estaba justificado, incluso sugería directamente herir o matar a quienes aparecen como oponentes ideológicos, así como a políticos, jueces, fuerzas de seguridad, ricos, y a la familia real. La forma de transmisión era gratuita y fácil de disponer, con lo que tenía un riesgo potencial de llegar a un gran número de personas incluyendo a menores de edad. Por todo ello, se consideró que la condena era necesaria en una sociedad democrática y la penalidad definitivamente impuesta (una vez rebajada en apelación) era proporcional (ya que se acercó a los mínimos legales).

B. Decisión del TEDH (Sección 5.ª) Asunto de Pablo Rivadulla Duró c. España (Demanda n.º 27925/21), de 12 de octubre de 2023[63]

El TEDH declaró por unanimidad la inadmisión de la demanda por ser manifiestamente infundada. En primer lugar, respecto de la condena por enalte-

62 https://hudoc.echr.coe.int/?i=001-220219 (consultado el 3-1-2024).

63 https://www.mjusticia.gob.es/es/AreaInternacional/TribunalEuropeo/Documents/Decisi%C3%B3n%20Rivadulla%20Dur%C3%B3%20c.%20Espa%C3%B1a.pdf.

cimiento o justificación pública del terrorismo, al igual que en el asunto de *Jorge López,* consideró que fue más allá de los límites de la crítica aceptable:

> «sus mensajes en Twitter justificaban y ensalzaban el terrorismo, a personas condenadas por pertenecer a organizaciones terroristas y los delitos cometidos por éstas. También se consideró que los mensajes incitaban al odio y a la hostilidad por diversos motivos. [...]. El Tribunal observa asimismo que los mensajes del demandante eran fácil y gratuitamente accesibles en internet y, por tanto, podían llegar a un gran número de personas, incluidos los menores [...]».

Asimismo, consideró que la pena de prisión finalmente impuesta era proporcionada —si llegó a ingresar en prisión fue debido a las sucesivas condenas que acumuló—.

En segundo lugar, en cuanto a la condena por delitos de calumnias contra el Rey y las instituciones el TEDH señaló las diferencias con el caso Otegi Mondragón: como punto de partida destacó que el solicitante era un cantante y no un representante político elegido. A continuación, analizó el medio de mensaje utilizado para difundir: mensajes y una canción que se escribió y grabó —fue fruto de un proceso de reflexión, no fue algo inmediato— con acusaciones graves y «sin ninguna prueba más allá de la propia opinión del demandante».

Finalmente, en relación con la condena del demandante por el delito de injurias a las instituciones del Estado, recalcó que hizo acusaciones graves sin pruebas. El TEDH distinguió su solicitud del caso Toranzo Gómez, por cuanto, en primer lugar, tuvieron como base actuaciones policiales realmente vividas. Y, en segundo lugar, porque las expresiones concretas, que calificaron la actuación de la policía contra él como «tortura» se consideraron protegidas por la libertad de expresión, dado el carácter coloquial utilizado para criticar dicha actuación.

3.1.2. Sentencias-decisiones del TEDH contra otros estados

El TEDH cada vez que afronta la decisión de un asunto pone en un lado de la balanza la ley del país demandado y en el otro el CEDH. El desafío que aborda en cada caso radica en que cada país tiene su propia normativa acorde con sus circunstancias, con su territorio y su historia. En palabras de Briones Martínez «lo moral y lo inmoral no son conceptos absolutos, no hay una noción europea uniforme de moral, todo está en función a las circunstancias del caso[64]».

---

64 BRIONES MARTÍNEZ, Irene María: *El delito de odio por razón de religión y de creencias, la educación en la religión contra el terrorismo de la palabra y de la violencia*, Thomson Reuters Aranzadi, Cizur Menor (Navarra), 2018, p. 182.

A la hora de exponer la jurisprudencia del TEDH en relación a los otros Estados miembros atenderemos a la estructura de cualquier forma de comunicación: por razón de la temática; concepto de incitación a la violencia, odio o la intolerancia; sujetos excluidos de protección, en atención al orador/emisor del mensaje; y en atención al medio empleado para la difusión[65].

3.1.2.1. Por razón de la temática

En atención a la materia sobre la que versa el discurso podemos distinguir a grandes rasgos tres bloques: en primer lugar, en atención a materias absolutamente excluidas del amparo de la libertad de expresión —en relación a las cuales se aplica el «efecto guillotina» del art. 17 CEDH—. En segundo lugar, las excepciones a dicho efecto. Y en tercer lugar, el de mayor volumen de asuntos, aquellas materias en las que el TEDH necesariamente entrará sobre el fondo y aplicará el «triple test».

Al margen de este criterio de sistematización también hemos de destacar la relevancia del artículo 35 del CEDH. Por un lado, es preciso como requisito de admisibilidad el haber agotado las vías de los recursos internos. En este sentido, la Decisión del TEDH (Sección 4.ª) Hösl-Daum y otros c. Polonia (Solicitud n.º 10613/07) de 7 octubre 2014[66] inadmitió por unanimidad la queja por razones procedimentales —por aplicación del artículo 35 del Convenio—: tal y como señalaron los tribunales nacionales no se agotaron con carácter previo todos los recursos. En concreto, no se acudió al tribunal constitucional para cuestionar la constitucionalidad de los preceptos penales por los que fueron condenados.

Por otro lado, como hemos visto en la Decisión del TEDH (Sección 3.ª) Asunto de Saúl Jorge López c. España (Demanda n.º 54140/21), de 20 de septiembre de 2022, y en la Decisión del TEDH (Sección 5.ª) Asunto de Pablo Rivadulla Duró c. España (Demanda n.º 27925/21), de 12 de octubre de 2023, cabe la posibilidad de que el TEDH declare la inadmisión de la demanda por ser manifiestamente infundada.

---

65 Inevitablemente las materias se entrelazan: un acto de comunicación no admite un análisis quirúrgico de partes aisladas, sino que cada sentencia abarca el análisis de todo el acto comunicativo. Empero, trataremos de llevar a cabo esta disección, si bien, reiteraremos las mismas sentencias en las distintas partes afectadas.

66 http://hudoc.echr.coe.int/eng?i=001-147817 (consultado el 24-4-2021).

A. El «efecto guillotina» del art. 17 CEDH[67]

La inadmisión de la solicitud por aplicación del artículo 17 es algo excepcional que toma como base la protección de los valores de tolerancia, paz social y no discriminación del CEDH. Sólo se aplicará en aquellos casos en que sea evidente y cuasi inequívoco el mensaje, en atención a su contenido, contexto de la comunicación y del orador[68].

1. Partidos políticos contrarios al CEDH

Se tratará de supuestos en los que los Estados miembros han prohibido partidos políticos contrarios al espíritu del CEDH. Así, p. ej. la Decisión de la

67 Para LANDA GOROSTIZA es un instrumento excepcional al que el TEDH acude sobre todo en supuestos vinculados al nazismo y en especial a la negación del Holocausto. Si bien, fuera de tales supuestos el TEDH acudirá a un juicio de ponderación, entrará en el fondo del asunto conforme al art. 10.2 CEDH. *Vide* LANDA GOROSTIZA, Jon-Mirena: *Los delitos de odio (Artículos 510 y 22.4 CP 1995).* Tirant lo Blanch, 2018,pp. 30-31:

El TEDH, en definitiva, ha ido dibujando con el paso del tiempo un filtro del discurso de incitación xenófoba con el que, principalmente en casos muy directa y evidentemente ligados a la agitación neonazi, incluida la de tipo negacionista o revisionista del holocausto, se tiende incluso a desconocer los detalles del contexto y rechaza a limine su toma en consideración mediante el efecto guillotina del artículo 17 CEDH. En realidad el artículo 17 CEDH tiene una proyección general sobre todos los artículos del Convenio con la función de rechazar «de plano» sin ni siquiera entrar en el fondo del asunto, actividades dirigidas a destruir el sistema de libertades y derechos del propio Convenio. Los actos «liberticidas» que se intentan camuflar bajo el paraguas de protección de algún derecho del Convenio —en nuestro caso la libertad de expresión— sufren de una especie de efecto «guillotina» que evita ni siquiera entrar a considerar eventuales ponderaciones de los límites de la libertad en cuestión. Ese efecto «guillotina» se ha proyectado, sin embargo, de facto, particularmente sobre la propaganda «dura» de agitación racista y xenófoba —sobre todo relativa al holocausto— [...]

Pero dejando a un lado este grupo de casos más particulares, el TEDH determina o no la protección del discurso del odio de matriz xenófoba y racista por remisión a un juicio de ponderación de los límites de la libertad de expresión (art. 10.2 CEDH) en el que el contexto social en que se vierten las expresiones resulta crucial.

Un contexto cuya variedad y disparidad de criterios no están sistemáticamente ordenados ni aplicados pero que habilitan un margen de maniobra para que el propio Tribunal pueda ir dando respuestas caso a caso. De forma sintética podría afirmarse que ante el discurso del odio racista y xenófobo no hay una negación de protección sistemática y de contenidos. Hay, más bien, una tendencia que se ha ido decantando con el tiempo a valorar el contexto antes que el contenido del discurso de incitación. Tendencia más acusada cuanto más nos alejamos del revisionismo filonazi hacia otros universos de propaganda incitatoria del odio. Y tendencia más acusada, también, cuanto menos expreso es el discurso o «más indirecta» resulta la propaganda incitatoria.

68 En la STEDH (Sección 2.ª) Faruk Temel c. Turquía (Solicitud n.° 16853/05) de 1 febrero 2011. http://hudoc.echr.coe.int/eng?i=001-103141 (consultado el 25-6-2021) el TEDH valoró que la condena impuesta por los tribunales nacionales se basó en una parte del texto, pero sin valorar el contexto, las otras declaraciones, el lugar, la calidad o personalidad de Faruk Temel, ni la intención del mensaje. De este modo, el TEDH por unanimidad consideró en primer lugar que de la totalidad del texto no se incitó al uso de la violencia, la resistencia armada o al levantamiento, ni al odio. Por ello la injerencia no respondió a una necesidad social apremiante. En segundo lugar, las penas impuestas fueron excesivamente severas.

Comisión de Derechos Humanos, Partido Comunista de Alemania c. La República Federal Alemana (Solicitud n.º 250/57) de 20 de julio 1957[69] inadmitió la solicitud respecto de la decisión de disolución y prohibición del Partido Comunista de Alemania. La Comisión basó su decisión en la consideración de que el Partido Comunista de Alemania violaba el CEDH, ya que necesariamente para alcanzar dicho objetivo habría de devenir la dictadura del proletariado, «incompatible con la Convención, en la medida en que incluye la destrucción de muchos de los derechos o libertades consagrados en ella».

En la Decisión de la Comisión Europea de Derechos Humanos B.H, M.W, H.P y G.K. c. Austria (Solicitud n.º 12774/87), de 12 de octubre de 1989[70] se consideró que el Nacional Socialismo es una doctrina totalitaria incompatible con la democracia y con los derechos humanos y, por tanto, contraria al propio CEDH.

2. Apoyo a organizaciones terroristas

El terrorismo es una materia que afecta a la sociedad europea y ataca los valores de convivencia del CEDH. Por este motivo, el TEDH ha inadmitido las solicitudes que alientan la justificación del terrorismo. P.ej. la Decisión del TEDH (Sección 2.ª) Roj TV A/S c. Dinamarca (Solicitud n.º 24683/14) de 17 abril 2018[71] por la que el TEDH por unanimidad consideró que procedía aplicar el artículo 17. Ello por tres razones: en primer lugar, por la naturaleza de los programas que incluían el apoyo a la actividad del terrorismo e incitaban a la violencia. En segundo lugar, en atención a la amplia difusión de los mismos. Y en tercer y último lugar, porque para la sociedad europea actual una cuestión primordial es la del terrorismo y su prevención.

En otros casos, como en la STEDH (Sección 5.ª) Leroy c. Francia (Solicitud n.º 36109/03) de 2 octubre 2008[72] el TEDH valoró que la intención del solicitante, más allá de ser una crítica al imperialismo estadounidense, supuso un apoyo y una glorificación a su destrucción a través de la violencia, que afectó a miles de civiles y socavó la dignidad de las víctimas. El hecho de que una sátira sea provocadora, que exagere y distorsione la realidad no la exime de poder ser restringida y de que se deban asumir deberes y responsabilidades. El solicitante a juicio del TEDH debió de ser consciente del *shock* que existía a nivel mundial y que la publicación, el mensaje de la misma, tendría un

69 https://hudoc.echr.coe.int/eng#{"itemid":["001-110191"]} (consultado el 17-3-2020).

70 https://hudoc.echr.coe.int/eng?i=001-1039 (consultado el 20-3-2020).
La Comisión Europea de Derechos Humanos consideró que la condena impuesta por los tribunales austriacos estaba prevista en la ley y tenía una finalidad legítima. Valoró el pasado histórico de Austria para concluir que dicha condena era necesaria en una sociedad democrática con la finalidad de proteger la seguridad nacional y la integridad territorial, así como para la prevención del delito.

71 http://hudoc.echr.coe.int/eng?i=001-183289 (consultado el 4-3-2021).

72 http://hudoc.echr.coe.int/eng?i=001-88657 (consultado el 21-3-2021).

impacto en la región en que se difundió, ya que era políticamente sensible, con lo que podía avivar la violencia y afectar al orden público en la región.

3. Utilización de símbolos relacionados con el régimen nazi

El TEDH será tajante en los casos en los que sea inequívoco el uso de simbología nazi. Así, p.ej. en la Decisión del TEDH (Sección 5.ª) Nix c. Alemania (Solicitud n.º 35285/16) de 13 de marzo de 2018[73] tomó como base para su decisión la experiencia histórica por la que pasó Alemania. Consideró que «los Estados que han experimentado los horrores nazis tienen una responsabilidad moral especial de distanciarse de las atrocidades masivas perpetradas por los nazis». Existe una necesidad social de evitar el resurgimiento del nazismo y de mantener la paz política. El TEDH se alineó con Alemania al entender que sólo se permite semejante simbología cuando se acompaña la información con una oposición clara y obvia a la ideología nazi. Y además se exige que se tenga por finalidad «servir a la educación civil, a combatir los movimientos inconstitucionales, promover el arte o la ciencia, la investigación o la enseñanza, informar sobre acontecimientos actuales o históricos, o servir con fines similares ». La imagen empleada por Nix no era ambivalente, sino inequívocamente nazi.

4. Negacionismo[74]

El negacionismo —la negación de la existencia de cámaras de gas en los campos de concentración y el exterminio en masa del régimen del Nacional

73 http://hudoc.echr.coe.int/eng?i=001-182241 (consultado el 17-3-2020).

74 Alcácer Guirao se ha mostrado crítico con que el TEDH en estos casos haya acudido al art. 17 y no haya entrado a conocer del fondo del asunto conforme al art. 10 CEDH.
La declaración del Holocausto como «hecho histórico claramente establecido» lleva al TEDH a inadmitir sistemáticamente toda alegación de indefensión por la denegación de las pruebas solicitadas para intentar acreditar los hechos afirmados o para poner de manifiesto la existencia de posibles lagunas o dudas en la investigación histórica.
[...] *El rechazo absoluto y sin reservas —y sin ponderación en el caso concreto— del negacionismo no viene en realidad fundado, más allá de apelaciones genéricas a la dignidad u honor de la comunidad judía, en el daño que tales conductas pueden generar a la democracia o a los derechos fundamentales, sino que se basa en la condición de tabú que ha adquirido el Holocausto, como manifestación del «mal radical», en la memoria colectiva europea. El Holocausto conforma el mito fundacional de las democracias constitucionales surgidas tras la Segunda Guerra Mundial y del propio Convenio, creado, según se ha afirmado como defensa preventiva frente a los totalitarismos y encargado de «hacer sonar la alarma frente a su resurgimiento»; por ello, toda banalización o relativización del Holocausto socaba, simbólicamente, el «espíritu» democrático europeo. No estando sostenido sobre bases tangibles o racionales, sino sobre el quebrantamiento de un tabú, resulta indiferente que la conducta haya llegado a afectar a la dignidad u honor de persona alguna, así como también que hayan podido menoscabarse las bases institucionales o sociales del sistema democrático. El sentido de la prohibición no es, en rigor, la protección de tales bienes jurídicos, sino el de reafirmar la incondicional vigencia del tabú, el de actualizar permanentemente la memoria del pacto ético frente a una barbarie que cambió para siempre la identidad europea. Son razones de esta índole, a mi entender, las que explican el particular estatus que Estrasburgo asigna a estos supuestos.*

Socialismo— se ha considerado contrario a los pilares básicos del CEDH, a la justicia, la paz, y a la discriminación racial y religiosa. En la Decisión de la Comisión Europea de Derechos Humanos (Sala 1.ª) Gerd Honsik c. Austria (Solicitud n.º 25062/94), de 18 de octubre de 1995[75] inadmitió la solicitud por entender que dichas publicaciones realizadas por Gerd Honsik se alejaban de cualquier objetividad científica para negar el asesinato de judíos en los campos de concentración mediante el uso de gas tóxico (conocido como Cyclone B).

Con ello no se pretende afirmar que concretos supuestos de negación del Holocausto no puedan herir el honor de determinadas personas, ni que, en una eventual (e improbable) propagación masiva de las tesis del revisionismo histórico, no pueda llegar a generarse un riesgo para la sociedad democrática. Lo único que pretende reflejarse es que no son ésos —la protección de derechos o la estabilidad democrática— los fundamentos que se hallan tras la jurisprudencia del TEDH, pues si así fuera el cauce de enjuiciamiento a aplicar habría de ser, al igual que en otras amenazas para tales intereses, el del artículo 10.2 CEDH, y no el visceral del artículo 17 CEDH.

[...] Baste con concluir afirmando que, a mi entender, el pretendido daño emocional a la vigencia del tabú no posee mayor grado de lesividad para la democracia o los derechos fundamentales que el que generan determinados discursos de incitación a la violencia o a la discriminación o el que supone la existencia e implantación de partidos funda mentalistas, sino más bien menor. Por ello, la aplicación de la cláusula de abuso de derecho al negacionismo resulta desproporcionada y valorativamente incongruente. De hecho, la aplicación directa del artículo 17 CEDH a la libertad de expresión siempre será desproporcionada.

vide Alcácer Guirao, Rafael: «Libertad de expresión, negación del holocausto y defensa de la democracia. Incongruencias valorativas en la jurisprudencia del TEDH» , *Revista Española de Derecho Constitucional* n.º 97, 2013, págs. *325 y 339 a 341*.

En la misma línea, también ha sido crítico Teruel Lozano, *vide* Teruel Lozano, Germán M: *La lucha del Derecho contra el negacionismo: una peligrosa frontera*, Centro de Estudios Políticos y Constitucionales, Madrid, 2015, p. 166 y 167.

[...] *Para el Tribunal Europeo las manifestaciones negacionistas suponen, por un lado, un discurso de odio que resultaría insultante para la sensibilidad de la comunidad judía y, además, lo vincula de manera inmediata con unas finalidades contrarias a la esencia de los valores del Convenio. Algo que le llevaba a «cruzar el Rubicón» y excluir de la protección «ratione materiae» a este tipo de manifestaciones aplicando autónoma y radicalmente el artículo 17 del Convenio. Una doctrina que se ha denominado como de «grueso calibre». El Tribunal evita recurrir a su tradicional ponderación en un escrutinio concreto del carácter ofensivo o instigador de las expresiones y de su peligrosidad al menos «potencial», como hace en la respuesta frente a programas contrarios a valores incompatibles con los valores democráticos en el ámbito de partidos políticos o en la mayoría de casos de «discurso de odio» (aunque esta aplicación autónoma del art. 17 CEDH la haya empezado a extender a supuestos de discursos racistas, antisemitas o islamofóbicos). Incluso, como se ha visto, el Tribunal se ha atrevido a fijar una categoría de «hechos históricos claramente establecidos» ante la que no cabe discusión alguna. Categoría que terminaría por incluir exclusivamente a los crímenes nazis, pero que no aplica a otros supuestos de revisionismo histórico de cuestiones relacionadas con la II Guerra Mundial o con otros crímenes de guerra, para los cuales el TEDH firma la necesidad de garantizar un amplio espacio de libertad para el debate. Es precisamente el negacionismo del Holocausto al que termina aplicando la respuesta guillatinadora que ha mantenido para las actividades nacionalsocialistas y que extiende al discurso racista o xenófobo, expulsando de plano del ámbito de protección del Convenio a cualquier manifestación de esta ideología y admitiendo la necesidad de su sanción penal.* [...].

75 https://hudoc.echr.coe.int/eng#{"dmdocnumber":["666524"],"itemid":["001-2362"]} (consultado el 21-3-2020).

También se pronunció en el mismo sentido en la Decisión de la Comisión Europea de Derechos Humanos (Sala 1.ª) Herwig Nachtmann c. Austria, (Solicitud n.º 36773/97) de 9 de septiembre de 1998[76] en la que recordó que ya se había pronunciado acerca del Nacional Socialismo como una doctrina totalitaria incompatible con la democracia y con los derechos humanos, lo que supuso que la solicitud fuera inadmitida al considerarse que la condena impuesta por los tribunales austriacos era necesaria en una sociedad democrática.

Posteriormente, el TEDH ha mantenido la misma línea, p.ej. en la Decisión del TEDH (Sección 5.ª) Hans Jorg Schimanek c. Austria (Solicitud n.º 32307/96) de 1 de febrero de 2000[77] recordó nuevamente que el Nacional Socialismo es una doctrina totalitaria incompatible con la democracia y los derechos humanos de la CEDH. También en la Decisión del TEDH (Sección 4.ª) Garaudy c. Francia (Solicitud n.º 65831/01) de 24 junio 2003[78] consideró que el solicitante negó la realidad del Holocausto con la finalidad de rehabilitar el régimen nacionalsocialista acusando a las víctimas de falsear la realidad. Lo que es incompatible tanto para la democracia como para los derechos humanos.

El TEDH consideró que negar el Holocausto, el asesinato de millones de judíos en las cámaras de gas de los campos de concentración supone promover ideas contrarias al texto y al espíritu de la CEDH, p.ej. en la Decisión del TEDH (Sección 5.ª) Williamson c. Alemania (Solicitud n.º 64496/17) de 8 de enero de 2019[79]. También en la Decisión del TEDH (Sección 5.ª) Pastörs c. Alemania (Solicitud n.º 55225/14) de 3 de octubre 2019[80].

Tradicionalmente, el TEDH ha establecido la aplicación del artículo 17 cuando se ha enfrentado a comentarios explícitos y directos. Si bien con la Decisión del TEDH (Sección 5.ª) M'Bala c. Francia (Solicitud n.º 25239/13) de 20 octubre 2015[81] atendió a la peligrosidad que implica el negacionismo: estableció que si bien es cierto que el artículo 17 se ha aplicado siempre a comentarios explícitos y directos «la exhibición flagrante de una posición odiosa y antisemita disfrazada de producción artística es tan peligrosa como un ataque total y agudo».

5. Postulados que atacan valores del CEDH

- Discriminación racial

El artículo 17 tiene como finalidad evitar la existencia de grupos totalitarios. En este sentido, en la Decisión de la Comisión de Derechos Humanos

76 https://hudoc.echr.coe.int/eng#{"itemid":["001-4399"]} (consultado el 21-3-2020).

77 https://hudoc.echr.coe.int/eng#{"itemid":["001-24075"]} (consultado el 21-3-2020).

78 http://hudoc.echr.coe.int/eng?i=001-44357 (consultado el 14-3-2021).

79 https://hudoc.echr.coe.int/eng#{"itemid":["001-189777"]} (consultada el 19-3-2020).

80 https://hudoc.echr.coe.int/eng#{"itemid":["001-196148"]} (consultado el 20-3-2020).

81 http://hudoc.echr.coe.int/eng?i=001-160358 (consultado el 21-3-2021).

Glimmerveen y Haqenbeek c. Holya (Solicitud n.º 8348/78 - 8406/78) de 11 octubre 1979[82] la Comisión apreció que las expresiones utilizadas reflejaron que el solicitante defendió una política para eliminar/expulsar de Holanda a todas las personas que no fueran blancas, sin importar su nacionalidad, tiempo de residencia lazos familiares y otras consideraciones. En definitiva, propugnaba una discriminación racial prohibida tanto en el Convenio como en los acuerdos internacionales.

- Ataques contra grupos

El TEDH es claro, considera que los ataques generales y vehementes contra grupos son contrarios a los valores de tolerancia, paz social y no discriminación garantizados por el Convenio. Así lo reflejó, p.ej. en relación a grupos religiosos en la Decisión del TEDH (Sección 2.ª) Norwood c. Reino Unido (Solicitud n.º 23131/03) de 16 noviembre 2004[83]. Pero también en los casos de agresiones por motivos étnicos, p.ej. en la Decisión del TEDH (Sección 1.ª) Pavel Ivanov c. Rusia (Solicitud n.º 35222/04) de 20 febrero 2007[84] el TEDH falló que las publicaciones constituían un ataque general y vehemente contra un grupo étnico contrario a la tolerancia, la paz social y la no discriminación recogidos como valores en el Convenio.

La Decisión del TEDH (Sección 2.ª) Fouad Belkacem c. Bélgica (Solicitud n.º 34367/14) de 27 junio 2017 [85] señaló como elementos internacionales a tener en cuenta los siguientes: la Recomendación 97/20 del Comité de Ministros sobre el «discurso del odio»; El Protocolo Adicional del Convenio sobre la Ciberdelincuencia, relativo a la criminalización de actos de carácter racista y xenófobo cometidos a través de sistemas informáticos; Recomendación e informe de la Comisión Europea contra el Racismo y la Intolerancia («ECRI») del Consejo de Europa n.º 7 sobre legislación nacional para luchar contra el racismo y la discriminación racial; y la Decisión marco 2008/913/JAI relativa a la lucha contra determinadas formas y manifestaciones del racismo y la xenofobia a través del Derecho penal. No obstante, en este caso el tribunal no aplicó el «triple test», no entró a valorar a fondo el asunto, sino que inadmitió la demanda *ad limine* por el artículo 17.

El propio tribunal señaló que esta vía es muy excepcional . Sin embargo, consideró que el contenido de dichos vídeos subidos a la plataforma de *YouTube* tuvo como finalidad fomentar el odio, la discriminación hacia todas las personas que no son musulmanas. Por ello el TEDH consideró que «un ataque tan generalizado y vehemente está en contradicción con los valores de tolerancia, paz social y no discriminación que subyacen a la Convención».

82 http://hudoc.echr.coe.int/eng?i=001-74187 (consultado el 13-4-2021).

83 http://hudoc.echr.coe.int/eng?i=001-67632 (consultado el 24-4-2021).

84 http://hudoc.echr.coe.int/eng?i=001-79619 (consultado el 25-4-2021).

85 http://hudoc.echr.coe.int/eng?i=001-175941 (consultado el 23-2-2021).

- Apelación al uso de la violencia

El TEDH en atención al contenido y tono de las expresiones, ha llegado a inadmitir solicitudes cuando ha considerado que no había dudas acerca del carácter hostil y de la apelación al uso de la violencia como p.ej. en la Decisión del TEDH (Sección 2.ª) Medya FM Reha Radyo ve Ileti°im Hizmetleri A. .ª. c. Turquía (Solicitud n.º 32842/02) de 14 noviembre 2006[86].

En los casos en los que no ha sido tan manifiesto el TEDH ha entrado a valorar el fondo. P.ej. la STEDH (Sección 2.ª) Altıntaş c. Turquía (Solicitud n.º 50495/08) de 10 marzo 2020[87] contempló que la condena estaba prevista por la ley y que la misma persiguió objetivos legítimos. Por ello el TEDH entró a analizar si la injerencia fue necesaria en una sociedad democrática. Para ello indicó los factores relevantes que habrían de ser considerados: si el contexto político o social era tenso; si las declaraciones fueron correctamente interpretadas y si en relación con el contexto inmediato incitaron directa o indirectamente a la violencia, o si justificaron la violencia, el odio o la intolerancia; la forma en que se realizaron las declaraciones; y la capacidad directa o indirecta de causar daños.

En primer lugar, en cuanto al contexto, la publicación se realizó con ocasión del trigésimo quinto aniversario de los hechos, y se divulgó en el lugar donde ocurrieron los mismos, por lo que el TEDH valoró que era un «contexto social tenso». En segundo lugar, respecto del contenido propiamente dicho del artículo el TEDH consideró que las expresiones empleadas disculparon/justificaron la violencia. En tercer lugar, el TEDH consideró que existió un riesgo de alentar o incitar a la violencia a los jóvenes, ya que el artículo legitima que para cumplir un objetivo ideológico se acuda al uso de la violencia como algo necesario y justificado. En cuarto lugar, el TEDH valoró que la pena de multa impuesta no fue desproporcionada. De este modo el TEDH concluyó por cinco votos a dos que no se infringió la libertad de expresión del demandante.

Por el contrario, cuando no se ha detectado un riesgo de violencia el TEDH ha optado por amparar la libertad de expresión. En la STEDH (Sección 4.ª) Dicle (no. 2) c. Turquía (Solicitud n.º 46733/99) de 11 de abril de 2006[88] valoró que la pena impuesta por los tribunales nacionales estaba prevista en la ley y perseguía una finalidad legítima. Sin embargo, el TEDH concluyó (por unanimidad) que la injerencia no era necesaria en una sociedad democrática. En este sentido, apreció que las razones dadas por los tribunales nacionales no fueron suficientes para justificar la injerencia. El TEDH reconoció que los pasajes fueron duros y dieron una visión negativa del Estado, pero no incitaron al uso de la violencia, a la resistencia armada o al levantamiento, que es

86 http://hudoc.echr.coe.int/eng?i=001-78182 (consultado el 20-6-2021).

87 http://hudoc.echr.coe.int/eng?i=001-201897 (consultado el 25-6-2021).

88 http://hudoc.echr.coe.int/eng?i=001-73301 (consultado el 20-6-2021).

lo que en definitiva constituiría un discurso de odio —«elemento esencial a tomar en consideración»—.

B. Religión

El TEDH en el contexto de creencias religiosas y opiniones considera que se deben de evitar expresiones que de manera innecesaria ofendan, sin contribuir a un debate público. En estas materias los Estados miembros tienen un cierto margen de apreciación, pero habrá de ponderarse si la injerencia era o no necesaria en una sociedad democrática. Así se recoge p. ej. en la STEDH (Sección 1.ª) Gündüz c. Turquía (Solicitud n.º 35071/97) de 4 de diciembre de 2003[89].

El motivo por el cual existe un mayor margen de apreciación es que no existe una concepción europea uniforme, como recoge la STEDH (Sección 2.ª) İ. A. c. Turquía (Solicitud n.º 42571/98) de 13 septiembre 2005[90].

A *contrario sensu*, la injerencia no será necesaria en una sociedad democrática cuando se trate buscar un debate en un asunto de interés público acerca del rol de la religión en la sociedad y su papel para desarrollarla, tal y como recogió en la STEDH (Sección 5.ª) Tagiyev and Huseynov c. Azerbaiyán (Solicitud n.º 13274/08) de 5 de diciembre de 2019[91].

El objeto de ponderación en los casos concretos será, por un lado el derecho del demandante a expresar su opinión sobre una doctrina religiosa, y por otro lado, el derecho de los demás a que se respetase su libertad de religión y de conciencia.

Otro de los motivos para que exista un mayor margen de apreciación es que las autoridades nacionales gozan de mejor posición para examinar e interpretar los hechos concretos y aplicar su legislación de forma razonada, como recogió la Decisión del TEDH (Sección 4.ª) Abedin Smajić c. Bosnia y Herzegovina (Solicitud n.º 48657/16) de 18 enero 2018[92].

En la STEDH (Sección 3.ª) Ibragim Ibragimov y otros c. Rusia (Solicitudes n.º 1413/08 y 28621/11) de 28 de agosto de 2018[93] recordó que la libertad religiosa comprende también la libertad de no creer; protege tanto a los creyentes, como a los no creyentes, como a los agnósticos. Asimismo, subrayó que la libertad religiosa implica también soportar las críticas y otras doctrinas religiosas, incluyendo las hostiles hacia la propia fe. Corresponde a los estados actuar de manera neutral e imparcial y proteger el pluralismo para

89 http://hudoc.echr.coe.int/eng?i=001-61522 (consultado el 11-6-2021).

90 http://hudoc.echr.coe.int/eng?i=001-70113 (consultado el 20-6-2021).

91 http://hudoc.echr.coe.int/eng?i=001-198705 (consultado el 21-3-2020).

92 http://hudoc.echr.coe.int/eng?i=001-180956 (consultado el 26-2-2021).

93 http://hudoc.echr.coe.int/eng?i=001-185293 (consultado el 25-4-2021).

garantizar el orden público. Los estados no pueden intervenir eliminando una forma de tensión, sino que deben de garantizar la tolerancia. Son los estados miembros quienes se encuentran en una mejor posición para valorar la situación, ya que no existe en Europa una concepción uniforme acerca de cómo actuar frente a los ataques hacia las convicciones religiosas. Sin embargo, el margen de apreciación de los tribunales nacionales no es ilimitado y debe de ser supervisado, más si cabe en esta materia, ya que existen riesgos de que las injerencias en la libertad de expresión sean excesivas.

C. Moral

El TEDH en esta materia también da un papel importante a los Estados miembros. El caso paradigmático fue recogido en la STEDH (Gran Sala) Handyside c. Reino Unido (Solicitud n.º 5493/72) de 7 diciembre 1976[94]. El TEDH consideró que la norma aplicada por los tribunales nacionales tenía una finalidad legítima consistente en la protección de la moral en una sociedad democrática evitando la depravación y la corrupción de los menores con publicaciones obscenas.

En esta sentencia el TEDH estableció el principio de que la libertad de expresión es aplicable

> «no sólo a la "información" o a las "ideas" que se reciben favorablemente o se consideran inofensivas o como una cuestión de indiferencia, sino también a aquellas que ofenden, conmocionan o perturban al Estado o a cualquier sector de la población. Tales son las exigencias de ese pluralismo, tolerancia y amplitud sin la cual no hay "sociedad democrática"».

A partir de ahí el TEDH estudió la necesidad de la injerencia en una sociedad democrática. El TEDH razonó que los estados miembros cuentan con un margen de apreciación que afecta al legislador nacional y a los órganos judiciales para interpretar y aplicar la ley. En asuntos como el examinado, la ausencia de un concepto uniforme en Europa de moral hace que cada país esté en mejor posición para conocer la evolución de opiniones sobre el tema «debido a su contacto directo y continuo con las fuerzas vitales de sus países».

De este modo, en el caso concreto respetó la decisión de los tribunales nacionales y no consideró infringida la libertad de expresión de Richard Handyside. Para ello el TEDH puso de relieve los siguientes factores: en primer lugar, ponderó que el libro estaba dirigido principalmente a niños y adolescentes entre doce y dieciocho años. En segundo lugar valoró el contenido del libro. En términos generales era correcto, pero el apartado «sé tú mismo» dentro de la sección dedicada al *sexo* contenía frases que los jóvenes (que se encontraban en una etapa crítica de su desarrollo) podían interpretar como

94 http://hudoc.echr.coe.int/eng?i=001-57499 (consultado el 24-4-2021).

un estímulo para llevar a cabo actividades perjudiciales para ellos o incluso delictivas. Y esa posibilidad de interpretación correspondía hacerla a los tribunales nacionales conforme al margen de apreciación.

D. Hechos históricos

Como punto de partida el TEDH señala que no le corresponde revisar la historia entrando en un debate entre historiadores. Así, en la STEDH (Gran Sala) Lehideux y Isorni c. Francia (Solicitud n.º 24662/94) de 23 septiembre 1998[95] explicó que el caso no trataba de asuntos históricos claramente establecidos como sucede con el Holocausto, sino que lo que hicieron los solicitantes fue una descripción favorable de *Philippe Pétain* y defender la teoría del «doble juego». El TEDH valoró que la publicación se refirió a hechos sucedidos cuarenta años antes y que los solicitantes no actuaron a título personal sino en nombre de unas asociaciones que fueron legalmente constituidas y que con dicha publicación cumplía sus objetivos, sin que se hubiera dirigido ningún procedimiento contra la mismas. Por todo ello el TEDH consideró que la injerencia fue innecesaria y desproporcionada.

En los casos de usos de símbolos como banderas que no tiene un significado histórico unívoco el TEDH pondera las circunstancias en que se produjo dicha utilización. Así la STEDH (Sección 2.ª) Fáber c. Hungría (Solicitud n.º 40721/08) de 24 julio 2012[96] se centró en el caso de utilización de una bandera *Árpád* en una manifestación. El TEDH por seis votos a uno dio la razón al solicitante al considerar que la injerencia no era necesaria en una sociedad democrática. En su argumentación el TEDH tuvo en cuenta diferentes factores. En primer lugar, la actitud de Károly Fáber, que durante la manifestación, fue pasiva y permaneció alejado de la otra concentración; esto es, no dio motivos para la intervención policial, no tuvo un comportamiento provocador. En segundo lugar, el contexto en el que se produjo la contramanifestación, que tenía el carácter de discurso político, lo que supone un mayor margen de la libertad de expresión. En tercer lugar, el símbolo empleado por el solicitante, que fue una bandera que no tenía un significado unívoco, sino múltiple. El TEDH subrayó que:

> «los sentimientos o incluso la indignación, en ausencia de intimidación, no pueden representar una necesidad social apremiante a los efectos del artículo 10 § 2, especialmente teniendo en cuenta que la bandera en cuestión nunca ha sido prohibida».

En cuarto lugar, el TEDH analizó si existió una amenaza seria, clara y presente de violencia. Para el TEDH no la hubo en la medida en la que no se acreditó que la exhibición de la bandera por parte de Károly Fáber supusiera

95 http://hudoc.echr.coe.int/eng?i=001-58245 (consultado el 14-3-2021).

96 http://hudoc.echr.coe.int/eng?i=001-112446 (consultado el 13-4-2021).

un incremento del riesgo de perturbación del orden público. En este sentido, el TEDH valoró que la intervención de la policía se dirigió contra el solicitante, pero no consta que tuvieran más intervenciones respecto de otros contra manifestantes[97].

3.1.2.2. Incitación a la violencia, odio o la intolerancia

El TEDH considera que en los casos en los que se incita, promueve, propaga o justifica la violencia, odio o la intolerancia es legítimo imponer condiciones, restricciones o sanciones, siempre que sean proporcionales. Se trata de proteger del discurso del odio por motivos de etnia, origen, religión, orientación sexual o pertenencia a grupo social.

En la STEDH (Sección 3.ª) Stomakhin c. Rusia (Solicitud n.º 52273/07) de 9 mayo 2018[98] remarcó el carácter sensible de las cuestiones relativas al conflicto en la República de Chechenia en relación con la insurgencia armada. Por este motivo, consideró que los tribunales nacionales rusos impusieron una condena prevista por la ley y que la finalidad de ésta era legítima ya que trataba de proteger los derechos de los demás, así como proteger la seguridad nacional, la integridad territorial y la seguridad pública y prevenir el desorden y la delincuencia. Seguidamente el TEDH se apoyó en la STEDH (Gran Sala) Perinçek c. Suiza (Solicitud n.º 27510/08) de 15 octubre 2015 para resaltar los factores a analizar en el caso concreto:

> «contexto en el que se publicaron las declaraciones impugnadas, su naturaleza y redacción, su potencial para dar lugar a consecuencias perjudiciales y las razones aportadas por los órganos jurisdiccionales rusos para justificar la injerencia de que se trata».

El TEDH analizó en primer lugar la existencia de una «necesidad social apremiante» y seguidamente si hubo «proporcionalidad». Al analizar la «necesidad social apremiante» agrupó las declaraciones en tres bloques. Del primer bloque, consideró que fueron mucho más allá de los límites de la crítica y glorificaron el terrorismo y la violencia. Por ello la injerencia en la libertad de expresión respondió a una «necesidad social apremiante» y las razones dadas por los tribunales nacionales fueron «relevantes y suficientes». Del segundo bloque, en atención al contexto en el que se hizo una crítica a la actuación de las autoridades a raíz de una noticia el TEDH consideró que los tribunales nacionales no dieron unas razones «relevantes y suficientes» y que las mismas fueron una crítica al Gobierno, instituciones del Estado y sus políticas y prácticas. Del tercer bloque, también se consideró que no se expusieron razones «relevantes y suficientes» porque no se indicaron en la

97 §40. El Tribunal destacó que al analizar el contexto no se argumentó acerca de si hubo una mayor probabilidad de violencia ni si hubo una clara amenaza o peligro inminente de violencia *(resulted in a clear threat or present danger of violence)*.

98 http://hudoc.echr.coe.int/eng?i=001-182731 (consultado el 25-4-2021).

sentencia «los concretos textos que constituyeron el ataque ni siquiera se refirieron a ningún texto concreto que, según ellos, hubiera tenido connotaciones discriminatorias o humillantes, y mucho menos a evaluar esos textos a la luz de las normas pertinentes del Tribunal de Justicia».

A continuación, el TEDH estudió la «proporcionalidad» en cuanto a las penas en relación con el objetivo perseguido por la norma, y la relevancia/suficiencia de la decisión. El TEDH dejó abierta la cuestión de si la prohibición del ejercicio del periodismo como pena era o no compatible con el artículo 10 y abordó la cuestión relativa a la pena de prisión. El TEDH consideró que los argumentos de los tribunales nacionales tales como la «personalidad» y el «peligro social» de Boris Vladimirovich Stomakhinle fueron insuficientes en atención a una pena tan grave. El TEDH destacó en su favor que no tenía antecedentes penales; que no era una figura pública, conocida o influyente; y que los boletines los autoeditó y distribuyó a personas que tenían interés, en un número muy bajo. El TEDH valoró que el impactó potencial de sus declaraciones sobre los derechos de los demás, la seguridad nacional, la seguridad pública o el orden público quedaba significativamente reducido. Por todo ello el TEDH por unanimidad consideró que la libertad de expresión del solicitante fue vulnerada.

El TEDH recordó en la STEDH (Sección 3.ª) Atamanchuk c. Rusia (Solicitud n.º 4493/11) de 11 febrero 2020[99] que la incitación al odio no requiere un llamamiento expreso al uso de la violencia:

> «Incitar al odio no implica necesariamente un llamado explícito a un acto de violencia u otros actos criminales. Los ataques contra personas cometidas insultando, ridiculizando o calumniando a grupos específicos de la población pueden ser suficientes para que las autoridades favorezcan la lucha contra el discurso xenófobo o discriminatorio frente a la libertad de expresión ejercida de manera irresponsable».

En palabras del TEDH la evaluación de la pluralidad de factores que componen el contexto consiste:

> «Al evaluar un caso específico de «injerencia» en la libertad de expresión en este tipo de casos, deben tenerse en cuenta varios factores, entre ellos: el contexto en el que se formularon las declaraciones impugnadas, su naturaleza y redacción, su potencial para conducir a consecuencias perjudiciales y las razones aportadas por los tribunales nacionales para justificar la injerencia en cuestión; si las declaraciones se hicieron en un contexto político o social tenso; si las declaraciones, interpretadas y vistas justamente en su contexto inmediato o más amplio, podrían considerarse como un llamado directo o indirecto a la violencia o como una justificación de la violencia, el odio o la intolerancia; la forma en que se hicieron las declaraciones, y su capacidad —directa o indirecta— para conducir a consecuencias perjudiciales. Es la interacción entre los diversos factores y no cualquiera de ellos tomados de forma aislada lo que determina el resultado de un caso en particular».

---

99 http://hudoc.echr.coe.int/eng?i=001-200839 (consultado el 25-4-2021).

Sentado lo anterior, el TEDH en primer lugar consideró que el texto era ofensivo, conmocionaba o perturbaba. En segundo lugar, en relación al contexto, el mismo se emitió durante una campaña electoral, pero no se refirió a una política concreta del gobierno, como pudiera ser en relación a la inmigración. Por ese motivo el TEDH consideró que lo que hizo el solicitante fue dar su opinión, sin una base fáctica, con lo que pudiera valorarse como excesiva. En ese contexto el TEDH consideró cuestionable que el solicitante tratase de fomentar un debate público. En tercer lugar, la difusión de los periódicos se situó en una «región multiétnica» por lo que los tribunales nacionales, dentro del margen de apreciación, pudieron valorar el aumento de los prejuicios en la población local respecto de la población de etnia no rusa. Por todo ello el TEDH consideró que la condena era necesaria en una sociedad democrática.

El TEDH también valoró que la pena fue proporcionada puesto que fue de naturaleza económica y no de prisión. Y respecto de la pena de prohibición del ejercicio de la actividad periodística impuesta recalcó que fue proporcional en la medida en que el solicitante no era un periodista. Por lo que no tendría un efecto disuasorio para tratar de asuntos de interés público conservando la prensa su papel de «perro guardián» en una sociedad democrática.

El TEDH ha equiparado en gravedad la discriminación por «orientación sexual» con la que se basa en la «raza, origen o color». P.ej. en la STEDH (Sección 5.ª) Vejdeland y otros c. Suecia (Solicitud n.º 1813/07) de 9 febrero 2012[100]. En el caso concreto el TEDH valoró por un lado, que los solicitantes no eran del colegio donde se difundieron los folletos homófobos —no tenían acceso libre al mismo—. Por otro lado, que los destinatarios eran menores de edad (impresionables y sensibles), y que no se les dio posibilidad de aceptar o rechazar los panfletos —ya que incluso los dejaron dentro de las taquillas—. En tercer lugar, el TEDH consideró que las penas impuestas fueron proporcionadas. Por todo ello el TEDH por unanimidad concluyó que no se vulneró la libertad de expresión de los demandantes.

3.1.2.3. Sujetos excluidos de protección

Para el TEDH es claro que las fuerzas de seguridad de los estados no pueden considerarse como colectivos minoritarios y vulnerables que deban ser protegidos del discurso del odio. Así, en la STEDH (Sección 3.ª) Savva Terentyev c. Rusia (Solicitud n.º 10692/09) de 28 de agosto de 2018[101] el TEDH sostuvo que la policía:

> «[...] difícilmente puede describirse como una minoría o grupo desprotegido que tiene antecedentes de opresión o desigualdad, o que se enfrenta a prejuicios profundamente arraigados, hostilidad y discriminación, o que es vulnerable por alguna otra razón, y por lo tanto puede, en principio, necesitar una mayor protección contra los ataques cometidos por el insulto, resistiendo el ridículo o la calumnia [...].

100 http://hudoc.echr.coe.int/eng?i=001-109046 (consultado el 17-5-2021).

101 http://hudoc.echr.coe.int/eng?i=001-185307 (consultado el 25-4-2021).

[...] al ser parte de las fuerzas de seguridad del Estado, la policía debería mostrar un grado particularmente alto de tolerancia al discurso ofensivo, a menos que ese discurso inflamatorio pueda provocar acciones ilegales inminentes con respecto a su personal y exponerlos a un riesgo real de violencia física. Sólo ha sido en un contexto muy delicado de tensión, conflicto armado y lucha contra el terrorismo o disturbios carcelario mortales que el Tribunal de Justicia ha constatado que las declaraciones pertinentes podrían alentar la violencia capaz de poner en riesgo a los miembros de las fuerzas de seguridad y, por lo tanto, ha aceptado que la injerencia en tales declaraciones estaba justificada [...]».

Con esa premisa el TEDH estudió los factores concurrentes en el caso. En primer lugar, respecto del comentario por el que fue condenado el solicitante y del lenguaje empleado el TEDH recordó que:

«[...] el lenguaje ofensivo puede quedar fuera de la protección de la libertad de expresión si equivale a una denigración sin sentido; pero el uso de frases vulgares en sí mismo no es decisivo en la evaluación de una expresión ofensiva, ya que bien puede servir a propósitos meramente estilísticos. [...] el estilo forma parte de la comunicación como forma de expresión y, como tal, está protegido junto con la sustancia de las ideas y la información expresada».

En segundo lugar, el TEDH destacó que lo relevante en el caso concreto era valorar si los comentarios vertidos pudieron incitar a la violencia, odio o intolerancia. En este sentido, el TEDH destacó que las frases fueron emitidas en relación a un asunto de interés general y público —ya que se hicieron al hilo de una noticia respecto a una actuación policial desarrollada durante una campaña electoral—. El TEDH también ponderó que el solicitante no se refirió a ninguna persona en concreto, sino hacia una institución pública en general —que difícilmente puede considerarse como un grupo desprotegido o vulnerable—. Igualmente valoró que fue una crítica mordaz, pero no consideró que el solicitante incitase a la violencia. Ello por cuanto no se publicó en un contexto de tensión o conflicto que afectase a la seguridad en la región, no se acreditó que se produjeran enfrentamientos o disturbios contra la policía. Finalmente, también se sospesó que el comentario no tuvo difusión, y que el solicitante no era un *bloguero* conocido en las redes sociales. Por todo ello el TEDH consideró que la injerencia no era necesaria en una sociedad democrática.

3.1.2.4. Personajes con repercusión pública

A. Políticos

1. Discurso de odio

La libertad en el ejercicio de la política no supone inmunidad para los representantes políticos, su puesto de responsabilidad también les exige ser respetuosos con los valores del CEDH. El *quid* de estos asuntos será delimitar los límites de la libertad de expresión en el ámbito de la libertad política. En un lado de la balanza estará el discurso político, que «no puede restringirse sin razones imperiosas» ya que el parlamentario representa a los electores, muestra sus preocupaciones y defiende sus intereses. En el otro lado de la balanza, estará la tolerancia y el respeto por la igualdad de dignidad de todos los seres humanos, lo que constituye la base de una sociedad democrática y pluralista. Si bien, será preciso realizar una ponderación conforme al «triple test». En la STEDH (Sección 1.ª) Erbakan c. Turquía (Solicitud n.º 59405/00) de 6 julio 2006[102] concluyó que la injerencia no era necesaria en una sociedad democrática. Ello por cuanto las declaraciones se dieron en un contexto de debate político y los tribunales nacionales no razonaron que hubiera un peligro claro e inminente para la sociedad en el momento de iniciar el procedimiento penal (cuatro años y cinco meses después de ocurrir los hechos). Asimismo, valoró que las penas impuestas fueron muy severas, e inevitablemente producen un efecto disuasorio.

En la STEDH (Sección 2.ª) Féret c. Bélgica (Solicitud n.º15615/07) de 16 de julio de 2009[103] recordó que en las sociedades democráticas se puede considerar necesario sancionar, o incluso prevenir, todas las formas de expresión que propagan, promueven o justifican el odio basado en la intolerancia siempre que las «condiciones», las «restricciones» o las «sanciones» impuestas sean proporcionadas a un propósito legítimo que se persigue. En el caso concreto, el TEDH a la hora de decidir puso de relieve una serie de factores. En primer lugar, en cuanto al contenido del mensaje, destacó que los folletos difundidos por Daniel Féret además de basarse en la diferencia cultural entre los nacionales belgas y las comunidades afectadas, dio una visión criminógena de las mismas. Con ello era inevitable despertar en el público, en especial en el menos informado, sentimientos de desprecio, rechazo e incluso odio hacia los extranjeros. El TEDH remarcó que la incitación al odio no requiere necesariamente llamar a la comisión de un acto concreto de violencia o delincuencial. Es suficiente, como ocurrió en el caso, que se insulte, ridiculice o difame o incite a la discriminación de manera que se debilite la dignidad e incluso la seguridad de una parte de la población. En segundo lugar, en cuanto a la condición de parlamentario de Daniel Féret, el TEDH afirmó que no puede considerarse una circunstancia atenuante. El TEDH recordó que es de vital importancia que «los políticos, en sus discursos públicos, eviten difundir comentarios que puedan alimentar la intolerancia». En tercer lugar, en relación al medio utilizado para la difusión del mensaje y al contexto en el que se produjo, el TEDH consideró que los panfletos se difundieron en campaña electoral, y, por tanto, alcanzaron a toda la población, con lo que el impacto del mensaje tuvo mayor difusión y fue más dañino. En cuarto lugar, el TEDH coincidió con la decisión de los tribunales belgas en

102 http://hudoc.echr.coe.int/eng?i=001-76232 (consultado el 20-6-2021).

103 http://hudoc.echr.coe.int/eng?i=001-93626 (consultado el 24-3-2020).

cuanto al lenguaje utilizado por Daniel Féret en el sentido de que era claro que incitaba a la discriminación y al odio racial.

El TEDH a la vista de los anteriores elementos ratificó que la condena impuesta a Daniel Féret respetaba los principios de legalidad, finalidad legítima y necesidad en una sociedad democrática.

2. Hechos históricos

Los hechos históricos pueden verse comprendidos dentro de los temas sobre los que gira el debate público. En la STEDH (Gran Sala) Perinçek c. Suiza (Solicitud n.º 27510/08) de 15 octubre 2015[104] tuvo ocasión de aclarar que a diferencia del Tribunal Penal Internacional no tiene jurisdicción penal sobre cuestiones relativas al genocidio. Por ese motivo consideró que no le correspondía determinar si efectivamente en 1915 se produjeron masacres y deportaciones masivas de armenios por parte del Imperio Otomano, que pudieran calificarse como genocidio desde el punto de vista del derecho internacional.

En estos casos, de igual manera, el TEDH procedió a realizar el «triple test». En primer lugar, valoró que la sanción estaba prevista por la ley y que el solicitante pudo conocerla. En segundo lugar, consideró que la condena tenía un objetivo legítimo consistente en proteger el honor de los familiares de las víctimas. En tercer lugar, el TEDH ponderó si la injerencia fue necesaria, para ello tuvo en cuenta diversos factores[105]. Por un lado, las declara-

104 http://hudoc.echr.coe.int/eng?i=001-158235 (consultado el 26-2-2021).

105 Como señaló María Elósegui la importancia de esta sentencia no está tanto en el resultado (ajustado en la votación) sino en la fijación de criterios para realizar una ponderación. En sus palabras:

[...] No se trata de estar de acuerdo o no con el resultado concreto del caso Perinçek, sino de utilizar ciertos criterios para realizar la ponderación entre los derechos en conflicto. En suma, a la hora de valorar si un discurso está protegido por el artículo 10 del Convenio o bien queda excluido de esta protección. Incluso en este caso podría ser merecedor de un reproche civil, administrativo o penal, en el caso de que sean expresiones que supuestamente agiten o justifiquen la violencia, el odio o la intolerancia. Para discernir este punto, el Tribunal hace un análisis que tiene en cuenta varios factores, a saber:

1. El contexto en el que esas frases fueron publicadas o dichas declaraciones impugnadas. Su finalidad.

2. La naturaleza y redacción de las palabras concretas. El tono y la forma.

3. Su potencial para tener consecuencias perjudiciales. El estatuto de quien emite ese discurso o escribe ese artículo. A quién está dirigido y en qué formato.

4. Las razones aducidas por los tribunales rusos para justificar la injerencia en cuestión.

Vide Elósegui Itxaso, María: «El principio de proporcionalidad, la incitación al odio y la libertad de expresión en la reciente jurisprudencia del Tribunal Europeo de Derechos Humanos: los casos Stomakhin c. Rusia, Williamson c. Alemania y Pastörs c. Alemania», *Revista General de Derecho Europeo*, n.º 51, 2020, p. 16.

Los votos particulares disidentes consideraron que la masacre armenia era un hecho histórico claramente establecido. A partir de ahí, entre otros argumentos, valoraron de ciones del solicitante tenían una «naturaleza histórica, jurídica y política», y fomentaron un debate de interés público. Esta naturaleza de las declaraciones supuso que el margen de apreciación de los tribunales nacionales fuera más reducido. Por otro lado, no se acreditó que las expresiones del demandante hubieran podido incitar al odio o la violencia. El TEDH también valoró el contexto en que se produjeron las manifestaciones, tanto el factor geográfico —tuvieron lugar en Suiza— (sin que existieran pruebas de que hubieran provocado por sí mismas odio hacia los armenios en Turquía) como el factor temporal —noventa años después de los hechos—. Ambos factores, geográfico y temporal, hicieron considerar al TEDH que no pudiera considerarse que pudieran reabrir la controversia y revivir recuerdos de sufrimientos pasados. En este sentido, el TEDH citó casos en los que fijó una línea temporal de cuarenta años para entender que no se podía ser igual de severo que si hubieran transcurrido diez o veinte años. Asimismo, valoró que las declaraciones tuvieron lugar en tres actos públicos, con lo que su impacto iba a ser bastante limitado. El TEDH también analizó el método empleado por los tribunales nacionales para justificar la condena del solicitante. Al respecto consideró que no quedaba claro si la condena fue por no compartir la calificación jurídica de los acontecimientos de 1915, o por disentir de la opinión predominante en Suiza —lo que sería contrario a una sociedad democrática, que debe permitir expresar opiniones divergentes—. Finalmente, el TEDH conforme al derecho comparado y la posición del *Comité de Derechos Humanos de las Naciones Unidas* consideró que había dudas acerca de la necesidad social de la condena para proteger el honor y los sentimientos de los familiares de las víctimas. Ello por cuanto la tipificación en Suiza requería únicamente la negación del genocidio sin exigir además la incitación al odio o a la violencia. Por todo ello el TEDH consideró con diez votos a favor y siete en contra que se infringió la libertad de expresión del solicitante.

3. Negacionismo

Como hemos visto *ut supra* en la Decisión del TEDH (Sección 5.ª) Pastörs c. Alemania (Solicitud n.º 55225/14) de 3 de octubre 2019[106] el negacionismo

---

forma distinta los factores que acabamos de exponer. En primer lugar, consideraron que las declaraciones de Doğu Perinçek tenían una intención de ofender y eran claramente menospreciativas. En segundo lugar, no compartieron los argumentos en cuanto a los factores geográficos y temporales. Respecto del factor geográfico consideraron que la protección de los derechos humanos tiene efectos *erga omnes*. A modo de ejemplo razonaron que negar los genocidios cometidos en otro continente —como el sucedido en Ruanda— no debería estar amparado por la libertad de expresión en Europa. En relación al factor temporal lo conectaron con la negación del Holocausto para retóricamente preguntarse qué pasaría tras el transcurso de veinte o treinta años, y cómo se conectaría el paso del tiempo con el principio de imprescriptibilidad de los crímenes de guerra y de lesa humanidad.

106 https://hudoc.echr.coe.int/eng#{"itemid":["001-196148"]} (consultado el 20-3-2020).

del *Holocausto* y su reproche por parte del TEDH es igualmente aplicable a los responsables políticos. El TEDH no esquivó el hecho de que Udo Pastörs fuera parlamentario. Al contrario lo tomó muy en cuenta, ya que como representante electo recalcó que está sujeto a «deberes y responsabilidades». El TEDH dispuso que las declaraciones de los parlamentarios «merecen poca, si la hubiera, protección si su contenido está en contradicción con los valores democráticos del sistema de la Convención». Una cosa es que tengan una protección mejorada por ser parlamentarios y otra que ésta sea ilimitada. Por estos motivos el TEDH desestimó las pretensiones de Udo Pastörs.

4. Responsabilidad por omisión al no retirar comentarios de la red social

Recientemente, la STEDH (Gran Sala) Sanchez c. Francia (Solicitud n.º 45581/15) de 15 de mayo de 2023[107] ha confirmado la STEDH (Sección 5º) Sanchez c. Francia (Solicitud n.º 45581/15) de 2 de septiembre de 2021[108], por la que se consideró que no se produjo vulneración del artículo 10 del CEDH. El TEDH analizó una cuestión novedosa: la responsabilidad de un político que durante una campaña electoral permitió que subieran a su red social comentarios islamófobos. La libertad de expresión de un político es muy amplia, ya que representa y defiende las preocupaciones e intereses de su electorado. Pero dicha protección, aunque elevada, no es absoluta, los políticos están sujetos a deberes y responsabilidades: deben evitar comentarios que puedan fomentar la intolerancia, y en particular la exclusión de los extranjeros. De manera que, quedan fuera de la protección del artículo 10 CEDH aquellas declaraciones « capaces de suscitar un sentimiento de rechazo y hostilidad hacia una comunidad». Cuestión distinta es que:

> «[...] pueden proponer soluciones a los problemas relacionados con la inmigración, pero al hacerlo deben evitar defender la discriminación racial y recurrir a comentarios o actitudes vejatorias o humillantes, ya que tales conductas podrían desencadenar reacciones entre el público que serían perjudiciales para un clima social pacífico y podría socavar la confianza en las instituciones democráticas».

La dificultad del caso concreto residía en buscar un equilibrio entre por un lado, no reconocer ninguna responsabilidad a quien permite esos comentarios, ya que podría facilitar el abuso o uso indebido de las redes sociales facilitando los discursos de odio, incitación a la violencia, así como la manipulación y la desinformación. Y, por otro lado, atribuir al titular de la cuenta

107 https://hudoc.echr.coe.int/eng?i=001-224928 (Consultado el 16-12-2023).

108 https://hudoc.echr.coe.int/app/conversion/pdf/?library=ECHR&id=001-215828&filename=CASE%20OF%20SANCHEZ%20v.%20FRANCE%20-%20%5BSpanish%20Translation%5D%20by%20the%20Spanish%20Ministry%20of%20Justice.pdf (consultado el 29-12-2022).

la responsabilidad por los comentarios subidos a la misma. En este análisis, el TEDH valoró que la red social permite decidir si se da o no acceso al *muro* a terceras personas o no. Al haber tomado la decisión de permitir que todo el mundo pudiera acceder debió ser consciente del mayor riesgo de los comentarios que pudieran aparecer; y, siendo conocedor de los mismos, debió llevar a cabo un mínimo control. También se valoró que no era un hilo aislado de comentarios, sino que se trató de un diálogo continuo que formó un todo coherente, y el propio solicitante afirmó que dichos comentarios eran compatibles con la libertad de expresión. Como político su responsabilidad era mayor que la de un particular anónimo:

> «[...] un particular de escasa notoriedad y representatividad tendrá menos deberes que un político local y un candidato que se presenta a las elecciones para un cargo local, quien a su vez tendrá una carga menor que una figura nacional para quien las exigencias serán necesariamente aún mayores, por el peso y alcance que se otorga a sus palabras y por los recursos a los que él o ella tendrán mayor acceso para intervenir eficazmente en las plataformas de redes sociales».

También destacó que cabe acudir al derecho penal en atención a la gravedad del discurso del odio como se recoge en el apéndice de la Recomendación CM/Rec(2022)16 del Comité de Ministros[109] Finalmente, valoró que la pena de multa impuesta no tuvo efectos negativos en el solicitante (no se vio obligado a cambiar su comportamiento, ni tuvo ningún impacto negativo en su carrera política posterior, ni en sus relaciones con los votantes[110]).

B. Futbolistas

La Decisión del TEDH (Sección 1.ª) Josip Šimunić c. Croacia (Solicitud n.º 20373/17) de 22 enero 2019[111] confirmó las resoluciones de los tribunales nacionales e inadmitió la solicitud. Para ello razonó que la condena se fundamentó en una ley y que la sanción económica impuesta era necesaria y fue proporcional. El TEDH entendió que los tribunales analizaron y explicaron el razonamiento acerca de por qué la frase utilizada por el solicitante era delictiva, al suponer una incitación al odio por motivos racistas, nacionalidad y de religión: el solicitante se dirigió al público y gritó «Para casa» a lo que los espectadores (a cada exclamación) le respondieron «listos».

El TEDH destacó por un lado que el solicitante era un futbolista famoso, con muchos seguidores, y, por tanto, un referente que debió de haber medido las consecuencias de su acción. Por otro lado, el TEDH subrayó que el contexto

109 https://search.coe.int/cm/Pages/result_details.aspx?ObjectId=0900001680a67955 (consultado el 14-1-2024).

110 De hecho fue elegido alcalde de la ciudad de Beaucaire en 2014.

111 http://hudoc.echr.coe.int/eng?i=001-189769 (consultado el 28-2-2021).

en el que se produjo fue con motivo de un partido de fútbol entre dos selecciones nacionales y con mucho público. Asimismo, se ponderó que no se dijo la frase una sola vez, sino hasta en cuatro ocasiones, buscando la reacción del público. Finalmente, consideró que la naturaleza económica de la pena y de su cuantía fue proporcional para proteger el objetivo legítimo protegido por la ley nacional aplicada: «promover la tolerancia y el respeto mutuo en los eventos deportivos, así como la lucha contra la discriminación a través del deporte». Por todo ello el TEDH consideró que la condena impuesta estaba dentro del margen de apreciación con que cuentan los estados miembros.

C. Artistas musicales

Como hemos visto *supra*, en relación a España el TEDH se ha pronunciado recientemente en la Decisión del TEDH (Sección 3.ª) Asunto de Saúl Jorge López c. España (Demanda n.° 54140/21), de 20 de septiembre de 2022 y en la Decisión del TEDH (Sección 5.ª) Asunto de Pablo Rivadulla Duró c. España (Demanda n.° 27925/21), de 12 de octubre de 2023.

D. Periodistas

La STEDH (Gran Sala) Jersild c. Dinamarca (Solicitud n.° 15890/89) de 23 septiembre 1994[112] valoró que lo que se debía analizar en el caso concreto era si de forma objetiva se podía concluir que el solicitante tenía la intención de difundir un mensaje racista. Para ello el TEDH señaló que se debe de atender a todas las características de la entrevista difundida. En primer lugar, antes de comenzar la entrevista se pudo escuchar al presentador haciendo una introducción a la misma en la que hizo referencia a la actualidad del momento, en que aparecían comentarios en prensa y debates públicos acerca del racismo en Dinamarca. También explicó que el objetivo del programa era identificar a ciertas personas racistas, para conocer su mentalidad y antecedentes sociales como un aspecto del problema del racismo. En segundo lugar, el medio de difusión fue un programa de un medio de comunicación serio y destinado a un público informado. En tercer lugar, pese a lo sostenido por los tribunales nacionales el TEDH consideró que el entrevistador sí refutó y cuestionó a lo largo de la entrevista las declaraciones de los *Greenjackets* apartándose de las mismas.

Sentado lo anterior el TEDH remarcó que uno de los medios que tiene la prensa para el ejercicio de la función de *perro guardián* es precisamente a través de las entrevistas (editadas o no). Por ello la mayoría del TEDH (doce votos a siete) dieron la razón al solicitante y consideraron que la injerencia punitiva no era necesaria en una sociedad democrática.

112 http://hudoc.echr.coe.int/eng?i=001-57891 (consultado el 4-3-2021).

En relación con España en esta materia como hemos visto se pronunciaron la STEDH (Sección 3.ª) Asunto de Asunto Jiménez Losantos c. España (Demanda n.º 53421/10), de 14 de junio de 2016, y la STEDH (Sección 3.ª) Asunto de Gutiérrez Suárez c. España (Demanda n.º 16023/07), de 1 de junio de 2010.

3.1.2.5. Medio de difusión

A. Canales «tradicionales»

1. Artículos en diarios

La STEDH (Sección 4.ª) Özgür Gündem c. Turquía (Solicitud n.º 23144/93) de 16 marzo 2000[113] consideró (por unanimidad) que se infringió la libertad de expresión del demandante ya que las autoridades no hicieron nada por proteger el medio de comunicación frente ataques violentos, lo que provocó el cese de su actividad. En primer lugar, el TEDH estableció que dentro de la libertad de expresión los gobiernos deben adoptar las medidas de protección necesarias para poder ejercerla. Es decir, la libertad de expresión comprende no solo que los Estados no deban de interferir en su ejercicio; sino que también supone que tienen una obligación de que pueda ejercerse realmente. Si bien en cada caso habrá de ponderarse entre el interés general y el individual, sin que pueda imponerse a las autoridades cargas imposibles o desproporcionadas. En el caso concreto el TEDH consideró que las autoridades eran conscientes de dichos ataques, pese a lo cual no reaccionaron, sólo tomaron medidas de protección relativas a la distribución del periódico.

En segundo lugar, el TEDH entendió que el registro y detención de todas las personas que se encontraron en la sede del periódico fue desproporcionado, no era necesario en una sociedad democrática, ni persiguió ningún objetivo legítimo.

En tercer lugar, el TEDH en base a los precedentes en los que se examinaron las normas por las que fueron condenados recordaron que las mismas estaban previstas por la ley y perseguían objetivos legítimos. Por esta razón el TEDH entró a examinar si las condenas fueron necesarias en una sociedad democrática y proporcionales. Para ello compartimentó en 5 bloques los delitos aplicados en las condenas por los tribunales nacionales. De dicho examen concluyó que las condenas no eran necesarias en una sociedad democrática y que las penas fueron desproporcionadas a los fines perseguidos, —fueron demasiado severas—.

113 http://hudoc.echr.coe.int/eng?i=001-58508 (consultado el 11-6-2021).

En la STEDH (Sección 2.ª) Erdal Taþ c. Turquía (Solicitud n.º 77650/01) de 19 diciembre 2006[114] consideró por unanimidad que se vulneró la libertad de expresión de Erdal Taþ. El TEDH apreció que el artículo analizó el problema turco, y que, si bien era cierto que abogaba por el separatismo, también lo era que no se apeló ni al uso de la violencia, ni a la resistencia armada ni se incitó al levantamiento —no alentó al odio—. Este análisis junto con la severidad de las penas impuestas llevó al TEDH a considerar que las mismas fueron desproporcionadas a la finalidad legítima prevista en la ley aplicada, y, en consecuencia, dicha injerencia no fue necesaria en una sociedad democrática.

2. Libros

La STEDH (Sección 5.ª) Soulas y otros c. Francia (Solicitud n.º 15948/03) de 10 julio 2008[115] falló que no hubo violación de la libertad de expresión. La injerencia estaba prevista por ley tenía una finalidad legítima. Asimismo, dicha injerencia era necesaria en una sociedad democrática por varios motivos. En primer lugar, el libro fue diseñado siguiendo un esquema clásico de análisis de la situación, propuestas, efectos y previsión de futuro. Con esta estructura el autor trató de demostrar que el Islam trataba de conquistar Francia y Europa a través de la delincuencia juvenil, como manifestación de una guerra civil étnica. En segundo lugar, el TEDH consideró que con el libro se presentó una imagen negativa de las comunidades afectadas con un uso de un lenguaje militar. En concreto el TEDH destacó y dio relevancia a determinados pasajes en los que se afirmó: «sólo si estalla una guerra civil étnica se podrá encontrar una solución». Asimismo, tuvo en cuenta otros fragmentos en los que directamente se aseveró, a partir de determinados hechos recogidos a lo largo del libro, que los jóvenes magrebíes o musulmanes de los suburbios cometían «violaciones rituales» de jóvenes blancas, por racismo antieuropeo. Finalmente, el TEDH encontró que la sanción impuesta era proporcionada ya que era de carácter económico e inicialmente los solicitantes se enfrentaron a penas de prisión.

3. Semanarios

La STEDH (Sección 2.ª) Dink c. Turquía (Solicitudes n.º 2668/07, 6102/08, 30079/08, 7072/09 y 7124/09) de 14 septiembre 2010[116] consideró que la cuestión de fondo era si la injerencia en la libertad de expresión era necesaria en una sociedad democrática, por lo que valoró que la condena estuvo prevista por la ley y la finalidad de ésta era legítima. A la hora de analizar la necesidad de la injerencia el TEDH puso de relieve que la libertad de prensa comprende la posi-

114 http://hudoc.echr.coe.int/eng?i=001-78610 (consultado el 25-6-2021).

115 http://hudoc.echr.coe.int/eng?i=001-87370 (consultado el 21-3-2021).

116 http://hudoc.echr.coe.int/eng?i=001-100383 (consultado el 20-6-2021).

bilidad de utilizar una cierta exageración y provocación. A continuación, el TEDH analizó los motivos por los cuales los tribunales nacionales condenaron a Fırat Dink y llegó a la conclusión que en el fondo (indirectamente) fue condenado por mantener una opinión contraria a la «versión oficial» acerca de lo ocurrido en 1915 —por haber criticado que el Estado negase la tesis del genocidio en cuanto a los incidentes de 1915—. El TEDH consideró que los artículos no incitaron ni al odio, ni a la violencia. Lo que Fırat Dink pretendió fue fomentar un debate sobre hechos históricos. Por todo ello el TEDH por unanimidad concluyó que no existió una necesidad social apremiante para condenar al demandante.

4. Calendarios

La STEDH (Sección 3.ª) Balsyte-Lideikiene c. Lituania (Solicitud n.º 72596/01) de 4 de noviembre 2008[117] analizó las frases concretas del calendario que dieron lugar a la condena de la solicitante. Entre todas ellas destacó, a modo de ejemplo, las siguientes:

> «La nación lituana sólo sobrevivirá siendo una nación nacionalista – ¡no existe otra manera! [...], La potencia ocupante soviética, con la ayuda de [...] muchos judíos [...] llevó a cabo el genocidio y la colonización de la nación lituana [...]. A través de la sangre de nuestros antepasados hacia la comunidad mundial de los judíos [...] ejecuciones contra los lituanos y la nación lituana, llevando a cabo la política pro-judía [...] En 1944 [...] el ejército polaco de Krajova mató a 12 lituanos por la única razón de que eran lituanos", "En 1944 [...] el ejército polaco krajova mató brutalmente a más de un centenar de lituanos [...] los polacos, en condiciones de guerra, llevaron a cabo la limpieza étnica. En todo el territorio de Lituania [los miembros del ejército de Krajova] mataron a unas 1.000 personas, y en las tierras de etnia lituana a unas 3.000 personas inocentes por la única razón de que eran lituanos. Los acontecimientos deben considerarse como el genocidio de la nación lituana [...]».

El TEDH consideró por unanimidad que dichas expresiones revelaron un nacionalismo etnocéntrico y agresivo, que fomentaba el odio hacia los polacos y los judíos. Para el TEDH los tribunales nacionales aplicaron correctamente el margen de apreciación. Igualmente consideraron que la sanción impuesta fue proporcional en atención a que la conducta de la solicitante fue negligente, y que si bien el embargo de los ejemplares supuso una sanción grave, también se ponderó que pudiéndole imponer una multa conforme a la legislación nacional, no se hizo.

5. Cartas publicadas en revistas

La STEDH (Gran Sala) Sürek c. Turquía (Solicitud n.º 26682/95) de 8 julio 1999[118] al aplicar el «triple test» valoró que la condena estaba prevista por la

117 http://hudoc.echr.coe.int/eng?i=001-89307 (consultado el 24-4-2021).

118 https://hudoc.echr.coe.int/eng?i=001-58279 (consultado el 30-12-2023).

ley, y que los objetivos que perseguía eran legítimos —en atención a la situación de seguridad que se vivía en aquel momento en que los movimientos separatistas utilizaban la violencia—. Para valorar el contexto el TEDH partió de la base del medio empleado/la revista y del rol que juega la prensa en una sociedad democrática. Ésta permite un control del Gobierno (de sus acciones y omisiones) por parte de la opinión pública. A continuación, el TEDH analizó las palabras concretas que se utilizaron en las cartas publicadas, tales como «el ejército fascista turco», «la banda asesina del TC», y «los asesinos a sueldo del imperialismo» que se asociaron a «masacres», «brutalidades» y «matanzas». El TEDH consideró que lo que se pretendió fue estigmatizar a una de las partes del conflicto, al Gobierno turco. Y que las cartas persiguieron transmitir que el uso de la violencia era una medida legítima frente a éste; siendo capaces de incrementar la violencia en la región al causar odio contra ellos.

Sentado lo anterior el TEDH consideró que el solicitante era responsable. Como propietario tenía el poder de controlar la dirección editorial de la revista, y, por tanto, qué información se recopila y se difunde —máxime en situaciones de conflicto—. Asimismo, el TEDH concluyó que la multa impuesta fue proporcional a los hechos.

6. Folletos

Son uno de los medios de difusión sobre los que más se ha pronunciado el TEDH tal y como hemos ido analizando. En concreto: en la Decisión de la Comisión de Derechos Humanos Glimmerveen y Haqenbeek c. Holya (Solicitud n.° 8348/78 - 8406/78) de 11 octubre 1979[119], la STEDH (Sección 2.ª) Féret c. Bélgica (Solicitud n.°15615/07) de 16 de julio de 2009[120], y la STEDH (Sección 5.ª) Vejdeland y otros c. Suecia (Solicitud n.° 1813/07) de 9 febrero 2012[121] y la STEDH (Sección 3.ª) Stomakhin c. Rusia (Solicitud n.° 52273/07) de 9 mayo 2018[122].

7. Poesía

La STEDH (Gran Sala) Karataş c. Turquía (Solicitud n.° 23168/94) de 8 de julio de 1999[123] consideró que la sanción estaba prevista por ley y que tenía una finalidad legítima, consistente en prevenir desórdenes y combatir el terrorismo. Sin embargo, por doce votos a cinco, el TEDH observó que la injerencia fue innecesaria en una sociedad democrática. Para llegar a esta conclusión el TEDH analizó el contexto. Como primer factor analizó el medio

119 http://hudoc.echr.coe.int/eng?i=001-74187 (consultado el 13-4-2021).

120 http://hudoc.echr.coe.int/eng?i=001-93626 (consultado el 24-3-2020).

121 http://hudoc.echr.coe.int/eng?i=001-109046 (consultado el 17-5-2021).

122 http://hudoc.echr.coe.int/eng?i=001-182731 (consultado el 25-4-2021).

123 http://hudoc.echr.coe.int/eng?i=001-58274 (consultado el 27-4-2021).

empleado para expresarse —la poesía—. El TEDH valoró que siguiendo un tenor literal de las palabras empleadas en los poemas pudieron incitar a los lectores al odio, al uso de la violencia y a la revuelta. Sin embargo, a renglón seguido, el TEDH subrayó que la poesía es una forma de expresión artística que sólo atrae a una minoría de lectores. La libertad de expresión comprende también la expresión artística. Por ello el TEDH concluyó que el impactó que los poemas pudieron tener fue limitado. Más bien se consideró que fueron una expresión de angustia ante una situación política complicada. Junto a estos factores el TEDH también valoró que la condena fue desproporcionada por su naturaleza (prisión) y duración; y, por tanto, en consuno no era necesaria en una sociedad democrática.

8. Debates

La Decisión del TEDH (Sección 2.ª) Lilliendahl c. Islandia (Solicitud n.º 29297/18) de 12 mayo 2020[124] comenzó su análisis distinguiendo dos categorías de «incitación al odio», la primera comprendería las formas más graves y la segunda las menos graves. La primera categoría supondría los casos de inadmisión de la solicitud por aplicación del artículo 17. La segunda categoría daría lugar al estudio de los requisitos del artículo 10. El TEDH descartó inadmitirla de plano por aplicación del artículo 17, por razón de la materia, ya que esta vía debe de aplicarse de forma excepcional, y en casos extremos. El TEDH consideró que para aplicar dicho artículo lo decisivo era verificar si con sus declaraciones el solicitante pretendió fomentar el odio y la violencia, y, de ser así, si pretendió invocar el Convenio para participar en una actividad o realizar actos destinados a la destrucción de los derechos y libertades recogidos en ella. El TEDH no consideró que las declaraciones tuvieran una finalidad clara e inmediata de incitar a la violencia y el odio o destruir los derechos y libertades de la convención. Por esta razón el TEDH analizó los requisitos para otorgar la protección prevista en el artículo 10. Para ello comenzó por estudiar si los comentarios del solicitante equivalían a una «incitación al odio». En esta segunda categoría se comprenden los discursos que, aunque no llamen de forma explícita a la violencia o a la comisión de actos delictivos, sí que suponen ataques mediante el insulto, la ridiculización o difamación. Es en estos casos donde el contexto es relevante. En este sentido, el TEDH atendió no sólo a lo que se dijo, sino también a la manera en que se expresó. De este modo, el TEDH consideró que los comentarios fueron «serios, gravemente hirientes y perjudiciales». En sus palabras:

> «[...] el uso de los términos kynvilla (desviación sexual) y kynvillingar (desviaciones sexuales) para describir a las personas homosexuales, especialmente cuando se combina con la clara expresión de disgusto, hace que los comentarios de la demandante promuevan la intolerancia y el odio hacia las personas homosexuales».

124 http://hudoc.echr.coe.int/eng?i=001-203199 (consultado el 13-4-2021).

Asimismo el TEDH consideró que dichos comentarios no eran necesarios para criticar la decisión del consejo municipal. Y también destacó que la discriminación por orientación sexual es tan grave como la discriminación por «raza, origen o color». Por todo ello el TEDH por unanimidad consideró que la sanción estaba prevista por ley, perseguía una finalidad legítima, la condena era necesaria en una sociedad democrática y la pena económica fue proporcional a la naturaleza del hecho y sus circunstancias.

9. Entrevistas

La Decisión del TEDH (Sección 5.ª) Le Pen c. Francia (Solicitud n.° 18788/09) de 20 abril 2010[125] consideró que no se vulneró la libertad de expresión del solicitante por cuanto con sus comentarios dio una imagen negativa de la comunidad musulmana. En este sentido, consideró que los tribunales nacionales infirieron correctamente que lo que trató de inculcar en la opinión pública era que la seguridad de los franceses, la ansiedad y el miedo cesarían si el número de musulmanes se redujera y si desaparecieran. Es decir, les identificó como una amenaza y las declaraciones probablemente generarían rechazo y hostilidad hacia la comunidad musulmana. Por todo lo cual el TEDH consideró que la injerencia era necesaria en una sociedad democrática y que la multa impuesta fue proporcional a las circunstancias del caso.

10. Programas de radio y de televisión

Como hemos visto el TEDH ha conocido de asuntos en los que el mensaje se ha difundido a través de programas de radio y de televisión, p.ej. en la Decisión del TEDH (Sección 2.ª) Medya FM Reha Radyo ve Ileti°im Hizmetleri A. .ª. c. Turquía (Solicitud n.° 32842/02) de 14 noviembre 2006[126] y en la Decisión del TEDH (Sección 5.ª) Williamson c. Alemania (Solicitud n.° 64496/17) de 8 de enero de 2019[127].

B. Tecnologías de la información y comunicación

1. Foros de internet

En la Decisión del TEDH (Sección 4.ª) Abedin Smajić c. Bosnia y Herzegovina (Solicitud n.° 48657/16) de 18 enero 2018[128] hemos visto *ut supra* como analizó los comentarios en un foro de internet, de acceso público.

125 http://hudoc.echr.coe.int/eng?i=001-98489 (consultado el 21-3-2021).

126 http://hudoc.echr.coe.int/eng?i=001-78182 (consultado el 20-6-2021).

127 https://hudoc.echr.coe.int/eng#{"itemid":["001-189777"]} (consultada el 19-3-2020).

128 http://hudoc.echr.coe.int/eng?i=001-180956 (consultado el 26-2-2021).

2. *Blogs*

El TEDH también ha tenido ocasión de estudiar casos en los que los comentarios han sido *subidos* a *blogs* (diarios en sitios *web*), tal y como hemos STEDH (Sección 3.ª) Savva Terentyev c. Rusia (Solicitud n.º 10692/09) de 28 de agosto de 2018[129].

3. Portales de noticias

La STEDH (Gran Sala) Delfi AS c. Estonia (Solicitud n.º 64569/09) de 16 junio 2015[130] consideró (por quince votos a dos) que no hubo vulneración del artículo 10 ya que la medida impuesta por los tribunales nacionales estaba prevista en la ley y tenía una finalidad legítima, cual era proteger la reputación de los demás. Sentado lo anterior pasó a analizar si la medida cumplió con el principio de proporcionalidad. Para ello examinó el caso desde cuatro perspectivas. En primer lugar, el contexto en el que se produjeron los comentarios. Todo surgió a partir de la publicación de un artículo de interés público. Por ello siendo la empresa la que decidió publicarlo también debió de prever que el mismo generaría múltiples reacciones, siendo previsible que generaría comentarios ofensivos. En segundo lugar, las medidas aplicadas por el solicitante para impedir o eliminar los contenidos ilícitos ligado a lo anterior resultaron ser insuficientes para proteger la reputación de terceros afectados por los mismos. En tercer lugar, ante la ausencia de posibilidad real de que los perjudicados pudieran actuar contra los autores materiales de los comentarios (ya que lo hicieron de forma anónima), la única posibilidad de resarcimiento fue actuar contra la empresa. En cuarto lugar, las consecuencias de la condena impuesta a la sociedad fueron económicas y para el TEDH el importe de las mismas fue moderado. Por todo ello se consideró que no se vulneró la libertad de expresión del solicitante.

4. *YouTube*

Como hemos visto *ut supra* la Decisión del TEDH (Sección 2.ª) Fouad Belkacem c. Bélgica (Solicitud n.º 34367/14) de 27 junio 2017 inadmitió la demanda *ad limine* por el artículo 17 al considerar que el contenido de dichos vídeos subidos a la plataforma de *YouTube* tuvo como finalidad fomentar el odio, la discriminación hacia todas las personas que no son musulmanas. Por ello el TEDH consideró que «un ataque tan generalizado y vehemente está en contradicción con los valores de tolerancia, paz social y no discriminación que subyacen a la Convención».

---

129 http://hudoc.echr.coe.int/eng?i=001-185307 (consultado el 25-4-2021).

130 http://hudoc.echr.coe.int/eng?i=001-155105 (consultado el 7-3-2021).

5. *Facebook*

Como hemos analizado la STEDH (Gran Sala) Sanchez c. Francia (Solicitud n.º 45581/15) de 15 de mayo de 2023 consideró que no se produjo vulneración del artículo 10 del CEDH al establecer la responsabilidad de un político que durante una campaña electoral permitió que subieran a su red social comentarios islamófobos.

3.2. SÍNTESIS DE LA DOCTRINA DEL TEDH EN RELACIÓN CON EL ODIO COMO LÍMITE A LA LIBERTAD DE EXPRESIÓN

En definitiva, podríamos señalar las siguientes claves en la jurisprudencia del TEDH respecto a la libertad de expresión y sus límites en materia de delitos de odio.

A. La interpretación amplia de la libertad de expresión como elemento sustancial de la sociedad democrática

Según la jurisprudencia del TEDH la libertad de prensa ejerce una función sustancial en una sociedad democrática, actúa como un «perro guardián». De ahí que cualquier limitación de la misma ha de hacerse con «carácter restrictivo[131]». En este sentido, es necesario recalcar la amplia interpretación del ámbito incluido por la libertad de expresión, ya que ampara las informaciones o ideas que «hieren, ofenden o importunan», al ser necesario para proteger el «pluralismo, la tolerancia y el espíritu de apertura[132]», que son pilares imprescindibles para que exista una «sociedad democrática».

Pero, además, la libertad de expresión comprende no solo que los Estados no deban de interferir en su ejercicio; sino que también supone que los gobiernos tienen una obligación de que pueda ejercerse realmente. En este sentido el TEDH[133] ha recordado que la libertad de expresión conlleva también la obligación por parte de los gobiernos de adoptar las medidas de protección necesarias para poder ejercerla —sin que pueda imponerse a las autoridades cargas imposibles o desproporcionadas—.

131 STEDH (Sección 3.ª) Asunto de Otegi Mondragon c. España (Solicitud n.º 2034/07), de 15 de marzo de 2011.

132 STEDH (Sección 3.ª) Asunto de Stern Taulats y Roura Capellera c. España (Demandas n.º 51168/15 y 51186/15), de 13 de marzo de 2018 y STEDH (Sección 5.ª) Asunto de Fragoso Dacosta c. España (Demanda n.º 27926/21), de 8 de junio de 2023.

133 STEDH (Sección 4.ª) Özgür Gündem c. Turquía (Solicitud n.º 23144/93) de 16 marzo 2000.

B. Los límites tasados a la libertad de expresión: los delitos de odio

Consecuencia de la premisa anterior, los límites a la libertad de expresión solo pueden darse en determinados supuestos. En términos generales, el TEDH recalca que existen unos límites «que se encuentran, en particular, en la protección de la reputación y los derechos de terceros, así como en la necesidad de impedir la revelación de información confidencial[134]». Especial consideración merece la limitación de la libertad de expresión cuando parta de la intolerancia hacia ciertas minorías. Así, el TEDH considera que los delitos de odio constituyen un límite a la libertad de expresión. Para considerarlos como tales, parte de la definición recogida en el Anexo a la *Recomendación No R (97) 20 del Comité de Ministros a los Estados miembros sobre el «discurso del odio»*, que lo define así:

> «todas las formas de expresión que propaguen, inciten, promuevan o justifiquen el odio racial, la xenofobia, el antisemitismo u otras formas de odio basadas en la intolerancia, que se manifiestan a través del nacionalismo agresivo y el etnocentrismo, la discriminación y la hostilidad contra las minorías, los inmigrantes o personas de origen inmigrante[135]».

C. Previsión legal clara de la limitación a la libertad de expresión

En todo caso el principio de legalidad será esencial como premisa para analizar el asunto de que se trate. Para que la libertad de expresión se pueda limitar por un delito de odio el TEDH exige no sólo una previsión legal, sino que además la ley ha de tener una mínima calidad, «requiriendo que sea accesible para el interesado y previsible en cuanto a sus efectos[136]».

---

134 STEDH (Sección 3.ª) Asunto de Gutiérrez Suárez c. España (Demanda n.º 16023/07), de 1 de junio de 2010.

135 STEDH (Sección 3.ª) Asunto de Stern Taulats y Roura Capellera c. España (Demandas n.º 51168/15 y 51186/15), de 13 de marzo de 2018. El TEDH ha considerado que la discriminación por orientación sexual es tan grave como la discriminación por «raza, origen o color» *vide* Decisión del TEDH (Sección 2.ª) Lilliendahl c. Islandia (Solicitud n.º 29297/18) de 12 mayo 2020.

136 En la STEDH (Sección 3.ª) Stomakhin c. Rusia (Solicitud n.º 52273/07) de 9 mayo 2018 el Juez Keller emitió un voto particular en el que consideró que dicho principio no se respetó. En sus palabras: «Esta ley es en última instancia poco más que un cheque en blanco que permite a las autoridades nacionales imponer una amplia gama de sanciones, sin proporcionar mucha claridad o previsibilidad a los posibles acusados». El TEDH en otra ocasión *obiter dicta* valoró el uso dado por el solicitante de una bandera que no estaba prohibida: «los sentimientos o incluso la indignación, en ausencia de intimidación, no pueden representar una necesidad social apremiante a los efectos del artículo 10 § 2, especialmente

D. Valoración de la proporcionalidad en el caso concreto: causas de inadmisión conforme al artículo 17 o valoración de parámetros del artículo 10

Esos límites establecidos en la ley a la libertad de expresión habrán de ser valorados en cada caso según una serie de parámetros. En este sentido, el TEDH puede aplicar las causas de inadmisión conforme al artículo 17 o entrar en el estudio de los requisitos del artículo 10.

Respecto a las causas de inadmisión conforme al artículo 17 el TEDH ha sufrido una evolución en cuanto a la aplicación a los «delitos de odio»[137]. Las formas más graves de «incitación al odio[138]» implicarían los casos de inadmisión de la solicitud por aplicación del artículo 17. Dentro de la esta categoría encajarían los ataques generalizados y vehementes contra un grupo, lo que sería contrario a los valores de tolerancia, paz social y no discriminación[139]. El caso paradigmático es el de:

> «(las) declaraciones negando el Holocausto, justificando una política pro-nazi, alegando el enjuiciamiento de polacos por la minoría judía y la existencia de desigualdad entre ellos, o vinculando a todos los musulmanes con un acto de terrorismo grave».

Cuando la materia objeto del discurso es religiosa el margen de apreciación de los Estados miembros queda reducido cuando lo que se promueve son cuestiones de interés público. Corresponde a los estados actuar de manera

---

teniendo en cuenta que la bandera en cuestión nunca ha sido prohibida» *vide* STEDH (Sección 2.ª) Fáber c. Hungría (Solicitud n.° 40721/08) de 24 julio 2012.

137 Son raras las ocasiones en las que las demandas se han inadmitido por la vía del artículo 35 por no haber agotado los recurso internos *v.gr.* Decisión del TEDH (Sección 4.ª) Hösl-Daum y otros c. Polonia (Solicitud n.° 10613/07) de 7 octubre 2014. Si bien, hemos visto en relación a España dos decisiones recientes de inadmisión por ser las solicitudes manifiestamente infundadas: Decisión del TEDH (Sección 3.ª) Asunto de Saúl Jorge López c. España (Demanda n.° 54140/21), de 20 de septiembre de 2022 y Decisión del TEDH (Sección 5.ª) Asunto de Pablo Rivadulla Duró c. España (Demanda n.° 27925/21), de 12 de octubre de 2023

138 Decisión del TEDH (Sección 2.ª) Lilliendahl c. Islandia (Solicitud n.° 29297/18) de 12 mayo 2020.

139 P.ej. en casos de discriminación racial, la Decisión de la Comisión de Derechos Humanos Glimmerveen y Haqenbeek c. Holya (Solicitud n.° 8348/78 - 8406/78) de 11 octubre 1979. En supuestos contra grupos religiosos, la Decisión del TEDH (Sección 2.ª) Norwood c. Reino Unido (Solicitud n.° 23131/03) de 16 noviembre 2004. Y en los asuntos de odio étnico, la Decisión del TEDH (Sección 1.ª) Pavel Ivanov c. Rusia (Solicitud n.° 35222/04) de 20 febrero 2007. Y en cuestiones en las que se incita al uso de la violencia como medio de acción, p.ej. Decisión del TEDH (Sección 2.ª) Medya FM Reha Radyo ve Iletiim Hizmetleri A.ª. c. Turquía (Solicitud n.° 32842/02) de 14 noviembre 2006.

neutral e imparcial y proteger el pluralismo para garantizar el orden público. Los estados no pueden intervenir eliminando una forma de tensión, sino que deben de garantizar la tolerancia[140]. En estos casos existe, por un lado, el derecho a compartir de forma pública una visión propia de la religión y, por otro lado, los demás tienen el derecho a mantener su libertad de pensamiento, conciencia y religión. La libertad religiosa comprende también la libertad de no creer; protege tanto a los creyentes, como a los no creyentes, como a los agnósticos. El límite de lo tolerable se encuentra en que esa difusión de creencias religiosas no suponga la difusión de doctrinas hostiles a la fe de los demás, ni incite al odio o a la intolerancia religiosa[141]. En palabras del TEDH[142]:

> «[...] los grupos religiosos no pueden esperar razonablemente estar exentos de todas las críticas; deben tolerar y aceptar que otros nieguen sus creencias religiosas e incluso que otros propaguen doctrinas hostiles a su fe [...]. El mismo principio se aplica a las ideologías no religiosas, incluidos el ateísmo y el agnosticismo».

El TEDH[143] se ha pronunciado incluso sobre la defensa de la ley *sharía*, aunque es contraria a los valores del Convenio, su defensa no implica necesariamente la consideración de promover la defensa del odio religioso, siempre que no se apele al uso de la violencia para instaurarla.

Cuando la naturaleza del asunto es moral el TEDH recuerda que al igual que sucede con la religión[144] no existe un concepto uniforme en Europa. Por esta razón cada país está en mejor posición para conocer la evolución de opiniones sobre el tema «debido a su contacto directo y continuo con las fuerzas vitales de sus países». Pero en todo caso ya desde los inicios el TEDH[145] estableció que el principio de que la libertad de expresión es aplicable:

> «no sólo a la "información" o a las "ideas" que se reciben favorablemente o se consideran inofensivas o como una cuestión de indiferencia, sino también a aquellas que ofenden, conmocionan o perturban al Estado o a cualquier sector de la población. Tales son las exigencias de ese pluralismo, tolerancia y amplitud sin la cual no hay "sociedad democrática"».

---

140 El TEDH en esta materia y en las de índole histórica recuerda que el hecho de que existan dictámenes de académicos, historiadores, psicólogos, psiquiatras, líderes religiosos, etc. no exime en ningún caso de que los tribunales nacionales examinen y valoren por sí mismos y jurídicamente los asuntos, *v.gr.* STEDH (Sección 3.ª) Ibragim Ibragimov y otros c. Rusia (Solicitudes n.° 1413/08 y 28621/11) de 28 de agosto de 2018.

141 STEDH (Sección 5.ª) Tagiyev and Huseynov c. Azerbaiyán (Solicitud n.° 13274/08) de 5 de diciembre de 2019.

142 STEDH (Sección 3.ª) Ibragim Ibragimov y otros c. Rusia (Solicitudes n.° 1413/08 y 28621/11) de 28 de agosto de 2018.

143 STEDH (Sección 1.ª) Gündüz c. Turquía (Solicitud n.° 35071/97) de 4 de diciembre de 2003.

144 STEDH (Sección 2.ª) İ. A. c. Turquía (Solicitud n.° 42571/98) de 13 septiembre 2005.

145 STEDH (Gran Sala) Handyside c. Reino Unido (Solicitud n.° 5493/72) de 7 diciembre 1976.

Cuando el TEDH entra en el estudio de los requisitos del artículo 10 son distintos los parámetros que emplea. Para ello el TEDH distingue en primer lugar el contexto[146] en el que se produce la crítica, y, en segundo lugar, a quién va dirigida. También, respecto al contenido del mensaje, distingue los casos en los que se relatan hechos o juicios de valor. Y, por último, también valora el medio de difusión del mensaje.

En cuanto al contexto, la injerencia en la libertad de expresión estará menos justificada si es en el ámbito de la discusión y debate político[147]. O si se refiere a una cuestión de «interés público», que no afecte a la vida privada[148]. Respecto de la persona destinataria de la crítica, si se trata de un «hombre político», está sujeto a un mayor control público (p. ej. periodístico), y, por tanto, debe ser más permisivo con las críticas que se le puedan hacer cuando se trate de cuestiones políticas, fuera de su vida privada. El TEDH considera que si se ampliase la protección al ofendido (persona pública) en detrimento de la libertad de expresión, se conseguiría un resultado perverso, «probablemente perjudicaría al pluralismo, a la tolerancia y al espíritu de apertura sin los cuales no existe ninguna sociedad democrática[149]». Lo mismo sucederá respecto de las fuerzas y cuerpos de seguridad[150]:

«[...] difícilmente puede describirse como una minoría o grupo desprotegido que tiene antecedentes de opresión o desigualdad, o que se enfrenta a prejuicios profundamente arraigados, hostilidad y discriminación, o que es vulnerable por alguna otra razón, y por lo tanto puede, en principio, necesitar una mayor protección contra los ataques cometidos por el insulto, resistiendo el ridículo o la calumnia [...]

[...] al ser parte de las fuerzas de seguridad del Estado, la policía debería mostrar un grado particularmente alto de tolerancia al discurso ofensivo, a menos que ese discurso inflamatorio pueda provocar acciones ilegales inminentes con respecto a su personal y exponerlos a un riesgo real de violencia física. Sólo ha sido en un contexto muy delicado de tensión, conflicto armado y lucha contra el terrorismo o disturbios carcelario mortales que el Tribunal de Justicia ha constatado que las declaraciones pertinentes podrían alentar la violencia capaz de poner en riesgo a los miembros de las fuerzas de segu-

146 La STEDH (Gran Sala) Perinçek c. Suiza (Solicitud n.° 27510/08) de 15 octubre 2015 es un paradigma de los diferentes factores a tener en cuenta a la hora de analizar un caso concreto.

147 *Ibidem* y STEDH (Sección 3.ª) Asunto de Asunto Jiménez Losantos c. España (Demanda n.° 53421/10), de 14 de junio de 2016.

148 STEDH (Sección 3.ª) Asunto de Toranzo Gómez c. España (Demanda n.° 26922/14) de 20 de noviembre de 2018.

149 STEDH (Sección 3.ª) Asunto de Stern Taulats y Roura Capellera c. España (Demandas n.° 51168/15 y 51186/15), de 13 de marzo de 2018.

150 STEDH (Sección 3.ª) Savva Terentyev c. Rusia (Solicitud n.° 10692/09) de 28 de agosto de 2018.

ridad y, por lo tanto, ha aceptado que la injerencia en tales declaraciones estaba justificada [...]».

Y también ocurrirá en los casos en los que se de una visión negativa del Estado[151], pero sin incitar al uso de la violencia, a la resistencia armada o al levantamiento, que es lo que en definitiva constituiría un discurso de odio —«elemento esencial a tomar en consideración»—.

En cuanto al contenido del mensaje, para discernir si se trata de hechos o meros juicios de valor «hay que tener en cuenta las circunstancias del caso y el tono general de las palabras[152]». También se debe ponderar si se trata de expresiones que suponen la imputación de la comisión de un delito, o si, por el contrario, se trata de expresiones coloquiales[153]. En el caso de declaraciones de hechos, el TEDH exige la obligación de verificarlos. Cosa que no se puede hacer cuando se trata de juicios de valor, en los que dicha exigencia se reduce a constatar que tienen «base fáctica suficiente[154]», ya que si no la tuviere podría considerarse como excesivo. El contenido del mensaje comprende *«su naturaleza y redacción, su potencial para dar lugar a consecuencias perjudiciales y las razones aportadas por los órganos jurisdiccionales [...] para justificar la injerencia de que se trata*[155]*»*. Pero no solo eso sino que también hay que ponderar[156]:

> «si las declaraciones se hicieron en un contexto político o social tenso; si las declaraciones, interpretadas y vistas justamente en su contexto inmediato o más amplio, podrían considerarse como un llamado directo o indirecto a la violencia o como una justificación de la violencia, el odio o la intolerancia; la forma en que se hicieron las declaraciones, y su capacidad —directa o indirecta— para conducir a consecuencias perjudiciales. Es la interacción entre los diversos factores y no cualquiera de ellos tomados de forma aislada lo que determina el resultado de un caso en particular».

Para calificar el contenido de un discurso como de odio el TEDH valora si en el mismo además de basarse en la diferencia cultural entre las comunidades afectadas se da una visión criminógena de las mismas. Y si con dicho contenido es inevitable despertar en el público, en especial en el menos infor-

151 STEDH (Sección 4.ª) Dicle (no. 2) c. Turquía (Solicitud n.º 46733/99) de 11 de abril de 2006 y STEDH (Sección 2.ª) Erdal Taþ c. Turquía (Solicitud n.º 77650/01) de 19 diciembre 2006.

152 STEDH (Sección 3.ª) Asunto de Jiménez Losantos c. España (Demanda n.º 53421/10), de 14 de junio de 2016.

153 STEDH (Sección 3.ª) Asunto de Toranzo Gómez c. España (Demanda n.º 26922/14) de 20 de noviembre de 2018.

154 STEDH (Sección 3.ª) Asunto de Gutiérrez Suárez c. España (Demanda n.º 16023/07), de 1 de junio de 2010.

155 STEDH (Sección 3.ª) Stomakhin c. Rusia (Solicitud n.º 52273/07) de 9 mayo 2018.

156 STEDH (Sección 3.ª) Atamanchuk c. Rusia (Solicitud n.º 4493/11) de 11 febrero 2020.

mado, sentimientos de desprecio, rechazo e incluso odio hacia los extranjeros[157]. Para el TEDH la incitación al odio no requiere necesariamente llamar a la comisión de un acto concreto de violencia o delincuencial. Es suficiente, que se insulte, ridiculice o difame o incite a la discriminación de manera que se debilite la dignidad e incluso la seguridad de una parte de la población[158]. En palabras del TEDH[159]:

> «Incitar al odio no implica necesariamente un llamado explícito a un acto de violencia u otros actos criminales. Los ataques contra personas cometidas insultando, ridiculizando o calumniando a grupos específicos de la población pueden ser suficientes para que las autoridades favorezcan la lucha contra el discurso xenófobo o discriminatorio frente a la libertad de expresión ejercida de manera irresponsable».

Dentro del discurso del odio el TEDH incluye y equipara en gravedad la discriminación por «orientación sexual» con la que se basa en la «raza, origen o color»[160].

En cuanto al lenguaje utilizado el TEDH lo considera protegido dentro de la libertad de expresión, pero se refirió a los límites de su protección en el siguiente sentido[161]:

> «[...] el lenguaje ofensivo puede quedar fuera de la protección de la libertad de expresión si equivale a una denigración sin sentido; pero el uso de frases vulgares en sí mismo no es decisivo en la evaluación de una expresión ofensiva, ya que bien puede servir a propósitos meramente estilísticos. [...] el estilo forma parte de la comunicación como forma de expresión y, como tal, está protegido junto con la sustancia de las ideas y la información expresada».

Por último, en cuanto a los medios de difusión del mensaje, el TEDH diferencia según el emisor del mensaje haya tenido o no posibilidad de modificar dicho mensaje para paliar o disminuir sus efectos. Así se considera que debe jugar a favor del mismo cuanto se tratan de expresiones orales pronunciadas en una rueda de prensa, con lo que el demandante no tuvo «la posibilidad de reformularlas, de perfeccionarlas o retirarlas antes de que se hicieran públicas[162]». En otras circunstancias el medio utilizado puede agravar los efectos del delito, lo que puede suponer que el TEDH ratifique la condena impuesta al estimar que la injerencia, en atención precisamente a esa difusión, era

---

157 STEDH (Sección 2.ª) Féret c. Bélgica (Solicitud n.º 15615/07) de 16 de julio de 2009.

158 *Ibidem*.

159 STEDH (Sección 3.ª) Atamanchuk c. Rusia (Solicitud n.º 4493/11) de 11 febrero 2020.

160 STEDH (Sección 5.ª) Vejdeland y otros c. Suecia (Solicitud n.º 1813/07) de 9 febrero 2012.

161 STEDH (Sección 3.ª) Savva Terentyev c. Rusia (Solicitud n.º 10692/09) de 28 de agosto de 2018.

162 STEDH (Sección 3.ª) Asunto de Otegi Mondragon c. España (Solicitud n.º 2034/07), de 15 de marzo de 2011.

necesaria en una sociedad democrática. Así se ha producido cuando se lleva a cabo dicha comunicación por un partido político o representante del mismo durante una campaña electoral, ya que el alcance comprende a toda la población, con lo que el impacto del mensaje es mayor y, en consecuencia, más dañino[163].

El TEDH ha tenido ocasión de analizar los diferentes medios de difusión propiamente dichos que están a nuestro alcance. En este sentido podemos dividirlos en dos categorías genéricas, de un lado los canales «tradicionales»: libros; folletos; anuncios, entrevistas y publicaciones en diarios; discursos; programas de radio y televisión; y espectáculos. De otro lado las «tecnologías de la información y comunicación» *(TIC)*: portales de noticias en internet, foros de internet y redes sociales.

Respecto de los medios «tradicionales» y en relación a los libros el TEDH analiza no sólo el lenguaje empleado, sino que además parte de la premisa de que existe una planificación en su elaboración, una estructura, que revela en definitiva una intencionalidad del autor[164]. Por esta razón cuando el TEDH estudia las solicitudes que le llegan no se queda en las apariencias sino que ahonda en lo que se quiere transmitir. Así en los supuestos en los que se quiere enmascarar un discurso negacionista/revisionista como un debate histórico el TEDH penetra en el fondo de lo que se quiere transmitir para poner en evidencia los mensajes lanzados con intención racista, que afectan a la dignidad de las víctimas[165].

Un género aparte vendría conformado por la poesía o las antologías de poemas. El TEDH[166] consideró que la libertad de expresión comprehende

---

163 STEDH (Sección 2.ª) Féret c. Bélgica (Solicitud n.º 15615/07) de 16 de julio de 2009.

164 TEDH (Sección 5.ª) Soulas y otros c. Francia (Solicitud n.º 15948/03) de 10 julio 2008.

165 Decisión del TEDH (Sección 4.ª) Garaudy c. Francia (Solicitud n.º 65831/01) de 24 junio 2003. En palabras de ELÓSEGUI ITXASO, María:

> [...] para proteger la libertad de investigación de los historiadores, los delitos de negación y/o justificación del genocidio deben estar bien delimitados con normas penales precisas. Sin embargo, las conductas expresivas realizadas con intención racista, basándose en un falso revisionismo histórico no deben quedar protegidas por el derecho de libertad de investigación y de expresión. Los actuales negacionistas revisionistas buscan denigrar con intención racista a determinados individuos y/o grupos por sus cualidades de pertenencia a una raza, a un grupo étnico, por su origen nacional o su religión.
>
> En el caso de los revisionistas «de mala fe» nos referimos a personas que están cometiendo en la actualidad un delito de discurso racista, y que incitan al odio. Los negacionistas delinquen, mientras que los historiadores profesionales de buena fe no cometen ningún delito (si se legisla adecuadamente y con la precisión necesaria). De hecho, a excepción de los casos relatados sobre Francia, en todos los demás países europeos y en los casos presentados ante el TEDH se trataba de personas racistas y/o neonazis [...].

Vide: «La negación o justificación del genocidio como delito en el Derecho Europeo. Una propuesta a la luz de la Recomendación número 15 de la ECRI», *Revista de Derecho Político*, n.º 98, 2017, p. 327.

166 STEDH (Gran Sala) Karataş c. Turquía (Solicitud n.º 23168/94) de 8 de julio de 1999.

también la libertad de expresión artística. Y dentro de los factores a tener en cuenta para ponderar los efectos de la poesía uno de ellos sería el del número de lectores (en el caso concreto consideró que atrae a una minoría, con lo que su impacto sería más limitado[167]).

Por su parte los folletos[168] dan lugar a valorar quién los entrega, dónde y a quién. De este modo no es lo mismo repartirlos en un lugar abierto al público (el destinatario puede aceptarlos o rechazarlos) que en un recinto cerrado (p.ej. en el interior de las taquillas de un instituto) en el que el emisor no tiene vinculación para entrar. En estos casos el TEDH también valora quién lo recibe (no es lo mismo una persona menor de edad —que puede ser más impresionable y sensible—, que un adulto).

En relación a los artículos en diarios dedicados a ensalzar personajes de relevancia pública en relación a hechos históricos controvertidos dentro del propio estado nacional[169] el TEDH es proclive a protegerlos en el ámbito de la libertad de expresión por entender que no le corresponde revisar la historia entrando en un debate en curso entre historiadores. Por ello el TEDH[170] considera que los factores relevantes que habrían de ser considerados son: si el contexto político o social era tenso; si las declaraciones fueron correctamente interpretadas, y si en relación con el contexto inmediato incitaron directa o indirectamente a la violencia, o si justificaron la violencia, el odio o la intolerancia; la forma en que se realizaron las declaraciones; y la capacidad directa o indirecta de causar daños.

El TEDH se ha pronunciado sobre la responsabilidad que corresponde a los propietarios[171] de la prensa, que reside en el poder de controlar la dirección editorial de la revista, y por tanto, qué información se recopila y se difunde —máxime en situaciones de conflicto—.

En cuanto a las entrevistas el TEDH distingue entre el emisor del mensaje, el entrevistador y el editor. En primer lugar en cuanto al emisor, a la hora de examinar sus solicitudes profundiza en el contenido del mensaje que se quiere transmitir, no se queda en la superficie. El TEDH desestimará sus pre-

167 No obstante los votos minoritarios consideraron que no se prestó suficiente atención al contenido de los poemas, al tono empleado en los mismos, a su lenguaje directo y significado claro.

168 STEDH (Sección 5.ª) Vejdeland y otros c. Suecia (Solicitud n.° 1813/07) de 9 febrero 2012.

169 STEDH (Gran Sala) Lehideux y Isorni c. Francia (Solicitud n.° 24662/94) de 23 septiembre 1998.

170 STEDH (Sección 2.ª) Altıntaş c. Turquía (Solicitud n.° 50495/08) de 10 marzo 2020. Los votos particulares coincidieron en la relevancia de dichos elementos valorativos, si bien, la discrepancia giró en torno a la necesidad de que los tribunales nacionales debieron de llevar a cabo dichas consideraciones, sin que el TEDH pueda «acudir al rescate» para subsanar la falta de motivación.

171 STEDH (Gran Sala) Sürek c. Turquía (Solicitud n.° 26682/95) de 8 julio 1999.

tensiones si formalmente el mensaje puede parecer inocuo, pero en el fondo transmite una imagen negativa de una comunidad o de las personas que la integran para provocar sentimientos de ansiedad y miedo con la intención de generar rechazo y hostilidad[172]. En segundo lugar, respecto del entrevistador y el editor el TEDH[173] da importancia a las fases sucesivas de la entrevista. Es importante a la hora de realizar una valoración si con carácter previo a su inicio, durante la introducción, se aclararon los diferentes puntos de vista existentes acerca del tema objeto de la entrevista. También se sopesa si durante el desarrollo se cuestiona la postura del entrevistado refutando sus posturas. Igualmente es muy relevante el público a quien va destinado, y, finalmente cuáles son los cortes de la edición. No es lo mismo que resulte una entrevista con sesgos en una única dirección de opinión, que si ésta es plural. De modo que si, por ejemplo, se cubren acontecimientos vinculados con el terrorismo y únicamente se ensalzan o justifican las acciones violentas el TEDH inadmitirá de plano las solicitudes en aplicación del artículo 17[174].

En lo que atañe a los discursos el TEDH[175] valorará si se dan en un contexto de debate político; si para imponer la condena los tribunales nacionales motivaron la existencia de un peligro claro e inminente para iniciar un procedimiento penal (no es lo mismo iniciarlo poco después de haber tenido lugar el evento, que años después); así como la severidad de las penas impuestas. El TEDH[176] recuerda que no basta analizar el texto, sino que además hay que valorar el contexto, las otras declaraciones, el lugar, la calidad o personalidad del emisor, la intención del mensaje y sobre todo si se incitó al uso de la violencia, la resistencia armada o al levantamiento o al odio. En otro orden de cosas, el TEDH ha tenido ocasión de considerar que a esta forma de expresión se anuda la dificultad de conocer con fidelidad que es lo que se dijo por parte del emisor del discurso. El TEDH si bien no debe pronunciarse sobre la admisibilidad de las pruebas de derecho de un estado miembro sí que puede valorar la motivación, la suficiencia de los razonamientos dados.

Respecto de las caricaturas el TEDH considera que una sátira que provoque, exagere y distorsione la realidad no está exenta de responsabilidad y puede ser restringida[177]. Para la ponderación se tiene en cuenta por un lado la noticia a que se refiere el dibujo, de otro lado el impacto de la misma a nivel global y, finalmente el efecto que sobre el orden público podría tener el mismo en el territorio donde se publica.

---

172 Decisión del TEDH (Sección 5.ª) Le Pen c. Francia (Solicitud n.º 18788/09) de 20 abril 2010.

173 STEDH (Gran Sala) Jersild c. Dinamarca (Solicitud n.º 15890/89) de 23 septiembre 1994.

174 Decisión del TEDH (Sección 2.ª) Roj TV A/S c. Dinamarca (Solicitud n.º 24683/14) 17 abril 2018.

175 STEDH (Sección 1.ª) Erbakan c. Turquía (Solicitud n.º 59405/00) de 6 julio 2006.

176 STEDH (Sección 2.ª) Faruk Temel c. Turquía (Solicitud n.º 16853/05) de 1 febrero 2011.

177 STEDH (Sección 5.ª) Leroy c. Francia (Solicitud n.º 36109/03) de 2 octubre 2008.

En lo referente a los espectáculos el TEDH toma en consideración la puesta en escena, su contenido y el tono empleado. El TEDH no se limitará a analizar los comentarios explícitos y directos e inadmitirá por el artículo 17 los supuestos de negacionismo y antisemitas. En sus palabras «la exhibición flagrante de una posición odiosa y antisemita disfrazada de producción artística es tan peligrosa como un ataque total y agudo»[178]. En la misma línea se pronunciará en los casos de eventos deportivos en los que confirmará las decisiones de los tribunales dictadas conforme al margen de libre apreciación. En dichos supuestos el TEDH valorará la popularidad del deportista y su rol como referente para establecer su responsabilidad ligada a su obligación de medir las consecuencias de sus acciones[179].

En relación a las «tecnologías de la información y comunicación» *(TIC)* y respecto de los portales de noticias el TEDH[180] para confirmar o no las condenas por responsabilidad civil tendrá en cuenta tres aspectos. En primer lugar, el contexto en que se publicó, si la noticia previsiblemente provocaría comentarios ofensivos. En segundo lugar, si siendo previsible dicho efecto pernicioso se adoptaron las medidas adecuadas, bien para impedir la difusión de los comentarios a través del propio portal de noticias, bien para facilitar su eliminación. En tercer lugar, el TEDH considerará si los agraviados tenían posibilidad real de pedir una indemnización económica a los autores materiales.

En lo referente a los foros de opinión por internet el TEDH[181] no admitirá el argumento de que tenga una difusión limitada a dicho ámbito, y respetará la libre apreciación de los estados nacionales ya que gozan de mejor posición para examinar e interpretar los hechos concretos y aplicar su legislación de forma razonada.

Finalmente, respecto de las redes sociales el TEDH[182] no hará una distinción con los medios tradicionales (p. ej. en relación a los programas de televisión o de radio[183]) sino que de igual modo analizará el contenido del mensaje que se difunde a través de las mismas. De modo que si el mismo atenta contra los valores de *tolerancia, paz social y no discriminación que*

---

178 Decisión del TEDH (Sección 5.ª) M'Bala c. Francia (Solicitud n.º 25239/13) de 20 octubre 2015.

179 Decisión del TEDH (Sección 1.ª) Josip Šimunić c. Croacia (Solicitud n.º 20373/17) de 22 enero 2019.

180 STEDH (Gran Sala) Delfi AS c. Estonia (Solicitud n.º 64569/09) de 16 junio 2015.

181 Decisión del TEDH (Sección 4.ª) Abedin Smajić c. Bosnia y Herzegovina (Solicitud n.º 48657/16) de 18 enero 2018.

182 Decisión del TEDH (Sección 2.ª) Fouad Belkacem c. Bélgica (Solicitud n.º 34367/14) de 27 junio 2017.

183 Decisión del TEDH (Sección 2.ª) Medya FM Reha Radyo ve Ileti°im Hizmetleri A. .ª. c. Turquía (Solicitud n.º 32842/02) de 14 noviembre 2006.

subyacen a la Convención la demanda será inadmitida de plano en aplicación del artículo 17.

Cabe añadir a los factores que acabamos de analizar uno más que atiende a las condiciones particulares con que cuenta el emisor del mensaje. En efecto el TEDH ha conocido de solicitudes presentadas por parlamentarios de Estados Miembros condenados. En tales casos el TEDH ha recalcado que los representantes políticos están sujetos a «deberes y responsabilidades[184]». Las declaraciones de los parlamentarios «merecen poca, si la hubiera, protección si su contenido está en contradicción con los valores democráticos del sistema de la Convención[185]». El TEDH recordó que es de vital importancia que «los políticos, en sus discursos públicos, eviten difundir comentarios que puedan alimentar la intolerancia[186]». El *quid* en estos asuntos radica en delimitar los límites de la libertad de expresión en el ámbito de la libertad política[187]. En un lado de la balanza estará el discurso político, que «no puede restringirse sin razones imperiosas» ya que el parlamentario representa a los electores, muestra sus preocupaciones y defiende sus intereses. Y en el otro lado de la balanza estará la tolerancia y el respeto por la igualdad de dignidad de todos los seres humanos, lo que constituye la base de una sociedad democrática y pluralista. Para el TEDH no cabe duda de que en las sociedades democráticas se puede considerar necesario sancionar, o incluso prevenir, todas las formas de expresión que propagan, promueven o justifican el odio basado en la intolerancia siempre que las «condiciones», las «restricciones» o las «sanciones[188]» impuestas sean proporcionadas a un propósito legítimo que se persigue.

E. Proporcionalidad de las penas impuestas por el delito de odio

Respecto a las penas impuestas por extralimitarse en el ejercicio de la libertad de expresión, el TEDH considera que una pena de prisión ha de ser excepcional y como tal sólo cabe en supuestos graves, de discurso del odio y de incitación a la violencia[189]. Pero no sólo ha de ser excepcional una pena

---

184 Decisión del TEDH (Sección 5.ª) Pastörs c. Alemania (Solicitud n.º 55225/14) de 3 de octubre 2019.

185 *Ibidem*.

186 STEDH (Sección 2.ª) Féret c. Bélgica (Solicitud n.º 15615/07) de 16 de julio de 2009.

187 STEDH (Sección 2.ª) Féret c. Bélgica (Solicitud n.º 15615/07) de 16 de julio de 2009.

188 *Ibidem*.

189 STEDH (Sección 3.ª) Asunto de Otegi Mondragon c. España (Solicitud n.º 2034/07), de 15 de marzo de 2011. Asunto de Stern Taulats y Roura Capellera c. España.

de prisión, sino en general una pena de carácter penal[190]. Ello por cuanto el TEDH considera que la vía penal puede tener un «efecto disuasivo», ya que genera antecedentes penales, y, en consecuencia, puede suponer limitar la libertad de prensa[191] u otro tipo de críticas, ya que puede tener un efecto paralizante para, por ejemplo, criticar la actuación de la policía[192] o para fomentar la discusión pública en relación a la religión, su papel en la sociedad o cualesquiera otros asuntos de interés público[193].

F. La prohibición de los partidos políticos como forma específica de limitación de la libertad de expresión vinculada a los delitos de odio

Mención aparte merece la doctrina del TEDH en relación a la prohibición de partidos políticos como forma de limitación del pluralismo político. En esta materia el TEDH siempre tiene en cuenta los trabajos preparatorios de la Asamblea Parlamentaria del Consejo de Europa en 1949 para la elaboración del artículo 17 del CEDH, así como el pasado histórico de los Estados miembros[194].

Dicha disposición fue diseñada para salvaguardar los derechos de la CEDH y las instituciones democráticas frente a los regímenes totalitarios. Por esa razón el TEDH ha ratificado condenas de Estados Miembros que prohibieron partidos políticos cuyo objetivo era establecer un sistema socialista-comunista por medio de la revolución y de la dictadura del proletariado. Ello por cuanto su existencia era y es «incompatible con la Convención, en la medida en que incluye la destrucción de muchos de los derechos o libertades consagrados en ella[195]».

Al hilo de la prohibición de partidos políticos que pretenden la instauración de regímenes totalitarios, y de forma consecuente, el TEDH también ha considerado que no violan el artículo 10 del CEDH aquellas condenas a organizaciones políticas con doctrinas incompatibles con el CEDH por llevar

190 STEDH (Sección 3.ª) Asunto de Toranzo Gómez c. España (Demanda n.º 26922/14) de 20 de noviembre de 2018.

191 STEDH (Sección 3.ª) Asunto de Asunto Jiménez Losantos c. España (Demanda n.º 53421/10), de 14 de junio de 2016.

192 Asunto de Toranzo Gómez c. España.

193 STEDH (Sección 5.ª) Tagiyev and Huseynov c. Azerbaiyán (Solicitud n.º 13274/08) de 5 de diciembre de 2019.

194 Así p.ej. en relación a Alemania el haber sido la cuna del nacismo de la que nacieron los horrores de la Segunda Guerra Mundial.

195 Decisión de la Comisión de Derechos Humanos, Partido Comunista de Alemania c. La República Federal Alemana (Solicitud n.º 250/57) de 20 de julio 1957.

a cabo determinadas actividades. Así el TEDH ha considerado que el Nacional Socialismo es una doctrina totalitaria incompatible con la democracia y con los derechos humanos y, por tanto contraria al propio CEDH[196]. Por ese motivo no ampara nunca actividades por las que se ensalza al Tercer Reich, las SA, las SS o se niega, el asesinato sistemático de judíos en las cámaras de gas[197].

El TEDH es absolutamente claro y tajante, no cabe tampoco la utilización de símbolos de organizaciones inconstitucionales. «(L)os Estados que han experimentado los horrores nazis tienen una responsabilidad moral especial de distanciarse de las atrocidades masivas perpetradas por los nazis[198]». Sólo cabe el uso de simbología nazi con una oposición clara y obvia a la ideología nazi y se hace con el objetivo de «servir a la educación civil, a combatir los movimientos inconstitucionales, promover el arte o la ciencia, la investigación o la enseñanza, informar sobre acontecimientos actuales o históricos, o servir con fines similares[199]».

Con igual rotundidad el TEDH condena el negacionismo, las doctrinas que niegan la realidad histórica del asesinato sistemático de millones de judíos en cámaras de gas en el régimen del Nacional Socialismo, que es una doctrina totalitaria incompatible con la democracia y con los derechos humanos[200]. No se puede tratar de utilizar la libertad de información para llevar a cabo publicaciones contrarias al texto y al espíritu del CEDH. Tales doctrinas son contrarias a los pilares básicos del CEDH, a la justicia, la paz, y a la discriminación racial y religiosa[201]. No importa que la negación se produzca en otro país y en un momento pasado. Lo que es relevante es el comportamiento de quien sostiene dicha doctrina mientras se refiere a ella. Así si se refieren a dichas doctrinas en el marco de una entrevista con relación a declaraciones pasadas es muy relevante valorar si el entrevistado pidió o no que la misma no se transmitiera en un Estado Miembro o que hubiera negociado cómo se publicaría[202].

---

196 Decisión de la Comisión Europea de Derechos Humanos B.H, M.W, H.P y G.K. c. Austria (Solicitud n.° 12774/87), de 12 de octubre de 1989.

197 Decisión del TEDH (Sección 5.ª) Hans Jorg Schimanek c. Austria (Solicitud n.° 32307/96) de 1 de febrero de 2000.

198 Decisión del TEDH (Sección 5.ª) Nix c. Alemania (Solicitud n.° 35285/16) de 13 de marzo de 2018.

199 Decisión del TEDH (Sección 5.ª) Nix c. Alemania (Solicitud n.° 35285/16) de 13 de marzo de 2018.

200 Decisión de la Comisión Europea de Derechos Humanos (Sala 1.ª) Herwig Nachtmann c. Austria, (Solicitud n.° 36773/97) de 9 de septiembre de 1998.

201 Decisión de la Comisión Europea de Derechos Humanos (Sala 1.ª) Gerd Honsik c. Austria (Solicitud n.° 25062/94), de 18 de octubre de 1995.

202 Decisión del TEDH (Sección 5.ª) Williamson c. Alemania (Solicitud n.° 64496/17) de 8 de enero de 2019.

Cuestión distinta será la relativa a la negación de otros acontecimientos históricos —diferentes del Holocausto—. El TEDH[203] ha tenido ocasión de afirmar que a diferencia del Tribunal Penal Internacional no tiene jurisdicción penal sobre cuestiones relativas al genocidio. Por ese motivo consideró, por ejemplo, que no le correspondía determinar si efectivamente en 1915 se produjeron masacres y deportaciones masivas de armenios por parte del Imperio Otomano — que pudieran calificarse como genocidio desde el punto de vista del derecho internacional—. En estos casos el TEDH entrará a valorar si la injerencia en la libertad de expresión era necesaria en una sociedad democrática para proteger el honor y los sentimientos de los familiares de las víctimas[204]. Se trata de supuestos que se caracterizan en primer lugar porque el demandante defenderá su postura en pos de fomentar un debate histórico. En segundo lugar, porque a lo largo del procedimiento intervendrán diversos especialistas (tanto en derecho penal, como historiadores, sociólogos, lingüistas, etc.) para dar una interpretación jurídica, política y social a la obra. Y en tercer lugar, porque el TEDH[205] pondrá en valor si en definitiva incitaron al odio o a la violencia.

203 STEDH (Gran Sala) Perinçek c. Suiza (Solicitud n.º 27510/08) de 15 octubre 2015.

204 En estos supuestos, a diferencia de lo que sucede con el Holocausto, el factor geográfico (en qué país se produjo la declaración) y el factor temporal (el tiempo transcurrido desde que sucedieron los hechos) no se interpretan de forma inequívoca. Así en la STEDH Perinçek c. Suiza para la mayoría supusieron que el impacto de las declaraciones iba a ser bastante limitado. Sin embargo, para los discrepantes, la protección de los derechos humanos tiene efectos *erga omnes* y los crímenes de guerra y de lesa humanidad son imprescriptibles.

205 STEDH (Sección 2.ª) Dink c. Turquía (Solicitudes n.º 2668/07, 6102/08, 30079/08, 7072/09 y 7124/09) de 14 septiembre 2010.

4

EL ODIO COMO LÍMITE A LA LIBERTAD DE EXPRESIÓN EN LA UNIÓN EUROPEA

En el ámbito de la UE tenemos la Carta de los Derechos Fundamentales de la Unión Europea[206] (en adelante CDFUE) que fue formalmente proclamada en Niza en diciembre de 2000 por el Parlamento Europeo, el Consejo y la Comisión y se convirtió en jurídica vinculante en la UE con la entrada en vigor del Tratado de Lisboa, en diciembre de 2009. Ahora tiene la misma validez jurídica que los tratados de la UE[207].

En su articulado reconoce la dignidad humana y establece el derecho a la libertad de expresión y de información:

> «Artículo 1
>
> Dignidad humana
>
> La dignidad humana es inviolable. Será respetada y protegida.
>
> Artículo 11
>
> Libertad de expresión y de información
>
> 1. Toda persona tiene derecho a la libertad de expresión. Este derecho comprende la libertad de opinión y la libertad de recibir o comunicar informaciones o ideas sin que pueda haber injerencia de autoridades públicas y sin consideración de fronteras.
>
> 2. Se respetan la libertad de los medios de comunicación y su pluralismo».

Y en su artículo 21 recoge la esencia, el núcleo de lo que se pretende proteger al castigar los delitos de odio, —la prohibición de discriminación—:

> 1. Se prohíbe toda discriminación, y en particular la ejercida por razón de sexo, raza, color, orígenes étnicos o sociales, características genéticas, lengua, religión o convicciones, opiniones políticas o de cualquier otro tipo, pertenencia a una minoría nacional, patrimonio, nacimiento, discapacidad, edad u orientación sexual.

---

206 https://eur-lex.europa.eu/legal-content/ES/TXT/PDF/?uri=CELEX:12012P/TXT&from=ES (consultado el 18-2-2023).

207 https://eur-lex.europa.eu/legal-content/ES/TXT/?uri=LEGISSUM%3AI33501 (consultado el 8-4-2020).

2. Se prohíbe toda discriminación por razón de nacionalidad en el ámbito de aplicación de los Tratados y sin perjuicio de sus disposiciones particulares.

Asimismo fija su ámbito de aplicación[208]:

«Artículo 51
Ámbito de aplicación
1. Las disposiciones de la presente Carta están dirigidas a las instituciones, órganos y organismos de la Unión, dentro del respeto del principio de subsidiariedad, así como a los Estados miembros únicamente cuando apliquen el Derecho de la Unión. Por consiguiente, éstos respetarán los derechos, observarán los principios y promoverán su aplicación, con arreglo a sus respectivas competencias y dentro de los límites de las competencias que los Tratados atribuyen a la Unión.
2. La presente Carta no amplía el ámbito de aplicación del Derecho de la Unión más allá de las competencias de la Unión, ni crea ninguna competencia o misión nuevas para la Unión, ni modifica las competencias y misiones definidas en los Tratados».

El TJUE no ha creado jurisprudencia propiamente dicha en materia de delitos de odio. Sus sentencias en relación a la CDFUE son «especiales» y diferentes a las dictadas por el TEDH por varias razones.

En primer lugar, en cuanto al número de pronunciamientos en materia de Derechos Fundamentales con base en el CDFUE es evidente que el TEDH ha dictado muchas más resoluciones habida cuenta de su propia naturaleza y a que la CDFUE nació hace relativamente poco, en 2009.

En segundo lugar, porque el TJUE sólo se ha pronunciado cuando dichos derechos fundamentales entran en colisión con materias que son competencia del TJUE[209] como la libre circulación y la libre competencia conforme al artículo 51 CDFUE.

En tercer lugar, por los criterios de interpretación utilizados por el TJUE a la hora de resolver los conflictos, ya que, si bien es cierto que sigue al TEDH, también debe atenerse a los mecanismos establecidos en la propia normativa europea, «se seguirán los parámetros de ponderación consignados en las regulaciones aplicables[210]».

208 «(T)endrá efecto directo cuando se trate de normas o actos procedentes de .las instituciones de la Unión o de los Estados miembros en aplicación del Derecho comunitario [...] Interpretarlo de una forma más restrictiva supondría un retroceso en la protección de los derechos fundamentales». *Vide* García Roca, Javier, Alberti, Enoch y otros: *Treinta años de Constitución,* Tirant Lo Blanch, 2010, pp. 491-492.

209 «La aproximación del Tribunal de Luxemburgo al artículo 11 está, en todo caso, ligada a determinados ámbitos competenciales de la UE con connotaciones económicas». *Vide* López Castillo, Antonio (coordinador) y otros: *La Carta de Derechos Fundamentales de la Unión Europea. Diez años de Jurisprudencia.* Tirant Lo Blanch, 2019, p. 82.

210 *Vide* Rodríguez-Izquierdo Serrano, Miryam: «La libertad de expresión y la jurisprudencia del Tribunal de Justicia de la Unión Europea», *Estudios de Deusto: revista de la Universidad de Deusto*, Bilbao, Vol. 62/2, Julio-Diciembre 2014, p.117.

Finalmente, el TJUE no analiza directamente supuestos en los que la libertad de expresión se ve afectada, sino que lo hace en función de diferentes cuestiones prejudiciales que le son planteadas con ocasión de la aplicación del Derecho de la Unión Europea[211].

Sin embargo, en el ámbito de la UE se ha establecido un marco común en materia de delitos de odio aplicable a los estados integrantes.

4.1. LOS DELITOS DE ODIO EN LA UNIÓN EUROPEA

A. Decisión Marco 2008/913/JAI del Consejo de 28 de noviembre de 2008 relativa a la lucha contra determinadas formas y manifestaciones de racismo y xenofobia mediante el Derecho penal[212]

Como recientemente recuerda Alzina Lozano en el ámbito de la Unión Europea la protección de los derechos fundamentales con los delitos de odio se inició con la Decisión Marco 2008/913/JAI:

> «la Unión Europea se vería legitimada para proteger los derechos fundamentales a través del derecho penal [...], con la Decisión Marco de 2008/913/JAI del Consejo, de 28 de noviembre de 2008, relativa a la lucha contra determinadas formas y manifestaciones de racismo y xenofobia mediante el derecho penal[213]».

Para el autor se trata de que la UE fije unos mínimos que deben cumplir los estados, máxime ante el incremento de los delitos de odio. En sus palabras:

> «La inclusión de la respuesta jurídico-penal debe partir de lo permitido en los tratados en una acción de política criminal europea, debido al aumento de los incidentes racistas, antisemitas y de odio en los Estados de la Unión, lo que ha provocado que el propio legislador aprovechase la importancia de la Carta de Dere-

211 «[...] el Tribunal de Justicia se adentrará en el fondo de los conflictos en la medida en que así esté previsto en la regulación europea aplicable, bien porque dicha regulación introduzca excepciones que contemplen la prioridad de las libertades informativas, bien porque de la misma se derive una exigencia de ponderación». *Vide.* Rodríguez-Izquierdo Serrano, *Ob.cit*, p. 117.

212 https://eur-lex.europa.eu/legal-content/ES/TXT/?uri=CELEX%3A32008F0913&-qid=1676920729470 (consultada el 18-2-2023).

213 Alzina Lozano, Álvaro: «El Derecho penal auspiciado por la Unión Europea para frenar los discursos de odio y la discriminación», *IDP Revista de los Estudios de Derecho y Ciencia Política*, n.º 37, marzo 2023, p. 8.

chos Fundamentales para elevarla a Tratado a partir del de Lisboa, lo que a su vez se convierte en una acción fundamental para que, a través del espacio de libertad, seguridad y justicia, se hayan podido coordinar acciones en materia penal entre los Estados miembros[214]».

En concreto, la Decisión Marco estableció la obligatoriedad de incluir determinados tipos penales, circunstancias agravantes y una duración mínima de las penas de prisión[215].

---

214 *Op. cit.* p. 9.

215 Artículo 1
Delitos de carácter racista y xenófobo
1. Cada Estado miembro adoptará las medidas necesarias para garantizar que se castiguen las siguientes conductas intencionadas:
a) la incitación pública a la violencia o al odio dirigidos contra un grupo de personas o un miembro de tal grupo, definido en relación con la raza, el color, la religión, la ascendencia o el origen nacional o étnico;
b) la comisión de uno de los actos a que se refiere la letra a) mediante la difusión o reparto de escritos, imágenes u otros materiales;
c) la apología pública, la negación o la trivialización flagrante de los crímenes de genocidio, crímenes contra la humanidad y crímenes de guerra tal como se definen en los artículos 6, 7 y 8 del Estatuto de la Corte Penal Internacional, dirigida contra un grupo de personas o un miembro de tal grupo
definido en relación con la raza, el color, la religión, la ascendencia o el origen nacional o étnico cuando las conductas puedan incitar a la violencia o al odio contra tal grupo o un miembro del mismo;
d) la apología pública, la negación o la trivialización flagrante de los crímenes definidos en el artículo 6 del Estatuto del Tribunal Militar Internacional adjunto al Acuerdo de Londres, de 8 de agosto de 1945, dirigida contra un grupo de personas o un miembro de tal grupo definido en relación con la raza, el color, la religión la ascendencia o el origen nacional o étnico cuando las conductas puedan incitar a la violencia o al odio contra tal grupo o un miembro del mismo.
2. A los efectos de lo dispuesto en el apartado 1, los Estados miembros podrán optar por castigar únicamente las conductas que o bien se lleven a cabo de forma que puedan dar lugar a perturbaciones del orden público o que sean amenazadoras, abusivas o insultantes.
3. A los efectos de lo dispuesto en el apartado 1, la referencia a la religión tiene por objeto abarcar, al menos, las conductas que sean un pretexto para dirigir actos contra un grupo de personas o un miembro de tal grupo definido en relación con la raza, el color, la ascendencia o el origen nacional o étnico.
4. Los Estados miembros podrán hacer, en el momento de la adopción de la presente Decisión Marco o posteriormente, una declaración en virtud de la cual la negación o la trivialización flagrante de los crímenes a los que hace referencia el apartado 1, letras c) y d), sean punibles solo si los crímenes a los que hacen referencia dichas letras han sido establecidos por resolución firme de un tribunal nacional de dicho Estado miembro o un tribunal internacional, o mediante resolución firme exclusiva de un tribunal internacional.
Artículo 2
Incitación y complicidad
1. Cada Estado miembro adoptará las medidas necesarias para garantizar que se castigue la incitación a las conductas contempladas en el artículo 1, apartado 1, letras c) y d).
2. Cada Estado miembro adoptará las medidas necesarias para garantizar que se castigue la complicidad en la comisión de las conductas contempladas en el artículo 1.

B. Directiva 2012/29/UE del Parlamento Europeo y del Consejo, de 25 de octubre de 2012[216]

Alzina Lozano también destacó la relevancia de la Directiva 2012/29/UE del Parlamento Europeo y del Consejo, de 25 de octubre de 2012, por la que se establecen normas mínimas sobre los derechos, el apoyo y la protección de las víctimas de delitos, y por la que se sustituye la Decisión marco 2001/220/JAI del Consejo[217] en la medida en que:

> «[...] menciona específicamente a las víctimas de delitos de odio, se aplican medidas de especial protección para estas víctimas en función de sus características personales, la naturaleza y las circunstancias del delito. Esta herramienta es eficaz para apoyar a las víctimas que son atacadas en las redes sociales, y se pueden aplicar medidas eficaces que puedan superar el ámbito nacional, como, por ejemplo, el bloqueo de su dirección IP para mandar mensajes por redes sociales a la víctima, sin importar el país de la UE en el que se encuentre[218]».

La Directiva especificó en su artículo 22 la necesidad de evaluación individual de las víctimas para determinar sus necesidades especiales de protección: en relación a las víctimas de delitos por motivos de odio se subrayó que «tienden a sufrir una elevada tasa de victimización secundaria o reiterada, intimidación o represalias[219]».

Artículo 3
Sanciones penales
1. Cada Estado miembro adoptará las medidas necesarias para garantizar que las conductas contempladas en los artículos 1 y 2 se castiguen con sanciones penales efectivas, proporcionadas y disuasorias.
2. Cada Estado miembro adoptará las medidas necesarias para garantizar que las conductas contempladas en el artículo 1se castiguen con una pena máxima de uno a tres años de prisión como mínimo.
Artículo 4
Motivación racista y xenófoba
En los casos de delitos distintos de los contemplados en los artículos 1 y 2, los Estados miembros adoptarán las medidas necesarias para garantizar que la motivación racista y xenófoba se considere como una circunstancia agravante, o bien que los tribunales tengan en cuenta dicha motivación a la hora de determinar las sanciones.

216 https://eur-lex.europa.eu/legal-content/ES/TXT/PDF/?uri=CELEX:32012L0029&qid=1676717993826&from=ES (consultado el 18-2-2023).

217 https://eur-lex.europa.eu/legal-content/ES/TXT/PDF/?uri=CELEX:32012L0029&qid=1676717993826&from=ES (consultado el 18-2-2023).

218 *Ibidem*, p. 9.

219 *Vide* consideración n.° 57 de la Directiva.

4.2. NECESIDAD DE AMPLIAR EL CATÁLOGO DE DELITOS Y MEDIDAS DE PROTECCIÓN/ REACCIÓN EN *INTERNET*

A. Comunicación de la comisión al Parlamento Europeo y al Consejo en 2021[220]

URSULA VON DER LEYEN, presidenta de la Comisión Europea, en su discurso sobre el estado de la Unión Europea en septiembre de 2020 utilizó las siguientes palabras para hacer hincapié en la necesidad de ampliar la lista de delitos de odio: «Odio es odio, y nadie tiene por qué soportarlo[221]».

La comisión comunicó su decisión al Parlamento Europeo y al Consejo de fomentar una Europa más inclusiva y protectora mediante la ampliación de la lista de delitos de la UE a la incitación al odio y a los delitos de odio, así en el artículo 1 estableció: «La incitación al odio y los delitos de odio constituirán un ámbito delictivo en el sentido del artículo 83, apartado 1, del TFUE». Fueron diecisiete las consideraciones que plasmó la comisión en la comunicación[222]. En esencia, se trata de garantizar un nivel alto de seguridad mediante

---

220 https://eur-lex.europa.eu/resource.html?uri=cellar:4d768741-58d3-11ec-91ac-01aa75ed71a1.0013.02/DOC_2&format=PDF (consultado el 18-2-2023)

221 https://eur-lex.europa.eu/resource.html?uri=cellar:4d768741-58d3-11ec-91ac-01aa75ed71a1.0013.02/DOC_1&format=PDF (consultado el 18-2-2023).

222 *1. Todas las formas y manifestaciones de odio e intolerancia, incluidos la incitación al odio y los delitos de odio, son incompatibles con los valores de la Unión relativos a la dignidad humana, la libertad, la democracia, la igualdad, el Estado de Derecho y el respeto de los derechos humanos, incluidos los derechos de las personas pertenecientes a minorías, consagrados en el artículo 2 del Tratado de la Unión Europea («TUE»). Estos valores son comunes a los Estados miembros en una sociedad caracterizada por el pluralismo, la no discriminación, la tolerancia, la justicia, la solidaridad y la igualdad entre mujeres y hombres.*
2. La Unión constituye un espacio de libertad, seguridad y justicia dentro del respeto de los derechos fundamentales y de los distintos sistemas y tradiciones jurídicos de los Estados miembros. Su objetivo es garantizar un nivel elevado de seguridad mediante medidas que incluyan la prevención de la delincuencia, el racismo y la xenofobia.
3. En virtud del artículo 83, apartado 1, del Tratado de Funcionamiento de la Unión Europea («TFUE»), El Parlamento Europeo y el Consejo podrán establecer normas mínimas relativas a la definición de las infracciones penales y de las sanciones en ámbitos delictivos que sean de especial gravedad y tengan una dimensión transfronteriza derivada del carácter o de las repercusiones de dichas infracciones o de una necesidad particular de combatirlas según criterios comunes. Estos ámbitos delictivos se enumeran en dicho artículo.
4. Esta lista de ámbitos delictivos, en su estado actual, no permite establecer normas mínimas relativas a la definición y las sanciones de la incitación al odio y los delitos de odio.
5. La Decisión Marco 2008/913/JAI del Consejo establece sanciones penales efectivas, proporcionadas y disuasorias para la incitación al odio y los delitos de odio racistas y xenófobos, aplicables en toda la Unión. Esto requiere que los Estados miembros tipifiquen

como delito el discurso de odio, es decir, la incitación pública a la violencia o al odio, por motivos de raza, color, religión, ascendencia u origen nacional o étnico. El mismo requisito se aplica a todos los delitos, distintos de la incitación al odio, cometidos con una motivación racista o xenófoba.
6. La necesidad de abordar eficazmente la incitación al odio y los delitos de odio por otros motivos distintos de los contemplados en la Decisión marco 2008/913/JAI, y en particular por motivos de sexo, orientación sexual, edad y discapacidad, se ha señalado en las Estrategias de la Unión de la Igualdad, a saber, la Estrategia para la Igualdad de Género 020-20253, la Estrategia para la Igualdad de las Personas LGBTIQ 2020-20254 y la Estrategia sobre los derechos de las personas con discapacidad para 2021-20305.
7. La UE y todos los Estados miembros son parte en la Convención sobre los Derechos de las Personas con Discapacidad. Su artículo 16 sobre la protección contra la explotación, la violencia y el abuso establece que las partes deben adoptar todas las medidas de carácter legislativo, administrativo, social, educativo y de otra índole que sean pertinentes para proteger a las personas con discapacidad. Las personas con discapacidad deben estar protegidas tanto en el seno del hogar como fuera de él, contra todas las formas de explotación, violencia y abuso, incluidos los aspectos relacionados con el género. Las Partes también deben adoptar todas las medidas pertinentes para impedir cualquier forma de explotación, violencia y abuso. El artículo 17 sobre la protección de la integridad personal establece que toda persona con discapacidad tiene derecho a que se respete su integridad física y mental en igualdad de condiciones con las demás.
8. Como también se reconoce a nivel internacional, la incitación al odio, los delitos de odio se caracterizan por la motivación sesgada que desencadena la acción del autor contra personas o grupos que comparten, o que se considera que comparten, características protegidas. El odio es una característica intrínseca especial de ambos fenómenos, que conecta este grupo más amplio de delitos.
9. La incitación al odio y los delitos de odio socavan los derechos y valores fundamentales en los que se fundamenta la Unión, en particular la dignidad humana y la igualdad. Además, causan daños no solo a las víctimas individuales, sino también a las comunidades en general y a la sociedad en su conjunto, en particular al tener un efecto paralizador sobre la libertad de expresión.
10. La libertad de expresión y de información está consagrada en el artículo 11 de la Carta de los Derechos Fundamentales de la Unión Europea y es una de las de las bases fundamentales de una sociedad democrática. La tipificación como delito de la incitación al odio es necesaria para proteger los derechos y libertades de los demás y responde efectivamente a objetivos de interés general reconocidos por la Unión. Toda legislación de la Unión que exija a los Estados miembros tipificar como delito la incitación al odio y que afecte, por tanto, al derecho a la libertad de expresión debe ser proporcionada y respetar el contenido esencial del derecho a la libertad de expresión.
11. La incitación al odio puede conducir no solo a conflictos, sino también a delitos de odio. Ambos se extienden a través de las fronteras nacionales. La incitación al odio se reproduce fácilmente y se difunde ampliamente en línea a través de internet, incluidos los medios sociales, y fuera de línea a través de emisiones de televisión, actos públicos, prensa escrita y discursos políticos. Los delitos de odio pueden ser cometidos o facilitados por redes con miembros de varios países que inspiran, organizan o perpetran ataques físicos. En términos más generales, los delitos de odio tienen un efecto indirecto en todos los Estados miembros, lo que contribuye a un clima de miedo y puede desencadenar conflictos sociales.
12. La incitación al odio y los delitos de odio están muy extendidos en toda la Unión y han ido aumentando en los últimos años. En particular, la pandemia de COVID-19 ha exacerbado la sensación de inseguridad, aislamiento y miedo. Esto ha creado un ambiente en el que ha prosperado la incitación al odio, que al tiempo también se utiliza para dirigirse a

la tipificación de los delitos de odio —que atacan a los valores de la UE y al interés general—. La necesidad deviene del aumento de este tipo de delitos, «(e)n particular, la pandemia de COVID-19 ha exacerbado la sensación de inseguridad, aislamiento y miedo».

B. Código de conducta para la lucha contra la incitación ilegal al odio en internet[223]

Inicialmente *Facebook, Microsoft, Twitter* y *YouTube* el 31 de mayo de 2016 adquirieron una serie de compromisos[224] con la UE para luchar contra la inci-

---

poblaciones ya marginadas, lo que asimismo ha dado lugar a delitos de odio.
13. La incitación al odio y los delitos de odio socavan los cimientos mismos de una sociedad democrática y pluralista y los valores comunes consagrados en el artículo 2 del TUE. La especial gravedad de estas conductas, habida cuenta de su impacto en los derechos y valores fundamentales, y su carácter transfronterizo, exigen una acción común a escala de la Unión. Es necesaria una respuesta común de la Unión en materia de Derecho penal para abordar eficazmente los retos que plantean la incitación al odio y los delitos de odio. Esta también garantizaría una protección coherente de las víctimas de delitos de odio, así como el acceso a las medidas especiales de protección concedidas a las víctimas de delitos más vulnerables. Un enfoque común también debería mejorar la cooperación judicial entre los Estados miembros, lo que resulta indispensable debido a la dimensión transfronteriza de estos fenómenos.
14. Por lo tanto, la incitación al odio y los delitos de odio cumplen los criterios establecidos en el artículo 83, apartado 1, del TFUE y pueden identificarse como otro «ámbito delictivo», además de los ya enumerados en dicha disposición.
15. Por consiguiente, la ampliación de la lista de ámbitos delictivos del artículo 83, apartado 1, del TFUE para incluir la incitación al odio y los delitos de odio es necesaria, como primer paso, para permitir, en una segunda fase, la adopción de legislación derivada sustantiva que establezca normas mínimas relativas a la definición y las sanciones de la incitación al odio y los delitos de odio.
16. La presente Decisión no debe afectar a las acciones que puedan emprenderse en una segunda fase. En particular, no prejuzga ni menoscaba el alcance y el contenido de la legislación derivada que se propondrá posteriormente.
17. La propuesta de la Comisión de este tipo de legislación derivada debe prepararse en consonancia con los requisitos de mejora de la legislación, incluida una evaluación de impacto y una amplia consulta. Concretamente, la Comisión debe consultar a los Estados miembros al preparar dicha legislación derivada, en particular sobre las especificidades de los marcos legislativos nacionales relativos al Derecho penal y los derechos fundamentales.

223 https://commission.europa.eu/document/download/551c44da-baae-4692-9e7d-52d20c04e0e2_es (consultado el 18-2-2023).

224 - *Las empresas de TI contarán con procedimientos claros y eficaces para examinar las notificaciones relativas a la incitación ilegal al odio que se produzcan en el marco de los servicios que prestan, de manera que puedan retirar o deshabilitar el acceso a dicho contenido. Las empresas de TI dispondrán de normas o directrices comunitarias en las que se aclare que prohíben la promoción de la incitación a la violencia y las conductas odiosas.*
- Tras la recepción de una notificación válida de retirada, las empresas de TI valorarán esas solicitudes con arreglo a sus normas y directrices comunitarias y, en caso necesario, a las legislaciones nacionales de transposición de la Decisión marco 2008/913/JAI, con equipos

especializados en examinar solicitudes.
- Las empresas de TI revisarán la mayoría de las notificaciones válidas para la retirada de manifestaciones de incitación ilegal al odio en menos de 24 horas, y retirarán o deshabilitarán, si fuera necesario, el acceso a dicho contenido.
- Además de lo anterior, las empresas de TI educarán y concienciarán a sus usuarios sobre los tipos de contenidos no autorizados en virtud de sus normas y directrices comunitarias. El sistema de notificación podría emplearse como herramienta para ello.
- Las empresas de TI facilitarán información sobre los procedimientos de presentación de notificaciones con vistas a aumentar la rapidez y la eficacia de la comunicación entre las autoridades de los Estados miembros y las empresas de TI, en particular en lo relativo a las notificaciones y la deshabilitación del acceso o la retirada de las manifestaciones de incitación ilegal al odio en Internet. La información deberá transmitirse a través de los puntos de contacto nacionales designados por las empresas de TI y los Estados miembros, respectivamente. Ello también permitirá que los Estados miembros y, en particular, sus fuerzas y cuerpos de seguridad, conozcan mejor los métodos para identificar e informar a las empresas sobre los casos de incitación ilegal al odio en Internet.
- Las empresas de TI fomentarán las notificaciones y la señalización por parte de expertos de los contenidos que promuevan la incitación a la violencia y conductas odiosas, particularmente a través de asociaciones con OSC, facilitando información clara sobre las normas y directrices comunitarias de cada empresa y sobre las normas relativas a los procesos de información y notificación. Las empresas TI procurarán reforzar las asociaciones con las OSC mediante la ampliación su ámbito geográfico y, en su caso, proporcionando apoyo y formación para permitir a los socios de las OSC desempeñar el papel de «informantes de confianza» o equivalente, respetando debidamente la necesidad de mantener su independencia y credibilidad.
- Las empresas de TI recurrirán al apoyo de los Estados miembros y la Comisión Europea para garantizar el acceso a una red representativa de socios de las OSC y de «informantes de confianza» en todos los Estados miembros a fin de contribuir a proporcionar notificaciones de alta calidad. Las empresas de TI presentarán información sobre los «informantes de confianza», disponible en sus sitios web.
- Las empresas de TI proporcionarán formación periódica a su personal sobre la evolución de la sociedad actual e intercambiarán puntos de vista sobre el potencial de mejora.
- Las empresas de TI intensificarán la cooperación entre sí y con otras plataformas y empresas de medios de comunicación social para reforzar el intercambio de mejores prácticas.
- Las empresas de TI y la Comisión Europea, reconociendo el valor de un "contradiscurso" independiente contra la retórica del odio y los prejuicios, aspiran a continuar su trabajo elaborando y promoviendo discursos alternativos independientes, nuevas ideas e iniciativas, y apoyando programas educativos que fomenten el pensamiento crítico.
- Las empresas de TI intensificarán su colaboración con las OSC para impartir formación basada en las mejores prácticas en materia de lucha contra la retórica del odio y los prejuicios, así como para aumentar el alcance de la divulgación proactiva destinada a las OSC con el fin de ayudarlas a llevar a cabo campañas efectivas de "contradiscurso". La Comisión Europea, en cooperación con los Estados miembros, contribuirá a este esfuerzo mediante la adopción de medidas para determinar las necesidades y exigencias de las OSC a este respecto.
- La Comisión Europea, en coordinación con los Estados miembros, promoverá también la adhesión a los compromisos enunciados en el presente código de conducta por parte de otras plataformas y empresas de medios de comunicación social.
Las empresas de TI y la Comisión Europea convienen en evaluar los compromisos públicos de este código de conducta de manera periódica, incluido su impacto. Asimismo, acuerdan seguir debatiendo la manera de promover la transparencia y fomentar los «contradiscursos» y los discursos alternativos. A tal efecto, se celebrarán reuniones periódicas

tación del odio en *Internet.* Con el tiempo se han ido sumando otros operadores: durante 2018, *Instagram, Snapchat y Dailymotion*; *Jeuxvideo.com* en enero de 2019; *TikTok* en 2020; *Linked* en 2021; en 2022 *Rakuten Viber y Twitch* anunciaron su participación en el Código de Conducta[225].

Dichos compromisos los resumió recientemente GASCÓN MARCÉN:

> «Las compañías asumían, entre otros, los siguientes compromisos: contar con procedimientos claros y eficaces para examinar las notificaciones relativas a la incitación ilegal al odio que se produzcan en el marco de los servicios que prestan, de manera que puedan retirar o deshabilitar el acceso a dicho contenido; y revisar la mayoría de las notificaciones válidas para la retirada de manifestaciones de incitación ilegal al odio en menos de 24 horas, y retirar o deshabilitar, si fuera necesario, el acceso a dicho contenido[226]».

Para VÁZQUEZ ALONSO está mutando la naturaleza jurídica de los intermediarios digitales: de tener una naturaleza neutra de gestión de contenidos se está pasando a su intervención en asuntos de interés público como la persecución del discurso del odio.

> «Asistimos aquí, por el contrario, a un progresivo levantamiento del velo respecto a la verdadera naturaleza jurídica de estas corporaciones (grandes corporaciones digitales). Así, la conciencia de su relevancia material y de que su posición en el sistema de comunicación va más allá del tópico de la mera intermediación técnica, ha dado lugar en distintas áreas —entre ellas, la lucha contra el discurso del odio, el terrorismo o la desinformación— a una regulación de estas que asimila su estatuto jurídico al de entes específicamente vinculados a la consecución del interés general o, si se prefiere, como ya he dicho en alguna ocasión, a una suerte de entes vicariales del Estado —usando aquí este concepto en el significado que tiene en la tradición

---

y se presentará una evaluación preliminar al Grupo de Alto Nivel sobre la Lucha contra el Racismo, la Xenofobia y toda Forma de Intolerancia a finales de 2016.

225 https://commission.europa.eu/strategy-and-policy/policies/justice-and-fundamental-rights/combatting-discrimination/racism-and-xenophobia/eu-code-conduct-countering-illegal-hate-speech-online_en#relatedlinks (consultado el 26-2-2023).

226 GASCÓN MARCÉN, Ana: «4. Los códigos de conducta: discurso de odio y desinformación», en *Desafíos jurídicos ante la integración digital aspectos europeos e internacionales*, Thomson Reuters Aranzadi, 2021, p.RB-4.6. Esta autora puso de manifiesto que dos organizaciones no gubernamentales alertaron del peligro que podría suponer para la libertad de expresión que fueran las empresas privadas quienes tuvieran un papel principal:
[...] *EDRi y Acccess Now, dos organizaciones no gubernamentales líderes en la defensa de los derechos de los usuarios de Internet y la libertad de expresión, mostraron su rechazo a las mismas por considerar que el Código rebajaba la ley a un segundo plano, detrás del «papel principal» de las empresas privadas a las que se les pedía que implementaran arbitrariamente sus términos de servicio. En su opinión, este proceso, establecido fuera de un marco democrático responsable, explotaba reglas de responsabilidad poco claras para las empresas y creaba serios riesgos para la libertad de expresión, ya que el contenido legal pero controvertido puede eliminarse como resultado de este mecanismo de eliminación voluntario e irresponsable.*

católica, a saber, la persona interpuesta que tiene las veces, el poder y las facultades para ejercer una competencia ajena, en este caso del Estado—[227]».

Algún autor como López Calvo ha puesto de manifiesto que los poderes públicos han colocado a las empresas privadas como «editores» en la medida en que les obligan a autocontrolarse y depurar el contenido que sus usuarios suben a la red, incurriendo en responsabilidad si no lo hacen:

«Las tecnológicas, y en especial GAFAMT (Google, Apple, Facebook, Amazon, Microsoft y Twitter), se erigen como un poder alternativo a los poderes públicos frente a los que se constituyen en albaceas —y por tanto controladores— de la gestión de derechos tan trascendentes como la libertad de expresión o la privacidad.

[...]

La Comisión Europea dio un paso más a finales de 2016 y advirtió a Facebook, YouTube, Microsoft y Twitter de que, si no acababan con los mensajes de odio de sus plataformas, inmediatamente recaerían acciones sancionadoras de las instituciones europeas.

Las autoridades europeas les trasladan, así, la obligación de realizar un delicado ejercicio de valoración y ponderación sobre los límites de la libertad de expresión —y por tanto el control de la misma— que tradicionalmente corresponde a la sede judicial. De dilucidar el frágil equilibrio entre la libertad de expresión y la incitación al odio. De separar cuándo se manifiestan únicamente los propios sentimientos o cuándo se está incitando o provocando otras actitudes susceptibles de ser lesivas.

[...]

Se les emplaza a desbrozar —y aplicar en minutos a miles de casos— el denominado Test de Rabat que debe considerar el contexto en que se utiliza el discurso, la intencionalidad, la capacidad de influencia del emisor, la naturaleza o contundencia del lenguaje, el medio utilizado y su difusión, o la naturaleza de la audiencia. Ahí es nada...

Incluso, yendo más allá, el padre de la World Wide Web, Tim Berners-Lee, cree que Facebook y Google deben liderar la lucha contra las noticias falsas. Deben, por tanto, configurar la "verdad". De hecho, Facebook ha ido dando diferentes pasos como informar de que una noticia podría ser falsa, sacrificar gustos personales por veracidad al reformular sus trending topics o manipular su feed de noticias para que las que considera falsas y sensacionalistas no se vean tanto. Ampliando su rol de árbitro al suprimir contenido político en Vietnam y en Estados Unidos, en especial con ocasión del coronavirus, llegando a optar por eliminar páginas que pedían manifestarse en contra del confinamiento bajo el lema "Libérate".

227 Vázquez Alonso, Víctor Javier: «La censura "privada" de las grandes corporaciones digitales y el nuevo sistema de la libertad de expresión». *Teoría y derecho: revista de pensamiento jurídico*, n.°. 32, 2022, págs. 108-129.

Convirtiéndoles de facto en "editores" y, por tanto, cuasirresponsables de los contenidos que suben los usuarios frente a la previsión de las antediluvianas (20 años) normativas europea y americana[228]».

Para Presno Linera si bien la libertad de expresión en *Internet* y en las *redes sociales* está sujeta a límites, para cualquier restricción de la misma será preciso que se cree una situación de riesgo. En sus palabras:

«[...] como también sucede en el mundo no digital, la libertad de expresión en Internet y las redes sociales está sujeta a límites dirigidos a garantizar otros derechos fundamentales no menos importantes, como el honor o la intimidad, lo que puede exigir, a la hora de articular instrumentos de tutela de esos otros derechos, que se tengan en cuenta las especificidades de los medios a los que nos estamos refiriendo a la hora de, por ejemplo, valorar la lesión causada, que se puede agravar mediante el llamado "efecto amplificador" de las redes sociales (así, asunto Cicad c. Suiza, de 7 de junio de 2016, § 60), pero, sin olvidar, que dicho efecto no debe presumirse siempre y en todo caso, pues, como es bien sabido, también hay espacios relativamente "privados" en Internet, donde el impacto de una expresión injuriosa será, en principio, menor (caso Wrona c. Polonia, de 12 de diciembre de 2017, § 21)[229].

[...] La represión de mensajes en el ciberespacio exige, al menos, la creación de una situación de riesgo para las personas o derechos de terceros o para el propio sistema de libertades[230]».

C. Declaración Europea sobre los Derechos y Principios Digitales para la Década Digital[231]

Esta Declaración Europea supuso reconocer el derecho a un entorno digital protegido, seguro y combativo contra los delitos de odio. En concreto, el artículo 16 estableció:

«Toda persona debería tener acceso a tecnologías, productos y servicios digitales diseñados para estar protegidos, ser seguros y proteger la privacidad, lo que se

228 López Calvo, José: «Libertad de expresión e información y privacidad en Internet. Los "guardianes de acceso a internet". A propósito de la Carta de Derechos Digitales», *Editorial Sepin* n.º. 44, 2022.

229 Presno Linera, Miguel Ángel: «La libertad de expresión en internet y las redes sociales: análisis jurisprudencial». *Revista catalana de dret públic*, n.º. 61, 2020 (Ejemplar dedicado a: La llibertat d'expressió a l'era digital), p.71.

230 *Ob cit*, p. 79.

231 https://ec.europa.eu/newsroom/dae/redirection/document/92403 (consultado el 19-2-2023). Fue firmada el 15 de diciembre de 2022: https://www.consilium.europa.eu/es/press/press-releases/2022/12/15/declaration-on-digital-rights-and-principles-eu-values-and-citizens-at-the-centre-of-digital-transformation/ (consultado el 26-2-2023).

traduce en altos niveles de confidencialidad, integridad, disponibilidad y autenticidad de la información tratada. Nos comprometemos a:

a) adoptar nuevas medidas para promover la trazabilidad de los productos y garantizar que en el mercado único digital solo se comercialicen productos seguros que se ajusten a la legislación de la UE;

b) proteger los intereses de las personas, las empresas y las instituciones públicas frente a los riesgos de ciberseguridad y la ciberdelincuencia, especialmente frente a la violación de la seguridad de los datos personales, como la usurpación o la manipulación de identidad. Esto incluye requisitos de ciberseguridad para los productos conectados que se comercialicen en el mercado único;

c) combatir y responsabilizar a quienes traten de socavar, en la UE, la seguridad en línea y la integridad del entorno digital o fomenten la violencia y el odio por medios digitales».

La Declaración recogió en su consideración 4.ª que deben tenerse en cuenta principios éticos para llevar a cabo la transformación digital, procurando entre otros conseguir la ausencia de discriminación:

«El Parlamento ha pedido en varias ocasiones el establecimiento de principios éticos que guíen el enfoque de la UE con respecto a la transformación digital, y que se garantice el pleno respeto de derechos fundamentales como la protección de datos, el derecho a la privacidad, la ausencia de discriminación, la igualdad de género, y de principios como la protección de los consumidores, la neutralidad tecnológica y de la red, la fiabilidad y la inclusividad. También ha pedido que se refuerce la protección de los derechos de los usuarios en el entorno digital, así como de los derechos de los trabajadores y el derecho a la desconexión».

D. Reglamento (UE) 2022/2065 del Parlamento Europeo y del Consejo de 19 de octubre de 2022 relativo a un mercado único de servicios digitales y por el que se modifica la Directiva 2000/31/C (Reglamento de Servicios Digitales)[232]

Este Reglamento es la herramienta más potente y actual de la UE que entró en vigor a los 20 días de su publicación y que conforme a su artículo 93 será de aplicación a partir del 17 de febrero de 2024.

El Reglamento recoge un total de 156 consideraciones, seis de las cuales[233] recogen las siguientes ideas: los delitos de incitación al odio forman parte del

232 https://eur-lex.europa.eu/legal-content/ES/TXT/PDF/?uri=OJ:L:2022:277:FULL&from=ES (consultado el 19-2-2023).

233 - *Consideración 12:*
A fin de alcanzar el objetivo de garantizar un entorno en línea seguro, predecible y digno de confianza, para los efectos del presente Reglamento, el concepto de «contenido ilícito» debe reflejar a grandes rasgos las normas vigentes en el entorno fuera de línea. Concretamente, el

concepto de «contenido ilícito», y los prestadores de servicio —para ayudar a

concepto de «contenido ilícito» debe definirse de manera amplia para abarcar la información relacionada con contenidos, productos, servicios y actividades de carácter ilícito. En particular, debe entenderse que dicho concepto se refiere a información, sea cual sea su forma, que sea de por sí ilícita en virtud del Derecho aplicable, como los delitos de incitación al odio o los contenidos terroristas y los contenidos discriminatorios ilícitos, o que las normas aplicables consideren ilícita por estar relacionada con actividades ilícitas. Ejemplos de ello son el intercambio de imágenes que representen abusos sexuales de menores, el intercambio ilícito no consentido de imágenes privadas, el acoso en línea, la venta de productos no conformes o falsificados, la venta de productos o la prestación de servicios que infrinjan el Derecho en materia de protección de los consumidores, el uso no autorizado de material protegido por derechos de autor, la oferta ilegal de servicios de alojamiento o la venta ilegal de animales vivos. En cambio, el vídeo de un testigo presencial de un posible delito no debe considerarse contenido ilícito por el mero hecho de que muestre un acto ilícito, cuando la grabación o difusión pública de dicho vídeo no sea ilícita con arreglo al Derecho nacional o de la Unión. En este sentido, es irrelevante tanto que el carácter ilícito de la información o actividad se derive del Derecho de la Unión o del Derecho nacional que sea conforme con el Derecho de la Unión, como la naturaleza o materia precisa del Derecho aplicable.

- Consideración 40:

A fin de cumplir los objetivos del presente Reglamento, y en particular de mejorar el funcionamiento del mercado interior y garantizar un entorno en línea seguro y transparente, es necesario establecer un conjunto claro, eficaz, predecible y equilibrado de obligaciones armonizadas de diligencia debida para los prestadores de servicios intermediarios. Esas obligaciones deben aspirar en particular a garantizar diferentes objetivos de interés público, como la seguridad y confianza de los destinatarios del servicio, incluidos los consumidores, los menores y los usuarios especialmente vulnerables al riesgo de ser víctimas de discursos de odio, acoso sexual u otras conductas discriminatorias, la protección de los derechos fundamentales pertinentes amparados por la Carta, la rendición de cuentas significativa por parte de dichos prestadores y el empoderamiento de los destinatarios y otros afectados, facilitando al mismo tiempo la necesaria vigilancia por parte de las autoridades competentes.

- Consideración 62:

Los alertadores fiables deben publicar informes fácilmente comprensibles y detallados sobre las notificaciones enviadas de conformidad con el presente Reglamento. Dichos informes deben contener información como el número de notificaciones categorizadas por el prestador de servicios de alojamiento de datos, el tipo de contenido y las medidas adoptadas por el prestador. Dado que los alertadores fiables han demostrado sus conocimientos y competencia, cabe esperar que el tratamiento de notificaciones de los alertadores fiables sea menos gravosa y, por tanto, más rápida que el tratamiento de notificaciones presentadas por otros destinatarios del servicio. Sin embargo, el tiempo medio de tratamiento puede variar en función de factores como el tipo de contenido ilícito, la calidad de las notificaciones o los procedimientos técnicos efectivamente establecidos para el envío de dichas notificaciones. Por ejemplo, mientras que el Código de conducta para la lucha contra la incitación ilegal al odio en internet de 2016 establece un criterio de referencia para las empresas participantes con respecto al tiempo necesario para tratar notificaciones válidas para la eliminación de la incitación ilícita al odio, otros tipos de contenidos ilícitos pueden llevar plazos de tratamiento considerablemente diferentes, dependiendo de los hechos y circunstancias concretos y de los tipos de contenidos ilícitos de que se trate. A fin de evitar abusos de la condición de alertador fiable, debe ser posible suspender esta condición cuando un coordinador de servicios digitales de establecimiento inicie una investigación por motivos legítimos. No cabe entender que las normas del presente Reglamento relativas a los alertadores fiables impidan a los prestadores de plataformas en línea dar un tratamiento análogo a las notificaciones enviadas por entidades o personas físicas a las que no se haya otorgado la condición de alertadores fiables con arreglo al presente Reglamento, o colaborar de otra manera con otras entidades, de conformidad con conseguir entornos seguros— deben cumplir unas obligaciones de diligencia

el Derecho aplicable, incluido el presente Reglamento y el Reglamento (UE) 2016/794 del Parlamento Europeo y del Consejo (29). Las normas del presente Reglamento no deben impedir que los prestadores de plataformas en línea recurran a tales alertadores fiables o a mecanismos similares para actuar de forma rápida y fiable contra contenidos incompatibles con sus condiciones generales, en particular contra los contenidos perjudiciales para los destinatarios vulnerables del servicio, como los menores.

- Consideración 80:

Los prestadores de plataformas en línea de muy gran tamaño y de motores de búsqueda en línea de muy gran tamaño deben evaluar en profundidad cuatro categorías de riesgos sistémicos. La primera categoría se refiere a los riesgos asociados a la difusión de contenidos ilícitos, como la difusión de materiales de abuso sexual de menores o delitos de incitación al odio, u otros tipos de usos indebidos de sus servicios para cometer delitos, y la realización de actividades ilícitas como la venta de productos o servicios prohibidos por el Derecho de la Unión o nacional, incluidos los productos peligrosos o falsificados o el comercio ilegal de animales. Por ejemplo, esa difusión o esas actividades pueden constituir un riesgo sistémico significativo cuando el acceso a contenidos ilícitos pueda propagarse rápida y ampliamente a través de cuentas con un alcance especialmente amplio o de otros medios de amplificación. Los prestadores de plataformas en línea de muy gran tamaño y de motores de búsqueda en línea de muy gran tamaño deben evaluar el riesgo de difusión de contenidos ilícitos, con independencia de que la información sea o no además incompatible con sus condiciones generales. Esta evaluación se entiende sin perjuicio de la responsabilidad personal del destinatario del servicio de plataformas en línea de muy gran tamaño o de los propietarios de sitios web indexados por motores de búsqueda en línea de muy gran tamaño ante la posible ilegalidad de su actividad con arreglo al Derecho aplicable.

- Consideración 87:

Los prestadores de plataformas en línea de muy gran tamaño y de motores de búsqueda en línea de muy gran tamaño deben considerar, entre esas medidas de mitigación, por ejemplo, la adaptación de cualquier diseño, característica o funcionamiento necesario de su servicio, como el diseño de la interfaz en línea. Deben adaptar y aplicar sus condiciones generales, según sea necesario y de conformidad con las normas del presente Reglamento relativas a las condiciones generales. Otras medidas adecuadas podrían incluir la adaptación de sus sistemas de moderación de contenidos y procesos internos o la adaptación de sus procesos y recursos de toma de decisiones, incluido el personal de moderación de contenidos, su formación y su experiencia local. Esto afecta, en particular, la rapidez y la calidad del tratamiento de las notificaciones. A este respecto, por ejemplo, el Código de conducta para la lucha contra la incitación ilegal al odio en internet de 2016 establece un punto de referencia para tratar notificaciones válidas para la eliminación de la incitación ilegal al odio en menos de 24 horas. Los prestadores de plataformas en línea de muy gran tamaño, en particular las utilizadas principalmente para la difusión al público de contenidos pornográficos, deben cumplir con diligencia todas sus obligaciones en virtud del presente Reglamento en lo que respecta a los contenidos ilícitos que constituyen ciberviolencia, incluidos los contenidos pornográficos ilícitos, especialmente en lo que se refiere a garantizar que las víctimas puedan ejercer eficazmente sus derechos en relación con contenidos que representen el intercambio no consensuado de material íntimo o manipulado mediante el tratamiento rápido de notificaciones y la retirada de dichos contenidos sin dilación indebida. Otros tipos de contenidos ilícitos pueden requerir plazos más largos o más cortos para el tratamiento de las notificaciones, que dependerán de los hechos, las circunstancias y los tipos de contenidos ilícitos de que se trate. Dichos prestadores también pueden iniciar o aumentar la cooperación con alertadores fiables y organizar sesiones de formación e intercambios con organizaciones de alertadores fiables.

- Consideración 106:

Las disposiciones del presente Reglamento relativas a los códigos de conducta podrían servir de base para iniciativas de autorregulación ya establecidas a escala de la Unión, como el debida, y están sujetos a una responsabilidad. Dentro de las obligaciones se encuentra la de reducir riesgos asociados a la difusión de dichos contenidos ilícitos, factor en la que es muy relevante el funcionamiento de los motores de búsqueda.

Asimismo, se reconoce la figura de los *alertadores fiables,* que por parte de los prestadores de servicios de alojamiento deben ser atendidos de forma más rápida que otros destinatarios del servicio. También se reconocen los *códigos de conducta* como mecanismos de autorregulación.

En el articulado[234] se recogen dichas ideas y se regula cómo deben actuar los prestadores de servicios en relación a contenidos ilícitos; cómo proceder si

---

compromiso de seguridad con los productos, el memorando de entendimiento sobre la venta de productos falsificados a través de internet, el Código de conducta para la lucha contra la incitación ilegal al odio en internet, y el Código de buenas prácticas en materia de desinformación. En particular en relación con este último, a raíz de las orientaciones de la Comisión, el Código de buenas prácticas en materia de desinformación ha sido reforzado como se anunció en el Plan de Acción para la Democracia Europea.

234 - Artículo 9:
Órdenes de actuación contra contenidos ilícitos
1. Cuando reciban una orden de actuación contra uno o varios elementos concretos de contenido ilícito, dictada por las autoridades judiciales o administrativas nacionales pertinentes, sobre la base del Derecho de la Unión aplicable o del Derecho nacional aplicable en cumplimiento del Derecho de la Unión, los prestadores de servicios intermediarios informarán a la autoridad que haya dictado la orden, o a cualquier otra autoridad especificada en la orden, de cualquier curso dado a la orden sin dilación indebida, especificando si se ha dado curso a la orden y cuándo. 2. Los Estados miembros velarán por que cuando una orden a que se refiere el apartado 1 se transmita al prestador, esta cumpla al menos las siguientes condiciones:
a) que dicha orden contenga los siguientes elementos:
i) una referencia al fundamento jurídico en Derecho de la Unión o nacional de la orden,
ii) una motivación en la que se explique por qué la información es un contenido ilícito, haciendo referencia a una o varias disposiciones específicas del Derecho de la Unión o nacional en cumplimiento del Derecho de la Unión,
iii) información que identifique a la autoridad emisora,
iv) información clara que permita al prestador de servicios intermediarios identificar y localizar el contenido ilícito de que se trate, como uno o varios URL exactos y, en su caso, información adicional,
v) información acerca de los mecanismos de recurso disponibles para el prestador de servicios intermediarios y para el destinatario del servicio que haya proporcionado el contenido,
vi) en su caso, información sobre qué autoridad debe recibir la información sobre el curso dado las órdenes;
b) que el ámbito de aplicación territorial de dicha orden, en virtud de las disposiciones aplicables del Derecho de la Unión y nacional, incluida la Carta y, en su caso, los principios generales del Derecho internacional, se limite a lo estrictamente necesario para alcanzar su objetivo;
c) que dicha orden se transmita en una de las lenguas declaradas por el prestador de servicios intermediarios con arreglo al artículo 11, apartado 3, o en otra lengua oficial de los Estados miembros, acordada entre la autoridad que dicte la orden y dicho prestador, y se envíe al punto de contacto electrónico designado por dicho prestador, de conformidad con el artículo 11; cuando no esté redactada en la lengua declarada por el prestador de servicios intermediarios o en otra lengua acordada bilateralmente, la orden podrá transmitirse en la lengua de la autoridad emisora, siempre que vaya acompañada de una traducción a dicha lengua declarada

o acordada bilateralmente de, al menos, los elementos establecidos en las letras a) y b) del presente apartado.
3. La autoridad que dicte la orden, o en su caso la autoridad especificada en ella, la transmitirá, junto a cualquier información recibida del prestador de servicios intermediarios sobre el curso dado a dicha orden, al coordinador de servicios digitales del Estado miembro de la autoridad que dicte la orden.
4. Una vez recibida la orden de la autoridad judicial o administrativa, el coordinador de servicios digitales del Estado miembro de que se trate transmitirá, sin dilación indebida, una copia de la orden a que se refiere el apartado 1 del presente artículo a todos los demás coordinadores de servicios digitales a través del sistema establecido de conformidad con el artículo 85.
5. A más tardar cuando se dé curso a la orden, o en su caso en el momento que determine la autoridad emisora en su orden, los prestadores de servicios intermediarios informarán al destinatario del servicio afectado de la orden recibida y del curso que se le haya dado. Esta información proporcionada al destinatario del servicio incluirá la motivación, las vías de recurso que existan y una descripción del ámbito territorial de la orden, de conformidad con el apartado 2.
- Artículo 18:
Notificación de sospechas de delitos
1. Cuando un prestador de servicios de alojamiento de datos tenga conocimiento de cualquier información que le haga sospechar que se ha cometido, se está cometiendo o es probable que se cometa un delito que implique una amenaza para la vida o la seguridad de una o más personas, comunicará su sospecha de inmediato a las autoridades policiales o judiciales del Estado miembro o Estados miembros afectados y aportará toda la información pertinente de que disponga. 2. Cuando el prestador de servicios de alojamiento de datos no pueda determinar con una seguridad razonable cuál es el Estado miembro afectado, informará a las autoridades policiales del Estado miembro en que esté establecido o en el que su representante legal resida o esté establecido o informará a Europol, o a ambas. Para los fines del presente artículo, el Estado miembro afectado será el Estado miembro en el que se sospeche que se ha cometido, se está cometiendo o es probable que se cometa el delito, o el Estado miembro en el que resida o se encuentre el presunto delincuente, o el Estado miembro en el que resida o se encuentre la víctima del presunto delito
- Artículo 35:
Reducción de riesgos
1. Los prestadores de plataformas en línea de muy gran tamaño y de motores de búsqueda en línea de muy gran tamaño aplicarán medidas de reducción de riesgos razonables, proporcionadas y efectivas, adaptadas a los riesgos sistémicos específicos detectados de conformidad con el artículo 34, teniendo especialmente en cuenta las consecuencias de dichas medidas sobre los derechos fundamentales. Dichas medidas podrán incluir, cuando proceda:
a) la adaptación del diseño, las características o el funcionamiento de sus servicios, incluidas sus interfaces en línea; b) la adaptación de sus condiciones generales y su ejecución; c) la adaptación de los procesos de moderación de contenidos, incluida la velocidad y la calidad del tratamiento de las notificaciones relacionadas con tipos específicos de contenidos ilícitos y, en su caso, la rápida retirada de los contenidos notificados, o el bloqueo del acceso a ellos, en particular en el caso de la incitación ilegal al odio o la ciberviolencia, así como la adaptación de los procesos de toma de decisiones pertinentes y los recursos específicos para la moderación de contenidos; d) la realización de pruebas y la adaptación de sus sistemas algorítmicos, incluidos sus sistemas de recomendación; e) la adaptación de sus sistemas publicitarios y la adopción de medidas específicas dirigidas a limitar o ajustar la presentación de anuncios publicitarios en asociación con el servicio que prestan; f) el refuerzo de los procesos internos, los recursos, la realización de pruebas, la documentación o la supervisión de cualquiera de sus actividades, en particular en lo que respecta a la detección de riesgos sistémicos; g) la puesta en marcha o el ajuste de la cooperación con los alertadores fiables de conformidad con el artículo 22 y la ejecución de las decisiones de los órganos de resolución extrajudicial de

litigios en virtud del artículo 21; h) la puesta en marcha o el ajuste de la cooperación con otros prestadores de plataformas en línea o motores de búsqueda en línea mediante los códigos de conducta y los protocolos de crisis a que se refieren, respectivamente, los artículos 45 y 48; i) la adopción de medidas de concienciación y la adaptación de su interfaz en línea con el fin de proporcionar más información a los destinatarios del servicio; j) la adopción de medidas específicas para proteger los derechos de los menores, incluidas herramientas de comprobación de la edad y de control parental, herramientas destinadas a ayudar a los menores a señalar abusos u obtener ayuda, según corresponda; k) garantizar que un elemento de información, ya se trate de imagen, audio o vídeo generado o manipulado que se asemeja notablemente a personas, objetos, lugares u otras entidades o sucesos existentes y que puede inducir erróneamente a una persona a pensar que son auténticos o verídicos, se distinga mediante indicaciones destacadas cuando se presente en sus interfaces en línea y, además, proporcionar una funcionalidad fácil de utilizar que permita a los destinatarios del servicio señalar dicha información.
2. La Junta, en cooperación con la Comisión, publicará informes exhaustivos una vez al año. Los informes incluirán lo siguiente: a) detección y evaluación de los riesgos sistémicos más destacados y recurrentes notificados por los prestadores de plataformas en línea de muy gran tamaño y de motores de búsqueda en línea de muy gran tamaño o detectados a través de otras fuentes de información, en particular las proporcionadas en cumplimiento de los artículos 39, 40 y 42; b) buenas prácticas para los prestadores de plataformas en línea de muy gran tamaño y de motores de búsqueda en línea de muy gran tamaño para la reducción de los riesgos sistémicos detectados. Dichos informes presentarán los riesgos sistémicos desglosados por los Estados miembros en los que se produjeron y para el conjunto de la Unión, según corresponda.
3. La Comisión, en colaboración con los coordinadores de servicios digitales, podrá publicar directrices sobre la aplicación del apartado 1 en relación con riesgos concretos, en particular para presentar buenas prácticas y recomendar posibles medidas, con la debida consideración de las posibles consecuencias de esas medidas para los derechos fundamentales amparados por la Carta de todas las partes implicadas. Durante la preparación de dichas directrices, la Comisión organizará consultas públicas.
- Artículo 45:
Códigos de conducta
1. La Comisión y la Junta fomentarán y facilitarán la elaboración de códigos de conducta voluntarios en el ámbito de la Unión para contribuir a la debida aplicación del presente Reglamento, teniendo en cuenta en particular las dificultades concretas que conlleva actuar contra diferentes tipos de contenidos ilícitos y riesgos sistémicos, de conformidad con el Derecho de la Unión en particular en materia de competencia y de protección de los datos personales.
2. Cuando se genere un riesgo sistémico significativo en el sentido del artículo 34, apartado 1, y afecte a varias plataformas en línea de muy gran tamaño o motores de búsqueda en línea de muy gran tamaño, la Comisión podrá invitar a los prestadores de plataformas en línea de muy gran tamaño o a los prestadores de motores de búsqueda en línea de muy gran tamaño afectados de que se trate, y a otros prestadores de plataformas en línea de muy gran tamaño, de motores de búsqueda en línea de muy gran tamaño, de plataformas en línea y de otros servicios intermediarios, según sea oportuno, así como a autoridades competentes pertinentes, organizaciones de la sociedad civil y otras partes interesadas pertinentes, a participar en la elaboración de códigos de conducta, en particular estableciendo compromisos de adopción de medidas específicas de reducción de riesgos, así como un marco de información periódica sobre las medidas que se puedan adoptar y sus resultados.
3. En aplicación de lo dispuesto en los apartados 1 y 2, la Comisión y la Junta y, cuando sea pertinente, otros organismos, tratarán de asegurarse de que los códigos de conducta

reciben notificaciones de sospechas de delitos; la manera de actuar para reducir riesgos; y la posibilidad de autorregulación por medio de Códigos de conducta.

expongan claramente sus objetivos específicos, contengan indicadores clave de eficacia para valorar el cumplimiento de dichos objetivos y tengan debidamente en cuenta las necesidades e intereses de todos los interesados, y en particular los ciudadanos, en el ámbito de la Unión. La Comisión y la Junta también tratarán de asegurarse de que los participantes informen periódicamente a la Comisión y a sus respectivos coordinadores de servicios digitales de establecimiento acerca de las medidas que puedan adoptarse y sus resultados, valoradas con arreglo a los indicadores clave de eficacia que contengan. Los indicadores clave de eficacia y los compromisos de información tendrán en cuenta las diferencias de tamaño y capacidad de los diferentes participantes.
4. La Comisión y la Junta evaluarán si los códigos de conducta cumplen los fines especificados en los apartados 1 y 3, y vigilarán y evaluarán periódicamente el cumplimiento de sus objetivos, teniendo en cuenta los indicadores clave de eficacia que puedan contener. Publicarán sus conclusiones. La Comisión y la Junta también fomentarán y facilitarán la revisión y adaptación periódicas de los códigos de conducta. En caso de incumplimiento sistemático de los códigos de conducta, la Comisión y la Junta podrán pedir a los signatarios de los códigos de conducta que adopten las medidas necesarias.

5

EL ODIO COMO LÍMITE A LA LIBERTAD DE EXPRESIÓN EN ESTADOS UNIDOS

5.1. LA LIBERTAD DE EXPRESIÓN COMO SEÑA DE IDENTIDAD DE LA DEMOCRACIA

Al margen de los antecedentes ingleses, la Declaración de Derechos de Virginia, adoptada el 12 de junio de 1776[235], está considerada la primera declaración de derechos humanos moderna de la historia. Es un documento que proclama que todos los hombres son por naturaleza libres e independientes y tienen una serie de derechos inherentes de los cuales no pueden ser privados. Fue el antecedente directo de la Declaración de los Derechos del Hombre y del Ciudadano de 1798[236] y de la Carta de Derechos de los Estados Unidos, que entró en vigor en 1791 en la forma de diez enmiendas a la Constitución de Estados Unidos, de 17 de septiembre de 1787. En su artículo 12 se recoge por primera vez el derecho a la libertad de expresión, que luego sería recogido en la I Enmienda a la Constitución de 1787:

> «Enmienda I. Libertad de religión, expresión y de prensa; derechos de reunión y petición. El Congreso no hará ley alguna con respecto a la adopción de una religión o prohibiendo la libertad de culto; o que coarte la libertad de expresión o de la prensa, o el derecho del pueblo para reunirse pacíficamente, y para solicitar al gobierno la reparación de agravios[237]».

A partir de este primer reconocimiento jurídico, el derecho a la libertad de expresión ha sido una seña de identidad en la construcción del modelo estadounidense, de manera que su Tribunal Supremo ha priorizado su protección por considerarlo como inherente a la democracia: «si hay un principio funda-

---

235 https://cdn.loc.gov/service/rbc/rbpe/rbpe18/rbpe186/18601700/18601700.pdf (consultado el 14-12-2019).

236 http://www.textes.justice.gouv.fr/textes-fondamentaux-10086/droits-de-lhomme-et-libertes-fondamentales-10087/declaration-des-droits-de-lhomme-et-du-citoyen-de-1789-10116.html (consultado el 11-1-2020).

237 https://constitution.congress.gov/constitution/amendment-1/ (consultado el 14-12-2019).

mental que subyace en la Primera Enmienda, es que el Gobierno no puede prohibir la expresión de una idea simplemente porque la sociedad considera que la idea en sí misma es ofensiva o desagradable[238]».

En definitiva, se trata de un modelo fuertemente anclado en el liberalismo y en la estricta abstención y neutralidad del Estado, en la *filosofía del free Marketplace*[239], «siendo el debate público de las ideas y opiniones más extremistas y odiosas una garantía de la buena salud democrática»[240]. Se considera que es mejor no prohibir los discursos, sino fomentar el debate. Se parte de la concepción de que si una idea es mala se puede refutar con buenas ideas, buenos argumentos.

Subyace en esta interpretación de la libertad de expresión la filosofía política expresada por Stuart Mill en sus escritos, especialmente en *Sobre la libertad.* Este autor parte de la premisa de que la libertad de expresión es el único medio para alcanzar la verdad[241], así como para alcanzar el «bienestar intelectual de la humanidad (del que depende todo otro bienestar)[242]».

Su pensamiento es muy importante ya que consideró que toda idea, opinión, es relevante y debe tener cabida en la discusión pública. Ello es así porque al «colisionar» las ideas verdaderas con las falsas, las primeras salen reforzadas. Sus palabras causan impacto, cuando expresa que impedir una opinión supone ya no una pérdida para la persona que la tiene, sino para toda la raza humana.

> «[...] la peculiaridad del mal que consiste en impedir la expresión de una opinión es que se comete un robo a la raza humana; a la posteridad tanto como a la generación actual; a aquellos que disienten de esa opinión, más todavía que a aquellos que participan de ella. Si la opinión es verdadera se les priva de la oportunidad de cambiar el error por la verdad; y si errónea, pierden lo que es un beneficio no menos importante; la más clara percepción y la impresión más viva de la verdad, producida por su colisión con el error[243]».

---

238 Se trata de un pasaje de la sentencia de Virginia v. Black, 538 U.S. 343 (2003), p. 358, que puede consultarse en la url: https://cdn.loc.gov/service/ll/usrep/usrep538/usrep538343/usrep538343.pdf (consultado el 14-1-2020).

239 Briones Martínez, Irene María: «El delito de odio por razón de religión y de creencias, la educación en la religión contra el terrorismo de la palabra y de la violencia», *Thomson Reuters Aranzadi*, 2018, p. 101.

240 Valero Heredia, Ana: «Los discursos del odio. Un estudio jurisprudencial», *Revista Española de Derecho Constitucional,* n.º 110, 2017, p. 308.

241 «La verdad de una opinión es parte de su utilidad» v. Stuart Mill, John: *Sobre la libertad*, Alianza Editorial, Madrid, 1994, p. 84.

242 *Ibidem* p. 120.

243 *Ibidem*, p. 77.

Ahora bien, siendo necesariamente amplia la libertad de expresión, reconocida su función tanto para alcanzar tanto la verdad como el bienestar, sí que aludió a unos límites. Los mismos no se referirían a qué discutir, pues todo puede ser abordado, y ninguna idea es absoluta, puesto que somos falibles[244]. Pero sí, en cuanto a las formas:

> «[...] sea cualquiera la parte del argumento en que se coloque, debe ser condenado todo aquel en cuya requisitoria se manifiesta la mala fe, la maldad, el fanatismo o la intolerancia, pero no deben inferirse otros vicios del partido que la persona tome, aunque sea lo opuesto al nuestro en la cuestión; y debe reconocerse el merecido honor a quien, sea cual sea la opinión que sostenga, tiene la calma de ver y la honradez de reconocer lo que en realidad son sus adversarios y sus opiniones, sin exagerar nada que pueda desacreditarlas, ni ocultar lo que pueda redundar en su favor. Esta es la verdadera moralidad en la discusión pública [...]»[245].

En palabras recientes de O'REGAN, las ideas que resultan falsas permiten nacer nuevas ideas:

> «incluso el discurso con el que no estamos de acuerdo, nos permite descubrir que las verdades establecidas son en realidad falsas y, por lo tanto, fomenta la posibilidad de nuevas verdades. Esta afirmación epistémica se basa en el trabajo de JS Mill y Milton y a menudo se conoce como el argumento de Mill de la falibilidad. Subraya la tesis de que la libertad de expresión permite "un mercado de ideas" como se articula en la famosa disidencia del juez Holmes en Abrams v US en la que dijo (y yo parafraseo) que la mejor prueba de la verdad es su poder para ser aceptado en la competencia de la market. Es este principio el que informa el argumento de que la cura para el mal discurso es más discurso[246]».

No obstante lo anterior, es muy relevante tener en cuenta un episodio que marcó la historia de EE. UU., cuando se vivió una *caza de brujas* del disidente. La libertad de expresión se tambaleó durante unos años, cuando se persiguió al contrario político, a aquel que era o parecía comunista. EE. UU. sufrió una corriente anticomunista que surgió durante la «Guerra Fría».

El período más significativo transcurrió entre 1950 y 1968, teniendo al frente al senador por Wisconsin Joseph McCarthy[247]. Se trató de instaurar un control ideológico y de perseguir penalmente a quienes tuvieran una ideolo-

244 «[...] Negarse a oír una opinión, porque se está seguro de que es falsa, equivale a afirmar que la verdad que se posee es la verdad *absoluta*. Toda negativa a una discusión implica una presunción de infalibilidad». *Vide.* STUART MILL, *ob.cit*, p. 77.

245 *Ib*. p. 122.

246 O'REGAN, Catherine: «Hate speech online: an (intractable) contemporary challenge?», *Current Legal Problems*, 2018, p. 9.

247 BOZZA, Juan Alberto: «Navegar en la tormenta. El anticomunismo en la historiografía de los Estados Unidos durante la Guerra Fría», *Sociohistórica*, n.° 33, 2014, p. 2.

gía comunista. Para ello se azuzó el miedo y fomentó un sentimiento patriótico en el que se premió a los delatores.

> «El macartismo actuó como un instrumento de control, una herramienta disciplinadora, de las manifestaciones de disidencia política y cultural en la sociedad norteamericana. Imbuido de una longeva tradición contrarrevolucionaria, alimentada por instituciones y corporaciones custodias del capitalismo, pretendió implantar la unanimidad ideológica y el inmovilismo doctrinario en una coyuntura histórica internacional aguzada por la polarización de la guerra fría. Se nutrió de una visión fundamentalista religiosa, intolerante contra las expresiones del pensamiento crítico; no solo contra proyectos, partidos e individuos que cuestionaran las relaciones sociales capitalistas, sino aún de aquellas iniciativas reformistas que pretendían corregir sus inequidades y ciertas formas pre democráticas en las que subsistían minorías étnicas y sociales. La pretensión de erradicar el comunismo se puso en práctica, con todo el potencial de los recursos del Estado, sobre comunidades políticas e individuos cuyas opiniones y actividades ni siquiera estaban inscriptas en el CPUSA. Demócratas, radicales, socialistas, liberales de izquierda, etc., engrosaban las filas de los enemigos de la Nación, de los agentes de la potencia soviética [...][248]».

Por esta razón, a la vista de dicha experiencia histórica, y del episodio de lucha por los derechos civiles, «(l)a Primera Enmienda es concebida, ante todo, como un paraguas protector del disidente, del outsider, frente al Estado y frente a la «tiranía de la mayoría[249]».

> «En efecto, solo la amplísima protección proporcionada por el Tribunal Supremo a la expresión disidente y "subversiva" —desestimando las demandas de las comunidades blancas del sur de Estados Unidos y anulando las sanciones impuestas— posibilitó que Martin Luther King y otros líderes de la comunidad negra difundieran su mensaje, considerado ofensivo y provocador por grandes sectores de la mayoría blanca, y que las manifestaciones y sentadas realizadas por afroamericanos en lugares donde se practicaba la segregación racial no pudieran finalmente ser reprimidas en aras de la protección de la paz pública y la protección de los sentimientos de la mayoría[250]».

Por tanto, EE. UU., como fruto de su historia, sigue un modelo en el que la libertad de expresión debe primar. De suerte que «solo puede ser restringida cuando incite a la violencia y genere un «peligro claro e inminente» sobre el colectivo al que se dirige el discurso odioso[251]». A continuación, veremos en

248 *Ob.cit.*, p. 12.

249 Alcácer Guirao, Rafael: «Víctimas y disidentes. El "discurso del odio" en EE. UU. y Europa», *Revista Española de Derecho Constitucional*, n.º 103, 2015, p. 79.

250 *Ibidem*, p. 81.

251 Valero Heredia, Ana: «Los discursos del odio. Un estudio jurisprudencial», *Revista Espa-*

qué casos y con base a qué criterios la jurisprudencia de la Corte Suprema ha aplicado dicha restricción.

5.2. LA DOCTRINA DEL «CLEAR AND PRESENT DANGER» EN LA JURISPRUDENCIA DE LA CORTE SUPREMA

5.2.1. Jurisprudencia en el período de la I Guerra Mundial

El origen, el punto cero, de la doctrina del «clear and present danger», en español, «peligro claro e inminente», fue por primera vez recogido, *nominalmente*, en esos términos, en la sentencia de la Corte Suprema de Estados Unidos *Schenck and Baer v. U.S.*[252] de la que fue ponente el Juez Oliver Wendell Holmes. Si bien, hay una corriente doctrinal reciente[253], que revisando la anterior, considera que la esencia de dicha doctrina se recogió *materialmente* en el voto particular del Juez Oliver Wendell Holmes al que se sumó el Juez Louis Brandeis, y que se plasmaron a partir de la posterior sentencia de *Abrams v. U.S*[254].

Ambas sentencias, y otras de la época, tienen como punto de partida el mismo contexto histórico, marcado por la Primera Guerra Mundial y por la aprobación por el Congreso de Estados Unidos de la *Espionage Act of June 15, 1917*, con la finalidad de castigar a los disidentes, antibelicistas, contrarios al reclutamiento para ir a la guerra contra Alemania.

Analizaremos las sentencias atendiendo al período histórico en que fueron dictadas. Estudiaremos brevemente las circunstancias del caso y las bases de la decisión de la Corte Suprema, conforme a la doctrina del «clear and present danger».

ñola de Derecho Constitucional, n.° 110, 2017, p. 330.

252 *Vide*: https://cdn.loc.gov/service/ll/usrep/usrep249/usrep249047/usrep249047.pdf (consultado el 15-12-2019).

253 *Vid*. ARIAS CASTAÑO, Abel: *Clear and Present Danger test. La Libertad de expresión en los límites de la democracia*, Marcial Pons, Madrid, 2018, pp. 93-95. En esta obra se realiza un análisis cuidadoso y detallado de dicha doctrina, que se remonta desde 1.798 hasta la época más reciente. El autor mantiene que a lo largo de la historia jurisprudencial se identifican «diferentes modelos autónomos e independientes de *Clear and Present Danger*: los modelos *invisible, expansivo, militante y ecléctico*». *Ibidem*, p. 243.

254 *Abrams v. U.S, 250, U.S. 616 (1919).Vide:* https://cdn.loc.gov/service/ll/usrep/usrep250/usrep250616/usrep250616.pdf (consultada el 15-12-2019).

A. La sentencia Schenck and Baer v. U.S. 249, U.S. 47 (1919)[255]

Esta sentencia confirmó la condena de Charles Schenck, Secretario General del Partido Socialista de Filadelfia, por vulneración de la *Espionage Act de 1917*.

Los hechos enjuiciados consistieron en que Charles Schenck encargó la elaboración, para su posterior distribución por correo, de 15.000 panfletos. Estos folletos recogían mensajes contrarios al reclutamiento para la guerra.

En concreto la sentencia recogió que en dichos impresos «insinuó que el reclutamiento era despotismo en su peor forma, y un monstruoso error contra la humanidad, en interés de los pocos elegidos de Wall Street». Las expresiones concretas fueron «(n)o te sometas a intimidación», «(a)firma tus derechos», «(s)i no afirmas y apoyas tus derechos, estás ayudando a negar o menospreciar los derechos cuya conservación es el solemne deber de conservar de todos los ciudadanos y residentes de los Estados Unidos».

El tribunal ante la petición de amparo por la primera enmienda comenzó razonando que «el carácter de cada acto depende de las circunstancias en las que se hace». Es decir, se debe de atender al contexto en que se produce. En este sentido, la sentencia pone un ejemplo: «La protección más estricta de la libertad de expresión no protegería a un hombre que grita en falso que hay fuego en un teatro y causa el pánico».

El *quid* de la cuestión es «si las palabras usadas se utilizan en tales circunstancias y son de tal naturaleza para crear un peligro claro y presente de que producirán los males sustantivos que el Congreso tiene derecho a prevenir»[256].

---

255 *V.* https://cdn.loc.gov/service/ll/usrep/usrep249/usrep249047/usrep249047.pdf (consultado el 15-12-2019).

Como señala Presno Linera fue la primera sentencia en la que se invocó la Primera Enmienda y se hizo referencia al *clear and present danger* por parte del Juez Oliver Wendell Holmes. En sus palabras:

Así, el primer caso en el que se invocó la Primera Enmienda con ocasión de una condena impuesta a partir de la Ley de Espionaje fue en el famoso asunto Schenck vs. United States, de 3 de marzo de 1919, en el que el Tribunal Supremo avaló la constitucionalidad de la ley y, aunque Holmes, juez ponente, hizo referencia a la provocación de un peligro claro e inminente (clear and present danger), en realidad se argumentó a partir del bad tendency test: si la ley colocaba en el mismo plano las palabras que se pronunciaban y el objetivo de las mismas, no había razón para afirmar que el acto —las palabras— solo era delictivo si alcanzaba los fines que perseguía.

Vide Presno Linera, Miguel Ángel: «La libertad de expresión del disidente y su articulación jurisprudencial en Estados Unidos y en Europa». *Teoría y derecho: revista de pensamiento jurídico*, n.º 32, 2022, p. 21.

256 *Ibidem.*

El tribunal tuvo muy en cuenta la situación de guerra en la que se encontraba el país. Ese fue el contexto relevante y determinante para la decisión. No es lo mismo lanzar esas expresiones en tiempos de paz que en tiempos de guerra[257]:

> «Es una cuestión de proximidad y grado. Cuando una nación está en guerra muchas cosas que podrían decirse en tiempo de paz son un obstáculo [...] que su expresión no se soportará mientras los hombres luchen y que ningún Tribunal podría considerarlos protegidos por ningún derecho constitucional. Parece admitirse que si se probara una obstrucción real del servicio de reclutamiento, la responsabilidad por las palabras que produjeron ese efecto podría aplicarse[258]».

La cuestión determinante, y la diferencia entre ésta y los votos particulares recogidos en la sentencia *Abrams v. U.S*, giró en torno a si ese requisito subjetivo, esa intención del autor, se presume y, por tanto se desprende por sí sola de los medios desplegados, o, si por el contrario también debe de ser acreditado en el proceso[259].

En la sentencia del caso *Schenck and Baer v. U.S* se confirmó la condena pues presumió que la intención de Schenck podría poner en un peligro real y efectivo el servicio de reclutamiento: «el documento no habría sido enviado a menos que se hubiera pretendido que tuviera algún efecto, y no vemos qué efecto cabría esperar que tuviera sobre las personas sujetas a reclutamiento, excepto para influir en ellas para no alistarse».

B. Abrams v. U.S, 250, U.S. 616 (1919)[260]

Los hechos por los que en primera instancia se condenó a cinco de los siete ciudadanos rusos (pero afincados en EE. UU. desde hacía años) consistieron en que arrojaron desde un edificio en Nueva York copias de dos panfletos que vulneraron la *Espionage Act de 1917*[261].

Los folletos tenían los siguientes títulos: «La hipocresía de los Estados Unidos y sus aliados » y «Despertad trabajadores».

---

257 Sin embargo, como señala Abel Arias Castaño (v. *ob.cit*.p.128), a partir de los votos particulares de la sentencia Abrams vs. U.S, se establece que el hecho de que el país esté o no en guerra «no debe identificarse como una circunstancia, presupuesto, o condición relevante para aplicarlo (entiéndase referido al test) o para dejar de hacerlo».

258 *Abrams v. U.S, 250, U.S. 616 (1919).Vide*: https://cdn.loc.gov/service/ll/usrep/usrep250/usrep250616/usrep250616.pdf (consultada el 15-12-19).

259 Arias Castaño, Abel: *Clear and Present Danger test. La Libertad de expresión en los límites de la democracia*, Marcial Pons, Madrid, 2018, pp 101-102.

260 *Vide:* https://cdn.loc.gov/service/ll/usrep/usrep250/usrep250616/usrep250616.pdf (consultada el 15-12-2019).

261 *Ob.cit.*, p.107.

Los contenidos de los mismos fueron destacados en la sentencia[262]. En concreto, del primero de los libelos:

> «Su vergonzoso y cobarde silencio[263] sobre la intervención en Rusia revela la hipocresía de la banda plutocrática en Washington y sus alrededores [...] Él (el Presidente) es demasiado cobarde para salir abiertamente y decir: "Las naciones capitalistas no podemos permitirnos tener una república proletaria en Rusia [...] La Revolución Rusa llora: ¡Trabajadores del mundo! ¡Despertad! ¡Levantaos! ¡Acaba con tu enemigo y el mío! "¡Sí! amigos, sólo hay un enemigo de los trabajadores del mundo y es el CAPITALISMO».

El contenido del segundo de los impresos era:

> «Trabajadores, emigrantes rusos, que menos creísteis en la honestidad de nuestro Gobierno, ahora debéis desechar toda confianza, debéis escupir en la cara de la falsa, hipócrita, propaganda militar que os ha engañado tan implacablemente, invocando tu simpatía, tu ayuda, a la continuación de la guerra. Con el dinero que has prestado, o vas a prestar, van a hacer balas no sólo para los alemanes, sino también para los trabajadores soviéticos de Rusia. Trabajadores en las fábricas de municiones, estáis produciendo balas, bayonetas, cañones, para asesinar no sólo a los alemanes, sino también a los más queridos, mejores, que están en Rusia y están luchando por la libertad».

La Corte Suprema confirmó la condena en base a los precedentes de *Schenck and Baer v. U.S, 249 U. S. 47; and in Frohwerk v. U.S, 249 U. S. 204*[264]. Consideró que «el lenguaje de estas circulares estaba destinado obviamente a provocar y alentar la resistencia a los Estados Unidos en la guerra, ya que «[...] instaron claramente y abogaron por recurrir a una huelga general de trabajadores en las fábricas de municiones con el fin de reducir la producción de artillería y municiones necesarias y esenciales para la continuación de la guerra».

Sin embargo, lo relevante fueron los votos particulares disidentes con el sentir mayoritario. En este caso, el Juez Oliver Wendell Holmes recordó que la Primera Enmienda a la Constitución supone que el Congreso no hará ninguna ley que acabe con la libertad de expresión. Tras hacerlo subraya que «el principio del derecho a la libertad de expresión es siempre el mismo. Es sólo el peligro actual del mal inmediato o una intención de lograrlo lo que justifica el Congreso al establecer un límite a la expresión de opinión».

---

262 https://cdn.loc.gov/service/ll/usrep/usrep250/usrep250616/usrep250616.pdf (consultado el 21-12-2019).

263 Se referían al presidente Wilson, tras tildarle de «hipócrita y un cobarde porque las tropas fueron enviadas a Rusia, procede a agredir a nuestro Gobierno en general».

264 https://cdn.loc.gov/service/ll/usrep/usrep249/usrep249204/usrep249204.pdf (consultado el 22-12-2019).

En el caso concreto, desechó la existencia del riesgo claro y presente, puesto que «nadie puede suponer que la publicación subrepticia de un folleto tonto por un hombre desconocido, sin más, presentaría ningún peligro inmediato».

La decisión del caso no era inocua, ya que como enfatiza el voto particular, las frases objeto del recurso habían merecido una condena a veinte años de prisión[265].

Unida a esta idea, a lo largo del razonamiento, aflora una concepción acerca de la libertad de expresión íntimamente ligada al concepto *free market place.* En efecto, «el libre intercambio de ideas [...] la mejor prueba de la verdad es el poder del pensamiento para ser aceptado en la competencia del mercado, y esa verdad es el único terreno sobre el cual sus deseos pueden llevarse a cabo de forma segura. Eso es, en todo caso, la teoría de nuestra Constitución»[266].

El resultado de la unión de ambas ideas condujo a disentir con la opinión mayoritaria. A considerar que sólo cuando esos discursos sean «peligrosos» habrá de intervenirse. En sus palabras, «creo que debemos estar eternamente atentos a los intentos de comprobar la expresión de opiniones que detestamos e incluso que consideramos muy peligrosas, salvo que ame-

---

265 Aunque expresamente no se alude al principio de proporcionalidad entiendo que ante una consecuencia punitiva tan grave es un elemento poderoso a tener en cuenta.

266 Abel Arias Castaño apunta a que con estas palabras el juez Holmes destaca «el valor instrumental del derecho fundamental (refiriéndose a la libertad de expresión) en el progreso del conocimiento y en la obtención de "la verdad"». (v. *op. cit.*, p.139).
Resulta interesante el apunte de Presno Linera cuando indica que el origen de esta idea está en el utilitarismo de *Stuart Mill*, y sin embargo, difiere en la medida en que este tiene una visión optimista de la sociedad, mientras que el juez Holmes la tenía pesimista:
(la libertad de expresión) *Es necesaria para el avance del conocimiento y el descubrimiento de la verdad [...] Esta premisa encontraría su fundamentación filosófica originaria en el utilitarismo de Stuart Mill, incorporado a la jurisprudencia constitucional norteamericana por obra del juez Holmes. Aquí la justificación se apoya en la firme convicción de que es más probable que la verdad prevalezca cuando se mantiene una discusión abierta que a través de cualquier medida que tenga por objeto erradicar los discursos falsos. Debe recordarse también que las razones para apoyar esta teoría difieren radicalmente en Mill y Holmes: el primero tenía una visión optimista y confiaba en el progreso social, de manera que esperaba que la verdad acabaría venciendo a las falsedades, que únicamente debían reprimirse si incitaban a la violencia; para el segundo, más bien pesimista, la admisión de un espectro amplísimo de ideas fomentaría que la mayoría de la gente, propensa a mantener ideas carentes de valor o directamente dañinas, pudiera desarrollar, cuando menos, una duda saludable sobre las mismas. Nos encontramos, en suma, ante una concepción de la libertad de expresión esencialmente negativa. [...].*
Vide Presno Linera, Miguel Ángel: «Del odio como discurso al odio como delito, pasando por el discurso del odio». *Estudios de casos líderes europeos y nacionales. Vol. XIV. La libertad de expresión en el siglo XXI: Cuestiones actuales y problemáticas* / coord. por Vázquez Alonso, Víctor Javier; Efrén Ríos Vega, Luis (dir.), Spigno, Irene (dir.) Tirant lo Blanch, 2021, p. 324.

nacen de una manera inminente con una interferencia inmediata en los legítimos y urgentes propósitos del Derecho, que requiera un control inmediato para salvar el país».

5.2.2. Jurisprudencia en el período de entreguerras:

Como señala Abel Arias Castaño[267], entre las sentencias Whitney v. California (1927) y la sentencia Thornhill v. Alabama (1940)[268], en ninguna sentencia, ni voto particular, se hace una mención expresa «al test del *Clear and Present Danger*»

A. Whitney v. California, 274 U.S. 357 (1927)[269]

La Sra. Whitney fue condenada por el Estado de California por ayudar a organizar, en el año 1919, el Partido Comunista Laborista de California, por ser miembro de él, y por reunirse con él. Estos actos se consideraron constitutivos de un delito conforme a *The California Criminal Syndicalism Act*, porque se consideró que el partido se formó para enseñar sindicalismo criminal.

El tribunal confirmó la condena. Ponderó que la libertad de expresión no es un derecho absoluto y que, por tanto, el Estado puede castigar a quien abusa de dicha libertad:

> «Que la libertad de expresión esté garantizada por la Constitución no confiere un derecho absoluto a hablar, sin responsabilidad, sea cual sea la que se elija, o una licencia sin restricciones y desenfrenada que otorgue inmunidad por todo uso posible del lenguaje y el castigo de aquellos que abusan de esta libertad; y que un Estado en el ejercicio de su poder policial puede castigar a quienes abusan de esta libertad [...] tendiendo a incitar a la delincuencia, perturbar la paz pública o poner en peligro los cimientos del gobierno organizado y amenazar su el derrocamiento por medios ilícitos, no es cuestionable[270]».

En este caso, el Juez Louis Brandeis emitió un voto particular concurrente al que se sumó el Juez Holmes[271]. Tomó como punto de partida la senten-

267 *Ob.cit.* p. 169. Para un análisis más profundo de las sentencias dictadas en dicha época es recomendable acudir a las pp.167-182.

268 Sentencia Thornhill v. Alabama, 310 U.S. 88 (1940), https://cdn.loc.gov/service/ll/usrep/usrep310/usrep310088/usrep310088.pdf (consultado el 30-12-2019).

269 https://cdn.loc.gov/service/ll/usrep/usrep274/usrep274357/usrep274357.pdf (consultado el 22-12-2019).

270 Whitney v. California, 274 U.S. 357 (1927), p. 371.

271 Abel Arias Castaño señala que el Juez Brandeis, en el caso Whitney, «pondrá el énfasis en la relación que existe entre la libertad de expresión y la fundamentación democrática del poder, subrayando con ello su dimensión democrático-funcional» (v. ARIAS CASTAÑO,

cia *Schenck and Baer v. U.S.* Comenzó su razonamiento recalcando que es necesario para restringir la libertad de expresión que exista un peligro claro e inminente: «Que la necesidad que es esencial para una restricción válida no existe a menos que el discurso produzca, o se pretenda producir, un peligro claro e inminente de algún mal sustantivo que el Estado constitucionalmente pueda tratar de impedir, se ha resuelto»[272].

A partir de aquí, reconoció que todavía no habían fijado los parámetros para concretar qué sea un peligro claro e inminente:

> «Este Tribunal aún no ha fijado los estándares para determinar cuándo se considerará claro un peligro; lo remoto que puede ser el peligro y, sin embargo, ser considerado presente; y qué grado de daño se considerará lo suficientemente sustancial como para justificar una restricción de la libertad de expresión y reunión como medio de protección. Para llegar a conclusiones sólidas sobre estos asuntos, debemos tener en cuenta por qué a un Estado, normalmente, se le deniega el poder de prohibir la difusión de doctrina social, económica y política que una gran mayoría de sus ciudadanos considera falsas y plagadas de perversas consecuencias[273]».

Una vez colocados los primeros hitos del razonamiento jurídico (necesidad de peligro claro e inminente, y que nunca se han dado pautas para interpretarlos en el caso concreto) continuó su reflexión haciendo partícipe de la misma a uno de los «padres fundadores de la constitución[274]», Thomas Jefferson, al plasmar una cita suya: «No tenemos nada que temer de los razonamientos desmoralizantes de algunos, si otros se dejan libres para demostrar sus errores y especialmente cuando la ley está dispuesta a castigar el primer acto criminal producido por los falsos razonamientos; estas son correcciones más seguras que la conciencia del juez[275]».

Consideró que el nacimiento de la libertad de expresión, tiene una finalidad dual, no es sólo un medio, sino también un fin, para alcanzar la felicidad. Subyace la perspectiva de que las ideas deben combatirse debatiendo, sin castigarlas, porque si se penalizan, se genera miedo, que provoca odio, y en definitiva desestabiliza al gobierno:

> «Valoraban la libertad como un fin y como un medio. Creían que la libertad era el secreto de la felicidad y el valor para serlo el secreto de la libertad. Ellos creían que la libertad de pensar como quieras y de hablar como crees son medios indispensa-

ob.cit., p.139).

272 Whitney v. California, 274 U.S. 357 (1927), p. 373.

273 Whitney v. California, 274 U.S. 357 (1927), p. 374.

274 Arias Castaño señala que «la perspectiva que adopta es la comprensión teórica que la generación constitucional de los Padres Fundadores tenía acerca del sentido de la libertad de expresión» *ibidem*, p 137.

275 Whitney v. California, 274 U.S. 357 (1927), p. 375, al pie.

> bles para el descubrimiento y la difusión de la verdad política; que sin la libertad de expresión y la discusión de la asamblea sería inútil; que con ellos, el debate ofrece una protección normalmente adecuada contra la difusión de doctrina nociva; que la mayor amenaza a la libertad es un pueblo inerte; que la discusión pública es un deber político; y que esto debería ser un principio fundamental del gobierno estadounidense. Reconocieron los riesgos a los que están sujetas todas las instituciones humanas. Pero sabían que el orden no puede ser asegurado simplemente por temor al castigo por su infracción; que es peligroso desalentar el pensamiento, la esperanza y la imaginación; que el miedo genera represión; que la represión genera odio; que el odio amenaza la estabilidad del gobierno; que el camino para lograr la seguridad radica en la oportunidad de discutir libremente los supuestos agravios y los remedios propuestos; y que el remedio apropiado para los malos consejos son los buenos consejos. Creyendo en el poder de la razón aplicada a través de la discusión pública, evitaron coaccionar con la ley para imponer el silencio, el argumento de la fuerza es su peor forma[276]».

Como argumento histórico recordó que en sus comienzos en EE. UU. los hombres temían a las brujas y por ello quemaron mujeres; tuvieron períodos en los que la esclavitud estaba normalizada, y se terminó prohibiendo, y liberando a los hombres y mujeres esclavos. En definitiva, el uso de la razón, el diálogo, el poder expresar ideas, permitió combatir los miedos irracionales y llevar a cabo cambios políticos.

Dicho lo cual, recordó la excepcionalidad para justificar una intervención e injerencia en la libertad de expresión, se precisa de la existencia de buenas razones «para creer que el peligro aprehendido es inminente [...] para creer que el mal que hay que prevenir es serio [...], debe demostrarse que se espera o se propugna la violencia grave e inmediata, o que la conducta pasada proporcionó razones para creer que se contemplaba entonces esa promoción».

No coincidió con el sentir mayoritario por considerar que «reunirse con un partido político, formado para abogar por la conveniencia de una revolución proletaria mediante la acción de las masas en una fecha necesariamente lejos en el futuro, no es un derecho dentro de la protección de la Decimocuarta Enmienda».

Finalmente, a pesar de no coincidir con la argumentación de la mayoría, sí lo hicieron en cuanto a la conclusión, ya que «(e)n el presente caso, sin embargo, hubo otros testimonios que tendían a establecer la existencia de una conspiración, por parte de los miembros de los Trabajadores Internacionales del Mundo, para cometer crímenes graves actuales; y también para demostrar que tal conspiración sería reforzada por la actividad de la sociedad de la que la señorita Whitney era miembro[277]».

276 Whitney v. California, 274 U.S. 357 (1927), p. 375-376.

277 *Ibidem.*

5.2.3. La jurisprudencia durante la II Guerra Mundial:

El contexto histórico vino marcado por la guerra. Sin embargo, la tesis del *clear and present danger* se aplicó a un amplio abanico de asuntos y no sólo a temas relativos a opiniones antibelicistas o contrarias al reclutamiento[278].

A. Taylor v. Mississippi, 319 U.S. 583 (1943)[279].

La Corte Suprema conoció del recurso de tres condenados a penas de prisión cuya duración se condicionó hasta el final de la guerra, pero sin llegar a exceder de diez años.

Los tres apelantes eran testigos de Jehová y la condena se basó en considerar que atentaron contra la paz y seguridad, tanto de EE. UU., como del estado de Mississipi durante la guerra.

Los hechos consistieron en que a lo largo de múltiples entrevistas con varias mujeres (los hijos de dos de ellas murieron en la guerra):

> «[...] declararon que era un error para nuestro Presidente enviar a nuestros chicos uniformados para luchar contra nuestros enemigos; que estaba mal luchar contra nuestros enemigos; que estos chicos estaban siendo derribados sin ningún propósito en absoluto; que los dos hijos de las dos mujeres pueden haber pensado que estaban haciendo lo correcto para luchar contra nuestros enemigos, pero estaba mal; que Hitler gobernaría, pero no tendría que venir aquí para gobernar; que cuanto más rápido la gente de aquí dejara de inclinarse y adorar y saludar nuestra bandera y gobierno antes tendríamos paz».

Además de dichas conversaciones también difundieron libros y panfletos de los que merecen destacar los siguientes pasajes:

> «Todas las naciones de la tierra están bajo la influencia y el control de los demonios ... Todas las naciones sufren el mismo destino o llegan al mismo fin, porque todas las naciones de la tierra están en el lado equivocado, es decir, en el lado perdedor. Todas esas naciones están en contra del Gobierno Teocrático, es decir, el gobierno del reino de Dios Todopoderoso... y todos están bajo el control de la hueste invisible de los demonios, ... "Pero obligar a la gente a saludar una bandera o cualquier otra imagen está mal, y particularmente si esa persona cree en Dios y en Jesucristo. Para el cristiano saludar una bandera es una violación directa del mandamiento específico de Dios [...] Aquellos que son verdaderos cristianos concienzudos están en una clase completamente diferente de los demás del mundo.

278 ARIAS CASTAÑO, Abel: *Clear and Present Danger test. La Libertad de expresión en los límites de la democracia*, Marcial Pons, Madrid, 2018, p.187.

279 https://cdn.loc.gov/service/ll/usrep/usrep319/usrep319583/usrep319583.pdf (consultado el 30-12-2019).

Los testigos de Jehová son cristianos y en un pacto de ser totalmente obedientes a la ley de Dios. Deben enseñar a sus hijos y amonestarlos a obedecer la ley de Dios, como él ha mandado. Son conscientes y sinceramente creen que para ellos disfrutar del formalismo o la ceremonia de saludar a cualquier bandera es una violación del mandamiento específico de Dios [...]"».

La Corte Suprema anuló las condenas en base a dos motivos:

1. En primer lugar, consideró en cuanto al elemento subjetivo de los mensajes, su intención, que no fue otra que transmitir y enseñar aquella doctrina en la que creían, sus creencias y opiniones.
2. En segundo lugar, respecto al elemento objetivo, el resultado que podrían provocar en la sociedad lo consideraron inocuo, en el sentido de que no suponían un peligro claro, inminente y grave. Ello por cuanto no incitaron a realizar acciones subversivas contra la nación o el Estado ni pusieron en peligro a las instituciones o al Gobierno.

B. Cantwell v. Connecticut, 310 U.S. 296 (1940)[280]

Newton Cantwell y sus dos hijos, Jesse y Russell, miembros de los Testigos de Jehová el día en que fueron detenidos:

> «[...] se dedicaban a ir solos de casa en casa por la calle Cassius en New Haven. Estaban equipados individualmente con una bolsa que contenía libros, y panfletos sobre temas religiosos, un fonógrafo portátil y un conjunto de grabaciones, cada una de los cuales, cuando se reproduce, daba una descripción de uno de los libros. Cada apelante pidió permiso a la persona que respondió a su llamada para reproducir una de las grabaciones. Si se le concedió el permiso, pidió a la persona que comprara el libro descrito y, al rechazarlo, solicitó una contribución para la publicación de los folletos [...]. Si se recibía una contribución, se entregaba un folleto a condición de que se leyera».

En este contexto, Jesse Cantwell, en una de las visitas a dos personas católicas reprodujo la introducción que se refería al libro «Enemigos» y que suponía un ataque a la religión católica[281]. En ese momento, esas dos personas se sintieron ofendidas, y tentadas de atacarle a menos que se marchara del lugar.

La sentencia de la Corte Suprema se planteó de forma novedosa si la constitución ampara la libertad de expresión cuando lo que provoca no es un ata-

280 https://cdn.loc.gov/service/ll/usrep/usrep310/usrep310296/usrep310296.pdf (consultado el 28-12-2019).

281 «encarna un ataque general a todos los sistemas religiosos organizados como instrumentos de Satanás», *vide*. Cantwell v. Connecticut.

que contra otros, sino hacia uno mismo[282], «(e)l tribunal sostuvo que el cargo no era asalto o violación, de la paz o amenazas por parte de Cantwell, sino invocar o incitar a otros a violar la paz[283]».

En este caso, tres, son las circunstancias relevantes:

1. En primer lugar, que el barrio donde ocurrieron los hechos, muy poblado, estaba conformado con aproximadamente un noventa por ciento de residentes católicos.
3. En segundo lugar, que ninguna de las personas entrevistadas eran miembros de los Testigos de Jehová.
4. Y en tercer lugar, que la grabación que reprodujo ofendió a dos personas católicas que estuvieron tentadas de agredir a uno de los testigos de Jehová (Jesse Cantwell).

La Corte Suprema consideró que la intención de Jesse Cantwell fue la de tratar de vender libros u obtener donaciones para emplearlas en lo que para él era la verdadera religión. Es decir, no trató de provocar o de ofender. La grabación antedicha la puso porque los vecinos le dieron permiso para que lo hiciera. En cuanto se ofendieron abandonó el lugar.

Se expuso que la característica esencial de las libertades es que bajo su escudo se protegen «muchos tipos de vida, carácter, opinión y creencia», para que puedan desarrollarse sin ser molestados.

En atención a todo ello fue absuelto, ya que, en definitiva, se consideró que no hubo un peligro claro e inminente para la paz o el orden público.

C. Sentencia Thornhill v. Alabama, 310 U.S. 88 (1940)[284]

Byron Thornhill fue condenado al pago de una multa de cien dólares con pena de prisión en caso de impago por haber participado en un piquete situado muy cerca del lugar de negocios de su antiguo empleador. Era miembro de un grupo de piquetes relativamente grande, teniendo en cuenta la ubicación del piquete, y el número de empleados de la planta. «No se trataba de un «piquete pacífico», sino de una molestia ofensiva e injustificable calculada para provocar disturbios públicos y violaciones de la paz[285]».

La condena se basó en que para el estado de Alabama era ilegal acercarse o merodear sin una causa justa o excusa legal, a cualquier lugar de negocios

282 Arias Castaño, Abel: *Clear and Present Danger test. La Libertad de expresión en los límites de la democracia*, Marcial Pons, Madrid, 2018, p.191.

283 Cantwell v. Connecticut.

284 v. https://cdn.loc.gov/service/ll/usrep/usrep310/usrep310088/usrep310088.pdf (consultado el 30-12-2019).

285 Thornhill v. Alabama.

lícitos, con el propósito de, o con la intención de, influir o inducir a otras personas a no comprar, de tratar con, o ser empleado en dicho lugar de negocios; o con el propósito de impedir, interferir o dañar dicho negocio.

La Corte Suprema retomó las ideas del Juez Oliver Wendell Holmes[286], señalando que las malas ideas deben de refutarse con buenas ideas en el libre mercado de las ideas. La libertad de expresión consiste en que cualquiera puede exponer sus propias ideas, ya que de esa forma, con el libre intercambio de ideas, EE. UU. logró su independencia[287].

Al examinar el asunto, las pruebas practicadas, consistentes en declaraciones testificales, acreditaron que el comportamiento del recurrente fue pacífico. En consecuencia, al tratar su discurso de cuestiones de verdadero interés público y no acreditarse ningún peligro claro e inminente para la vida, la propiedad, la intimidad o la paz, la Corte Suprema decidió revocar la condena.

5.2.4. La jurisprudencia tras la II Guerra Mundial:

A. Terminiello v. Chicago, 337 U.S. 1 (1948)[288]

Arthur Terminiello (sacerdote católico que en el momento de los hechos estaba suspendido para ejercer como tal) fue condenado al pago de una multa de cien dólares, no por dar un discurso o por el contenido del mismo, sino por la reacción que provocó[289].

Los hechos se produjeron con motivo de una reunión en Chicago de los Cristianos Veteranos de Guerra, en un auditorio con una capacidad para unas ochocientas personas en el interior. En el exterior permanecieron unas mil personas que protestaron contra dicha reunión. Entre medio se dispuso un cordón policial que no fue capaz de evitar disturbios.

Ante este escenario, desde el interior Arthur Terminiello «condenó la conducta de la multitud fuera y criticó enérgicamente, si no con crueldad, a varios grupos políticos y raciales cuyas actividades denunció como hostiles para el bienestar de la nación».

---

286 *[...] los males sustantivos surgen en circunstancias que no dan la oportunidad de probar los méritos de las ideas por la competencia para la aceptación en el mercado de la opinión pública.*

287 *Aquellos que ganaron nuestra independencia tenían confianza en el poder del razonamiento libre e intrépido y la comunicación de ideas para descubrir y difundir la verdad política y económica. Las doctrinas nocivas en esos campos pueden ser refutadas y su mal evitado por el valiente ejercicio del derecho de libre discusión.*

288 https://cdn.loc.gov/service/ll/usrep/usrep337/usrep337001/usrep337001.pdf (consultado el 28-12-2019).

289 La sentencia utiliza literalmente la expresión «fighting words» para referirse al caso analizado.

La Corte Suprema revocó la condena, si bien no por unanimidad, ya que hubo tres votos discordantes (entre los que destacaremos el del Juez Jackson[290]).

La opinión mayoritaria, expuesta por el Juez Douglas, pasó a analizar, en primer lugar, el valor que tiene la libertad de expresión para la sociedad, el cual reside en la función que dicha libertad desempeña para la misma. La libertad de expresión es el medio para poder discutir, debatir, y en esencia, marca la diferencia con los regímenes totalitarios.

> «La vitalidad de las instituciones civiles y políticas en nuestra sociedad depende de la libre discusión [...] es sólo a través del libre debate y el libre intercambio de ideas que el gobierno sigue respondiendo a la voluntad del pueblo y se lleva a cabo el cambio pacífico. El derecho a hablar libremente y a promover la diversidad de ideas y programas es, por lo tanto, una de las principales distinciones que nos diferencia de los regímenes totalitarios.
>
> En consecuencia, una función de la libertad de expresión bajo nuestro sistema de gobierno es invitar a disputas. De hecho, puede servir mejor a su alto propósito cuando induce una condición de malestar, crea insatisfacción con las condiciones tal como son, o incluso agita a la gente a la ira. El habla es a menudo provocativa y desafiante. Puede atacar prejuicios y preconcepciones y tener profundos efectos inquietantes, ya que presiona para la aceptación de una idea».

En segundo lugar, valoraron las expresiones realizadas por Arthur Terminiello y consideraron que no supusieron un peligro grave claro e inminente y, por tanto, la libertad de expresión debía estar *«protegida contra la censura o el castigo, [...] que se eleva* (la libertad de expresión) *muy por encima de las inconveniencias públicas, molestias o malestar»*.

En definitiva, se protegió la libertad de expresión, por cuanto con ella se pueden cambiar las ideas dominantes, evitando la perpetuación de las ideas establecidas hasta ese momento: « [...] la alternativa conduciría a la normalización de ideas ya sea por las legislaturas, tribunales o grupos políticos o comunitarios dominantes [...]».

Sin embargo, el Juez Jackson, consideró en su voto particular que la condena debió ser confirmada.

Estuvo conforme con las valoraciones realizadas por la mayoría en relación al valor de la libertad de expresión. Sin embargo, pensó, que no se analizaron las circunstancias del caso concreto, sino que se hizo una valoración en abstracto en favor de la libertad de expresión.

Según la propia declaración de Arthur Terminiello cuando llegaron se encontraron en el exterior con entre trescientas o cuatrocientas personas que les gritaron «fascistas, nazis». Tuvieron que ser acompañados por la poli-

290 Aplicando la misma teoría llegaron a conclusiones diferentes según qué se entendiera por mal grave. *Vide*. ARIAS CASTAÑO, Abel: *Clear and Present Danger test. La Libertad de expresión en los límites de la democracia,* Marcial Pons, Madrid, 2018, pp 193-194.

cía para poder entrar. Había policías tanto en la puerta de entrada al escenario como en la puerta de atrás. Desde el exterior tiraron piedras, rompieron ventanas, trataron de abrir las puertas, hubo forcejeos y la policía era incapaz de contenerles, tuvo que intervenir y detener hasta diecisiete personas.

Para el Juez Jackson es este el contexto clave. Consideró, citando al Juez Holmes en la sentencia *Schenck and Baer v. U.S*, que «La cuestión en todos los casos es si las palabras utilizadas se utilizan en tales circunstancias y son de tal naturaleza que crean un peligro claro y presente que traerán, males sustantivos que el Congreso [o el Estado o la ciudad] tiene derecho a impedir».

En esta situación, consciente de ella, Arthur Terminiello, con su largo discurso «echó gasolina». La cuestión no eran tanto las palabras empleadas, «(l)as palabras más insultantes pueden ser neutralizadas si el orador sonríe cuando las dice». Si no cómo actuó, cómo fue el discurso, «una personalidad beligerante y una manera agresiva pueden encender una pelea sin usar palabras que en frío nos impactan».

En su voto particular recogió las citas literales del testimonio del propio Arthur Terminiello y destacó las más relevantes para apoyar su discrepancia.

El discurso seguía los patrones de los líderes fascistas europeos, tenía comentarios anticomunistas, contra los judíos, de ensalzamiento del régimen nazi y de Franco (al que denominó el salvador de lo que quedaba de Europa). En lo que nos interesa:

> «[...] El tema del que quiero hablarles esta noche es el intento que está sucediendo justo fuera de esta sala esta noche, el intento que está pasando para destruir a Estados Unidos por revolución [...]
>
> Eso es lo que ellos quieren para ti (refiriéndose al comunismo en Rusia), esa turba aullando fuera [...]
>
> Si conoces los nombres (se refiere a las personas del exterior), por favor envíamelos de inmediato [...]
>
> Recuerda que tiene que haber un líder [...] Esas turbas están cantando; ese es el canto del cavernícola. Fueron entrenados para hacerlo. Fueron entrenados esta tarde. Están siendo guiados; habrá violencia. "Es por eso que os digo [...] La policía os protegerá. Dejad a las mujeres en el interior, donde no les harán daño" [...] No seremos tolerantes con esa turba. Ya no vamos a ser tolerantes. "Somos lo suficientemente fuertes. Ya no vamos a ser tolerantes [...]"Así que, amigos míos, ya que pasamos mucho tiempo esta noche tratando de calmar a la turba aullando, voy a llevar mis pensamientos a una conclusión, y la conclusión es esta. Todos debemos ser como los Apóstoles antes de la venida del Espíritu Santo. No debemos encerrarnos [...] por miedo a los judíos. Hablo del judío comunista sionista, y esos no son judíos americanos. No los queremos aquí; queremos que vuelvan a donde vinieron [...]».

En definitiva, consideró que para proteger la libertad de expresión deben de castigarse los abusos que conducen a la violencia. En este sentido se preguntó si a Arthur Terminiello le importó que hubiera violencia entre las personas del exterior y la policía.

Y concluyó remarcando que «(l)a elección no es entre el orden y la libertad. Está entre la libertad con el orden y la anarquía sin ninguno de los dos. Existe el peligro de que, si la Corte no atempera su lógica doctrinaria con un poco de sabiduría práctica, convierta la Carta de Derechos Constitucional en un pacto suicida».

B. Feiner v. New York, 340 U.S. 315 (1951)[291]

El recurrente, Irving Feiner, fue condenado a la pena de treinta días en la penitenciaría del condado por pronunciar encima de una caja, en una reunión al aire libre, a través de un sistema de altavoces conectado a un automóvil, un discurso incendiario en una calle de la ciudad. Durante el mismo hizo comentarios despectivos sobre el presidente Truman, la Legión Americana y los funcionarios políticos locales; se esforzó por despertar a los negros contra los blancos; e instó a los negros a levantarse en armas y luchar por la igualdad de derechos. A medida que avanzó el discurso la multitud bloqueó la acera y desbordó la calle. El público se inquietó; sus sentimientos a favor y en contra del orador aumentaban; y había al menos una amenaza de violencia. Ello provocó, que los agentes de policía (que habían acudido por quejas vecinales), que estuvieron en silencio y observando la situación durante algún tiempo, con la finalidad de evitar una pelea, le pidieron tres veces que dejara de hablar. Ante su negativa, después de su tercer rechazo, y tras haber estado hablando durante más de treinta minutos, le arrestaron y fue condenado por incitación a la violación de la paz.

La Corte Suprema por mayoría confirmó la condena y para ello se apoyó en el precedente Cantwell v. Connecticut, 310 U. S. 296 (1940):

> «El delito conocido como la violación de la paz abarca una gran variedad de conductas que destruyen o amenazan el orden público y la tranquilidad. Incluye no solo actos violentos, sino también actos y palabras que pueden producir violencia en otros. Nadie tendría la dificultad de sugerir que el principio de la libertad de expresión sanciona la incitación a los disturbios o que la libertad religiosa connota el privilegio de exhortar a otros a atacar físicamente a los que pertenecen a otra secta. Cuando aparece un peligro claro y presente de disturbios, desorden, interferencia con el tráfico en las calles públicas u otra amenaza inmediata para la seguridad pública, la paz o el orden, es obvio que el Estado tiene el poder para prevenir o castigar».

El Tribunal entendió en el caso concreto que la detención y la condena no fue debida al hecho de hacer un discurso, ni por el contenido del mismo, ya que la policía no puede ser utilizada como un instrumento para la supre-

291 https://cdn.loc.gov/service/ll/usrep/usrep340/usrep340315/usrep340315.pdf (consultado el 28-12-2019).

sión de puntos de vista impopulares. No obstante, consideró que Irving Feiner superó los límites de la discusión-persuasión e incitó a los disturbios, de modo que la policía tuvo que actuar.

En definitiva, confirmaron la condena porque consideraron acreditada «la inminencia de un mayor desorden junto con el desafío deliberado del peticionario a los agentes de policía».

No obstante el sentir mayoritario es importante destacar los votos particulares.

En primer lugar, el voto del Juez Black, quien antes de atacar el anterior razonamiento, apuntaló un elemento fáctico relevante (al cual no se había hecho mención). En concreto puso de relieve que Irving Feiner era un joven universitario que el día de los hechos estaba acompañado de su mujer y de sus dos hijos pequeños.

A partir de aquí, no consideró acreditada la existencia de una amenaza. Es más, dio un giro interpretativo respecto de la función que debe cumplir la policía. Para el Juez Black el deber de la policía era proteger el derecho del orador a hablar, incluso hasta el punto de arrestar a quien amenazase con interferir. Por este motivo consideró que la policía eludió su obligación y lo que hizo fue suprimir la libertad de expresión.

En consecuencia, consideró que la confirmación de la condena suponía en la práctica que los oradores minoritarios pueden ser silenciados en cualquier ciudad.

De otro lado, los jueces Douglas y Milton discreparon y para ello aludieron también a otro dato fáctico, y es que en el desarrollo de los hechos una persona del público se acercó a la policía y les dijo «si no sacáis a ese hijo de puta, iré y lo sacaré de allí yo mismo». Fue entonces cuando la policía ordenó a Feiner que dejara de hablar, y cuando se negó, le arrestaron.

Para estos jueces era claro que nadie puede incitar a cometer disturbios o a alterar el orden público mediante el uso de *fighting words*. Sin embargo, consideraron que en el caso concreto lo que sucedió fue que la audiencia era indiferente y que la amenaza vino de un espectador que «amenazó» con sacar al orador del escenario.

Partiendo de ese sustento fáctico consideraron que fue el orador quien precisó de protección policial. Y, por tanto, al ser arrestado, la policía se puso del lado de aquellos que si por ellos fuera terminarían con las reuniones, convirtiéndose la policía en los nuevos censores del discurso.

5.2.5. La jurisprudencia durante la Guerra Fría

Durante la Guerra Fría se extendió dentro de la política norteamericana la tesis del Senador por Michigan Joseph McCarthy según la cual el comunismo no se consideraba simplemente, en abstracto, como una amenaza para la seguridad nacional de los Estados Unidos, «sino que sostenía la existencia de una gran conspiración concreta y en marcha —planificada y dirigida desde la Unión Soviética — para su instauración efectiva dentro de los Estados Unidos, con el consiguiente colapso de su sistema democrático»[292]. Esta tesis tendría sus consecuencias en la interpretación por parte del Tribunal Supremo de la libertad de expresión y sus límites. Veamos.

A. Dennis v. United States, 341 U.S. 494 (1951)[293]

El caso giró en torno a la condena a los líderes del Partido Comunista por conspirar contra el Gobierno de Estados Unidos a las penas de cinco años de prisión y multa de 10.000 dólares. En concreto la propia sentencia recogió los siguientes antecedentes:

> «Los peticionarios, líderes del Partido Comunista en este país, fueron acusados en un tribunal de distrito federal en virtud del § 3 de la Smith Act, por conspirar deliberadamente (1) para organizar como Partido Comunista a un grupo de personas para enseñar y defender el derrocamiento y destrucción del gobierno de los Estados Unidos por la fuerza y la violencia, y (2) a sabiendas y voluntariamente, abogar y enseñar el deber y la necesidad de derrocar y destruir al gobierno de los Estados Unidos por la fuerza y la violencia. El Juez de primera instancia instruyó al jurado que no podían condenar a menos que descubrieran que los peticionarios tenían la intención de derrocar al Gobierno "tan rápido como las circunstancias lo permitieran" pero que, si así lo descubrían, entonces, como cuestión de derecho, había suficiente peligro de un mal sustantivo que el Congreso tiene el derecho de evitar para justificar la aplicación del estatuto bajo la Primera Enmienda. Los peticionarios fueron condenados y las condenas fueron sostenidas por el Tribunal de Apelaciones».

La Corte Suprema otorgó *certiorari*[294], si bien, limitado a las siguientes preguntas:

> «(1) Si el § 2 o el § 3 de la Act Smith, inherentemente o como se interpreta y aplica en el presente caso, viola la Primera Enmienda y otras disposiciones de la Declaración de Derechos; y (2) si § 2 o § 3, inherentemente o como se interpretaron y aplicaron en el presente caso, violan las Enmiendas Primera y Quinta por indefinición».

---

292 *Vide*. Arias Castaño, Abel: *Clear and Present Danger test. La Libertad de expresión en los límites de la democracia*, Marcial Pons, Madrid, 2018, pp. 211 y 212.

293 https://cdn.loc.gov/service/ll/usrep/usrep341/usrep341494/usrep341494.pdf (consultado el 14-12-2019). Es una sentencia densa (compuesta por noventa y nueve páginas) y múltiples votos, concurrentes y disidentes.

294 La RAE lo define como «(p)rocedimiento de revisión de decisiones de los tribunales inferiores basado en la selección o arbitrio del propio tribunal que asume la decisión última» *v.* https://dej.rae.es/lema/certiorari (consultado el 25-2-2020).

El parecer mayoritario fue expuesto por el Presidente del Tribunal, el Juez Vinson.

El punto de partida para abordar el problema pasó por reconocer expresamente que el Congreso estaba preocupado por aquellos que abogan y se organizan para el derrocamiento del Gobierno.

Se consideró que se requería como elemento esencial de la prueba del delito la intención, *mens rea*, de los acusados de derrocar al Gobierno por la fuerza y la violencia, tal y como se venía exigiendo en los precedentes de Williams v. United States, 341 U. S. 97, (1951); Screws v. United States, 325 U. S. 91, (1945) y Cramer v. United States, 325 U. S. 1, (1945).

La cuestión estriba en cómo se producen los cambios. Si son pacíficos y respetuosos con la ley y la constitución o, por el contrario, violentos, revolucionarios y recurriendo al terrorismo. El Juez Vinson explicó que un análisis de los precedentes que han implicado limitaciones directas a la expresión demostraría que la libertad de expresión que no es un derecho ilimitado sino que, en ocasiones, debe estar subordinado a otros valores y consideraciones. Afirmó que «ni el Juez Holmes ni el Juez Brandeis idearon que una frase abreviada (refiriéndose al clear and present danger) debería cristalizarse en una regla rígida para ser aplicada de manera inflexible sin tener en cuenta las circunstancias de cada caso».

Ello por cuanto «(n)ada es más seguro en la sociedad moderna que el principio de que no hay absolutos, que un nombre, una frase, una norma sólo tiene significado cuando se asocia con las consideraciones que dieron origen a la nomenclatura».

A partir de aquí acotó el «problema literal» que hay que resolver, y es qué es lo que se ha querido decir con el uso de la frase «peligro claro y presente» de las declaraciones que provocan el mal dentro del poder del Congreso para castigar.

Desde esta perspectiva lo que hizo, en primer lugar, fue descartar lo obvio, que no es otra cosa que afirmar que el Gobierno no puede esperar a que el derrocamiento, el golpe de Estado, esté a punto de ser ejecutado, a que ya se hayan fijado los planes y se espere la señal.

Rechazó el argumento de que el Gobierno no debe preocuparse porque es fuerte y tiene suficiente poder para evitarlo.

Consideró que el daño que puede crearse es imposible de medir en términos de probabilidad de éxito del intento. Por tanto, se debe rechazar que el criterio a tener en cuenta se refiera al éxito o probabilidad de éxito.

En segundo lugar, distinguió el punto intermedio, que se encuentra entre no hacer nada y esperar demasiado. El encuentro se produce cuando se acredita la «conspiración», ésta es la que crea el peligro. En sus propias palabras «(s)i los ingredientes de la reacción están presentes, no podemos obligar al Gobierno a esperar hasta que se añada el catalizador».

Las conclusiones fueron dos. En primer lugar, los apartados referidos de la Act Smith no violan intrínsecamente, ni como se interpreta o aplica en el caso inmediato, la Primera Enmienda y otras disposiciones de la Carta de Derechos, o las Enmiendas Primera y Quinta debido a la indefinición.

En segundo lugar, que los peticionarios tenían la intención de derrocar al Gobierno de los Estados Unidos con la rapidez que las circunstancias les permitieran. Su conspiración consistió en organizar el Partido Comunista, enseñar y abogar por el derrocamiento del Gobierno de los Estados Unidos por la fuerza y la violencia, lo que creó un «peligro claro y presente».

De los votos concurrentes con la decisión mayoritaria cabe destacar el del Juez Frankfurter. Este juez remarcó la importancia del debate de fondo. Distinguió por un lado, a los apelantes, que sostenían el derecho a defender una teoría política que, en su opinión, no creaba un peligro inmediato de evidente magnitud. Por otro lado, el Gobierno, que defendió el derecho a salvaguardar la seguridad de la Nación con aplicación de la Smith Act. El Juez Frankfurter consideró que este conflicto de intereses no podía ser resuelto dogmáticamente, eligiendo una postura frente a la otra, sino que debía someterse a un proceso racional, sin hacer un examen cándido.

Afirmó que la Primera Enmienda debe respetarse incluso en tiempos de guerra. Para ello apeló a la imparcialidad judicial, y a no dejarse influir por la atmósfera del momento, sino a atender a los principios establecidos en casos en los que el Tribunal decidió en períodos de tiempo tranquilos. Pero debiendo desconfiar de las generalizaciones fáciles y viéndolas como un todo.

Tras un repaso jurisprudencial, tomando en consideración resoluciones en las que intervino el Juez Holmes, llegó a la conclusión de que en cada caso el motivo de cada decisión era el mismo, que la Primera Enmienda «no puede haber sido, y obviamente no estaba, destinada a dar inmunidad por cada uso posible del lenguaje».

Consideró que no se puede hacer un dogma del criterio de «peligro claro y presente» porque está fuera del contexto en el que se originó. Asimismo explicó que, en su opinión, no todo tipo de discurso está en la misma posición en una escala de valores, sino que depende de las circunstancias, de la ocasión. Y es desde esta perspectiva que la defensa de las ideas de derrocar al gobierno merecen una protección, pero pequeña. Una cosa es el intercambio racional de ideas en un gobierno representativo y en una sociedad libre, y otra la conspiración. No existe un derecho a incitar a la revolución.

Por ello coincidió con la mayoría al concluir que «(e)l objeto de la conspiración que tenemos ante nosotros es tan claro que la posibilidad de error al decir que los acusados conspiraron para abogar en lugar de expresar ideas es leve».

En segundo lugar, el Juez Jackson, vino a acotar la esencia del debate:

> «Esta acusación es la última de las búsquedas interminables, ya que nunca tienen éxito, de alguna fórmula legal que asegure un orden existente contra el radi-

> calismo revolucionario. Nos exige reevaluar, a la luz de nuestros propios tiempos y condiciones, doctrinas constitucionales elaboradas bajo otras circunstancias para lograr un equilibrio entre autoridad y libertad.
>
> La actividad aquí acusada de ser criminal es una conspiración: los acusados conspiraron para enseñar y defender, y para organizar al Partido Comunista para enseñar y defender, derrocar y destruir al Gobierno por la fuerza y la violencia. No hay cargos de violencia real o intento de derrocamiento.
>
> La principal confianza de la defensa en este Tribunal es que la condena no puede sostenerse en virtud de la Constitución porque la conspiración de estos acusados no presenta un "peligro claro y presente" de derrocamiento inminente o previsible».

Su análisis partió del estudio de las corrientes comunistas y anarquistas de la época. Y pensó que no cabía aplicar la doctrina del «peligro claro y presente» porque nunca se aplicó a un caso como este y porque supondría que «el complot comunista está protegido durante su período de incubación; sus etapas preliminares de organización y preparación son inmunes a la ley; el Gobierno sólo puede moverse después de que se manifieste una acción inminente, cuando, por supuesto, sería demasiado tarde».

Analizó sentencias del padre de la doctrina del «peligro claro y presente», el Juez Holmes, y remarcó que después del caso Schenck en el caso Frohwerk v. United States, 249, U.S. 204, 206, el propio Holmes, expuso el sentir de la mayoría y la opinión de que la Primera Enmienda «no puede haber sido, y obviamente no estaba, destinada a dar inmunidad por todo uso posible del lenguaje», tal y como había expresado en esta misma sentencia el Juez Frankfurter.

La dificultad radica en distinguir la enseñanza o defensa en el sentido de exposición o explicación, de la incitación, de la conspiración. Se trata de una cuestión de hecho en cada caso. Ahora bien, la Constitución no reconoce la conspiración como un derecho civil.

Por lo que respecta a los votos disidentes destacan los de los jueces Black y Douglas.

En primer lugar, el Juez Black, creyó que realmente se censuró la libertad de expresión y de prensa de los recurrentes, lo que en su opinión está prohibido por la Primera Enmienda. Su posición consistió en atacar la decisión de la mayoría. Para ello concretó cuál era la base, la premisa de ésta decisión mayoritaria. Para él los demás jueces confirmaron la condena rechazando directa o indirectamente la regla ya establecida del «peligro claro y presente». Entendió que la principal razón para ello fue el temor a que la doctrina comunista pusiera en peligro la seguridad del Gobierno. Lo cual supuso un error porque la libertad de expresión es la piedra angular del Gobierno.

Finalmente confió en que en tiempos más tranquilos, cuando las presiones, pasiones y miedos disminuyan se restablecerían las libertades de la Primera Enmienda, se restaurarían como corresponde a una sociedad libre.

En segundo lugar, el Juez Douglas, quien reconoció que la libertad de expresión tiene límites. Sin embargo, en el caso concreto, disintió de la mayoría porque los recurrentes no enseñaban técnicas de sabotaje, de cómo asesinar al Presidente, cómo filtrar documentos de los archivos públicos, poner bombas o guerras callejeras. Sino que enseñaron la doctrina del marxismo y del leninismo contenida en cuatro libros[295], que eran al comunismo soviético lo que el «Mein Kampf» fue al nazismo. Razonó que si los libros no estaban prohibidos no podría tampoco considerarse ilegal explicarlos en una clase.

La cuestión, peligrosa en su opinión, depende de la intención con la que se enseña, sin importar lo que se dice. Por tanto, no se castigan hechos, sino lo que se piensa.

Para él la confirmación de la sentencia supuso una ruptura con el pasado y poner en riesgo la libertad de expresión. La libertad de expresión debe ser la regla y no la excepción. Afirmó que el miedo y las pasiones no pueden ser la base de una restricción constitucional de la libertad de expresión, que es esencial para la existencia de la democracia.

B. Yates v. United States, 354 U.S. 298 (1957)[296]

Los recurrentes eran líderes del Partido Comunista en California, y fueron acusados conforme al artículo 3 de la Smith Act por conspirar en el sentido de abogar y enseñar el deber y la necesidad de derrocar al Gobierno de los Estados Unidos por la fuerza y la violencia, así como por organizar, como el Partido Comunista de los Estados Unidos, una sociedad de personas que así abogan y enseñan, todo con la intención de causar el derrocamiento del Gobierno por la fuerza y la violencia, tan rápidamente como las circunstancias lo permitan entre 1940 y 1951. Cada uno de ellos fue condenado a cinco años de prisión y al pago de una multa de 10.000 dólares.

A diferencia del caso anterior la Corte Suprema revocó la condena respecto de cinco de ellos por considerar que las pruebas en relación a los mismos eran claramente insuficientes, y ordenó la celebración de un nuevo juicio en relación a los demás. Supuso un giro de 180 grados respecto de la anterior sentencia en cuanto a la interpretación de la Smith Act.

El parecer de la mayoría fue expuesto por el Juez Harlan, quien inició el razonamiento partiendo de la anterior sentencia, Dennis v. United States, 341 U.S. 494 (1951), que estableció la constitucionalidad de la Smith Act.

---

295 Según recoge la propia sentencia los libros eran: *Stalin, Foundations of Leninism (1924); Marx and Engels, Manifiesto of the Communist Party (1848); Lenin, The State and Revolution (1917); History of the Comunnist Party of the Soviet Union (B.) (1939).*

296 https://cdn.loc.gov/service/ll/usrep/usrep354/usrep354298/usrep354298.pdf (consultado el 8-2-2020).

La condena recayó en base al término «organizar» que recogía la sección n.º 18 del U. S. C. § 2385 aplicada al caso. Por tanto, el primer quid del problema consistió en cómo interpretar el término «organizar». O dicho de forma más simple, en los términos empleados por la propia sentencia, responder a la pregunta de cuándo se «organizó» el Partido Comunista.

Por un lado, los recurrentes en todas las instancias afirmaron que el término «organizar» significaba «establecer», «encontrar» o «traer a la existencia».

De otro lado, para el Gobierno, «organizar» supone un proceso continuo que se lleva a cabo a lo largo de la vida de una organización, y que el mismo abarca «el reclutamiento de miembros y la formación de nuevas unidades, y la reagrupación o expansión de clubes, clases y otras unidades existentes de cualquier sociedad, partido, grupo u otra organización».

Los tribunales inferiores aceptaron la posición del Gobierno. Sin embargo, la Corte Suprema consideró correcta la primera postura, la de los condenados, al recordar la obligatoriedad de aplicar en sentido estricto los términos recogidos en las normas penales. Interpretaron que la palabra «organizar» se refiere únicamente a los actos que entran en la creación de una nueva organización, y no a los actos posteriores realizados en sus actividades.

El segundo punto clave, fue plantearse si la *Smith Act* prohibía o no «la promoción y la enseñanza del derrocamiento forzoso como un principio abstracto, divorciado de cualquier esfuerzo por instigar acciones con ese fin, siempre y cuando dicha promoción o enseñanza se involucre con malas intenciones».

La Corte Suprema consideró que no, que era preciso que junto a esa promoción o enseñanza hubiera algo más. Para ello se apoyó primeramente en los precedentes de Fox v. Washington, 236 U. S. 273, Schenck v. United States, 249 U. S. 47 y Gitlow v. New York, 268 U. S. 652. Y seguidamente aludió a la aprobación de la Smith Act y a los previos trabajos preparatorios de la misma. Se consideró que el Congreso era consciente de la distinción entre la promoción o la enseñanza de la «doctrina» y la promoción o enseñanza de la «acción», y que no tenía la intención de ignorarlo. Sólo la segunda sería sancionable penalmente.

Finalmente, se razonó que, en el caso concreto, al jurado no se dieron las instrucciones de forma correcta para formar su convicción. A diferencia de la sentencia del caso Denis, se omitió toda mención a palabras tales, como incitación, acción o llamada a la acción. No se les hizo distinguir entre promover o enseñar la «doctrina» versus la «acción».

Ante dicha conclusión, la Corte Suprema por mayoría, acordó por un lado la absolución respecto de aquellos cinco condenados en los que las pruebas no eran suficientes como para justificar un nuevo juicio. Y por otro, en cuanto a los otros nueve, ordenó la devolución del procedimiento para la celebración de un nuevo juicio.

En esta sentencia también emitieron votos particulares de manera conjunta los Jueces Black y Douglas. Expusieron que en parte coincidieron con la mayoría y en parte no.

De este voto cabe destacar la reflexión que hicieron en cuanto a este tipo de procesos judiciales y la diferencia esencial que existe entre un régimen democrático y un régimen totalitario.

> «Me temo que el tipo actual de los procesos judiciales están más en línea con la filosofía de gobierno autoritario que con lo expresado por nuestra Primera Enmienda. Sin duda, los dictadores tienen que erradicar las causas y creencias que consideran subversivas a sus regímenes malignos.
>
> Pero la supresión gubernamental de causas y creencias parece para mí ser la antítesis de lo que nuestra Constitución significa [...] Salvo que haya una total libertad de expresión de todas las ideas, nos gusten o no, con respecto a la forma en que el gobierno debe ser dirigido y quién lo dirigirá, dudo que haya puntos de vista a largo plazo que se pueden asegurar contra el censor.
>
> La Primera Enmienda proporciona el único tipo de sistema de seguridad que puede preservar un gobierno libre que deje el camino abierto para favorecer que la gente discuta, abogue, o incite a causas y doctrinas por muy desagradables y antagónicos que tales puntos de vista pueden ser para el resto de nosotros».

C. Scales v. United States, 367 U.S. 203 (1961)[297]

El recurrente, Junius Scales, fue condenado a seis años de prisión por violar la llamada «cláusula de membresía» de la Smith Act, por pertenecer al Partido Comunista, que, entre 1946 a 1954, se consideró como una organización que abogaba el derrocamiento del Gobierno de los Estados Unidos por la fuerza o la violencia.

No solo se le condenó por su pertenencia al Partido Comunista, sino porque conocía del propósito ilegal del mismo, y tenía una intención específica de lograr el derrocamiento del Gobierno, tan rápidamente como las circunstancias lo permitiesen.

El Juez Harlam expuso la decisión de la Corte Suprema. El eje del debate fue analizar la «cláusula de membresía» y si para aplicar la sanción penal bastaba simplemente con pertenecer, en este caso, al Partido Comunista, que doctrinalmente postulaba el derrocamiento del Gobierno; o si, por el contrario, se exigía algo más.

El Tribunal consideró que era preciso no solo ser miembro «nominal», sino además que éste fuera «activo». Es decir, que tuviera la intención específica y necesaria «para el derrocamiento del gobierno tan rápidamente como

297 https://cdn.loc.gov/service/ll/usrep/usrep367/usrep367203/usrep367203.pdf (consultado el 2-2-2020).

las circunstancias lo permitieran». En palabras del tribunal «(t)al persona (se refiere al miembro del partido) puede ser tonta, haber sido engañada, o tal vez simplemente optimista, pero no es por este estatuto un criminal».

Partiendo de lo anterior, y haciendo uso de una facultad excepcional, revisó las evidencias-pruebas del caso, tal y como se hizo en el precedente de Yates v. United States.

Tras dicho examen, se valoró que era indiscutible que Scales era un miembro activo del partido, que tenía un conocimiento e intención específica. Por ello la Corte Suprema confirmó la decisión de los tribunales inferiores.

Frente a esta opinión mayoritaria los Jueces Black, Douglas y Brennan, emitieron sendos votos particulares.

En primer lugar, el Juez Black, afirmó con rotundidad que la Primera Enmienda impide al Congreso prohibir ser miembro de un partido político o asociación similar que tenga como «principio filosófico» que el Gobierno existente deba ser derrocado por la fuerza en algún momento distante en el futuro, cuando circunstancias lo permitan.

También consideró que nadie podía prever el significado que iba a dar la Corte Suprema a la «cláusula de membresía» y, por tanto, dicha cláusula era inconstitucional a priori, por vaguedad en cuanto a su significado, o a posteriori por no ser previsible su significado *ex ante*, al ser fijado *ex post*.

En unión a los anteriores argumentos reflexionó que la Corte Suprema en base a los precedentes siempre priorizó el interés del Gobierno por encima del derecho a la libertad de expresión. Con esta doctrina siempre se justifica casi cualquier acción del Gobierno.

En segundo lugar, el Juez Douglas, acudió a una cita de Mark Twain para exponer con ironía y gráficamente la cuestión: «Es por la bondad de Dios que en nuestro país tenemos esas tres cosas indescriptiblemente preciosas: libertad de expresión, libertad de conciencia y la prudencia para nunca practicar ninguna de ellas».

En el caso concreto observó que no se juzgó una conspiración, una incitación directa a la violencia, sino la pertenencia al Partido Comunista. Pensó que la condena no se podía justificar en que el recurrente fuera un miembro activo. Ello por cuanto las actividades que desarrolló no constituían *per se* un crimen.

Afirmó que no se puede condenar a nadie a penas de prisión por sus pensamientos como dijo Montesquieu en *El Espíritu de las Leyes*. Vino a confiar en que la decisión de la mayoría en este caso pudiera recuperarse en un momento futuro, cuando desapareciera el miedo a la disidencia y a la disconformidad.

En tercer lugar, el Juez Brennan, opinó que no era suficiente para condenar al recurrente con que fuera un miembro activo, sino que dicha actividad que desarrolló tendría que haber supuesto la comisión de un acto ilegal, lo que no ocurrió.

D. Noto v. United States, 367 U.S. 290 (1961)[298]

El peticionario fue declarado culpable de violar la llamada «cláusula de membresía» de la *Smith Act*.

Fue ponente el Juez Harlan, quien tuvo en cuenta las sentencias que hemos ido analizando previamente.

Se valoró como elemento clave que no bastaba con probar que se era miembro del Partido Comunista, sino que se exigía algo más, como hemos expuesto *supra.* Ello porque de no ser así se corría el peligro de que una persona se hiciera miembro por simpatía con la organización y sus objetivos, y por el hecho de hacerlo fuese condenado, aunque no tuviera intención de alcanzarlos mediante el uso de la violencia.

La Corte Suprema revocó la condena por entender que las pruebas eran insuficientes para probar que el Partido Comunista abogó por el derrocamiento forzoso del Gobierno, no como doctrina abstracta, sino con un uso del lenguaje razonablemente y normalmente calculado para incitar a las personas a la acción, inmediatamente o en el futuro.

5.2.6. Cambio de paradigma

A finales de la década de los sesenta se produjo un cambio de paradigma en la jurisprudencia del Tribunal Supremo de EE. UU. en torno a la interpretación de la doctrina del *clear and imminent danger*. Con la opinión pública volcada en contra del cruento genocidio vietnamita y la humillación sufrida tras el intento de invasión de *Bahía Cochinos*, los parámetros en la persecución del discurso del odio se modificaron[299]. A continuación, veremos algunos ejemplos.

A. Brandenburg v. Ohio, 395 U.S. 444 (1969)[300]

El recurrente, era líder del Ku Klux Klan, y fue condenado a una pena de prisión de entre un año a diez años, así como al pago de una multa de 1.000 dólares.

Los hechos consistieron en que el condenado llamó a un reportero de la televisión de Cincinnati y le invitó a asistir a un «rally» del Ku Klux Klan que

298 https://cdn.loc.gov/service/ll/usrep/usrep367/usrep367290/usrep367290.pdf (consultado el 8-2-2020).

299 *Vide* Martín Herrera, David: *Extreme speech y libertad de expresión : análisis de la jurisprudencia constitucional de la Corte Suprema estadounidense*, Dykinson, Madrid, 2018, pp. 131- 132.

300 https://cdn.loc.gov/service/ll/usrep/usrep395/usrep395444/usrep395444.pdf (consultado el 11-1-2020).

se desarrolló en una granja en el condado de Hamilton. Se grabó la reunión y se difundió a nivel local y nacional. Fueron dos películas las que se grabaron.

En la primera grabación se podían ver doce figuras encapuchadas, algunas de las cuales portaban armas de fuego. Dichos encapuchados se reunieron alrededor de un gran cruz de madera y la quemaron. En ese momento sólo estaban presentes los encapuchados y los reporteros. Cuando se retransmitió el vídeo resultó que la mayoría de las palabras grabadas eran incomprensibles; no obstante lo cual, podían entenderse frases sueltas, que eran despectivas en relación a los negros y a los judíos. La sentencia recogió algunas de las expresiones que podían entenderse:

> «Hasta dónde llegará el negro.
> Esto es lo que vamos a hacer al negro.
> Un negro sucio.
> Enviad a los judíos de vuelta a Israel.
> Vamos a devolverlos al jardín oscuro.
> Salvad a América.
> Volvamos a la mejora constitucional.
> Enterrad a los negros.
> Tenemos la intención de hacer nuestra parte.
> Dadnos nuestros derechos estatales.
> Libertad para los blancos.
> El negro tendrá que luchar por cada centímetro que obtiene de ahora en adelante».

Asimismo recogió el siguiente discurso:

> «Esta es una reunión de organizadores. Hemos tenido bastantes miembros aquí hoy, tenemos cientos, cientos de miembros a lo largo del Estado de Ohio [...] El Klan tiene más miembros en el estado de Ohio que cualquier otra organización. No somos una organización vengativa, pero si nuestro Presidente, nuestro Congreso, nuestra Corte Suprema, continúa para suprimir la raza blanca, caucásica, es posible que tengamos que tomar alguna venganza.
>
> Estamos marchando hacia el Congreso el 4 de julio, cuatrocientos mil fuertes. Desde allí nos dividiremos en dos grupos, un grupo para marchar sobre St. Agustín, Florida, el otro grupo para marchar hacia Mississippi. Gracias».

En la segunda grabación aparecían seis encapuchados, uno de ellos el recurrente. Igual que en la anterior grabación llevaban armas, a excepción del recurrente, que fue identificado como el orador. Éste repitió el mismo discurso de la primera filmación, pero omitió la referencia a la posibilidad de venganza y añadió «(p)ersonalmente, creo que el negro debe ser devuelto a África, y el judío devuelto a Israel».

La Corte Suprema *per curiam* revocó la condena en base a los precedentes, tales como los recogidos en Noto v. United States, 367 U. S. 290 (1961) y Yates v. United States, 354 U. S. 298 (1957), entre otros.

El Tribunal estableció la existencia del principio «imminent lawless action» que consiste en que la libertad de expresión y la libertad de prensa no permiten que un Estado prohíba con carácter general la defensa del uso de la fuerza o de violación de la ley. Sólo podrá hacerlo como una excepción, en el caso de que dicha defensa se dirija a incitar o producir una acción inminente contra la ley y es probable que incite o produzca tal acción.

Por tanto, se estableció como principio que sólo puede limitarse la libertad de expresión en el caso de que exista «riesgo de una violencia inminente». Con esta sentencia se produjo el cambio del «clear and present danger» al «imminent lawless action».

En palabras recientes de O'Regan «(e)n Brandenburgo, la Corte Suprema de los Estados Unidos esculpió una excepción muy estrecha a la protección de la libertad de expresión sobre la base de preocupaciones de orden público[301]».

Para Presno Linera, la Corte Suprema diferenció entre la *incitación* a la violencia y la *apología* de su uso:

> «Fue en esta sentencia donde claramente se estableció la diferencia entre las expresiones que suponen una "incitación" a la violencia, que pueden ser sancionadas, frente a la mera "apología" del uso de la violencia, cuya sanción no sería legítima. A este respecto, señaló el Tribunal Supremo que la apología de acciones violentas sólo puede ser sancionada cuando "esta apología esté dirigida a incitar y producir inminentes acciones ilícitas y sea idónea para incitar o producir tal acción..."»[302].

Por este principio, el Tribunal revocó la sentencia, ya que consideró que no hubo una incitación a llevar a cabo una acción concreta, no hubo una violencia inminente, en la medida en que los miembros del Ku Klux Klan grabados estaban solos con los periodistas y el discurso fue genérico, sin llamar a realizar actos concretos.

Emitieron votos concurrentes los Jueces Black y Douglas.

De éste último merece destacarse que introdujo una advertencia y es que según su punto de vista la Primera Enmienda no debe de tener límites en cualquier caso de «clear and present danger», ya que muchas veces la «acción» es un «método de expresión[303]».

---

301 O'Regan, Catherine: «Hate speech online: an (intractable) contemporary challenge?», *Current Legal Problems*, 2018, p. 11. La autora apuntó que pueden establecerse excepciones más amplias «a la libertad de expresión de las preocupaciones de orden público al prohibir el discurso "que es probable que conduzca a una violación de la paz" sin estipular la probabilidad de inminente violencia» *ibidem*.

302 Presno Linera, Miguel Ángel y Teruel Lozano, Germán M.: «La libertad de expresión en América y Europa». *Juruá Editora*, 2017, p. 53.

303 Se preguntó a sí mismo si habría que castigar a quien rompe su propia copia de la Cons-

Para el Juez Douglas «(l)a línea entre lo que es permisible y no sujeto a control y lo que se puede hacer inadmisible es la línea entre las ideas y los actos abiertos [...] el gobierno no tiene poder para invadir ese santuario de creencias y conciencia».

5.3. SÍNTESIS DE LA DOCTRINA DEL «CLEAR AND PRESENT DANGER» EN LA JURISPRUDENCIA DE LA CORTE SUPREMA

La jurisprudencia de la Corte Suprema parte de una interpretación muy amplia de la libertad de expresión anclada en una filosofía liberal en la que solo el libre debate de ideas puede hacernos alcanzar la verdad:

> «La vitalidad de las instituciones civiles y políticas en nuestra sociedad depende de la libre discusión [...] es sólo a través del libre debate y el libre intercambio de ideas que el gobierno sigue respondiendo a la voluntad del pueblo y se lleva a cabo el cambio pacífico. El derecho a hablar libremente y a promover la diversidad de ideas y programas es, por lo tanto, una de las principales distinciones que nos diferencia de los regímenes totalitarios.
>
> En consecuencia, una función de la libertad de expresión bajo nuestro sistema de gobierno es invitar a disputas. De hecho, puede servir mejor a su alto propósito cuando induce una condición de malestar, crea insatisfacción con las condiciones tal como son, o incluso agita a la gente a la ira. El habla es a menudo provocativa y desafiante. Puede atacar prejuicios y preconcepciones y tener profundos efectos inquietantes, ya que presiona para la aceptación de una idea[304]».

Gracias a la libertad de expresión, según la jurisprudencia de la Corte Suprema, se pueden cambiar las ideas dominantes, evitando la perpetuación de las ideas establecidas hasta ese momento: «[...] la alternativa conduciría a la normalización de ideas ya sea por las legislaturas, tribunales o grupos políticos o comunitarios dominantes [...][305]».

Por tanto, se debe soportar «la expresión de opiniones que detestamos e incluso que consideramos muy peligrosas, salvo que amenacen de una manera inminente con una interferencia inmediata en los legítimos y urgentes propósitos del Derecho, que requiera un control inmediato para salvar el país». La libertad de expresión debe estar *«protegida contra la censura o*

titución como protesta elocuente ante una decisión de la Corte Suprema. O si se debe acusar a quien rompe en pedazos su propia Biblia para celebrar su salida de la fe para abrazar el ateísmo.

304 Terminiello v. Chicago, 337 U.S. 1 (1948).

305 *Ibidem.*

el castigo, [...] que se eleva (la libertad de expresión) *muy por encima de las inconveniencias públicas, molestias o malestar*[306]*»*.

> «[...] sabían que el orden no puede ser asegurado simplemente por temor al castigo por su infracción; que es peligroso desalentar el pensamiento, la esperanza y la imaginación; que el miedo genera represión; que la represión genera odio; que el odio amenaza la estabilidad del gobierno; que el camino para lograr la seguridad radica en la oportunidad de discutir libremente los supuestos agravios y los remedios propuestos; y que el remedio apropiado para los malos consejos son los buenos consejos. Creyendo en el poder de la razón aplicada a través de la discusión pública, evitaron coaccionar con la ley para imponer el silencio, el argumento de la fuerza es su peor forma[307]».

A pesar de la amplitud con la que se interpreta la libertad de expresión, la Corte Suprema reconoce que no es un derecho absoluto y, en consecuencia, su abuso puede ser castigado por el Estado. Se considera como abuso cuando se incite directamente a perturbar la paz pública o al poner en peligro las instituciones.

> «Que la libertad de expresión esté garantizada por la Constitución no confiere un derecho absoluto a hablar, sin responsabilidad, sea cual sea la que se elija, o una licencia sin restricciones y desenfrenada que otorgue inmunidad por todo uso posible del lenguaje y el castigo de aquellos que abusan de esta libertad; y que un Estado en el ejercicio de su poder policial puede castigar a quienes abusan de esta libertad [...] tendiendo a incitar a la delincuencia, perturbar la paz pública o poner en peligro los cimientos del gobierno organizado y amenazar su el derrocamiento por medios ilícitos, no es cuestionable[308]».

Se trataría de, como señaló el Juez Jackson[309], elegir «entre la libertad con el orden y la anarquía sin ninguno de los dos [...]». En definitiva, la sanción al abuso de la libertad de expresión es una forma de proteger esa libertad.

Ese límite genérico a la libertad de expresión habrá de ser valorado en cada caso según una serie de parámetros. Para ello la Corte Suprema distingue, en primer lugar, la persona que emite el mensaje. Se debe de atender a quién es la persona protagonista que lanza el mensaje, ya que «nadie puede suponer que la publicación subrepticia de un folleto tonto por un hombre desconocido, sin más, presentaría ningún peligro inmediato[310]». Es decir, la Corte Suprema parece exigir al emisor del mensaje una cierta proyección

---

306 Terminiello v. Chicago, 337 U.S. 1 (1948).

307 Whitney v. California, 274 U.S. 357 (1927), p. 375-376.

308 Whitney v. California, 274 U.S. 357 (1927), p. 371.

309 Terminiello v. Chicago, 337 U.S. 1 (1948).

310 *Ibidem*.

pública. También la forma en la que actúa el orador es relevante, ya que «una personalidad beligerante y una manera agresiva pueden encender una pelea sin usar palabras que en frío nos impactan[311]».

En cuanto al elemento subjetivo de los mensajes, su intención, debe quedar claro que es la de incitar al uso de la violencia. El hecho de que se quieran transmitir doctrinas, creencias y opiniones en las que se cree no debe ser sancionado[312]. La característica esencial de las libertades es que bajo su escudo se protegen «muchos tipos de vida, carácter, opinión y creencia[313]». En este sentido, para valorar la intencionalidad del mensaje pueden resultar importantes las palabras. «(S)i las palabras usadas se utilizan en tales circunstancias y son de tal naturaleza para crear un peligro claro y presente de que producirán los males sustantivos[314]» se deberá intervenir.

Por último, también la Corte Suprema tiene en consideración, como circunstancias relevantes, el lugar donde se produce el mensaje, las personas a las que va dirigidas (afines u hostiles al orador) y los medios empleados para la transmisión del mensaje[315].

En cuanto a la función de la policía, como fuerza del orden, tendrá una consideración de protectora de la libertad de expresión o de censora según el prisma desde el que se observe su intervención. Para la Corte Suprema la policía no puede ser utilizada como un instrumento para la supresión de puntos de vista impopulares[316].

No obstante, esta interpretación amplia de la libertad de expresión se ha visto más o menos condicionada según el contexto histórico.

Como hemos visto, el sentir mayoritario de la Corte Suprema de EE. UU., durante la Primera Guerra Mundial, fue el de proteger el alistamiento militar y sancionar los discursos antibelicistas y contrarios al reclutamiento. Por tanto, en un contexto bélico la libertad de expresión se verá afectada y reducida en pos de proteger la seguridad nacional.

> «Es una cuestión de proximidad y grado. Cuando una nación está en guerra muchas cosas que podrían decirse en tiempo de paz son un obstáculo [...] que su expresión no se soportará mientras los hombres luchen y que ningún Tribunal podría considerarlos protegidos por ningún derecho constitucional. Parece admi-

---

311 Terminiello v. Chicago, 337 U.S. 1 (1948).

312 Taylor v. Mississippi, 319 U.S. 583 (1943).

313 Cantwell v. Connecticut, 310 U.S. 296 (1940).

314 Schenck and Baer v. U.S. 249, U.S. 47 (1919).

315 Cantwell v. Connecticut, 310 U.S. 296 (1940).

316 Feiner v. New York, 340 U.S. 315 (1951).

tirse que si se probara una obstrucción real del servicio de reclutamiento, la responsabilidad por las palabras que produjeron ese efecto podría aplicarse[317]».

Las tesis del debate racional frente al miedo irracional sucumbieron también en el caso de ideas comunistas. Tal fue así que se adelantaron las barreras de protección, y, en consecuencia, del castigo penal, restringiendo la libertad de expresión. Se desatendió el criterio de peligro inminente[318] y se tuvo miedo de una revolución proletaria mediante la acción de las masas en un futuro incierto e indeterminado.

Por primera vez la Corte Suprema reconoció expresamente que el Congreso estaba preocupado por aquellos que abogan y se organizan para el derrocamiento del Gobierno. Y admitió la constitucionalidad de la *Smith Act*[319], remarcando que la Constitución no reconoce la conspiración como un derecho civil.

Entre 1951 y 1961 la Corte Suprema poco a poco, caso por caso, fue analizando las diferentes conductas típicas, y, de este modo, acotó su aplicación. Lo que a la postre supuso el cese del castigo penal y el empoderar a la libertad de expresión.

Inicialmente[320], mantuvo la posibilidad de condena por conspiración. Para que la interpretación de la *Smith Act* fuera acorde con la Primera Enmienda exigió como elemento esencial de la prueba del delito la intención, *mens rea*, de los acusados de derrocar al Gobierno por la fuerza y la violencia. De este modo buscó el equilibrio entre no hacer nada y esperar demasiado. La «conspiración» es la que crea el peligro. En sus propias palabras «Si los ingredientes de la reacción están presentes, no podemos obligar al Gobierno a esperar hasta que se añada el catalizador[321]».

Posteriormente, la Corte Suprema comenzó con el examen de los términos «organizar», «promoción» y «enseñanza»[322].

La Corte Suprema interpretó que el verbo «organizar» se refería únicamente a los actos que entran en la creación de una nueva organización, y no a los actos posteriores realizados en sus actividades. Y que la «promoción» y la «enseñanza» del derrocamiento del Gobierno exigían para ser castigados que se llevaran a cabo «con malas intenciones».

317 Abrams v. U.S, 250, U.S. 616 (1919).

318 Whitney v. California, 274 U.S. 357 (1927).

319 Dennis v. United States, 341 U.S. 494 (1951).

320 Dennis v. United States, 341 U.S. 494 (1951).

321 *Ibidem*.

322 Yates v. United States, 354 U.S. 298 (1957).

Finalmente[323] abordó la «cláusula de membresía». La Corte Suprema consideró que era preciso no solo ser miembro «nominal», sino además que éste fuera «activo». Es decir, que tuviera la intención específica y necesaria «para el derrocamiento del gobierno tan rápidamente como las circunstancias lo permitieran». En palabras del tribunal «(t)al persona (se refiere al miembro del partido) puede ser tonta, haber sido engañada, o tal vez simplemente optimista, pero no es por este estatuto un criminal».

Hubo un cambio de paradigma en 1969[324] del «clear and present danger» al «imminent lawless action», que se mantiene en la actualidad. Ese año la Corte Suprema estableció la existencia del principio «imminent lawless action» que consiste en que la libertad de expresión y la libertad de prensa no permiten que un Estado prohíba con carácter general la defensa del uso de la fuerza o de violación de la ley. Sólo podrá hacerlo como una excepción, en el caso de que dicha defensa se dirija a incitar o producir una acción inminente contra la ley y es probable que incite o produzca tal acción. O lo que es lo mismo, que exista «riesgo de una violencia inminente».

323 Scales v. United States, 367 U.S. 203 (1961) y Noto v. United States, 367 U.S. 290 (1961).

324 Brandenburg v. Ohio, 395 U.S. 444 (1969).

6

EL ODIO COMO LÍMITE A LA LIBERTAD DE EXPRESIÓN EN EL ORDENAMIENTO JURÍDICO ESPAÑOL

6.1. EL MARCO NORMATIVO

La Constitución española de 1978 hace de la dignidad humana fundamento de todo el ordenamiento en su artículo 10, y convierte al derecho a la libertad de expresión como uno de los derechos fundamentales que gozan de protección extraordinaria al incorporarse en el art. 20 CE, incluido en la Sección I del Capítulo II del Título I del texto constitucional.

Señala el artículo 10 CE:

> «1. La dignidad de la persona, los derechos inviolables que le son inherentes, el libre desarrollo de la personalidad, el respeto a la ley y a los derechos de los demás son fundamento del orden político y de la paz social.
>
> 2. Las normas relativas a los derechos fundamentales y a las libertades que la Constitución reconoce se interpretarán de conformidad con la Declaración Universal de Derechos Humanos y los tratados y acuerdos internacionales sobre las mismas materias ratificados por España».

Tal y como señaló De Pablo Serrano el TC ha interpretado que

> «"la dignidad de la persona se halla íntimamente vinculada con el libre desarrollo de la personalidad (art. 10) y los derechos a la integridad física y moral (art. 15), a la libertad de ideas y creencias (art. 16), al honor, a la intimidad personal y familiar y a la propia imagen (art. 18.1)" (STC 53/1985, de 11 de abril, f.j. 8.º). Los derechos fundamentales son "derivación de la dignidad de la persona" (STC 207/1996, de 16 de diciembre, f.j. 3.º), "proyecciones de núcleos esenciales de la dignidad de la persona" (STC 194/1994, de 23 de junio, f.j. 4.º), la "traducción normativa de la dignidad" (STC 136/2006, de 8 de mayo, f.j. 6.º) y están "en íntima conexión con ella" (STC 49/2001, de 26 de febrero, f.j 5.º)[325]».

---

325 de Pablo serrano, Alejandro: *Honor, injurias y calumnias, los delitos contra el honor en el derecho histórico y en el derecho vigente español*, Monografías Tirant lo Blanch, 2018, p. 240.

Es decir, los derechos fundamentales tal y como también reconocen los textos internacionales reseñados *supra* son inherentes, nacen, de la dignidad humana. Pero no constituyen compartimentos estancos, sino que están interrelacionados.

«Si los derechos (entiéndanse los fundamentales) constituyen el aspecto estático de la dignidad de la persona" y el "libre desarrollo de la personalidad constituye el aspecto dinámico de los mismos", entonces la dignidad sólo puede realizarse en la medida en que el individuo "ponga en marcha" el libre desarrollo de la personalidad", como cualidad que le es intrínseca[326]».

En efecto esa apertura al Derecho internacional de los derechos humanos que provoca el art. 10.2 CE no supone la incorporación al Derecho interno de los acuerdos internacionales que tengan por objeto los derechos de la persona, un resultado que [...] prevé el art. 96.1 CE. Pero sí que permite hacer suyos

«aquellos contenidos a modo de reenvío móvil, esto es, por referencia a las regulaciones presentes y futuras y, también, a las que resulten de la interpretación que de tales tratados puedan llevar a cabo sus órganos (no políticos) de garantía. En este sentido, la STC 198/2012, FJ 9. °, se ha referido acertadamente al art. 10.2 CE como una «regla de interpretación evolutiva»[327]. Y es aquí donde, por mandato del constituyente, los tratados internacionales en materia de derechos humanos despliegan todos sus efectos[328]».

Por otra parte, se reconoce el derecho a la libertad de expresión. Señala el artículo 20:

«1. Se reconocen y protegen los derechos:

a) A expresar y difundir libremente los pensamientos, ideas y opiniones mediante la palabra, el escrito o cualquier otro medio de reproducción.

b) A la producción y creación literaria, artística, científica y técnica.

c) A la libertad de cátedra.

d) A comunicar o recibir libremente información veraz por cualquier medio de difusión. La ley regulará el derecho a la cláusula de conciencia y al secreto profesional en el ejercicio de estas libertades.

2. El ejercicio de estos derechos no puede restringirse mediante ningún tipo de censura previa.

3. La ley regulará la organización y el control parlamentario de los medios de comunicación social dependientes del Estado o de cualquier ente público y garan-

326 *Vide* DE PABLO SERRANO, *ob. cit*, p. 245.

327 SAIZ ARNAIZ, Alejandro: «La interpretación de los derechos fundamentales y los tratados internacionales sobre derechos humanos (art. 10.2)», *Comentarios a la Constitución Española XL aniversario, tomo I,* Las Rozas (Madrid), Fundación Wolters Kluwer, Boletín Oficial del Estado, Tribunal Constitucional y Ministerio de Justicia, 2018, p. 231.

328 *Ibidem*, p. 247.

tizará el acceso a dichos medios de los grupos sociales y políticos significativos, respetando el pluralismo de la sociedad y de las diversas lenguas de España.

4. Estas libertades tienen su límite en el respeto a los derechos reconocidos en este Título, en los preceptos de las leyes que lo desarrollen y, especialmente, en el derecho al honor, a la intimidad, a la propia imagen y a la protección de la juventud y de la infancia.

5. Sólo podrá acordarse el secuestro de publicaciones, grabaciones y otros medios de información en virtud de resolución judicial».

En definitiva, la Constitución española promueve el «derecho a la diferencia y la protección y «visibilidad» de las minorías[329]». En íntima conexión, se reconoce el derecho de nuestros representantes del poder legislativo para expresarse y fomentar el debate público. Según el artículo 71.1 CE «Los Diputados y Senadores gozarán de inviolabilidad por las opiniones manifestadas en el ejercicio de sus funciones [...]».

6.2. LA DIGNIDAD HUMANA COMO LÍMITE A LA LIBERTAD DE EXPRESIÓN

Los derechos fundamentales en palabras del TC *(v.gr. STC 25/1981, de 14 de julio)* son:

> «un patrimonio común de los ciudadanos individual y colectivamente, constitutivos del ordenamiento jurídico cuya vigencia a todos atañe por igual. Establecen por así decirlo una vinculación directa entre los individuos y el Estado y actúan como fundamento de la unidad política sin mediación alguna».

Los derechos fundamentales nacieron del consenso político plasmado en la CE, comenzaron a andar, a entrar en conflicto entre sí y, de alguna manera, han «madurado». En palabras de Ana Aba Catoira «los derechos tras ser reconocidos y garantizados en las normas constitucionales inician un largo camino de evolución y desarrollo, donde los operadores jurídicos, primero el legislador y después el Tribunal Constitucional, configuran estas categorías prefiguradas en la Constitución[330]».

Desde el inicio los derechos fundamentales «no son absolutos o ilimitados, pues la propia Constitución que los reconoce o garantiza es norma de limitación de los mismos porque en ella los derechos se consagran y se garantizan únicamente como derechos limitados[331]». Al margen de los límites expresos establecidos en la Constitución y de los que puedan surgir por el conflicto

329 De Pablo serrano, *ob. cit*, p. 244.

330 Aba Catoira, Ana: «El concepto jurisprudencial de límite de los derechos fundamentales». *Anuario da Facultade de Dereito da Universidade da Coruña*, 1998, p. 16.

331 *Ibidem*, p. 15.

entre el ejercicio de diferentes derechos, cabe que el legislador restringa los derechos. Es el artículo 53.1 CE el que ha sido interpretado como una habilitación genérica para que sea el legislador el que pueda establecer los límites a los derechos fundamentales, siempre que se respete su contenido esencial.

En su STC 11/1981, de 8 de abril, analizó tempranamente qué debe de entenderse por «contenido esencial». Al respecto señaló que existen dos caminos, que no son ni alternativos ni antitéticos, sino que, por así decirlo pueden compaginarse, son complementarios, y «pueden ser conjuntamente utilizados para contrastar los resultados a los que por una u otra vía pueda llegarse». Uno de los caminos consiste en atender a lo que los especialistas en Derecho reconocen como el contenido en abstracto propio de un derecho, su naturaleza jurídica, y el otro camino consiste en fijarse en qué interés se trata de proteger jurídicamente con cada derecho. En palabras del TC conforme al primero de los caminos:

> «Constituyen el contenido esencial de un derecho subjetivo aquellas facultades o posibilidades de actuación necesarias para que el derecho sea recognoscible como pertinente al tipo descrito y sin las cuales deja de pertenecer a ese tipo y tiene que pasar a quedar comprendido en otro desnaturalizándose, por decirlo así».

Y en relación al segundo camino, «se rebasa o se desconoce el contenido esencial cuando el derecho queda sometido a limitaciones que lo hacen impracticable, lo dificultan más allá de lo razonable o lo despojan de la necesaria protección».

Por ello el TC concluyó dando una definición mixta que engloba las dos posibilidades examinadas:

> «entendemos por «contenido esencial» aquella parte del contenido de un derecho sin la cual éste pierde su pecualiaridad (sic) o, dicho de otro modo, lo que hace que sea recognoscible como derecho perteneciente a un determinado tipo. Es también aquella parte del contenido que es ineludiblemente necesaria para que el derecho permita a su titular la satisfacción de aquellos intereses para cuya consecución el derecho se otorga».

La evolución de la jurisprudencia constitucional ha llevado a precisar los límites al legislador y a concretar cuándo el derecho se hace «irreconocible» o «impracticable». En este sentido, señala el Tribunal constitucional que un derecho fundamental puede ser restringido «por medio de la ley, siempre que ello responda a un fin de interés general, y los requisitos y el alcance de la restricción estén suficientemente precisados en la ley y respeten el principio de proporcionalidad» (STC 76/2019, FJ 5). Si la ley que restringe el derecho carece de la precisión necesaria, «no sólo lesionaría el principio de seguridad jurídica (artículo 9.3 CE), concebida como certeza sobre el ordenamiento aplicable y expectativa razonablemente fundada de la persona sobre cuál ha de ser la actuación del poder aplicando el Derecho (STC 104/2000, FJ 7, por todas), sino que al mismo tiempo dicha ley estaría lesionando el contenido esencial del derecho fundamental así restringido, dado que la forma en que se han fijado sus límites lo hacen irreconocible e imposibilitan, en la práctica, su ejercicio (SSTC 11/1981, FJ 15; 142/1993, de 22 de abril, FJ 4, y 341/1993, de 18 de noviembre, FJ 7)».

En coherencia con toda la jurisprudencia constitucional, el derecho a la libertad de expresión no es tampoco un derecho absoluto. Tal y como establece el Tribunal Constitucional, la libertad de expresión significa «ausencia de interferencias o de intromisiones de las autoridades estatales en el proceso de comunicación». También supone «el reconocimiento y la garantía de una institución política fundamental, que es la opinión pública libre, indisolublemente ligada con el pluralismo político, que es un valor fundamental y un requisito del funcionamiento del Estado democrático» (STC 12/1982, de 31 de marzo, FJ 3). En todo caso, la libertad de expresión quedará limitada si confluye con otros derechos fundamentales o bienes constitucionales, como la dignidad humana. Además, los límites legales a esta libertad de expresión, como pueden ser los delitos de odio, deberán cumplir con el respeto a su contenido esencial tal y como ha sido conformado por la jurisprudencia constitucional. A continuación, analizaré la jurisprudencia del Tribunal Constitucional en los casos de conflicto del derecho a la libertad de expresión con la dignidad humana.

6.3. LA APLICACIÓN DE LA DIGNIDAD HUMANA COMO LÍMITE A LA LIBERTAD DE EXPRESIÓN EN LA JURISPRUDENCIA CONSTITUCIONAL

A. STC (Sala 1.ª) 214/1991 de 11 de noviembre

El TC conoció del recurso presentado por doña Violeta Friedman en el que se solicitó que se reconociese que se había vulnerado su derecho al honor.

En concreto los hechos objeto del procedimiento fueron sintetizados por el TC del siguiente modo:

> «El núm. 168 de la revista "Tiempo", correspondiente a la semana del 29 de julio al 4 de agosto de 1985, publicó un reportaje titulado "Cazadores de nazis vendrán a España para capturar a Degrelle", en el que se recogían unas declaraciones realizadas a la revista por don León Degrelle, ex Jefe de las Waffen S.S., en relación con la actuación nazi con los judíos y con los campos de concentración, quien entre otros extremos afirmó lo siguiente:
>
> "Los judíos Mire usted, los alemanes no se llevaron judíos belgas, sino extranjeros. Yo no tuve nada que ver con eso. Y evidentemente, si hay tantos ahora, resulta difícil creer que hayan salido tan vivos de los hornos crematorios".

"El problema con los judíos —matiza Degrelle— es que quieren ser siempre las víctimas, los eternos perseguidos, si no tienen enemigos, los inventan".

"Falta un líder; ojalá que viniera un día el hombre idóneo, aquél que podría salvar a Europa... Pero ya no surgen hombres como el Fürher... ".

Han sacado los huesos y hasta los dientes de Mengele... "Hasta dónde llega el odio! A mi juicio, el doctor Mengele era un médico normal y dudo mucho que las cámaras de gas existieran alguna vez, porque hace dos años que hay una recompensa en los EE. UU.., para aquel que aporte pruebas de las cámaras de gas. Son 50 millones de dólares y todavía no ha ido nadie a recogerlo».

D.ª Violeta Friedman consideró vulnerado su derecho al honor por dos motivos. En primer lugar porque ella misma era judía y estuvo en el campo de concentración de Auschwitz, donde murió toda su familia al ser gaseada por orden de Mengele. En segundo lugar, porque con dichas declaraciones se tergiversó la Historia y además suponían que ella y quienes sufrieron por estos hechos eran unos mentirosos.

D.º León Degrelle por un lado argumentó que las declaraciones no las hizo a iniciativa propia sino que fue insistentemente requerido durante la entrevista. Por otro lado, consideró que dichas manifestaciones fueron sacadas del contexto general de la entrevista. Asimismo explicó que en el mismo texto también se recogió la siguiente frase: «No soy racista, creo en la raza europea y nunca admití los superhombres. Eso es complejo de inferioridad, porque en Europa todos somos iguales». Finalmente consideró que no afirmó ni negó nada categóricamente, y que no insultó ni utilizó frases ofensivas, injuriosas o calumniosas.

El TC remarcó que ni la libertad de expresión ni sus limitaciones son absolutas. Recordó la importancia de la libertad de expresión como «condición de existencia de la opinión pública libre, indisolublemente unida al pluralismo político, que es un valor fundamental y requisito de funcionamiento del Estado democrático [...]». A partir de dichas premisas jalonó los parámetros doctrinales a tener en cuenta para la adecuada ponderación en el caso concreto.

Así, en primer lugar, se refirió al contenido del artículo 20 CE y distinguió entre por un lado la emisión de pensamientos, ideas, opiniones y juicios de valor, y de otro lado la libertad de información como manifestación de hechos. La diferencia esencial consiste en que los primeros no se refieren a hechos demostrables, con lo cual para ser protegidos constitucionalmente no es necesario que sean veraces. Mientras que los segundos sí, aunque con matices, ya que lo que se exige es la «profesionalidad» el ser diligente y contrastar la información. De modo que el límite de la libertad de expresión de opiniones «viene sólo delimitado por la ausencia de expresiones indudablemente injuriosas que se expongan y que resulten innecesarias para la exposición de las mismas». Mientras que en relación a la libertad de información quedan fuera del ámbito protector las «invenciones, rumores o meras insidias».

En segundo lugar, consideró que las declaraciones realizadas por D.º León Degrelle debían entenderse comprendidas dentro del ejercicio de la libertad de expresión en relación con la libertad ideológica, y no como manifestación de la libertad de información. Ello por cuanto expresó su opinión y dudas sobre acontecimientos concretos ocurridos durante la Segunda Guerra Mundial y los campos de concentración. Por ello el TC razonó que no debía aplicarse el requisito de veracidad, sino valorar si se respetaron o no los límites de la libertad de expresión.

En tercer lugar, valoró que las manifestaciones de D.º León Degrelle fueron racistas y antisemitas. En concreto resaltó como tales su deseo de que surgiese un nuevo Führer y las expresiones «si hay tantos ahora, resulta difícil creer que hayan salido tan vivos de los hornos crematorios [...] quieren ser siempre las víctimas, los eternos perseguidos, si no tienen enemigos, los inventan [...]».

En cuarto lugar concluyó que dichas declaraciones supusieron no sólo un ataque contra el honor de D.ª Violeta Friedman, sino también de todas las personas que estuvieron internadas en los campos nazis de concentración.

En quinto lugar, el TC profundizó en la repercusión de las manifestaciones y consideró que atacaron no sólo el honor, sino además otros bienes constitucionales. Se afectó a la dignidad, una de cuyas manifestaciones es el honor, y al principio de igualdad. En palabras del TC:

> «La dignidad como rango o categoría de la persona como tal, del que deriva y en el que se proyecta el derecho al honor (art. 18.1 C.E.), no admite discriminación alguna por razón de nacimiento, raza o sexo, opiniones o creencias. El odio y el desprecio a todo un pueblo o a una etnia (a cualquier pueblo o a cualquier etnia) son incompatibles con el respeto a la dignidad humana, que sólo se cumple si se atribuye por igual a todo hombre, a toda etnia, a todos los pueblos. Por lo mismo, el derecho al honor de los miembros de un pueblo o etnia, en cuanto protege y expresa el sentimiento de la propia dignidad, resulta, sin duda, lesionado cuando se ofende y desprecia genéricamente a todo un pueblo o raza, cualesquiera que sean. Por ello, las expresiones y aseveraciones proferidas por el demandado también desconocen la efectiva vigencia de los valores superiores del ordenamiento, en concreto la del valor de igualdad consagrado en el art. 1.1 de la Constitución, en relación con el art. 14 de la misma, por lo que no pueden considerarse como constitucionalmente legítimas. En este sentido, y aun cuando, tal y como se ha reiterado, el requisito constitucional de la veracidad objetiva no opera como límite en el ámbito de las libertades ideológica y de expresión, tales derechos no garantizan, en todo caso, el derecho a expresar y difundir un determinado entendimiento de la historia o concepción del mundo con el deliberado ánimo de menospreciar y discriminar, al tiempo de formularlo, a personas o grupos por razón de cualquier condición o circunstancia personal, étnica o social, pues sería tanto como admitir que, por el mero hecho de efectuarse al hilo de un discurso más o menos histórico, la Constitución permite la violación de uno de los valores superiores del ordena-

miento jurídico, como es la igualdad (art. 1.1 C.E.) y uno de los fundamentos del orden político y de la paz social: la dignidad de la persona (art. 10.1 C.E.)».

Finalmente, el TC otorgó el amparo solicitado puesto que consideró que las expresiones referidas no estaban amparadas en la libertad de expresión ya que atacaron la dignidad y la igualdad. El TC afirmó que:

> «ni el ejercicio de la libertad ideológica ni la de expresión pueden amparar manifestaciones o expresiones destinadas a menospreciar o a generar sentimientos de hostilidad contra determinados grupos étnicos, de extranjeros o inmigrantes, religiosos o sociales, pues en un Estado como el español, social, democrático y de Derecho, los integrantes de aquellas colectividades tienen el derecho a convivir pacíficamente y a ser plenamente respetados por los demás miembros de la comunidad social».

En definitiva, podemos decir que cuando se expresa odio se ataca directamente a la dignidad y a la igualdad de las personas, y, conforme a lo expuesto, el «atacante» no podrá «escudarse» en el ejercicio de la libertad de expresión para evitar asumir la responsabilidad por sus actos.

B. STC (Sala 2.ª) 176/1995 de 11 de diciembre

En esta sentencia el TC resolvió un recurso de amparo presentado por el director de la editorial Makoki, S.A quien fue condenado por la publicación en España del tebeo «Hitler=SS» como autor de un delito de injurias, a las penas de un mes y un día de arresto menor y cien mil pesetas de multa, con dieciséis días de arresto sustitutorio en caso de impago. Los autores del cómic tenían nacionalidad francesa y no residían en España. En primera instancia se absolvió al editor y al director; sin embargo, fueron condenados en apelación por la Audiencia Provincial de Barcelona.

Los hechos analizados englobaron de un lado una de las expresiones que contenía el cómic y que era atribuida al político Le Pen: «todo parecido con seis millones de personas que jamás han existido es pura coincidencia». De otro lado, el contenido de la publicación fue definido por el propio TC de la siguiente manera:

> «[...] ojeando y hojeando página tras página, resulta que en él "se relatan una serie de episodios, cuyos escenarios son los campos de concentración nazis, o campos de exterminio, con alemanes de las Schutz-Staffel" (SS) y judíos como protagonistas y antagonistas de "conductas ... inhumanas, viles y abyectas, con un claro predominio de aberraciones sexuales". "El transporte de prisioneros como si fuera ganado, la burla y el engaño del reparto de jabón antes de entrar en la cámara, el olor del gas y de los cadáveres, el aprovechamiento de restos humanos", con otros muchos episodios se narran en tono de mofa, sazonando todo con expresiones insultantes o despectivas ("animales" o "carroña", entre otras).
>
> [...] Cada viñeta —palabra y dibujo— es agresiva por sí sola, con un mensaje tosco y grosero, burdo en definitiva, ajeno al buen gusto [...]».

Sentado lo anterior, el eje del recurso de amparo giró en torno a la libertad de expresión. En primer lugar, el recurrente argumentó que no fue el autor material del contenido, sino que se limitó a comprar los derechos de los autores. Por esta razón no podría concurrir en su persona el *animus inuriandi* exigido en el tipo penal. En segundo lugar, se consideró que debía concederse el amparo por cuanto dicha publicación no tenía un «carácter injurioso, vejatorio o de menosprecio para persona o colectividad alguna».

Por su parte las asociaciones *B'Nai B'Rith* de España y *Amical de Mauthausen* (que habían denunciado los hechos) coincidieron en que no puede ampararse en el ejercicio de la libertad de expresión el uso de expresiones «irrespetuosas, hirientes y groseras del exterminio en los campos de concentración nazis».

El Ministerio Fiscal informó en el sentido de oponerse a la concesión del amparo en base a la propia doctrina del TC recogida en la antedicha STC 214/1991, caso de Violeta Friedman. Ello por cuanto consideró que hubo un ataque al honor del pueblo judío y de todos sus integrantes, quienes, sin duda, se sintieron vejados con dicha publicación.

El TC en primer lugar comenzó su análisis acotando el objeto de debate, los derechos fundamentales que entraron en colisión. Por un lado el derecho fundamental ejercido por el recurrente fue la libertad de expresión. Ello fue así en atención a la naturaleza de la obra objeto del proceso, un tebeo. Así, en palabras del TC:

> «Por su contenido narrativo y su forma compleja, gráfica y literaria, es una obra de ficción, sin la menor pretensión histórica. Por lo tanto, hay que situarlo en principio dentro de una lícita libertad de expresión, en cuya trama dialéctica y su urdimbre literaria se entremezclan ingredientes diversos, con preponderancia del crítico, reflejado en los muy abundantes juicios de valor. Es evidente que al resguardo de la libertad de opinión cabe cualquiera, por equivocada o peligrosa que pueda parecer al lector, incluso las que ataquen al propio sistema democrático».

Dentro del ejercicio de la libertad de expresión, el TC recalcó la importancia de la profesión del recurrente. Así gozan de un arco mayor de libertad los periodistas «por formar parte del sistema de frenos y contrapesos en que consiste la democracia [...] para prevenir "la arbitrariedad de los que nos gobiernan"».

Por otro lado, el derecho fundamental al honor, cuyo contenido en palabras del TC: «es lábil y fluido, cambiante y en definitiva, como hemos dicho en alguna otra ocasión, "dependiente de las normas, valores e ideas sociales vigentes en cada momento"». En el caso concreto y con apoyo en la STC 214/1991 el pueblo judío en su conjunto es titular del derecho atacado.

En segundo lugar el TC procedió a la ponderación entre los dos derechos fundamentales. Para ello comenzó por resaltar las líneas rojas en el ámbito de la libertad de expresión ejercidas por el periodismo:

> «No cabe duda de que la emisión de apelativos formalmente injuriosos en cualquier contexto, innecesarios para la labor informativa o de formación de la opinión

que se realice supone un daño injustificado a la dignidad de las personas o al prestigio de las instituciones, teniendo en cuenta que la Constitución no reconoce un pretendido derecho al insulto, que sería por lo demás incompatible con la dignidad de la persona que se proclama en el art. 10.1 del Texto fundamental» (STC 105/1990).

A continuación el TC analizó el contexto. Para ello comenzó con el contenido considerando como tal no sólo lo que expresamente se decía en el cómic, sino también de lo que no se decía —lo que se podía leer entrelíneas—. De este análisis concluyó que existía un «concepto peyorativo de todo un pueblo, el judío, por sus rasgos étnicos y sus creencias. Una actitud racista, contraria al conjunto de valores protegidos constitucionalmente». Seguidamente el TC estudió dos circunstancias más. Primeramente los destinatarios del mensaje, y, a continuación, el lenguaje empleado. Así observó, y fue muy relevante para la decisión final, que por el formato de la publicación (tebeo) iba dirigido a menores de edad (niños y adolescentes); quienes no son maduros y por ello «puedan depravarles, corromperles y, en definitiva, deformarles (STEDH 7 de diciembre de 1976, caso Handyside)». Posteriormente, calificó el estilo empleado como «lenguaje del odio, con una densa carga de hostilidad que incita a veces directa y otras subliminalmente a la violencia por la vía de la vejación».

En tercer lugar, el TC ponderó los elementos que acabamos de exponer y concluyó que la publicación por un lado contravenía el derecho a la educación[332]; y por otro lado, la moral y las prohibiciones internacionales de provocar al odio y que conlleve a la discriminación, la hostilidad o la violencia[333].

Finalmente el TC concluyó que debía desestimarse el recurso de amparo por entender que en la ponderación entre los derechos fundamentales implicados hubo un exceso en el ejercicio de la libertad de expresión, y que, el cómic, en el caso concreto, «se utiliza precisamente como instrumento del escarnio». En palabras del TC

> «La apología de los verdugos, glorificando su imagen y justificando sus hechos, a costa de la humillación de sus víctimas no cabe en la libertad de expresión como valor fundamental del sistema democrático que proclama nuestra Constitución. Un uso de ella (de la libertad de expresión) que niegue la dignidad humana, núcleo

332 En concreto el artículo 27.2 CE: «La educación tendrá por objeto el pleno desarrollo de la personalidad humana en el respeto a los principios democráticos de convivencia y a los derechos y libertades fundamentales».

333 *Lo dicho hace que entren en juego los límites que para protegerlos marca la Constitución y, por lo mismo, el respeto a la moral que contiene el Convenio de Roma (art. 10.2; Sentencia del T.E.D.H. de 7 de diciembre de 1976, caso Handyside y STC 62/1982). En tal sentido incide también el Pacto de Derechos Civiles y Políticos de Nueva York, cuyo art. 20.2 establece que se prohíba por Ley «toda apología del odio nacional, racial o religioso que constituya una incitación a la discriminación, la hostilidad o la violencia».*

irreductible del derecho al honor en nuestros días, se sitúa por sí mismo fuera de la protección constitucional (SSTC 170/1994 y 76/1995). Un "cómic" como este, que convierte una tragedia histórica en una farsa burlesca, ha de ser calificado como libelo, por buscar deliberadamente y sin escrúpulo alguno el vilipendio del pueblo judío, con menosprecio de sus cualidades para conseguir así el desmerecimiento en la consideración ajena, elemento determinante de la infamia o la deshonra».

C. STC (Pleno) 235/2007, de 7 de noviembre

El asunto trae su origen en la condena a D.º Pedro Varela Geiss por el Juzgado de lo Penal n.º 3 de Barcelona como autor de un delito continuado de genocidio del artículo 607.2 del Código Penal a la pena de dos años de prisión, y como autor de un delito continuado con ocasión del ejercicio de los derechos fundamentales y libertades públicas garantizados por la Constitución consistente en provocación a la discriminación, al odio racial y a la violencia contra grupos o asociaciones por motivos racistas y antisemitas del artículo 510.1 del Código Penal, a la pena de tres años de prisión y multa por tiempo de doce meses a razón de una cuota diaria de 2.000 pesetas.

El TC acometió en esta sentencia la tarea de resolver la cuestión de constitucionalidad planteada por la Sección 3.ª de la Audiencia Provincial de Barcelona respecto del artículo 607.2 del Código Penal en relación con la libertad de expresión del artículo 20.1.a) CE. El tenor literal de dicho precepto penal vigente en el momento de los hechos era:

> «La difusión por cualquier medio de ideas o doctrinas que nieguen o justifiquen los delitos tipificados en el apartado anterior de este artículo, o pretendan la rehabilitación de regímenes o instituciones que amparen prácticas generadoras de los mismos, se castigará con la pena de prisión de uno a dos años».

La Audiencia Provincial de Barcelona consideró conforme a las SSTC 214/1991, de 11 de noviembre, y 176/1995, de 11 de diciembre, que las opiniones sobre hechos históricos estarían protegidas por la libertad de expresión «por muy erróneas o infundadas que resulten, que no supongan un menosprecio a la dignidad de las personas o un peligro para la convivencia pacífica entre todos los ciudadanos». Se argumentó que el bien jurídico que el legislador quería proteger con este precepto era muy difuso y que no merece protección; ya que se trataría de evitar un «clima favorecedor de conductas discriminatorias».

Para la Abogacía del Estado y para el Ministerio Fiscal el precepto penal era constitucional.

La Abogacía del Estado consideró en primer lugar que el bien jurídico protegido no era «difuso», sino que la norma tendría «una finalidad protectora general de la sociedad», y se trataría «tanto una medida de defensa legítima de la minorías, como del propio orden constitucional». En segundo lugar, las conductas castigadas en el precepto eran peligrosas, en el sentido de que por sí solas podrían lesionar dicho bien jurídico. En concreto defendió que:

> «estimular resortes psicológico-sociales no bien conocidos, y crear una atmósfera social que, como demuestra el desarrollo de los hechos en la Alemania nazi, comienza con la discriminación legal en el acceso a cargos públicos y profesiones, sigue con el estímulo de la emigración de parte de la población, y se extiende e intensifica en todos los campos de la convivencia hasta los extremos de destrucción y exterminio que conoce la historia».

El Fiscal General del Estado consideró que las conductas castigadas suponen un peligro de generación de «un clima de aceptación y olvido de tales hechos», lo que puede favorecer el surgimiento de «brotes de violencia racial o étnica no deseados». No se trataría de castigar meras opiniones o ideas sobre hechos históricos, sino cuando con tal negación o justificación:

> «[...] trataran de generar un estado de opinión en la población favorable al genocidio, que fuera llevado a cabo de forma planificada, sistematizada u organizada. Se trataría pues, con el precepto, no ya de reputar como delito la libre difusión de ideas u opiniones, por muy reprobables y rechazables moralmente que fueran, sino de proteger a la sociedad de aquellos comportamientos que, con una sistemática preparación psicológica de la población, a través de medios propagandísticos, generaren un clima de violencia y hostilidad que, de forma mediata, pudieran concretarse en actos específicos de discriminación racial, étnica o religiosa».

El TC sintetizó las posturas de la Abogacía del Estado y del Ministerio Fiscal señalando que:

> «A su modo de ver, la negación o justificación de un genocidio encierra un peligro potencial para bienes jurídicos de la máxima importancia y, por ello, no puede considerarse amparada por el derecho a la libertad de expresión. Dicho peligro potencial supondría, además, justificación suficiente para su punición, sin que ello supusiera confrontación alguna con el principio de intervención mínima propio del Derecho penal».

La decisión del TC no fue unánime, hubo cuatro votos particulares. El razonamiento del sentir mayoritario discurrió recordando la doctrina constitucional acerca de la libertad de expresión. En primer lugar, la libertad de expresión garantiza un interés constitucional como es la formación de una opinión pública y libre: «Para que el ciudadano pueda formar libremente sus opiniones y participar de modo responsable en los asuntos públicos, ha de ser también informado ampliamente de modo que pueda ponderar opiniones diversas e incluso contrapuestas».

En segundo lugar, como consecuencia de lo anterior, la libertad de expresión abarca también la libertad de crítica: «aun cuando la misma sea desabrida y pueda molestar, inquietar o disgustar a quien se dirige, pues así lo requieren el pluralismo, la tolerancia y el espíritu de apertura, sin los cuales no existe "sociedad democrática"».

En tercer lugar, el TC recalcó que en España no existe una «democracia militante[334]» que exija una adhesión positiva a la CE.

En cuarto lugar, el TC destacó que para garantizar el pluralismo y la necesidad del intercambio de ideas libre para un sistema democrático, los poderes públicos no pueden «controlar, seleccionar, o determinar gravemente la mera circulación pública de ideas o doctrinas».

En quinto lugar, el TC también recordó los límites de la libertad de expresión. Con carácter general, no gozan de protección constitucional «las frases y expresiones ultrajantes u ofensivas, sin relación con las ideas u opiniones que se quieran exponer, y por tanto, innecesarias a este propósito». Y en concreto, conforme a las SSTC 214/1991 y 176/1995 la dignidad y la igualdad constituyen un límite a la libertad de expresión. En palabras del TC:

> «"el derecho a expresar y difundir un determinado entendimiento de la historia o concepción del mundo con el deliberado ánimo de menospreciar y discriminar, al tiempo de formularlo, a personas o grupos por razón de cualquier condición o circunstancia personal, étnica o social, pues sería tanto como admitir que, por el mero hecho de efectuarse al hilo de un discurso más o menos histórico, la Constitución permite la violación de uno de los valores superiores del ordenamiento jurídico, como es la igualdad (art. 1.1 CE) y uno de los fundamentos del orden político y de la paz social: la dignidad de la persona (art. 10.1 CE)."

334 Parejo Guzmán destacó en este punto que si bien es cierto que en general el TC sigue al TEDH hay una excepción cuando se trata de discursos racistas y xenófobos. Ello por cuanto el TC permite en algunos casos incluirlos en el ámbito de la libertad de expresión precisamente porque en España no existe un modelo de «democracia militante». En sus palabras:

El Tribunal Constitucional ha adoptado la mayor parte de los criterios asentados por el Tribunal Europeo de Derechos Humanos en su interpretación de los límites a la libertad de expresión pero, a diferencia del segundo, que excluye claramente del ámbito de la libertad de expresión los discursos de corte racista y xenófobo, el Tribunal Constitucional ha introducido una distinción que permite dar cabida a algunas de estas manifestaciones en el ámbito de la libertad que analizamos. La base argumental que da lugar a esta conclusión se encuentra en el rechazo del Tribunal Constitucional a calificar nuestro sistema como un modelo de democracia militante, esto es, un modelo en el que se imponga, no ya el respeto, sino la adhesión positiva al ordenamiento y, en primer lugar, a la Constitución. Concepción que, según nuestro Alto Tribunal, se manifiesta con especial intensidad en el régimen constitucional de las libertades ideológica, de participación, de expresión y de información, porque «implica la necesidad de diferenciar claramente entre las actividades contrarias a la Constitución, huérfanas de su protección, y la mera difusión de ideas e ideologías. El valor del pluralismo y la necesidad del libre intercambio de ideas como sustrato del sistema democrático representativo impiden cualquier actividad de los poderes públicos tendente a controlar, seleccionar, o determinar gravemente la mera circulación pública de ideas o doctrinas».

Vide Parejo Guzmán María José (2020). *Género y diversidad religiosa, discurso de odio y tolerancia*. Tirant lo Blanch, Valencia, 2020, pp. 34 y 35.

[...] el reconocimiento constitucional de la dignidad humana configura el marco dentro del cual ha de desarrollarse el ejercicio de los derechos fundamentales y en su virtud carece de cobertura constitucional la apología de los verdugos, glorificando su imagen y justificando sus hechos cuando ello suponga una humillación de sus víctimas (STC 176/1995, de 11 de diciembre, FJ 5). Igualmente, hemos reconocido que atentan también contra este núcleo irreductible de valores esenciales de nuestro sistema constitucional los juicios ofensivos contra el pueblo judío que, emitidos al hilo de posturas que niegan la evidencia del genocidio nazi, suponen una incitación racista (SSTC 214/1991, de 11 de noviembre, FJ 8; 13/2001, de 29 de enero, FJ 7)».

A continuación el TC acotó la cuestión a debatir, en sus palabras:

«El problema que debemos tomar en consideración es el de si la negación de hechos que pudieran constituir actos de barbarie o su justificación tienen su campo de expresión en el libre debate social garantizado por el art. 20 CE o si, por el contrario, tales opiniones pueden ser objeto de sanción estatal punitiva por afectar a bienes constitucionalmente protegidos».

De este modo eran dos las conductas a analizar: la «negación[335]» y la «justificación[336]». En cuanto a la «negación» el TC consideró que el precepto literalmente castigaba la transmisión de ideas, sin exigir una lesión de otros bienes protegidos por la CE. Con ese punto de partida recordó que conforme al ordenamiento constitucional *no (se) permite la tipificación como delito de la mera transmisión de ideas, ni siquiera en los casos en que se trate de ideas execrables por resultar contrarias a la dignidad humana que constituye el fundamento de todos los derechos que recoge la Constitución y, por ende, de nuestro sistema político*.

Por tanto el *quid* de la cuestión era que para poder castigar la transmisión de unas ideas era preciso que dicha comunicación lesionase otros bienes jurídicos; esto es, que *impli(que) necesariamente una incitación directa a la violencia contra determinados grupos o un menosprecio hacia las víctimas de los delitos de genocidio*. Como quiera que el tipo penal no recogió en su tenor literal tal requisito no era posible que lo incorporase por vía interpretativa el TC. En este sentido el TC desechó la tesis sostenida por el Ministerio Fiscal de que tal negación contenía un peligro tendencial/potencial de creación de

335 En palabras del TC: *mera expresión de un punto de vista sobre determinados hechos, sosteniendo que no sucedieron o no se realizaron de modo que puedan ser calificados de genocidio.*

336 Conforme al TC: *no implica la negación absoluta de la existencia de determinado delito de genocidio sino su relativización o la negación de su antijuricidad partiendo de cierta identificación con los autores.*

un clima de hostilidad[337]. Por este motivo se consideró inconstitucional dicho apartado.

Respecto de la «justificación» la conclusión a la que llegó el TC fue distinta. La diferencia sustancial radica en que la justificación es un juicio de valor y, como tal, contiene un elemento tendencial. En palabras del TC:

> «Para ello será necesario que la difusión pública de las ideas justificadoras entre en conflicto con bienes constitucionalmente relevantes de especial trascendencia que hayan de protegerse penalmente. Así sucede, en primer lugar, cuando la justificación de tan abominable delito suponga un modo de incitación indirecta a su perpetración. Sucederá también, en segundo lugar, cuando con la conducta consistente en presentar como justo el delito de genocidio se busque alguna suerte de provocación al odio hacia determinados en grupos definidos mediante la referencia a su color, raza, religión u origen nacional o étnico, de tal manera que represente un peligro cierto de generar un clima de violencia y hostilidad que puede concretarse en actos específicos de discriminación. Debe subrayarse que la incitación indirecta a la comisión de algunas de las conductas tipificadas en el art. 607.1 CP como delito de genocidio —entre las que se incluyen entre otras el asesinato, las agresiones sexuales o los desplazamientos forzosos de población— cometidas con el propósito de exterminar a todo un grupo humano, afecta de manera especial a la esencia de la dignidad de la persona, en cuanto fundamento del orden político (art. 10 CE) y sustento de los derechos fundamentales. Tan íntima vinculación con el valor nuclear de cualquier sistema jurídico basado en el respeto a los derechos de la persona permite al legislador perseguir en este delito modalidades de provocación, incluso indirecta, que en otro caso podrían quedar fuera del ámbito del reproche penal».

Por tanto el TC concluyó que sí era constitucional el castigo de «la difusión de ideas o doctrinas tendentes a justificar un delito de genocidio» siempre y cuando supongan una incitación indirecta a la comisión de delitos como el genocidio o «provo(quen) de modo mediato a la discriminación, al odio o a la violencia, que es precisamente lo que permite en términos constitucionales el establecimiento del tipo de la justificación pública del genocidio».

De dichas conclusiones mayoritarias hubo cuatro votos discordantes. En primer lugar el formulado por GARCÍA-CALVO Y MONTIEL que consideró que la tipificación de la negación sí que era constitucional. El magistrado valoró

---

337 El TC aludió a la protección reforzada de la libertad científica ya que:
«sólo de esta manera se hace posible la investigación histórica, que es siempre, por definición, polémica y discutible, por erigirse alrededor de aseveraciones y juicios de valor sobre cuya verdad objetiva es imposible alcanzar plena certidumbre, siendo así que esa incertidumbre consustancial al debate histórico representa lo que éste tiene de más valioso, respetable y digno de protección por el papel esencial que desempeña en la formación de una conciencia histórica adecuada a la dignidad de los ciudadanos de una sociedad libre y democrática».

como artificiosa la distinción entre incitación directa e indirecta. En su opinión el delito estudiado tenía una naturaleza de «peligro en abstracto»; mientras que para el sentir mayoritario la negación del genocidio se encuadró en «el ámbito de las meras opiniones sobre los hechos históricos, es decir, en la esfera cubierta por el derecho de la libre expresión», permitiendo el juego de los artículos 16.1 CE (libertad ideológica) y 20.1 a) CE (libertad de opinión)». El magistrado se apoyó en los argumentos dados por la Abogacía del Estado y por el Ministerio Fiscal; por un lado la negación de ideas o doctrinas racistas o xenófobas puede crear una atmósfera social como la que dio lugar a la Alemania nazi; y por otro, el peligro viene de la mano de esa difusión que permite, al menos de manera potencial, llegar a una pluralidad de personas.

El segundo voto particular del magistrado Rodríguez-Zapata Pérez fue en la misma línea. Apeló a la realidad histórica vivida en Europa[338] para mantener la constitucionalidad del precepto. Para el magistrado tanto la negación como la justificación constituían un «peligro presente y claro» y debían ser penalizadas al igual que se hacía en el resto de Europa. Además consideró que la doctrina sentada por la mayoría se contraponía a la recogida en las SSTC 214/1991 y 176/1995.

El tercer voto particular fue expresado por el magistrado Rodríguez Arribas. En primer lugar, de forma directa, sin circunloquios, puso el nombre al objeto de debate: el «negacionismo». Para él supone por sí solo un claro menosprecio hacia las víctimas. Y al igual que los anteriores votos particulares coincidió en defender la constitucionalidad del precepto por cuanto castigaba comportamientos que vienen a preparar psicológicamente a la población y que «generarían un clima de violencia y hostilidad que, de forma mediata, pudiera concretarse en actos específicos de discriminación racial, étnica o religiosa».

El magistrado Rodríguez Arribas en defensa de su postura y de acuerdo con el argumento de la mayoría acerca de que España no es una «democracia militante» contrapuso dicho concepto al de una «democracia ingenua». En sus palabras, se trataría de evitar una «"democracia ingenua" que llevara aquel supremo valor de la convivencia hasta el extremo de permitir la actuación impune de quienes pretenden secuestrarla o destruirla».

La cuarta opinión disidente fue formulada por el magistrado Sala Sánchez quien razonó que la negación, al igual que la justificación, tienen el mismo elemento tendencial; con lo que, por los mismos argumentos que se consi-

338 En sus palabras:
[...] *Europa vivió entre 1918 y 1945 la época dorada del constitucionalismo clásico, basada en lo que se llamó, en forma expresiva, "exceso de confianza en la soteriología jurídica". Profesar una fe inocente en el Derecho constitucional, considerándolo como realidad salvadora que, por sí misma, asegura la libertad o el pluralismo fue un camino que se truncó por experiencias dramáticas en países que conocieron las Constituciones técnicamente más perfectas que ha ideado el genio humano.*

deró constitucional el reproche penal de la justificación, debió de validarse igualmente la constitucionalidad de la negación. Según SALA SÁNCHEZ interpretarlo de otra manera resultaría contradictorio.

D. STC (Pleno) 177/2015, de 22 de julio

En esta sentencia el TC denegó el amparo solicitado por don Jaume Roura Capellera y don Enric Stern Taulats[339]. La decisión del TC no fue unánime, hubo tres votos particulares.

Los recurrentes fueron condenados por un delito de injurias a la Corona del artículo 490.3 del Código Penal a la pena de quince meses de prisión, que fue sustituida por multa de treinta meses con una cuota diaria de tres euros.

La condena se basó en el contexto que resultó acreditado. En primer lugar se valoró la puesta en escena:

> «escenifican lo que gráficamente podemos (definir) como un "aquelarre" o "juicio inquisitorial" en el que colocando la representación gráfica del Jefe del Estado en posición claudicante, bocabajo, lo embadurnan con aceite u otra sustancia inflamable y le prenden fuego como expresión simbólica del desprecio y destrucción de la Institución, pues el fuego, en el contexto en que se usa, tiene una carga negativa evidente».

En segundo lugar, se consideró acreditado el dolo tanto por el uso de la fotografía que tenían preparada, como por el hecho de que ocultaron su rostro para evitar ser identificados.

Los recurrentes, sin embargo, adujeron que fueron vulnerados sus derechos a la libertad ideológica y a la libertad de expresión. En este sentido afirmaron que «aunque pueda parecer, a los ojos de algunos, incorrecta o incluso de mal gusto si se quiere, no implica ningún menosprecio intrínsecamente vejatorio contra los Reyes». Defendieron que por el contexto de reivindicación en contra de la Monarquía y la condición pública de la misma debía de ser «más permeable a la crítica».

El TC comenzó su análisis con la doctrina consolidada sobre el contenido y los límites de la libertad de expresión. Así, en primer lugar, recordó que la libertad de expresión es una de las bases sobre la que descansa una sociedad libre y democrática; «una garantía para "la formación y existencia de una opinión pública libre"». Y por esta razón la libertad de expresión debe ser amplia para intercambiar ideas y opiniones, el cauce para ello «ha de ser "lo suficientemente generoso como para que pueda desenvolverse sin

339 Sin embargo, como examinamos *supra* la STEDH (Sección 3.ª) Asunto de Stern Taulats y Roura Capellera c. España (Demandas n.º 51168/15 y 51186/15), de 13 de marzo de 2018 terminó dándoles la razón.

angostura; esto es, sin timidez y sin temor"». En segundo lugar remarcó que la libertad de expresión comprehende la libertad de crítica «aun cuando la misma sea desabrida y pueda molestar, inquietar o disgustar a quien se dirige, pues así lo requieren el pluralismo, la tolerancia y el espíritu de apertura, sin los cuales no existe sociedad democrática». Y en tercer lugar el TC reafirmó que en España no existe una «democracia militante»; tal y como ya hizo en la STC 235/2007; por cuanto «(e)l valor del pluralismo y la necesidad del libre intercambio de ideas como sustrato del sistema democrático representativo impiden cualquier actividad de los poderes públicos tendente a controlar, seleccionar, o determinar gravemente la mera circulación pública de ideas o doctrinas».

A partir de la exposición de la doctrina consolidada acerca del contenido de la libertad de expresión el TC continuó el examen de sus límites, en concreto cuando se trata de un «discurso político», que debe «respetar la dignidad, la reputación y los derechos de terceros». Conforme a la doctrina constitucional no existe un derecho al insulto; no gozan de protección constitucional «las expresiones indudablemente injuriosas o sin relación con las ideas u opiniones que se expongan y que resulten innecesarias para la exposición de las mismas». Para reforzar esta línea argumental el TC citó al TEDH que establece como límite a la libertad de expresión el fomento del odio basado en la intolerancia, en sus palabras[340]:

> «[l]a tolerancia y el respeto de la igual dignidad de todos los seres humanos constituyen el fundamento de una sociedad democrática y pluralista. De ello resulta que, en principio, se puede considerar necesario, en las sociedades democráticas, sancionar e incluso prevenir todas las formas de expresión que propaguen, inciten, promuevan o justifiquen el odio basado en la intolerancia».

El TC tras exponer la doctrina constitucional sobre el contenido y límites de la libertad de expresión procedió a ponderar los derechos fundamentales en conflicto. Para ello el TC en primer lugar advirtió que cuando nos movemos en el ámbito del derecho penal hay que atender no tanto a los límites de la libertad de expresión, sino a su contenido, para no desnaturalizarla: «el Juez penal ha de tener siempre presente su contenido constitucional para "no correr el riesgo de hacer del Derecho penal un factor de disuasión del ejercicio de la libertad de expresión, lo que, sin duda, resulta indeseable en el Estado democrático"».

En segundo lugar dio tres criterios a tener en cuenta en el caso concreto. El primero fue considerar que el precepto penal protege por un lado a la Corona como parte del orden constitucional. Por otro lado, también protege el honor y la dignidad del monarca cuando la ofensa se produzca en el ejercicio de sus funciones o con ocasión de ellas. Pero a su vez debe de permitirse

340 El TC citó la STEDH de 16 de julio de 2009, caso Féret c. Bélgica, § 64.

su crítica dentro del «libre debate sobre su posible responsabilidad institucional o, incluso, simbólica, dentro de los límites del respeto a su reputación».

El segundo y tercer criterio tienen que ver con el lenguaje simbólico empleado y su significado intrínseco.

Sentado lo anterior el TC concretó la cuestión a debatir del siguiente modo:

> «Desde la perspectiva que nos corresponde debemos dilucidar si los hechos acaecidos son expresión de una opción política legítima, que pudieran estimular el debate tendente a transformar el sistema político, o si, por el contrario, persiguen desencadenar un reflejo emocional de hostilidad, incitando y promoviendo el odio y la intolerancia incompatibles con el sistema de valores de la democracia».

El TC analizó los hechos desde la perspectiva del «discurso del odio». Para ello expuso que este tipo de discurso no gira sólo en torno a «condiciones étnicas, religiosas, culturales o sexuales de las personas», sino que también «persigue fomentar el rechazo y la exclusión de la vida política, y aun la eliminación física, de quienes no compartan el ideario de los intolerantes».

Para la opinión mayoritaria los hechos declarados probados transmitieron el mensaje de que «los Monarcas merecen ser ajusticiados». Por tanto, consideraron que los recurrentes fomentaron sentimientos de odio, agresividad y de violencia. Para el TC el hecho de que hubiera una preparación previa para la escenificación excluyó la espontaneidad. Y además el TC destacó la ausencia de «expresión, discurso, mensaje u opinión de la que quepa inferir una censura u oposición políticamente articulada contra la Monarquía o los Reyes» para reforzar su convicción de que los recurrentes no ejercieron el derecho a la libertad de expresión, sino que quisieron incitar al odio. En definitiva el TC concluyó que hubo un «riesgo evidente»/«posible riesgo de violencia» de que tales hechos fueron percibidos por los asistentes como «una incitación a la violencia y el odio hacia la Monarquía y hacia quienes la representan», aunque no llegaran a producirse incidentes.

Como dijimos hubo tres votos discrepantes con la opinión mayoritaria. En primer lugar el voto particular de la magistrada ASUA BATARRITA al que se adhirió el magistrado VALDÉS DAL-RÉ. La premisa mayor partió de considerar que la libertad de expresión prácticamente no tiene límites cuando «se trata de manifestación de opiniones sobre aspectos políticos o institucionales, sobre la actuación de gobernantes o de quienes desempeñan poderes constitucionales». A partir de ahí el razonamiento discurrió analizando dos límites que afectan a la libertad de expresión. En primer lugar la ausencia de violencia, y, en segundo lugar el «discurso del odio[341]».

---

341 En sus palabras: *[...] cualquier forma de expresión que incite, promueva o propague el odio racial, la xenofobia, u otras formas de odio basadas en la intolerancia, mediante la creación de un clima de hostilidad y exclusión, generador de un efecto cierto de amenaza que perturba el ejercicio de la igualdad de derechos de los miembros de determinados colectivos*

Respecto de la violencia citó expresamente la doctrina americana del *clear and present danger* y consideró que el sentir mayoritario se basó más bien en hipótesis, ya que no se apoyó en datos fehacientes que acreditasen un peligro real, acuciante e inminente para los Reyes.

En relación al «discurso del odio» se consideró que conforme a los instrumentos internacionales y el propio tenor del artículo 510 del Código Penal se había interpretado extrapolándolo a situaciones distintas. Se criticó que se pusieran al mismo nivel de protección los sentimientos antimonárquicos, lo que equivalía a considerar como colectivo vulnerable a las personas favorables a la Corona. En su opinión la decisión mayoritaria, de manera implícita, consideró que la tutela del honor y del prestigio de la Corona eran insuficientes para justificar una limitación en el ejercicio de la libertad de expresión. Y por este motivo se acudió a la incitación a la violencia y al discurso del odio como límites para su ejercicio en el caso concreto.

En segundo lugar el voto particular de la magistrada Roca Trías se apoyó también en la doctrina del *clear and present danger*. El matiz que empleó fue considerar que realmente el análisis hubo de partir no desde la perspectiva de los límites de la libertad de expresión, sino antes bien, del estudio de la libertad ideológica, antimonárquica en el caso concreto. Por este motivo consideró que el único límite establecido en la constitución para la misma era el «orden público». De ahí que consideró que debió otorgarse el amparo a los recurrentes por lesión de su libertad ideológica, ya que tras la puesta en escena no se «produjer(o)n conflictos o altercados de ningún tipo».

Finalmente, en último lugar el voto discrepante del magistrado Xiol Ríos giró en torno a tres motivos: en primer lugar, los hechos no eran subsumibles en el «discurso del odio»; en segundo lugar, no estaba justificado el uso de la vía penal previa por aplicación del delito de injurias al Rey; y, en tercer lugar, la condena no era ni necesaria ni proporcionada.

Para Xiol Ríos en primer lugar existió una *banalización* del «discurso del odio» ya que los actos no fueron dirigidos «contra los ciudadanos en general o contra determinadas razas, creencias o actitudes vitales en particular», ni supusieron «una incitación directa a la violencia», por cuanto «en el caso concreto no fue acompañada de una invitación a la violencia ni suscitó reacciones de esta naturaleza ni desembocó en perturbaciones del orden público».

En segundo lugar Xiol Ríos consideró que la opinión mayoritaria se centró en valorar la conducta de los recurrentes, en lugar de analizar la reacción penal del Estado frente a dicho comportamiento. Para él debió de analizarse si la condena penal lo fue para proteger los bienes jurídicos protegidos por el precepto penal aplicado en concreto. En su opinión no hubo coherencia en la justificación, ya que el tipo penal se ocupa de proteger el honor de un sujeto o la dignidad de una institución —en este caso de la Corona— y, sin

socialmente vulnerables.

embargo, se denegó el amparo por entender que la condena fue correcta, pero se apoyó en la existencia de incitación a la violencia y en la doctrina del «discurso del odio».

En tercer y último lugar, defendió que la condena no fue proporcionada. En sus palabras: «recurrir al derecho penal para sancionar el contenido comunicativo del acto simbólico desarrollado es una medida innecesaria y desproporcionada en una sociedad democrática». No obstante, dejó abierta la posibilidad de que se hubiera podido sancionarse penal o administrativamente la «circunstancia de que se portara líquido inflamable y una antorcha encendida y que se prendiera fuego en el marco de una alta concentración de personas a una foto que se dice de grandes dimensiones [...] de gravedad y naturaleza muy distinta» a las analizadas en los recursos de amparo.

E. STC (Sala 1.ª) 112/2016, de 20 de junio

El recurrente D.º Tasio Erkizia Almandoz fue condenado a la pena de un año de prisión y de siete años de inhabilitación absoluta por un delito de enaltecimiento del terrorismo. En su recurso argumentó que se vulneró tanto su libertad ideológica como la libertad de expresión por entender que no hubo incitación a la violencia o intimidación, ni ensalzó organizaciones terroristas, solamente trató de dar muestras de afecto a una persona.

Sin embargo, el TS desestimó el recurso presentado y lo hizo delimitando lo que es libertad de expresión de lo que es delito. El TS habló de la existencia de una «zona intermedia» y dio las pautas/los elementos a tener en cuenta en cada caso en concreto:

> «habrá de examinar tanto las concretas frases o expresiones producidas así como la ocasión y el escenario en el que fueron pronunciadas y, en fin, todas las circunstancias concurrentes, para determinar si está dentro del ámbito del tipo penal o extramuros de él, sin olvidar que el principio favor libertatis debe jugar, necesariamente en los casos de duda, ante la naturaleza constitucional de los derechos de libertad de expresión e ideológica que podrían quedar afectados por el tipo penal, derechos que constituyen una de las más acusadas señas de identidad de la Sociedad Democrática [...] es importante, no solo el tenor literal de las palabras pronunciadas, sino también el sentido o la intención con los que han sido utilizados, pues evidente que el lenguaje admite ordinariamente interpretaciones diversas y, a los efectos de establecer la responsabilidad por un delito de enaltecimiento del terrorismo, es preciso determinar con claridad en cuál de los posibles significados ha sido utilizado en cada ocasión concreta».

Para el TS la «zona intermedia» tiene que ver con el bien jurídico que se trata de proteger, está relacionada con el «discurso del odio».

El TC planteó el análisis del recurso como de trascendente, por la necesidad de deslindar el ejercicio legítimo de la libertad de expresión del delito de enaltecimiento del terrorismo. En primer lugar plasmó los atributos de la libertad de expresión ya recogidos en la STC 177/2015: «carácter institucional del derecho a la libertad de expresión», «carácter limitable del derecho a la libertad de expresión», y la «proporcionalidad en la limitación penal del ejercicio del derecho a la libertad de expresión».

En segundo lugar, recordó la doctrina establecida en la STC 235/2007 en cuanto a que para castigar penalmente una conducta como manifestación del «discurso del odio» es necesario que se genere «una situación de riesgo para las personas o derechos de terceros o para el propio sistema de libertades como condición para justificar su compatibilidad con el estándar del derecho de la libertad de expresión por ser necesaria esa injerencia en una sociedad democrática».

Sentado lo anterior, el TC acotó los parámetros de su análisis en determinar si «la conducta desarrollada por el recurrente pudiera ser considerada una manifestación del discurso del odio, que incitaba a la violencia». El TC en atención a los hechos probados y los razonamientos recogidos en las resoluciones judiciales precedentes consideró que no hubo vulneración del derecho a la libertad de expresión del recurrente: «fue una expresión de odio basado en la intolerancia», «manifestado a través de un nacionalismo agresivo; con inequívoca presencia de hostilidad hacia otros individuos» y «hubo una instigación a la violencia[342]».

La sentencia dictada por el TC no fue unánime, el magistrado D.º Xiol Ríos formuló voto particular. Xiol Ríos mostró su acuerdo en cuanto a la doctrina constitucional aplicable al caso, su discrepancia se basó en que, en su opinión, no se profundizó lo suficiente al analizar los elementos que justificarían una injerencia penal en la libertad de expresión necesaria y proporcionada en una sociedad democrática. Para él la conducta del recurrente no fue de suficiente entidad para entender que incitó, siquiera indirectamente, a cometer actos terroristas u otros delitos que pusiera en riesgo los derechos de terceros o el orden constitucional.

De este modo con cita de diferentes sentencias del TEDH aludió a diferentes elementos valorativos: En primer lugar al «mayor o menor impacto de difusión pública dependiendo de la naturaleza de la conducta desarrollada».

342 El TC dio una explicación de qué debe de considerarse como instigación:
Incitar supone siempre llevar a cabo una acción que ex ante implique elevar el riesgo de que se produzca tal conducta violenta. Desde esta última perspectiva, acciones como las que nos ocupan crean un determinado caldo de cultivo, una atmosfera o ambiente social proclive a acciones terroristas, antesala del delito mismo, singularmente si se tienen en cuenta las circunstancias en las que cursaron los hechos: fue un acto público, previamente publicitado mediante carteles pegados en las calles, en un contexto en el que la actividad terrorista seguía siendo un importante problema social. Por consiguiente, es incuestionable que, para un espectador objetivo, la conducta del recurrente era idónea para contribuir a perpetuar una situación de violencia.

En segundo lugar a «las circunstancias personales de quien realiza la conducta» por cuanto el TEDH considera más amplia la libertad de expresión cuando se da en el plano político. En tercer lugar «que la conducta desarrollada coincidiera en el tiempo con actos terroristas». En cuarto lugar las «concretas manifestaciones proferidas».

Con estos elementos consideró que debió analizarse exclusivamente la concreta conducta desarrollada por el recurrente; esto es, su discurso tal y como constaba en los hechos probados, a los que han de sumarse las transcripciones literales del mismo tras el visionado de las imágenes a las que sí aludió el voto particular del magistrado del TS. De forma que para XIOL RÍOS no hubo «una ambigüedad calculada».

También explicó que hubo de valorarse que el recurrente era un hombre político, y que el contexto en el que se produjo fue un homenaje, en el que la difusión del discurso estuvo limitado a los asistentes. En sus palabras:

> «En conclusión, existe un conjunto de circunstancias en el caso que no permite concluir que la conducta del recurrente encierre un potencial lesivo de incitación a la comisión de ilícitos penales de tal relevancia que su castigo con una pena de prisión de un año y una larga condena de inhabilitación por siete años resulte necesario y proporcionado en una sociedad democrática que reconoce la libertad de expresión como un elemento institucional de primera magnitud en su sistema de valores. Por tanto, en mi opinión, debió haberse otorgarse al recurrente el amparo solicitado por la vulneración de su derecho a la libertad de expresión».

6.4. ORIGEN Y EVOLUCIÓN DE LOS «DELITOS DE ODIO» EN EL ORDENAMIENTO JURÍDICO ESPAÑOL

A mi modo de ver, existe en España una confusión general acerca de qué sea «delito de odio» porque tanto la sociedad, como los medios de comunicación, los confunden al identificarlos con la «motivación odiosa». Incluso, como señaló TERUEL LOZANO[343], el propio Tribunal Constitucional utiliza de forma reiterada una «concepción del discurso del odio desfigurada».

---

343 Con motivo del estudio de la STC 35/2020. *Vide* TERUEL LOZANO, Germán M: «La jurisprudencia del Tribunal Constitucional ante los delitos de opinión que castigan discursos extremos comentario a la STC 35/2020 y más allá». *Teoría y Realidad Constitucional*, n.° 47, 2021, pp. 418, 423 y 424:
De manera que, al entender del Tribunal, la sola acreditación del carácter racista o xenófobo, en definitiva, el sólo hecho de que un discurso desprenda odio o desprecio hacia un pueblo o hacia un colectivo llevaría a que quede excluido del contenido protegido por la libertad de expresión. Por mi parte, considero que así definido este límite dejaría fuera del ámbito de la libertad a mensajes que tienen una clara relevancia pública y se terminaría por dar una protección sobredimensionada al honor, en relación con la dignidad, equipa-

A nivel doctrinal, comparto con REY MARTÍNEZ[344] que es esencial no confundir «discurso de odio» con «delitos de odio»; en el sentido de que no todo «discurso de odio» es delictivo. Por ello me parece clara la distinción que ofrece LANDA GOROSTIZA[345]: los delitos de odio *(hate crime)* serían el género, y dentro de estos, tendríamos, por un lado, los delitos «de palabra» *(hate speech)*, y, por otro lado, los delitos «de actos» *(hate crime)* de odio.

En fecha reciente, ALCÁCER GUIRAO[346] distinguió entre «delitos de odio» y «delitos de discurso del odio» siendo los primeros el género y los segundos

---

rando los daños a aquel con cualquier ofensa a los sentimientos individuales o grupales. De ahí que, en mi opinión, salvo las fighting words, es decir, de los insultos o provocaciones cara a cara que sí que deben entenderse privados de protección constitucional, no cabe erigir un límite a la libertad de expresión fundado en esta suerte de injurias colectivas En fin, se observa como el Tribunal Constitucional no ha dado unas pautas claras cuando se trata de valorar si una determinada manifestación está o no protegida por la libertad de expresión, con independencia del tipo de reproche que pudiera merecer si se concluye que queda extramuros del ámbito de esta libertad. Aún más, prácticamente ha actuado sobre la base de una exclusión categorial de aquello que entiende que encaja en su deformado concepto de discurso del odio.

344 REY MARTÍNEZ, Fernando: *Derecho Antidiscriminatorio*. Thomson Reuters Aranzadi, Cizur Menor (Navarra), 2019, p. 63.
[...] En nuestro ordenamiento, la idea de discurso de odio, por un lado, se ha hecho coincidir por la doctrina y la jurisprudencia con el concepto de los delitos de odio que castigan este tipo de discurso (una de las tesis que sostengo es que es preciso distinguir la noción de «discurso de odio» de la de «delito de odio»: no todo lo que se llama discurso de odio ha de ser necesariamente un delito) [...] En otras palabras: En España no se utiliza correctamente el concepto de delito de odio y, además, se hace, a menudo, para limitar indebidamente la libertad de expresión.

345 LANDA GOROSTIZA, Jon-Mirena: *Los delitos de odio (Artículos 510 y 22.4 CP 1995).* Tirant lo Blanch, 2018, p. 25:
Los delitos de odio (hate crime) en sentido amplio integran, en consecuencia, al menos delitos de propaganda o de pura expresión (hate speech criminalizado), por una parte, y, por otra parte, delitos de actos de odio (hate crime en sentido restringido). Estos últimos trasladan el mensaje de odio por la fuerza de los hechos siendo la agravante genérica un ejemplo gráfico en el que se castiga con una pena algo más intensa, por ejemplo, unas lesiones o un asesinato que al dirigirse contra una persona por su pertenencia a un determinado grupo manda un mensaje contundente de hostilidad y discriminación contra el colectivo de referencia. En este caso la contraposición entre discurso de odio (hate speech) criminalizado (por ejemplo, el artículo 510 CP) y los delitos de odio (hate crime) se visualiza en la medida en que los últimos son delitos comunes sobre cuya base se articula una especificidad de protección «y correlativa prohibición con pena intensificada» cuando la conducta se dirige contra los colectivos diana.

346 ALCÁCER GUIRAO, Rafael: «Delitos de odio y discurso del odio: clarificaciones conceptuales». Sergio MARTÍN GUARDADO (coord.) y Ángela FIGUERUELO BURRIEZA (dir), *Desinformación, odio y polarización (I)* Aranzadi, S.A.U. 2023 pp 23-44.
[...] *los delitos de «discurso de odio» constituirían una modalidad específica de los «delitos de odio». Desde esta primera aproximación, «delitos de odio» serían todas aquellas figuras delictivas que incorporan el odio como elemento típico, ya sea como motivación para la acción (tal como acontece sobre todo con la agravante genérica del artículo 22.4 CP), ya sea como efecto de la conducta delictiva (tal como puede interpretarse el efecto potencialmente*

la especie recogida y castigada en el art. 510 CP. La clave que diferencia su posición es que la distinción conceptual se basa en la perspectiva del «discurso de odio» como fenómeno social, que es distinto de los «delitos de discurso de odio» como noción estrictamente jurídica penal —«aquellas manifestaciones del "discurso de odio" que el legislador penal ha decidido tipificar»—. De suerte que «el Derecho penal no ha de ser la única herramienta con la que enfrentar esa lacra social». En sus palabras:

> «Dicho de otro modo: el discurso de odio no tiene por qué ser siempre un delito de odio, ni siquiera un ilícito de odio, sino que muchos mensajes hostiles contra grupos sociales quedarán fuera del Código Penal o incluso fuera de otras normas sancionadoras sin que por ello pueda ser conceptuado —desde parámetros sociológicos— como "discurso de odio"»[347].

Coincido con Alcácer Guirao en que la perspectiva adecuada para aproximarnos al «discurso del odio» es atendiendo a lo que el legislador ha querido tipificar como tal. De ahí, la necesidad de estudiar los delitos del art. 510 CP., y otros delitos como los de injurias a la Corona, y contra los sentimientos religiosos para poder diferenciarlos[348].

El punto de partida, la introducción en el ordenamiento jurídico español de los «delitos de odio», se produjo por vez primera con la creación del novedoso artículo 510[349] en el Código Penal de 1995. Desde entonces permaneció sin modificaciones, hasta que en el año 2015 fue adaptado por razones de política criminal y con apoyo en la normativa de la UE.

---

propagador del odio inherente a la conducta de incitación prevista en el artículo 510.1 CP). Y dentro de esa más amplia acepción se incluirían por tanto los delitos de «discurso de odio», recogidos en el citado artículo 510 CP.

347 *Ibidem*.

348 Aunque estos últimos, en puridad, no sean «delitos de discurso de odio» sí que se alude a esos términos: ya sea en las denuncias/querellas que dan inicio a los procesos judiciales, ya en las argumentaciones jurídicas dadas por los tribunales cuando conocen de tales asuntos, ya en los medios de comunicación y redes sociales —cuando dan información acerca de tales procedimientos—.

349 Sánchez Melgar lo definió «como arquetipo del discurso del odio». *Vide*: «Discursos discriminatorios (Art. 510). Apología y negación del genocidio. Enaltecimiento del terrorismo y humillación de las víctimas», *Revista del Ministerio Fiscal*, Fiscalía General del Estado, Madrid, n.º 7, 2019, p. 115.

6.4.1. Redacción original del Código Penal dada por la Ley Orgánica 10/1995, de 23 de noviembre

La introducción de los «delitos de odio» en España, si nos atenemos a la exposición de motivos del proyecto ley[350], obedeció a la protección real y efectiva del derecho fundamental a la igualdad, consagrado en el art. 14 CE. En concreto, se fundamentó así:

> «En quinto lugar, se ha procurado avanzar en el camino de la igualdad real y efectiva, tratando de cumplir la tarea que, en ese sentido, impone la Constitución a los poderes públicos. Cierto que no es el Código Penal el instrumento más importante para llevar a cabo esa tarea; sin embargo, puede contribuir a ella, eliminando regulaciones que son un obstáculo para su realización o introduciendo medidas de tutela frente a situaciones discriminatorias».

Inicialmente el artículo 510[351] tenía una redacción que nada tiene que ver con el resultado final, tras concluir los trámites parlamentarios. Más bien, su génesis estaba residenciada en el artículo 490[352] cuyo tenor literal era:

> «Los que provocaren directamente, incluso mediante la apología, por medio de la imprenta, la radiodifusión o por cualquier otro medio que facilite la publicidad, a la discriminación de personas o grupos por razón de su origen nacional o su pertenencia a una etnia o raza, serán castigados con la pena de prisión de uno a tres años y multa de seis a doce meses».

---

350 El proyecto de ley se puede consultar en: http://www.congreso.es/public_oficiales/L5/CONG/BOCG/A/A_077-01.PDF (consultado el 24-10-2020).

351 Se encontraba dentro de la Sección 1.ª dedicada a los *delitos cometidos por los funcionarios públicos contra la libertad individual*, capítulo V, dentro del Título XVIII relativo a *Delitos contra la Constitución.* Y establecía: «La autoridad o funcionario público que, mediando causa por delito, acordare, practicare o prolongare cualquier privación de libertad de un detenido, preso o sentenciado, con violación de los plazos y demás garantías constitucionales o legales, será castigado con la pena de inhabilitación especial para empleo o cargo público por tiempo de cuatro a ocho años».

352 Se incluyó en la Sección 1.ª *De los delitos cometidos con ocasión del ejercicio de los derechos fundamentales y de las libertades públicas garantizados por la Constitución*, capítulo IV del Título XVIII.

En primer lugar, este boceto preveía el castigo de conductas consistentes en «provocar[353]» directamente a la «discriminación[354]», lo que encaja perfectamente con la exposición de motivos. Se trataba de tutelar el derecho fundamental a la igualdad. De hecho el Ministro de Justicia e Interior (Belloch Julbe) lo recalcó en el discurso que pronunció en la Sesión Plenaria n.º 155 el 22 de junio de 1995[355]:

> «Defendemos también un mensaje de igualdad porque estamos plenamente convencidos de que todos los hombres y mujeres deben ser iguales ante la ley, tal y como proclama el artículo 14 de nuestra Constitución. Por ello decimos no, rotundamente no, a un Código Penal enfocado directamente a los sectores sociales menos favorecidos de nuestra sociedad. Por eso luchamos contra toda forma de discriminación, cualquiera que sea su motivo, y proponemos una especial tutela de aquellos sectores sociales especialmente lesionados por la actividad delictiva. Se ha procurado, por tanto, avanzar en el camino de esa igualdad real y efectiva a que alude nuestro texto constitucional. El Código Penal es, desde luego, un instrumento esencial de cualquier política criminal y como parte de esa política criminal parece razonable que suscite el mayor grado de consenso posible».

En dicho discurso cuando trató de la parte especial del CP plasmó con absoluta claridad que uno de los objetivos que se perseguían era «la lucha contra cualquier forma de discriminación».

En segundo lugar, el precepto tasaba las diferentes formas de llevar a cabo dicha incitación, castigando en definitiva que los mensajes emitidos por el sujeto activo tuvieran la posibilidad de gran difusión y, por tanto, un amplio alcance o gran número de destinarios en potencia: «mediante la apología[356], por medio de la imprenta, la radiodifusión o por cualquier otro medio que facilite la publicidad».

En tercer lugar, el artículo señalaba los motivos por los que las personas o grupos de personas eran seleccionadas como víctimas, y que por lo mismo debían ser objeto de protección: «por razón de su origen nacional o su pertenencia a una etnia o raza».

---

353 Según la RAE, 2.ª acepción: «Buscar una reacción de enojo en alguien irritándolo o estimulándolo con palabras u obras».

354 *Ibidem:* «Dar trato desigual a una persona o colectividad por motivos raciales, religiosos, políticos, de sexo, de edad, de condición física o mental, etc».

355 http://www.congreso.es/portal/page/portal/Congreso/PopUpCGI?CMD=VERLST&BASE=puw5&DOCS=1-1&QUERY=%28CDP199506220157.CODI.%29#(P%C3%A1gina8285) (consultado el 25-10-2020).

356 *Ibidem:* «Discurso de palabra o por escrito, en defensa o alabanza de alguien o algo».

Para entender el proceso de evolución desde esa simiente hasta su redacción final hemos de transitar por los trámites parlamentarios que tuvieron lugar.

A. Enmiendas[357] introducidas en el Congreso de los Diputados

1. Enmienda n.º 205, del G. P. Vasco (PNV) y D.º Albistur Marín (Grupo Mixto-EuE). Se trata de una enmienda de adición, cuyo tenor literal era:

> «Se propone convertir el actual artículo 490, con dos añadidos, en el apartado 1, y añadirle un apartado 2, quedando el artículo con el siguiente texto.
>
> "1. Los que provocaren directamente, incluso mediante la apología, de palabra, por medio de la imprenta, la radiodifusión o por cualquier otro medio que facilite la publicidad, a la discriminación de personas o grupos por razón de su religión, origen nacional, o su pertenencia a una etnia o raza, serán castigados con la pena de prisión de uno a tres años y multa de seis a doce meses.
>
> 2. Con las mismas penas señaladas en el apartado anterior serán castigados: a) Los que incitaren al odio o la violencia de carácter nacional, racial, xenófobo o religioso, de palabra, por escrito o impreso, o cualesquiera otros métodos de propaganda. b) Los que manipularen informaciones o emitieren informaciones falsas respecto de individuos, grupos o asociaciones, en razón de su origen nacional o pertenencia a una etnia, raza, nacionalidad o religión, en menoscabo de su honor o dignidad, o con temerario desprecio a la verdad.
>
> JUSTIFICACION Necesidad de tipificar, no sólo la discriminación, sino también la incitación al odio o violencia racial"».

En esta enmienda es muy relevante la propuesta de introducir expresamente los términos «odio» y «violencia», y no solamente la «discriminación». Además se alude a otra motivación como son los ataques por motivos xenófobos o religiosos. Y también se menciona a lo que hoy por hoy se conocen como *fakes news*[358], que no es otra cosa que la vulneración al derecho a reci-

---

357 Fueron las enmiendas con n.º 205, 493, 494 y 843. El índice de las mismas se encuentra en: http://www.congreso.es/public_oficiales/L5/CONG/BOCG/A/A_077-07.PDF (consultado el 24-10-2020). Y el cuerpo de las mismas se localiza en: http://www.congreso.es/public_oficiales/L5/CONG/BOCG/A/A_077-06.PDF (consultado el 24-10-2020).
Las modificaciones propuestas fueron discutidas en el seno de la Comisión de Justicia e interior y quedaron recogidas en el Diario de Sesiones del Congreso de los Diputados n.º 516 de 7-6-1995: http://www.congreso.es/portal/page/portal/Congreso/PopUpCGI?CMD=VERLST&BASE=puw5&DOCS=1-1&QUERY=%28CDC199506070516.CODI.%29#(P%C3%A1gina15755) (consultado el 25-10-2020).

358 Como apunta Rodríguez Ángel las «fake news» o noticias falsas son un fenómeno que coexiste con los medios profesionalizados y:
pueblan las redes empresas especializadas en relaciones públicas, cuando no en la propaganda y la intoxicación, que son auténticas fábricas de noticias falsas («fake news»). Además, y en pie de igualdad con las anteriores, actúan un ilimitado número de personas

bir una información veraz para formarnos una opinión libre sobre cuestiones de interés general; y que en relación a este tipo delictivo tratan de «estigmatizar» a determinados colectivos.

2. Enmienda n.º 493, del G. P. Popular. Se trata de una enmienda de modificación. Su tenor literal fue:

> «Se propone la siguiente redacción: «Los que provocaren directamente, incluso mediante la apología, de palabra, por medio de la imprenta, la radiodifusión, o por cualquier otro medio que facilite la publicidad, a la discriminación de personas o grupos por razón de su religión, origen nacional, o su pertenencia a una etnia o raza, serán castigados con la pena de prisión de uno a tres años y multa de: seis a doce meses.»
>
> JUSTIFICACIÓN Se trata de otorgar una mayor garantía de protección a los aspectos relacionados con las creencias religiosas de las personas».

Con esta primera enmienda del G.P Popular, al igual que el PNV aludieron a la inclusión de la religión como motivo del ataque y por tanto objeto de protección. En palabras del representante del Grupo Popular, Bueso Zaera, «incluimos la razón de su religión porque se trata de otorgar una mayor garantía de protección a los aspectos relacionados con las creencias religiosas de las personas[359]».

3. Enmienda n.º 494, del G. P. Popular, propuso la adición de un apartado segundo al artículo:

> «Se propone añadir la siguiente redacción: «Serán castigados con igual pena: 1.º Los que incitaren al odio o a la violencia de carácter racial, antisemita, xenófobo

que, lejos de cumplir los augurios más optimistas de una época dorada de democratización de la información protagonizada por los nuevos «citizen journalists», combaten el malestar que a todos nos crea la «disonancia cognitiva» de la que nos habla la psicología social, ocasionado por la discrepancia entre la realidad y los prejuicios, esparciendo y retroalimentando los fragmentos de realidad que menos entran en conflicto con los suyos propios.

Vide Rodríguez Ángel: «Encuesta sobre la libertad de expresión», *Teoría y Realidad Constitucional,* n.º 44, 2019, pp. 21 y 22.

359 Diario de Sesiones n.º 67 de 7 de junio de 1995. http://www.congreso.es/public_oficiales/L5/CONG/DS/CO/CO_516.PDF (consultado el 7-11-2020). Aunque sólo se aludió a la religión, González Pons en la sesión del Senado de 11 de octubre de 1995 amplió el espíritu de protección también a las creencias http://www.congreso.es/public_oficiales/L5/SEN/DS/CO/CS0227.PDF (consultado el 7-11-2020):

quisiéramos proteger las convicciones en el mismo nivel que las religiones. Entendemos que el sentimiento religioso no sólo es loable, digno de protección y, al mismo tiempo, digno de ser mantenido en lugar que actualmente lo sitúan tanto la Constitución como el Código Penal, pero también existe un sentimiento de convicción, paralelo al religioso, que debería ser protegido en el mismo sentido que éste. Aquella persona que cree en algo debe ser protegida; pero aquella persona que, no creyendo en algo, sin embargo tiene una filosofía de vida propia y de esa filosofía se deriva su actitud, su ritualidad y su día a día, también merece ser protegida en esa convicción por más que no sea creyente.

o religioso, de palabra, por escrito o impreso o cualesquiera otros medios de propaganda. 2.° Los que manipularen informaciones o emitieren informaciones falsas respecto de individuos, grupos o asociaciones, en razón de su origen nacional o pertenencia a una raza, etnia, nacionalidad o religión, en menoscabo de su honor y dignidad, o con temerario desprecio a la verdad.

JUSTIFICACIÓN En el Proyecto sólo se contempla la discriminación, pero no «la incitación al odio o a la violencia racial», que constituye una amenaza a la seguridad de Europa y de la democracia y que está tipificada en gran parte en las legislaciones europeas, con instrumento para defender la paz y la convivencia social y contrarrestar la funesta propaganda racista. La inclusión de concepto específico de «antisemitismo» está justificada, no sólo por razones históricas sino además, por la aparición en Europa del antisemitismo más manifiesto y virulento desde la Segunda Guerra Mundial. La difusión de informaciones falsas a sabiendas de su falsedad o con temerario desprecio a la verdad constituyen excesos en el ejercicio de la libertad de información y merecen la sanción penal».

Con esta enmienda se coincidió con el PNV[360] en cuanto a la necesidad de ampliar el tipo penal partiendo de la no discriminación e incluyendo como conductas a castigar la incitación al odio y a la violencia racial. La justificación dada se apoyó en la necesidad de hacerlo para proteger por un lado la seguridad de Europa y de la democracia, y por otro, para preservar la paz y la convivencia social[361].

Asimismo se incluyó como móvil a castigar el actuar con una motivación antisemita por cuanto se estaba viviendo un resurgir más fuerte de este tipo de motivaciones.

Finalmente, también coincidieron en proponer la sanción penal de difusión de informaciones falsas en menoscabo de su honor y dignidad o temerario desprecio a la verdad[362]. De manera que podemos decir que ambas forma-

360 Las enmiendas de ambas formaciones eran muy similares, de hecho *ibidem* Jover Presa (del G.P. Socialista), explicó que «tienen un texto prácticamente idéntico». Y añadió que estaban a favor de incluirlas porque «mejoran el texto, que amplían bastante los problemas que se plantean en relación con la discriminación por razón de raza, de sexo, de todos los tipos que puede haber».

361 No sólo era relevante el contexto internacional del momento. También como apuntó Laurenzo Copello hay que atender, entre otras, a la STC 214/1991 de 11 de noviembre (caso *Violeta Friedman* al que nos referimos en el epígrafe correspondiente de sentencias del Tribunal Constitucional), en la que se puede observar cómo el TC empezó a justificar una intervención penal al establecer una estrecha relación entre la discriminación y la dignidad humana. *Vide.* Laurenzo Copello, Patricia: «La discriminación en el Código Penal de 1995». *Estudios Penales y Criminológicos*, Servizo de Publicacións da Universidade de Santiago de Compostela n.° 19, 1996, p. 225.

362 Bueso Zaera (G.P Popular) explicó que *«La difusión de informaciones falsas, a sabiendas de su falsedad o con temerario desprecio a la verdad, constituyen excesos en el ejercicio de la libertad de información y merecen, en nuestra opinión, la sanción penal».*

ciones políticas pusieron sobre la mesa otros valores constitucionales como la «dignidad».

4. Las enmiendas n.º 585, del G. P. Socialista y n.º 843 del G. P. IU-IC, lo que propusieron fue la supresión del término «apología». En realidad estas enmiendas no fueron discutidas ya que fueron asumidas por la ponencia como consta en el resultado final.

B. Enmiendas presentadas en el Senado[363]

1. Enmienda n.º 91 del Grupo Parlamentario de Senadores Nacionalistas Vascos (GPSNV), propuso la siguiente adición:

> «Se propone añadir inmediatamente después de ...por razón de su religión ...", y antes de "... origen nacional...", lo que sigue: "... orientación sexual...".
>
> JUSTIFICACIÓN Es necesario incluir este tipo de discriminación por razones de seguridad jurídica».

Con esta enmienda se amplió el marco de protección del precepto respecto de aquellos ataques que se producen por motivo de la «orientación sexual» de la víctima.

2. Enmienda n.º 154 del Grupo Parlamentario de Coalición Canaria del Senado (GPCC), también propuso un añadido:

> «En el punto 1 del artículo 502, añadir la expresión "... orientación sexual ... " a continuación de "... etnia o raza..."), quedando como sigue: "...por razón de su religión, origen nacional, pertenencia a una etnia o raza, u orientación sexual, serán castigados..." (resto igual).
>
> En el apartado 1." del punto 2 de igual artículo, intercalar la expresión: "...orientación sexual..." a continuación de "... religioso...", quedando como sigue: "... antisemita, xenófobo, religioso, o de orientación sexual, de palabra..." (resto igual).
>
> En el apartado 2." del punto 2 de igual artículo, intercalar la expresión: "... orientación sexual...", a continuación de " religión...", quedando como sigue: "...etnia, nacionalidad, religión, u orientación sexual, en menoscabo ..." (resto igual).
>
> JUSTIFICACIÓN Consideramos que la actual redacción del artículo 502 del proyecto de Ley es incompleta, en el sentido de la enmienda. Hoy día es necesario proteger más globalmente el libre ejercicio de sus derechos por parte de colectivos y personas que sufren también discriminaciones importantes».

Con esta enmienda se vino a reforzar la idea de la anterior del GPSNV, ampliar el marco de protección a víctimas de ataque motivados por su «orientación sexual». Pero aún más, se puso de relieve que los ataques discriminatorios con esta motivación eran importantes.

363 Fueron las enmiendas con n.º 91, 154, 410, 700, 701 y 702. *Vide* http://www.congreso.es/public_oficiales/L5/SEN/BOCG/II/II0087C.PDF (consultado el 25-10-2020).

3. Enmienda n.º 410 El Grupo Parlamentario Socialista (GPS), propuso la siguiente modificación:

«Artículo 502 1. Los que provocaren a la discriminación, el odio o la violencia contra grupos o asociaciones, por razón de su ideología, religión o creencias, la pertenencia de sus miembros a una etnia o raza, su origen nacional, su sexo, orientación sexual, enfermedad o minusvalía, serán castigados con la pena de prisión de uno a tres años y multa de seis a doce meses. 2. Serán castigados con la misma pena los que, con conocimiento de su falsedad o temerario desprecio hacia la verdad, difundieren informaciones injuriosas sobre grupos o asociaciones en relación a su ideología, religión o creencias, la pertenencia de sus miembros a una etnia o raza, su origen nacional, su sexo, orientación sexual, enfermedad o minusvalía».

«JUSTIFICACIÓN En primer lugar se sustituye el contenido del precepto que reproduce la definición de provocación (incitar por medios públicos, etcétera) por economía legislativa y para evitar confusiones sobre el tipo de conducta. En segundo lugar se refunden las conductas de los números 1 y 2.1º que se refieren a un mismo objeto. En tercer lugar, se enumeran las causas de discriminación de forma más omnicomprensiva. Por ejemplo, se prefiere hablar de ideología o creencias que de pertenencia a partidos políticos o sindicatos, se introduce el sexo, la orientación sexual, la enfermedad o la minusvalía. En cuarto lugar, se define la conducta del número 2.2." con arreglo a la del tipo común de injurias, dado que ésta no es sino un supuesto de injurias, pero no contra un individuo sino contra un grupo de ellos"».

Con esta propuesta se ampliaron y enumeraron las causas de discriminación.

4. Enmienda n.º 700 Del Grupo Parlamentario Popular en el Senado (GPP), propuso la siguiente modificación:

«Donde dice: «1. Los que provocaren directamente, incluso mediante la apología, de palabra, por medio de la imprenta, la radiodifusión o por cualquier otro medio que facilite la publicidad, a la discriminación de personas o grupos por razón de su religión, origen nacional o su pertenencia a una etnia o raza, serán castigados con la pena de prisión de uno a tres años y multa de seis a doce meses».

Debe decir: «1. Los que provocaren directamente, incluso mediante la apología, de palabra, por medio de la imprenta, la radiodifusión o por cualquier otro medio que facilite la publicidad a la discriminación de personas o grupos por razón de su religión, origen nacional, sexo o su pertenencia a una etnia o raza, serán castigados con la pena de prisión de uno a tres años y multa de seis a doce meses».

JUSTIFICACIÓN Defensa de los derechos fundamentales y a las libertades públicas garantizados por la Constitución.

Se añadió como causa de discriminación el «sexo».

5. Enmienda n.º 701 Del Grupo Parlamentario Popular en el Senado (GPP) de modificación:

«ENMIENDA De modificación. Donde dice: "Los que incitaren al odio o a la violencia de carácter racial, antisemita, xenófobo o religioso, de palabra por escrito o impreso o cualesquiera otros medios de propaganda". Se propone: "Los que incitaren al odio o a la violencia de carácter racial, antisemita, xenófobo, homófobo o religioso, de palabra por escrito o impreso o cualesquiera otros medios de propaganda".

JUSTIFICACIÓN Defensa de los derechos fundamentales y a las libertades públicas garantizadas por la Constitución».

Se añadió como causa de discriminación la «homofobia».

6. Enmienda n.º 702 Del Grupo Parlamentario Popular en el Senado (GPP). El Grupo Parlamentario Popular en el Senado (GPP), al amparo de lo previsto en el artículo 107 del Reglamento del Senado, formula la siguiente enmienda al artículo 502.2.2.:

«ENMIENDA De modificación. Donde dice: "Los que manipularen informaciones o emitieren informaciones falsas respecto de individuos, grupos o asociaciones, en razón de su origen nacional o pertenencia a una raza, etnia, nacionalidad o religión, en menoscabo de su honor y dignidad, o con temerario desprecio a la verdad". Se propone: "Los que manipularen informaciones o emitieren informaciones falsas respecto de individuos, grupos o asociaciones, en razón de su origen nacional; sexo; o pertenencia a una raza, etnia, nacionalidad o religión, en menoscabo de su honor y dignidad, o con temerario desprecio a la verdad".

JUSTIFICACIÓN Defensa de los derechos fundamentales y a las libertades públicas garantizados por la Constitución».

Se incluyó como causa de discriminación el «sexo».

Tras la discusión de las diferentes enmiendas a lo largo de los trámites que acabamos de exponer, se llegó al art. 510[364], cuyo tenor literal fue:

«1. Los que provocaren a la discriminación, al odio o a la violencia contra grupos o asociaciones, por motivos racistas, antisemitas u otros referentes a la ideología, religión o creencias, situación familiar[365], la pertenencia de sus miembros a una etnia o raza, su origen nacional, su sexo, orientación sexual, enfermedad o minusvalía, serán castigados con la pena de prisión de uno a tres años y multa de seis a doce meses.

2. Serán castigados con la misma pena los que, con conocimiento de su falsedad o temerario desprecio hacia la verdad, difundieren informaciones injuriosas sobre grupos o asociaciones en relación a su ideología, religión o creencias, la pertenencia de sus miembros a una etnia o raza, su origen nacional, su sexo, orientación sexual, enfermedad o minusvalía».

364 https://www.boe.es/buscar/doc.php?id=BOE-A-1995-25444 (consultado el 24-10-2020)

365 Para Laurenzo Copello (*ob. cit*, pp 246) no tiene sentido que la condición familiar de las personas *se equipare a la raza o a la ideología y se olviden, en cambio, otros factores personales que juegan un papel mucho más evidente como causas de marginación. Piénsese, por ejemplo, en las situaciones económicas precarias, en particular cuanto éstas se traducen en mendicidad o ausencia de hogar*.

C. Síntesis de las ideas surgidas durante la tramitación parlamentaria

Podemos agrupar en tres bloques las ideas que fueron eje de la discusión en torno a este precepto de nuevo cuño. El primer bloque vendría conformado con las justificaciones, por qué motivo era necesaria su introducción. El segundo grupo englobaría las posibles conductas sancionables. Y finalmente tendríamos qué motivos —de los que guían la conducta criminal— son los que castiga el tipo penal.

1. Justificaciones

A lo largo de la tramitación parlamentaria encontramos cuanto menos seis tipos de justificaciones. En primer lugar, en la propia exposición de motivos del Anteproyecto de Ley trata de la igualdad como uno de los ejes inspiradores de la reforma en esta materia. Se trata de proteger la igualdad como derecho fundamental consagrado en el artículo 14 CE. Para ello la propuesta inicial consistió en castigar la discriminación[366]. Y dentro de esta idea central se acotó la protección en especial de la parte de la sociedad afectada por este tipo de conductas criminales.

En segundo lugar, se introdujeron otros valores como son la dignidad y el honor. Se puede ver que se propusieron como complemento de la igualdad. No se intentó por así decir —alterar el orden de prioridades— anteponiendo la dignidad y el honor a la igualdad. No, se añadió como acompañamiento, al sugerir que se castigaran también la difusión de informaciones manipuladas o falsas.

En tercer lugar, se aludió al contexto histórico del momento. Quizá en la propuesta y justificación de las enmiendas no se explicitó, pero se era consciente de los movimientos xenófobos que corrían por Europa. De ahí que se argumentara que este tipo penal también habría de servir para proteger valores europeos, tales como la seguridad, la democracia, la paz, y, en definitiva la convivencia.

En cuarto lugar se aludió a otro valor más abstracto como la seguridad jurídica. Es interesante que, en definitiva, se era consciente de que en la elaboración del nuevo Código Penal habría de ser meticuloso para garantizar dicha seguridad jurídica. La cual se traduce ni más ni menos que en conocer qué acciones están castigadas por la Ley, así como las consecuencias de haberlas cometido.

366 Para LAURENZO COPELLO (*ob. cit*, pp 241 y 242) dos son los bienes jurídicos protegidos. Uno contemplado desde el punto de vista individual: *el derecho a ser tratado como un ser humano igual a los demás.* Y otro en su dimensión colectiva: *el modelo de convivencia plural y multicultural de que parte nuestra Constitución*. El punto de vista individual configura la conducta discriminadora dotándole de contenido y la faceta colectiva permite determinar su gravedad.

En quinto lugar se aludió no tanto a los derechos sino a la faceta que se refiere a su libre ejercicio, de manera más global y en relación no sólo a colectivos, sino también a las personas que los integran y que son objeto de discriminación.

Finalmente, encontramos una última argumentación y es que con este precepto no se defiende un solo derecho fundamental, como el de igualdad, sino que además se defienden todos y cada uno de los derechos fundamentales y a las libertades públicas garantizados por la Constitución.

2. Acciones típicas:

El abanico de comportamientos tipificados se fue abriendo poco a poco, enmienda tras enmienda. De un único apartado en el que se pretendía castigar sólo la discriminación con gran difusión *(p.ej. imprenta, radiodifusión, etc.)* se amplió y entró por primera vez a valorarse la incitación al «odio» y junto a él a la «violencia». Y a estas conductas se debatió y añadió un segundo apartado que afecta a la información que se vierte sobre determinados colectivos o las personas que los componen. Se propuso y se aprobó la sanción penal de la manipulación de información y de la emisión de informaciones falsas[367].

Se trataba de castigar comportamientos peligrosos, sin exigir un concreto resultado lesivo de aquello que se quería proteger[368]. La doctrina considera, por tanto, que se trata de un delito autónomo de peligro en abstracto[369] y no de un delito de resultado.

3. Elementos subjetivos del tipo/causas del ataque

Inicialmente tres eran los móviles[370] que se castigaban: *origen nacional o su pertenencia a una etnia o raza*. A partir de aquí con esta base que se mantuvo, fueron añadiéndose otras esferas de protección. Así conforme hemos ido exponiendo de manera sucesiva se propuso la inclusión de la *religión*; los motivos *antisemita, xenófobo;* la *orientación sexual; su sexo, enfermedad o minusvalía* y la homofobia. De tal modo que al final se llegó a un acuerdo

367 Como apuntó De la Rosa Cortina el bien jurídico protegido sería la dignidad. *Vide*: «Libertad de expresión y Derecho penal: zonas de conflicto», *Revista del Poder Judicial*, Consejo General del Poder Judicial (Madrid) n.º 85, 2007, p. 18.

368 LAURENZO COPELLO, Patricia (op. cit, pp 252 y 253) cuando estudió el CP de 1995 recordó las características de los delitos de peligro en abstracto: *la exigencia de la peligrosidad de la acción, o lo que es lo mismo, de la aptitud de la conducta para originar un peligro para el bien tutelado*.

369 DE LA ROSA CORTINA, José Miguel, *ob. cit*, pp. 17 y 18. «no forma parte esencial del tipo la materialización simultánea o futura de ningún resultado concreto».

370 Como bien recalca SÁNCHEZ MELGAR, *ob. cit*, p. 113. «el autor selecciona a sus destinatarios o víctimas por una conexión que descansa en su raza, color, etnia o nación, o algún componente personal, lo que le hace actuar, por ejemplo, a causa de su homofobia o xenofobia, incluso contra componentes físicos, como su discapacidad física o psíquica, o por razones de género».

inclusivo y se consideró que todas las víctimas que lo fueran por este motivo estarían protegidas por el artículo 510: *motivos racistas, antisemitas u otros referentes a la ideología, religión o creencias, situación familiar, la pertenencia de sus miembros a una etnia o raza, su origen nacional, su sexo, orientación sexual, enfermedad o minusvalía.*

De alguna manera se partió del artículo 14 CE para tomar como base las discriminaciones proscritas constitucionalmente y de ahí se fuero ampliando. Se trata de coger al ser humano e identificar todas las facetas que lo caracterizan (físicas, ideológicas, espirituales, etc.) para dotarlas de protección.

6.4.2. Modificación del artículo 510 del Código Penal por el artículo único doscientos treinta y cinco de la Ley Orgánica 1/2015, de 30 de marzo[371]

Según la Exposición de Motivos n.º XXVI, la necesidad de modificar el artículo 510 del Código Penal obedeció a dos razones[372]. En primer lugar, a nivel

371 Se puede acceder al diario de sesiones de la votación en la url: http://www.congreso.es/public_oficiales/L10/CONG/DS/PL/DSCD-10-PL-269.PDF#page=108 (consultado el 4-8-2020). El n.º 121/000065 fue el asignado al expediente para la tramitación del proyecto de ley.

372 Sin embargo, para Alastuey Dobón no era necesaria la reforma desde el punto de vista de compromisos internacionales. Y además la regulación hecha no fue conforme con la doctrina fijada por el TC:
Por desgracia, el legislador de 2015, demostrando una absoluta falta de rigor, ha pasado por alto las aludidas argumentaciones y las propuestas a las que conducían, y ha creado en el nuevo art. 510 CP unos tipos penales que, no conformes con recoger la herencia de los defectos en los que incurría la regulación anterior, los agrandan sobremanera, situándose en las antípodas de las insistentes reclamaciones doctrinales y de las pautas que han venido marcando nuestros tribunales. Además, ninguna de las razones utilizadas como pretexto de la reforma consiguen justificarla, pues, por un lado, no es cierto que precisemos una regulación con este contenido para cumplir con nuestros compromisos internacionales y, por otro lado, la mayor parte de los tipos no se ajustan a la doctrina sentada por el Tribunal Constitucional.
Vide Alastuey Dobón, Carmen: «Discurso del odio y negacionismo en la reforma del Código Penal de 2015». *Revista electrónica de ciencia penal y criminología*, n.º. 18, 2016, p. 34.
Desde el punto de vista de la doctrina constitucional Alastuey Dobón consideró que el TC se había pronunciado en contra de la intensificación de la intervención penal. En sus palabras:
De la STC 235/2007 sí puede deducirse claramente que el TC concebía el delito del art. 510.1 entonces vigente como una provocación directa a la discriminación, al odio y a la violencia haciendo factible así la distinción entre ese delito y la justificación del genocidio del art. 607.2, configurada como incitación indirecta a la comisión de este delito. Aunque ya hemos visto que esa interpretación era compartida por la mayoría de la doctrina y asumida por la jurisprudencia, podía discutirse si el precepto se ajustaba a esos parámetros,

interno, en atención a la STC n.º 235/2007, de 7 de noviembre, que supuso una novedad en relación a la interpretación del delito de negación del genocidio: sólo sería sancionable cuando constituyese «una incitación al odio u hostilidad contra minorías».

En segundo lugar, a nivel comunitario, en consideración a la Decisión Marco 2008/913/JAI[373] que obligó a la tipificación de la negación del genocidio —como forma de incitar al odio contra las minorías—.

---

pero lo que no puede ponerse en duda es que de las afirmaciones del TC no se infiere en modo alguno un refrendo por su parte a una intensificación de la intervención penal, sino precisamente lo contrario, porque su punto de partida es que no todas las manifestaciones del fenómeno social del discurso del odio quedan desamparadas por la libertad de expresión. Sin embargo, el vigente art. 510.1 a) tipifica todas las conductas susceptibles de ser incluidas en la amplia definición del discurso del odio que ofrece la citada Recomendación del Comité de Ministros del Consejo de Europa y se aparta, por ello, de las directrices marcadas por nuestro TC. La conclusión evidente es que ahora existen, más que nunca, sólidas razones para dudar de la constitucionalidad del precepto.
Vide Alastuey Dobón, Carmen: «Consideraciones político-criminales sobre el castigo del discurso de odio». Teijón Alcalá, Marco (dir.): *El odio como motivación criminal*. Wolters Kluwer, 2022, p. 159.
Respecto de la perspectiva internacional ya apuntó Alastuey Dobón que no era preciso ampliar el catálogo de delitos conforme a la Decisión Marco 2008/913/JAI con ocasión del Proyecto de Ley de 2013:
Es asimismo criticable que en esta regulación, supuestamente basada en las directrices de la Decisión Marco, no se haya hecho uso de los criterios de restricción de los tipos que ese texto ofrece. El art. 1.2 de la Decisión Marco dispone que «los Estados miembros podrán optar por castigar únicamente las conductas que o bien se llevan a cabo de forma que puedan dar lugar a perturbaciones del orden público o que sean amenazadoras, abusivas o insultantes». Ya hemos visto que en los tipos de incitación al odio no se requiere efecto amenazante alguno, y la lesión del honor solo es exigida en uno de los tipos. Tampoco se exige en ningún caso la capacidad de las conductas para perturbar el orden público. Es cierto que las cláusulas que exigen la aptitud de los hechos sancionados para alterar el orden público o la paz pública, como en la legislación alemana, poseen escasa fuerza limitadora, pues se trata de conceptos sumamente imprecisos, pero hacer uso de ellas demuestra al menos la intención de restringir el ámbito de lo punible. Pues bien, el Proyecto de Ley no incorpora estos requisitos en los tipos básicos, sino solo en el tipo agravado del art. 510.4 —de aplicación a todos los tipos de los apartados anteriores—, que determina una agravación considerable de la pena si los hechos resultan idóneos para alterar la paz pública o crear un grave sentimiento de inseguridad o temor entre los integrantes del grupo.
A la vista de lo expuesto, urge poner en valor el postulado que, con independencia de los distintos planteamientos, se encuentra en la base de todas las opiniones doctrinales y que, de alguna manera, ha sido aceptado por la jurisprudencia: en síntesis, que la regulación actual es ya excesivamente amplia y que, por tanto, cualquier reforma que se emprenda debería desembocar en una regulación de menor alcance sancionador.
Alastuey Dobón, Carmen: «La reforma de los delitos de provocación al odio y justificación del genocidio en el Proyecto de Ley de 2013: consideraciones críticas». *Diario La Ley*, n.º 8245, 2014.

373 *Vide*: https://eur-lex.europa.eu/legal-content/ES/TXT/PDF/?uri=CELEX:32008F0913&qid=1601832891454&from=ES
(consultado el 4-10-2020).

La propuesta inicial de modificación del artículo 510[374] fue objeto de informes del CGPJ y del Consejo Fiscal.

A. Informe del CGPJ

El informe del CGPJ al anteproyecto[375] consideró adecuada la nueva redacción en cuanto el art. 510.1 comprendía más acciones típicas que la anterior regulación. En sus palabras:

> «El empleo de los verbos "fomentar", "promover" o "incitar" confieren al precepto una dimensión superior a la contemplada por el vigente artículo 510.1, que posibilitará la ampliación del número de comportamientos concernidos por el precepto. Los sujetos pasivos del delito pasan a ser el grupo delimitado por los referentes que emplea el artículo, una parte de él o una persona determinada por razón de su pertenencia a aquél. La modificación llevada a cabo, en sintonía con los postulados de la Decisión Marco, se valora positivamente, al igual que la sustitución del término "minusvalía" por el de "discapacidad"».

En segundo lugar, el CGPJ criticó que el art. 510.1 recogiera una mayor pena que el art. 510.2 —cuando lo que se castiga con este precepto es *sancionar* conductas que efectivamente contribuyen al fomento, la promoción o incitación del odio, la violencia o la hostilidad—. El CGPJ consideró que el legislador incurría en un error, por cuanto las conductas del 510.2 podrían subsumirse en los apartados del 510.1; y, siendo más peligrosas, resultaban penalmente menos castigadas. En sus palabras:

> «Obviamente, el hecho de facilitar acceso al material idóneo para fomentar, promover o incitar al odio, la violencia o la hostilidad o que entrañe humillación menosprecio o descrédito, constituye un comportamiento perfectamente subsumible en los supuestos descritos en las letras a) y b) del número uno y, de ahí que el prelegislador confiera un trato penal más beneficioso a conductas que, incluso, denotan una mayor peligrosidad para el bien jurídico protegido, habida cuenta los medios a cuyo través se proyectan al exterior las conductas sancionadas».

Por este motivo, se propuso como solución que se castigaran dichas conductas con penas de prisión de uno a tres años; ya que se trata de «actos que fomentan, promueven o incitan al odio, la hostilidad, violencia o discriminación o, en su caso, lesionan la dignidad personal».

---

374 *Vide*: http://www.congreso.es/public_oficiales/L10/CONG/BOCG/A/BOCG-10-A-66-1.PDF (consultado el 1-9-2020).

375 *Vide* páginas 242 a 248: https://www.poderjudicial.es/cgpj/es/Poder-Judicial/Consejo-General-del-Poder-Judicial/Actividad-del-CGPJ/Informes/Informe-al-Anteproyecto-de-Ley-Organica-por-la-que-se-modifica-la-Ley-Organica-10-1995--de-23-de-noviembre--del-Codigo-Penal.

En tercer lugar, el CGPJ, respecto del delito de «negacionismo» contemplado en el art. 510.1.c), introdujo una matización relevante. Se consideró que: «Dichos delitos deben haber sido declarados probados por los Tribunales de Nuremberg, la Corte Penal Internacional u otros Tribunales Internacionales[376]».

En cuarto lugar, propuso sancionar de manera más grave cuando la «apología» prevista en el art. 18 CP se da en los supuestos comprendidos en el art. 510.2.b. En sus palabras:

> «[...] obviamente la gravedad de esa conducta es cualitativamente superior que aquella otra en que simplemente se nieguen o se trivialicen tales crímenes, ya que, de hecho, es perfectamente parangonable al supuesto enunciado en el artículo 510.1 a). Siendo ello así, el trato penal más benigno que se propone carece de justificación, por lo cual se sugiere sancionar el supuesto de apología con mayor gravedad».

Finalmente, el CGPJ criticó la utilización de la palabra «clima» (en relación con la violencia, hostilidad, odio o discriminación), en lugar de los vocablos «directamente o indirectamente», como empleó en otros apartados.

B. Informe del Consejo Fiscal

El informe del Consejo Fiscal al anteproyecto[377] comenzó con una visión general —en el que hizo balance de las modificaciones operadas, y que ya se habían sido recomendadas por la FGE[378] — y continuó estudiando los tipos concretos:

376 Para Elósegui Itxaso «la tipificación como crimen de la justificación del genocidio en los códigos penales debería referirse explícitamente al Tribunal de Nuremberg y a la Convención de la ONU y/o concretar en qué consisten exactamente esos delitos». Se trataría de fomentar la seguridad jurídica que merece un precepto penal. De suerte que, con carácter previo, se supiera con certeza cuándo se está cometiendo este delito. En este sentido, Elósegui Itxaso consideró adecuado el criterio seguido por el TEDH. En sus palabras: «resulta más positivo el criterio del Tribunal Europeo de Derechos Humanos, que establece que el delito sea la negación y/o justificación de hechos históricos criminales reconocidos y calificados como tales por los tribunales penales internacionales». *Vide*: Elósegui Itxaso María: «La negación o justificación del genocidio como delito en el Derecho Europeo. Una propuesta a la luz de la Recomendación número 15 de la ECRI», *Revista de Derecho Político*, n.º 98, 2017, pp. 284 a 286.

377 *Vide* páginas 304 a 314: https://www.fiscal.es/documents/20142/70e688f3-c97c-bc9d-056a-7d7986a67e19 (consultado el 4-8-2020).

378 Estas recomendaciones se recogieron en la memoria de la FGE de 2012 en el apartado 1.1 del capítulo IV relativo a las *reformas penales sustantivas*, páginas 1259 a 1262. *Vide:*https://www.fiscal.es/documents/20142/133838/MEMORIA+-+2012.pdf/65189168-13c9-72cf-707d-718935bdcde6?t=153190081867.

En primer lugar, el Consejo Fiscal, consideró un acierto tanto la derogación del art. 607.2 CP —conforme a la STC 235/2007—, como la inclusión del negacionismo dentro del al art. 510 CP. También, celebró la supresión del término «provocaren» —por las «disquisiciones doctrinales acerca de si la conducta debe enmarcarse o no en la provocación en sentido técnico (art. 18 CP)» —; así como, la inclusión de otros términos como fomentar, promover o incitar.

En segundo lugar, el Consejo Fiscal remarcó aquellas propuestas (hechas años antes por la FGE), y que se recogieron en el anteproyecto, tales como:

a) Que se incluyera el término hostilidad[379].

b) Exigir en las conductas «un mínimo potencial de eficacia incitadora de comportamientos discriminadores[380]».

c) Aclarar que sujeto pasivo del delito no son solo los grupos o asociaciones, sino también las personas físicas, individualmente consideradas, que pertenecen a ellos.

d) El término «minusvalía» debía ser sustituido por el de «discapacidad».

e) Incorporar la responsabilidad de las personas jurídicas.

f) Regular «la posibilidad de clausura de páginas web, blogs o cualesquiera medios técnicos empleados en la comisión del delito, tanto en su modalidad cautelar como definitiva».

En tercer lugar, el Consejo Fiscal, pasó a analizar los tipos concretos:

a) El art. 510.1.a): Se valoró negativamente el hecho de que el precepto no exigiera publicidad. Porque ello conlleva que se extienda indebidamente la punibilidad[381].

b) El art. 510.1.b): Se consideró un gran acierto mencionar *la dignidad humana*[382]. Aunque se valoró que debió de incluirse a las asociaciones como sujeto pasivo.

---

379 Por estar previsto en el artículo 20 del Pacto Internacional de Derechos Civiles y Políticos de 1966.

380 Ello para evitar la banalización del precepto penal. Así el art. 510.1. b) recoge una mención a la *lesión de la dignidad de las personas*.

381 En sus palabras:
Cuando la conducta tiene lugar en el ámbito privado, en círculos familiares o de amigos, o en un entorno teñido por una confianza especial o por relaciones personales la conducta no debe ser punible. Es preciso que la reunión sea pública, aunque el acceso esté permitido solo a un público especial o haya un control de acceso, como señala la jurisprudencia suiza.

382 El Consejo Fiscal explicó que lo que se pretende con este tipo penal es castigar las acciones consistentes en: «negar a determinadas personas el derecho a una personalidad de igual valor (punto en el que se unen la dignidad humana y la igualdad de las personas), y así tratarlos como seres de inferior valor».

c) El art. 510.2.a): Se criticó que no tuviera una cláusula de adecuación social para garantizar la libertad de opinión. En sus palabras:

> «La crítica que se puede hacer a este precepto es que no contenga una cláusula de adecuación similar a la que introduce el apartado 5 del precepto alemán que, al remitirse al parágrafo 86.3, establece que la acción no es punible si se actúa con finalidades artísticas, científicas o de aclaración. Se trata de una fórmula de adecuación social para garantizar la libertad de opinión —en España, especialmente reforzada, como hemos expuesto anteriormente—».

d) Del art. 510.2.c) se consideró que la redacción era adecuada, conforme a la STC 235/2007, y también, para distinguir las conductas de las previstas en el art. 615 CP. En definitiva, castiga «(l)a llamada mentira de Auschwitz cualificada, en la que además de la negación del Holocausto es precisa la intención de atacar a la dignidad humana de las víctimas o de contribuir a la violencia, hostilidad, odio o discriminación contra los grupos afectados».

No obstante, el Consejo Fiscal, puso de manifiesto dos cuestiones. En primer lugar, el problema del término «clima[383]» *(de violencia, hostilidad, odio o discriminación contra los mismos)*, cuya solución de indeterminación podría solventarse con su sustitución por la palabra «actitud». En segundo lugar, consideró que el precepto debiera recoger las conductas de «ensalzamiento de los genocidas o descrédito, menosprecio o humillación de sus víctimas[384]».

C. Congreso de los Diputados[385]

1. Enmiendas a la totalidad

A. Por el Grupo Mixto se plantearon seis enmiendas a la totalidad[386]. Dentro de este grupo el diputado Tardà i Coma defendió la enmienda n.° 1, en la que criticó la reforma del CP, al considerar que suponía un endurecimiento del mismo, y una laminación de derechos civiles. Por un lado, se preguntó

---

383 El tenor literal fue:
[...] *dado el debate dogmático acerca de si «el clima» requiere un contexto previo de crisis o de si se trata de proteger a los menores de edad que aún no están suficientemente formados o si no requiere tales elementos y cómo se mide entonces y su vinculación con el antes expuesto «efecto desaliento».*

384 Ello por cuanto esa es una forma habitual de «negación del genocidio».

385 El diario de sesiones Sesión plenaria núm. 252 celebrada el jueves 26 de marzo de 2015, páginas 21 y ss. Puede verse en: http://www.congreso.es/public_oficiales/L10/CONG/DS/PL/DSCD-10-PL-165.PDF#page=21 (consultado el 4-8-2020).

386 http://www.congreso.es/public_oficiales/L10/CONG/BOCG/A/BOCG-10-A-66-2.PDF (consultado el 1-9-2020). El desarrollo y evolución de la tramitación puede verse en: https://www.congreso.es/busqueda-de-iniciativas?p_p_id=iniciativas&p_p_lifecycle=0&p_p_state=normal&p_p_mode=view&_iniciativas_mode=mostrarDetalle&_iniciativas_legislatura=X&_iniciativas_id=121%2F000065 (consultado el 18-12-2021).

por qué no se despenalizaron ni el delito de injurias a la Corona, ni el delito de ultrajes a España. Y por otro lado, planteó por qué no se penalizó la apología o el enaltecimiento del franquismo. En sus palabras:

> «[...] ¿Dónde está el pleno derecho a la libertad de expresión despenalizando el delito de injurias a la Corona y el delito de ultrajes a España? [...] Finalmente, ¿dónde está la penalización de la banalización, apología o enaltecimiento del franquismo, el nazismo, el fascismo, el falangismo o el nacionalcatolicismo? ¿Por qué no aparece nada de todo esto?».

B. El Ministro de Justicia, RUIZ-GALLARDÓN JIMÉNEZ, respondió a las cuestiones planteadas: En primer lugar, argumentó que todos los Estados protegen penalmente a sus instituciones; y que, en el caso de las calumnias a la Corona, la pena que puede imponerse es igual a la prevista en el caso de los particulares. Con lo que, si se despenalizaba, quedaría menos protegido que cualquier ciudadano. En segundo lugar, justificó la tipificación de los delitos de odio en base a la *decisión marco 2008/913/JAI* incluyendo dentro de su protección los ataques por razón de *la raza, origen nacional, sexo o de orientación sexual, por identidad de género o por motivos políticos*. Pero también explicó que se incluyó la protección cuando los ataques lo fuesen por motivos *ideológicos*. Y, en este punto, respondió al diputado TARDÀ I COMA que se debe redactar el tipo penal pensando en *totalitarismos* en general, sin una enumeración de alguno de ellos, por cuanto podría interpretarse que sólo se protegen los expresamente comprendidos en la redacción. En sus palabras:

> «Por lo que respecta —que también se ha planteado hoy aquí— a la concreta referencia en el Código Penal al nazismo o al fascismo, hemos considerado mucho más oportuna y amplia la referencia a determinadas conductas totalitarias, como sin duda lo son el nazismo y el fascismo, combatiendo de forma general todas las conductas de incitación al odio y de negación trivializada de los delitos de genocidio y lesa humanidad. Para ello la redacción del precepto debe permitir la subsunción en el tipo penal de todos los supuestos que puedan plantearse, no de unos específicos, de unos concretos, sino de todos los supuestos, absolutamente todos. Créanme, señorías, que en este caso tiran piedras contra su propio tejado, porque si incluimos dos conductas totalitarias, parece que, a contrario sensu, podría interpretarse por los tribunales que estamos excluyendo otras y nuestra obligación es incluirlas todas, se llamen nazismo, fascismo, rexismo o cualquier conducta totalitaria que exista y no, mediante la mención de algunas, la exclusión de algunas otras. Esto es también lo que hacen mayoritariamente los códigos penales de nuestro entorno».

C. ESTEBAN BRAVO, como portavoz del Grupo Parlamentario Vasco (EAJ-PNV), defendió la enmienda n.º 2, con la que se reprochó que no se contemplara el castigo de los partidos políticos cuando sean estos quienes promuevan el odio, hostilidad o la violencia. En sus palabras:

> «Asimismo, el tratamiento de quienes fomenten o inciten al odio, hostilidad, o violencia contra un grupo o una persona por motivos racistas, antisemitas, ideológicos, religiosos, origen nacional, sexo, orientación sexual, no adquieren la dimen-

sión criminal adecuada cuando son cometidos por un partido político o asociación con objetivos políticos, no se impone la disolución inmediata de dichas organizaciones. Lo mismo se puede afirmar en relación con la negación del genocidio».

2. Enmiendas parciales

A. Las enmiendas n.º 55 y 56 presentadas por BALDOVÍ RODA dentro del Grupo Parlamentario Mixto. Con la primera, se propuso la derogación de los Delitos contra la Corona por entender que son contrarios al principio de igualdad. En sus palabras: «En una democracia que propugna la igualdad ante la ley no cabe distinguir por razón de cuna de la víctima en la tipicidad de los delitos. Tan terrible es matar a una persona como a otra».

Con la segunda, se justificó la adición de un apartado d) en el art. 510 CP para incluir: «Quienes banalicen, incurran en apología o enaltezcan el franquismo, nazismo, fascismo, falangismo o nacionalcatolicismo». La justificación fue la de «tipificar las formas de apología del totalitarismo que se explicitan en el apartado d) todas ellas heredadas de la dictadura franquista».

B. Las enmiendas n.º 98, 99 y 100 presentadas por SALVADOR ARMENDÁRIZ, del Grupo Parlamentario Mixto, en las que se propuso añadir a los arts. 510 y 511 los apartados 5 y 4, respectivamente; y un párrafo al art. 512, en los que se incluyesen penas de inhabilitación especial para el ejercicio de profesiones u oficios en el ámbito docente. La justificación de la propuesta fue dotar de una mayor protección de los menores, para evitar que los autores de estos delitos puedan influenciarles. En sus palabras:

> «La naturaleza y gravedad de los delitos comprendidos en este título hacen aconsejable regular una protección cualificada de los menores frente a la posibilidad de que sus autores puedan entrar en disposición de ejercer algún tipo de influencia en la formación o desarrollo educativo de los mismos que, muy especialmente en el caso de los niños, por su falta de madurez física y mental, como recoge la Convención de los Derechos del niño aprobada por la Asamblea General de las Naciones Unidas en su resolución 44/25, el 20 de noviembre de 1989.
>
> Desde los distintos poderes públicos se debe atender el interés superior de los menores, frente a otros intereses concurrentes, y para ello se debe garantizar a nivel legislativo la protección efectiva de la formación de la infancia y la juventud, impidiendo que, su normal desarrollo, pueda verse perjudicado, impedido o desviado, en ningún caso».

C. Finalmente, en coherencia con la enmienda a la totalidad presentada, el diputado TARDÀ I COMA, defendió enmiendas parciales de supresión de los preceptos penales a que se refirió dicha enmienda a la totalidad. Así, las enmiendas n.º 377 y 378, postularon la supresión de los delitos de injurias, calumnias y utilización de imágenes que afecten al prestigio de la Corona. La justificación se basó en la libertad de expresión y en el derecho comparado, en particular el de Estados Unidos. En sus palabras:

> «La libertad de expresión es el derecho fundamental de toda persona a expresar ideas libremente, y por tanto sin censura. De hecho, el artículo 19 de la Declaración

> Universal de los Derechos Humanos señala que «todo individuo tiene derecho a la libertad de opinión y de expresión; este derecho incluye el de no ser molestado a causa de sus opiniones, el de investigar y de recibir informaciones y opiniones, y el de difundirlas, sin limitación de fronteras, por cualquier medio de expresión.
>
> Apelando a una democracia avanzada y moderna donde la ciudadanía tenga asegurado su pleno derecho de la libertad de expresión y tomando como ejemplo otros países de larga tradición democrática, como Estados Unidos de América, en el que su derecho constitucional considera que la quema y otros actos de sacralización de la bandera norteamericana están protegidos, por considerarlos muestras de libertad de expresión. Este ejemplo debería imitarse en el Estado Español, pues que toda vez la tipificación como delitos de la quema de banderas o la sacralización de la imagen del rey y de su familia, que lleva a acusar de delitos contra la Corona, aquellos que haciendo uso de la libertad de expresión, hacen tiras cómicas sobre la imagen del heredero de la Corona como ocurrió con la portada de la revista El jueves o queman la imagen del rey, como ocurrió en 2007 en Girona en razón de la visita del Monarca español, no debieran figurar en el Código penal español, pues deberían ser consideradas como muestras, de un gusto discutible si se quiere, de la libertad de expresión contemplada como derecho fundamental en la Constitución española».

Por su parte, la enmienda n.º 379 fue de adición al art. 510 de un apartado *quater*:

> «1. Los que desarrollen conductas de banalización, apología o enaltecimiento del franquismo, el nazismo, el fascismo, el falangismo y el nacionalcatolicismo serán castigados con la pena de prisión de uno a tres años y multa de seis a doce meses.
>
> 2. Se entenderá que incurren en dichas conductas los que desarrollen cualquier acción, propuesta, discurso, propaganda, gesto, uso de simbología, símbolo propio o apologético».

La justificación se centró en el resurgimiento de ideas franquistas, que habría que combatir expresamente con el CP. En sus palabras:

> «Durante los últimos meses se están produciendo desde todos los ámbitos diversos eventos de apología y enaltecimiento del nazismo, el fascismo, franquismo y el nacionalcatolicismo. Así, se han podido ver publicadas en diversos medios y redes sociales fotografías de dirigentes de Nuevas Generaciones del Partido Popular (NNGG) exhibiendo banderas franquistas o realizando saludos fascistas sin ningún tipo de reproche por parte de la dirección del PP; recientemente la delegada del Gobierno en Cataluña ha participado en un acto de homenaje a la División Azul, organizado en un Cuartel de la Guardia Civil, y entregó un diploma a la Hermandad de Combatientes de la División Azul, que iban vestidos para la ocasión con el traje falangista, la delegación de la Generalitat en Madrid ha sido víctima de un ataque por parte de grupos de ultraderecha mientras se celebraba el Día; entre tantos otros ejemplos.

El renacimiento de las ideas que han ido conformando el corpus ideológico del franquismo, el nazismo y el fascismo latente en toda Europa. En España la situación es especialmente grave y se ha tendido a banalizar el significado histórico del franquismo, el fascismo y el nazismo. Mientras otros países castigan la banalización, la apología y el enaltecimiento del nazismo, el Código Penal español no prevé la tipificación de estas conductas. Entendemos que los actos de apología, enaltecimiento y banalización de la dictadura franquista, del fascismo y del nazismo son absolutamente intolerables e injustificables y que son necesarias medidas para detenerlos. Es por ello que se pretende la tipificación en el Código Penal de forma clara y precisa de todo este tipo de actos».

D. Por su parte, el Grupo Parlamentario de Unión Progreso y Democracia, propuso en la enmienda n.º 589 añadir al apartado c) del art. 510.1 la alusión al «terrorismo». La justificación se fundamentó en considerar que la libertad de expresión no es un derecho absoluto. Detrás de esta propuesta se explicitó el resurgimiento en el entorno de la organización terrorista ETA de negar los crímenes cometidos por la misma, o de justificarlos, en el contexto de un conflicto político.

E. La enmienda n.º 609, introducida por Fernández Davila del Grupo Parlamentario Mixto, propuso añadir al art. 510.1, como colectivos dignos de protección, a la «persona sin hogar o en situación de pobreza». El motivo fue reconocer que las mismas «son especialmente atacadas y con saña por los grupos de que promueven el odio (neonazis y racistas)».

F. El Partido Parlamentario Socialista, presentó tres enmiendas: n.º 759, 760 y 761. La primera de ellas, propuso una nueva redacción de los apartados a) y b) del art. 510 CP. En esencia, valoraron dos cuestiones: En primer lugar, que sólo cabe castigar conductas que actúen directamente generando riesgo, dejando fuera/suprimiendo la referencia a hacerlo «indirectamente». En segundo lugar, suprimiendo el término «hostilidad».

La razón de ser de esta propuesta fue, por un lado, considerar que el Gobierno fue más allá de lo que exigía la Decisión Marco. Y, por otro lado, que el proyecto olvidó que en la STC 235/2007 (expresamente en el caso del negacionismo) exigía un riesgo claro, y no meramente indirecto. Por ello afirmaron: «Sólo debe sancionarse la incitación directa a la comisión de actos discriminatorios o violentos por móviles discriminatorios».

Las otras dos enmiendas propusieron la supresión de los arts. 510 bis y ter por innecesarios.

G. Finalmente, el Grupo Parlamentario Popular, en la enmienda 869, a la vista del resto de las propuestas dadas por los distintos grupos parlamentarios, propuso una modificación, y una adición al precepto, que consistió en incluir como motivo de discriminación las «razones de género». E introducir la previsión de «inhabilitación para labores docentes en casos de incitación al odio».

D. Senado[387]

1. El Grupo Parlamentario Entesa pel Progrés de Catalunya (GPEPC), introdujo dos enmiendas: la n.º 262 y la 263. En la primera, propuso una modificación consistente en que debiera sancionarse tan solo la incitación directa a la comisión de actos discriminatorios o violentos. Y en la segunda, la supresión del art. 510 bis.

2. La senadora Capella i Farré, en representación de ERC/ESQUERRA (GPMX), por un lado, presentó las enmiendas n.º 506 y 507 de supresión de los delitos de injurias y calumnias contra la Corona, de los arts. 490.3 y 491 CP. La justificación fue la misma que defendieron en el Congreso de los Diputados. Por otro lado, en la enmienda n.º 482, se propuso incluir como sujeto pasivo de los delitos del odio a las asociaciones.

La inclusión de las asociaciones como sujeto pasivo se motivó en que, en muchas ocasiones, son las destinatarias de este tipo de delito —con «el fin directo de bloquearlas e intimidarlas»—.

Finalmente, en la enmienda n.º 508, propusieron la inclusión de un nuevo art. 510 *quater* en el que al igual que en el Congreso (y por las mismas razones) se incluyera el castigo de la «banalización, apología o enaltecimiento del franquismo, el nazismo, el fascismo, el falangismo y el nacionalcatolicismo».

3. El Grupo Parlamentario Socialista, en la enmienda n.º 702 propuso una modificación del art. 510 CP. en el sentido de que sólo debiera sancionarse la incitación directa a la comisión de actos discriminatorios. Y en la n.º 703 propuso la supresión del art. 510 bis.

4. El Grupo Parlamentario Vasco en el Senado (EAJ-PNV) (GPV), en las enmiendas n.º 797, 798, 799 y 800, propuso mantener la redacción vigente de los arts. 510, 511 y 512 y no introducir un nuevo art. 510 bis por dos razones. En primer lugar, por considerar que la respuesta punitiva no necesitaba ser agravada. En segundo lugar, porque la nueva redacción se consideró contraria a la seguridad jurídica, y a la legalidad, por ser ambigua.

5. Finalmente, el Partido Popular, introdujo modificaciones en los arts. 511 y 512 por medio de las enmiendas n.º 1017 y 1018 por las que se introdujo la agravante de «género» tanto con el art. 510 como con el 22.4. Dichas modificaciones se justificaron en el *Convenio del Consejo de Europa sobre prevención y lucha contra la violencia contra las mujeres y la violencia doméstica*[388].

387 El texto aprobado por el Senada puede consultarse en: https://www.senado.es/legis10/publicaciones/pdf/senado/bocg/BOCG_D_10_493_3340.PDF (consultado el 1-9-2020).
Las enmiendas presentadas en el Senado pueden verse en: https://www.congreso.es/busqueda-de-publicaciones?p_p_id=publicaciones&p_p_lifecycle=0&p_p_state=normal&p_p_mode=view&_publicaciones_mode=mostrarTextoIntegro&_publicaciones_legislatura=X&_publicaciones_id_texto=(BOCG_D_10_475_3158.CODI.) (consultado el 31-12-2021).

388 Literalmente: *«los papeles, comportamientos, actividades y atribuciones socialmente cons-*

E. Síntesis de las ideas surgidas durante la tramitación parlamentaria

1. Despenalización de los delitos de injurias y calumnias contra la Corona

Los motivos de la iniciativa se apoyaron en dos pilares: En primer lugar, en el principio de igualdad: «En una democracia que propugna la igualdad ante la ley no cabe distinguir por razón de cuna de la víctima en la tipicidad de los delitos. Tan terrible es matar a una persona como a otra».

En segundo lugar, en la libertad de expresión, tal y como se venía interpretando en el derecho comparado. En especial, se hizo referencia a Estados Unidos.

En contrapartida, se argumentó que todos los Estados protegen a las instituciones en el CP. Y se defendió que, en caso de despenalizar dichas conductas, la Corona quedaría con menor protección que cualquier ciudadano.

2. Nuevos sujetos pasivos

Por un lado, se propuso la protección de las «persona(s) sin hogar o en situación de pobreza». El fundamento fue que son objetivo de grupos neonazis y racistas. Por otro lado, se consideró que también las «asociaciones» debieran ser expresamente protegidas, ya que en muchas ocasiones son atacadas para «bloquearlas e intimidarlas». Sin embargo, las enmiendas no salieron adelante.

3. Ampliación de los sujetos activos

Se reprochó (aunque no saliera adelante) que no se tipificara como responsables penales a los partidos políticos y asociaciones con objetivos políticos, cuando promoviesen al odio, hostilidad o violencia.

4. Acciones típicas

- Concreción de los supuestos típicos de negación, trivialización o enaltecimiento

Por un lado, se defendió la inclusión expresa de referencias al *franquismo, el nazismo, el fascismo, el falangismo o el nacionalcatolicismo.* La necesidad se fundamentó en el resurgimiento de las ideas matrices de los mismos, tanto a través de redes sociales, como en diversos eventos públicos. La justificación fue doble: En primer lugar, se valoró que en toda Europa los Códigos Penales se prevén sanciones en caso del *nazismo*. En segundo lugar, con la finalidad de contemplar de forma clara y precisa dichos supuestos en el CP.

truidos que una sociedad concreta considera propios de mujeres o de hombres», puede constituir un fundamento de acciones discriminatorias diferente del que abarca la referencia al sexo.
El Convenio puede verse en la url: https://rm.coe.int/1680462543 (consultado el 3-1-2022).

Por otro lado, se apoyó la incorporación manifiesta del término *terrorismo*. La justificación expresa recayó en el renacimiento del apoyo a la organización terrorista *ETA*. Se consideró que era necesario tipificarlo, ya que, de forma deliberada se estaba tratando de negar los crímenes cometidos por *ETA*, para considerarlos embebidos en un conflicto político.

Ninguna de las posturas fue acogida. El mantenimiento del proyecto se justificó en que el tipo penal debe de permitir la subsunción de todos los régimen totalitarios, y no sólo de unos supuestos específicos.

- Supresión de las referencia a acciones «indirectas» y al término «hostilidad»

Se razonó que la modificación del CP. fue más allá de lo exigido por la DM, y por el propio TC. Ello suponía penalizar conductas sin la necesaria concurrencia de una lesión o puesta en peligro ya de la igualdad, ya de la seguridad, de las personas protegidas.

5. Elementos subjetivos del tipo/causas del ataque

La necesidad de incluir el *género* como motivo discriminatorio se basó en el *Convenio del Consejo de Europa sobre prevención y lucha contra la violencia contra las mujeres y la violencia doméstica*. Ello por cuanto en el mismo se constató que la discriminación puede venir no sólo del sexo; sino también del *género* — cuando la base de la conducta típica descansa en «los papeles, comportamientos, actividades y atribuciones socialmente construidos que una sociedad concreta considera propios de mujeres o de hombres»—.

6. Penalidad

La introducción de la pena de «inhabilitación para labores docentes en casos de incitación al odio» se justificó, y tuvo una acogida favorable, porque se pretendió proteger más a los menores de edad. En este sentido, se puso en valor *la Convención de los Derechos del niño* de la ONU; y se consideró que los menores de edad, por su falta de madurez, pueden verse influenciados en su desarrollo por los autores de delitos de odio.

6.4.3. Modificación del artículo 510 del Código Penal por el artículo único Ley Orgánica 6/2022, de 12 de julio, complementaria de la Ley 15/2022, de 12 de julio, integral para la igualdad de trato y la no discriminación, de modificación de la Ley Orgánica 10/1995, de 23 de noviembre, del Código Penal

Con esta reforma se incluyó la protección de los gitanos y de la aporofobia en el art. 510 CP. y se incluyó como circunstancia agravante del art. 22.4 CP. la edad, la aporofobia y la exclusión social. La modificación supuso el reflejo en el Código Penal de la aprobación de la Ley 15/2022, de 12 de julio, integral para la igualdad de trato y la no discriminación[389] que pretendió comprender la protección integral frente a cualquier forma de discriminación. En este sentido, la Exposición de Motivos se pronunció sobre los principios y objetivos que persigue:

> «[...] De esta manera se pretende hacer frente de manera omnicomprensiva a todas las formas de discriminación, atendiendo de manera particular a formas históricas de discriminación como el antigitanismo objeto de preocupación en los últimos años de distintos organismos internacionales como por ejemplo el Consejo de Europa que, a través de la Comisión Europea contra el Racismo y la Intolerancia, en su Recomendación núm. 13 ha señalado una serie de medidas para combatir esta forma de discriminación, o la Resolución del Parlamento Europeo, de 25 de octubre de 2017, para prevenir y combatir la discriminación contra las personas gitanas y el antigitanismo [2017/2038 (INI)] y la Recomendación núm. 27 de la ONU sobre la discriminación de las personas romaníes, que para combatir eficazmente este tipo de discriminación, señalan la necesidad de defender a sus víctimas, tener datos concretos y fiables, conocer su alcance y dimensión, y sensibilizar a la sociedad y a las autoridades con datos oficiales e información sobre el mismo».

De esta manera se amplió el ámbito de los sujetos pasivos protegidos por los delitos de odio.

La tramitación tanto en el Congreso[390] como en el Senado[391] fue rápida y el consenso muy amplio como se observa con el resultado de las votaciones: en el Congreso efectuada la votación, dio el siguiente resultado: «votos emitidos, 334 más 10 votos telemáticos, 344; a favor, 284 más 10 votos telemá-

389 en cuyo art. 2 fijó su ámbito de aplicación:
Se reconoce el derecho de toda persona a la igualdad de trato y no discriminación con independencia de su nacionalidad, de si son menores o mayores de edad o de si disfrutan o no de residencia legal. Nadie podrá ser discriminado por razón de nacimiento, origen racial o étnico, sexo, religión, convicción u opinión, edad, discapacidad, orientación o identidad sexual, expresión de género, enfermedad o condición de salud, estado serológico y/o predisposición genética a sufrir patologías y trastornos, lengua, situación socioeconómica, o cualquier otra condición o circunstancia personal o social.

390 Tramitación:https://www.congreso.es/es/proposiciones-de-ley?p_p_id=iniciativas&p_p_lifecycle=0&p_p_state=normal&p_p_mode=view&_iniciativas_mode=mostrarDetalle&_iniciativas_legislatura=XIV&_iniciativas_id=122%2F000220 (consultado el 16-3-2023).
Diario de la Sesión del Congreso de los Diputados en pleno celebrado el 26 de mayo de 2022, páginas 118 a 129 https://www.congreso.es/public_oficiales/L14/CONG/DS/PL/DSCD-14-PL-190.PDF (consultado el 16-3-2023).

391 La tramitación en el Senado puede verse en : https://www.senado.es/web/actividadparlamentaria/iniciativas/detalleiniciativa/index.html?legis=14&id1=624&id2=000011 (consultado el 16-3-2023).

ticos, 294; abstenciones, 50[392]». Y en el Senado estuvieron presentes 258 de los 264, y votaron a favor 255 con 3 abstenciones[393].

6.4.4. Interpretación jurisprudencial de los delitos de odio del art. 510 CP

6.4.4.1. Bien jurídico protegido

El bien jurídico es «(el) bien tutelado por el Estado con ocasión de la tipificación de una determinada conducta como delito o falta»[394]. El bien jurídico legitima la intervención del derecho penal y permite interpretar el precepto penal[395]. Si bien es cierto que, como apunta CANCIO MELIÁ, cuando el bien

392 *Vide* página 134 del diario de sesiones (consultado el 16-3-2023).

393 https://www.senado.es/web/actividadparlamentaria/sesionesplenarias/pleno/rwdsesionespleno/detalle/votaciones/index.html?sp=54&legis=14&id1=52&id2=7387 (consultado el 16-3-2023).

394 Definición recogida en el Diccionario panhispánico del español jurídico (*v.* https://dpej.rae.es/lema/bien-jur%C3%ADdico-protegido consultado el 10-2-2022).

395 En palabras de CANCIO MELIÁ:

[...] el concepto de bien jurídico tiene dos vertientes: por un lado, cumple funciones estrictamente dogmáticas, inmanentes al sistema, de criterio rector de las infracciones existentes, al constituirse en guía de la construcción sistemática y de la interpretación de los concretos preceptos penales: el concepto teleológico o hermenéutico de bien jurídico.

Así, por ejemplo, si se parte de que el bien jurídico del delito de exhibición obscena frente a menores o incapaces (art. 185 CP) es la indemnidad sexual, cabe interpretar que la mera exhibición de un cuerpo desnudo frente a un menor (por ejemplo, en la playa), sin que la persona en cuestión esté inmersa en una actividad de carácter sexual, no es delictiva (no es «obscena» en el sentido del tipo), pues la mera contemplación de un desnudo no puede afectar negativamente a las posibilidades de desarrollo futuro de la sexualidad del menor («indemnidad sexual»).[...]

Conforme a estas definiciones mayoritarias, entonces, bienes jurídicos pueden ser tanto realidades sociales de carácter individual como la vida, la salud y la propiedad, cuya protección, como es evidente, resulta indispensable para el mantenimiento del orden social. Sin embargo, también son bienes jurídicos aquellas otras «condiciones de la vida social» que no pueden atribuirse a un ciudadano concreto, sino que son elementos colectivos, del propio sistema social, que garantizan su subsistencia: el correcto funcionamiento de la Administración pública o de Justicia (atacado por delitos como el cohecho [arts. 419 y ss. CP] o la prevaricación judicial, respectivamente). Una sociedad moderna no puede funcionar si los miembros de la Administración son venales o los tribunales dictan sentencias contrarias a Derecho a sabiendas.

Vide CANCIO MELIÁ, Manuel: «Principios del Derecho Penal (II)», *Manual de Introducción al Derecho Penal, Agencia Estatal Boletín Oficial Del Estado*, Madrid, 2019, pp. 74 y 75. Se puede acceder a la obra en la URL: https://www.boe.es/biblioteca_juridica/abrir_pdf.php?id=PUB-DP-2019-110 (consultado el 10-2-2022).

jurídico que se quiere proteger no está bien definido pueden surgir problemas para escrutar la legislación penal. En sus palabras:

> «El denominador común de los problemas con los que se encuentra –sobre todo, en los últimos tiempos– la concepción de la exclusiva protección de bienes jurídicos está en que su alcance concreto se desdibuja, se espiritualiza, poniendo en riesgo, por esa indeterminación, su capacidad para cumplir la función de ser una medida crítica con la que examinar la legislación penal positiva[396]».

La realidad es que no existe unanimidad en la determinación del bien jurídico protegido por los delitos de odio. Las posturas mayoritarias se decantan bien por la dignidad humana, bien por el derecho a la igualdad/a la no discriminación. A partir de ahí, nos encontramos con posiciones híbridas que interrelacionan estas dos ideas. Así, podemos agrupar las siguientes perspectivas:

A. La dignidad humana

Para la FGE[397] el bien jurídico protegido es la dignidad humana: no basta con que tengan lugar conductas discriminatorias que atenten contra el principio de la igualdad, sino que además, es necesario cuanto menos una mínima lesión de la dignidad. En sus palabras:

> «1.ª El bien jurídico protegido por las diversas infracciones previstas y penadas en el art. 510 CP es la dignidad de la persona, que es uno de los fundamentos del orden político y de la paz social (art. 10.1 CE). Se trata de una cualidad innata a todo ser humano por el mero hecho de serlo y en tal condición no puede ser objeto de discriminación, como expresión del derecho a la igualdad reconocido en el art. 14 CE. En este contexto, el delito de odio supone un ataque al diferente, una manifestación de una intolerancia incompatible con los elementos vertebradores del orden constitucional y, en definitiva, con todo el sistema de derechos y libertades propio de una sociedad democrática[398]».

El TS también defiende que el bien jurídico protegido es la dignidad humana. En este sentido señala que «(e)l bien jurídico protegido por el tipo penal del art. 510 es la dignidad de las personas, y colectivos de personas, a los que por su especial vulnerabilidad el Código otorga una protección específica en el mencionado artículo»[399].

---

396 *Ibid.*, p. 75.

397 *Vide Circular FGE n.º 7/2019, de 14 de mayo, sobre pautas para interpretar los delitos de odio tipificados en el artículo 510 del Código Penal* https://www.boe.es/buscar/doc.php?id=FIS-C-2019-00007 (consultado el 22-1-2022).

398 *(Ibidem conclusión 1.ª).*

399 *V.gr: STS (Sección 1º) 646/2018 de 14 de diciembre, FD Único; STS (Sección 1.ª) n.º*

En el mismo sentido, SÁNCHEZ MELGAR (Magistrado del TS y ex Fiscal General del Estado), tras explicar que los delitos de odio pivotan sobre la prohibición de ser discriminado, afirmó que el bien jurídico protegido es la «dignidad humana». En sus palabras:

> «Desde la perspectiva del sujeto pasivo del delito, el eje sobre el que pivota el precepto es la prohibición de la discriminación, como derecho autónomo derivado del derecho a la igualdad, reconocido en el art. 14 CE. Desde mi punto de vista, el bien jurídico protegido es la dignidad de la persona, como valor que debe otorgarse a cualquier ser humano por el mero hecho de serlo[400]».

Para el TC el bien jurídico protegido es la dignidad[401]. Explícitamente señala que,

> «La dignidad como rango o categoría de la persona como tal, del que deriva y en el que se proyecta el derecho al honor (art. 18.1 C.E.), no admite discriminación alguna por razón de nacimiento, raza o sexo, opiniones o creencias. El odio y el desprecio a todo un pueblo o a una etnia (a cualquier pueblo o a cualquier etnia) son incompatibles con el respeto a la dignidad humana, que sólo se cumple si se atribuye por igual a todo hombre, a toda etnia, a todos los pueblos[402].
>
> [...] "No cabe duda de que la emisión de apelativos formalmente injuriosos en cualquier contexto, innecesarios para la labor informativa o de formación de la opinión que se realice supone un daño injustificado a la dignidad de las personas o al prestigio de las instituciones, teniendo en cuenta que la Constitución no reconoce un pretendido derecho al insulto, que sería por lo demás incompatible con la dignidad de la persona que se proclama en el art. 10.1 del Texto fundamental" (STC 105/1990)[403].
>
> [...] el reconocimiento constitucional de la dignidad humana configura el marco dentro del cual ha de desarrollarse el ejercicio de los derechos fundamentales y en su virtud carece de cobertura constitucional la apología de los verdugos, glorificando su imagen y justificando sus hechos cuando ello suponga una humillación de sus víctimas (STC 176/1995, de 11 de diciembre, FJ 5). Igualmente, hemos reconocido que atentan también contra este núcleo irreductible de valores esenciales de nuestro sistema constitucional los juicios ofensivos contra el pueblo judío que, emitidos al hilo de posturas que niegan la evidencia del genocidio nazi, suponen

---

185/2019, de 2 de abril, FD III; y STS (Sección 1.ª), n.º 47/2019, de 4 de febrero, FD II.

400 *Vide* SÁNCHEZ MELGAR, Julián: «Discursos discriminatorios (Art. 510). Apología y negación del genocidio. Enaltecimiento del terrorismo y humillación de las víctimas», *Revista del Ministerio Fiscal,* Fiscalía General del Estado, Madrid, n.º 7, 2019, p. 122.

401 Como expusimos en el apartado relativo a «la aplicación de la dignidad humana como límite a la libertad de expresión en la jurisprudencia constitucional».

402 STC (Sala 1.ª) 214/1991, de 11 de noviembre.

403 STC (Sala 2.ª) 176/1995, de 11 de diciembre.

una incitación racista (SSTC 214/1991, de 11 de noviembre, FJ 8; 13/2001, de 29 de enero, FJ 7)[404].

[...] "[l]a tolerancia y el respeto de la igual dignidad de todos los seres humanos constituyen el fundamento de una sociedad democrática y pluralista. De ello resulta que, en principio, se puede considerar necesario, en las sociedades democráticas, sancionar e incluso prevenir todas las formas de expresión que propaguen, inciten, promuevan o justifiquen el odio basado en la intolerancia"»[405].

Desde un punto de vista doctrinal VALIENTE MARTÍNEZ defiende que la dignidad es el bien jurídico que resulta atacado por este tipo de delitos:

«La realidad nos muestra, en definitiva, que el discurso del odio, entendido como un abuso de la libertad de expresión, provoca una gran cantidad de situaciones potencialmente indignas que pueden acabar denigrando al ser humano hasta un punto intolerable[406].

[...] La premisa fundamental de la retórica del odio es que niega la esencia de la dignidad, es decir, el valor irrenunciable y común de todos los seres humanos, que nos es propia por el mero hecho de ser tales. Con demasiada frecuencia, al estudiar este fenómeno, se han analizado sus consecuencias y manifestaciones sin tener en cuenta su fundamento. El emisor del mensaje discriminatorio se considera moralmente superior a su víctima y, desde esa posición se siente legitimado para proceder de forma discriminatoria.

Pero es que, además, el emisor refuerza esa supuesta superioridad anulando a la víctima. Es decir, no se trata de un odio hacia una persona concreta (por ejemplo, hacia alguien que nos hubiese causado algún mal) sino contra todos los miembros de un colectivo, a quienes cosifica, ridiculiza y desprecia exagerando sus supuestos rasgos negativos. Ello atenta contra la dignidad porque cosifica a la persona y niega, de facto, que todos los seres humanos somos/tenemos un proyecto de vida individual y un papel que desempeñar como miembros activos de una sociedad. A modo de ejemplo, podría argumentarse como hecho incuestionable que una determinada raza de serpientes es muy peligrosa o que el tabaco es dañino para la salud; pero no es justo ni legítimo hacer una generalización similar con ningún grupo humano, pues ninguno, per se, es peligroso o nocivo[407]».

En el ámbito internacional WALDRON[408] se preguntó cuál era la finalidad de las leyes que regulan el discurso del odio: proteger a las personas de ser ofendidas, o su dignidad. El autor se decantó por la dignidad, pero no en un sentido

404 STC (Pleno) 235/2007, de 7 de noviembre.

405 STC (Pleno) 177/2015, de 22 de julio.

406 VALIENTE MARTÍNEZ, Francisco: *La democracia y el discurso del odio: límites constitucionales a la libertad de expresión.* Dykinson, S.L, Madrid, 2020, p. 46.

407 *Ob. cit.* p. 309.

408 WALDRON, Jeremy: *The harm in hate speech.* Harvard University Press, 2014. *In extenso vide* capítulo V, pp. 105-143.

individual, de cada persona, sino como miembro de un grupo minoritario. No es lo mismo ofender a una persona que lanzar un ataque difamatorio contra la dignidad de un grupo minoritario; ya que en este caso, se ataca una garantía básica de inclusión en la sociedad para todos sus miembros —se envía el mensaje implícito de que su seguridad es incierta y pueden esperar enfrentarse a la humillación y discriminación cuando dejen su hogar—. Se trata de proteger la dignidad como estatus de grupo, y la inclusión en la sociedad de los miembros de minorías vulnerables.

B. El derecho a no ser discriminado

Parte de la doctrina autorizada no comulga con la idea de que el bien jurídico protegido sea la dignidad. Entre otros, GARCÍA ÁLVAREZ, consideró que el enfoque de la FGE era equivocado[409]. La dignidad no es un «bien jurídico», sino algo más, un fundamento y principio inspirador del ordenamiento jurídico, y de todos y cada uno de los derechos fundamentales. En sus palabras:

> «Desde mi punto de vista, la dignidad humana no es siquiera un bien jurídico específico a proteger por el Derecho Penal. Y esta afirmación no debe llevar a error, lo que quiero transmitir es que la dignidad humana, como ya ha defendido parte de la doctrina (20), es más que un bien jurídico, es un fundamento del Ordenamiento jurídico, principio inspirador conforme al cual han de interpretarse todos y cada uno de los derechos fundamentales y, consecuentemente, conforme al cual han de ser entendidos todos y cada uno de los bienes jurídicos que de ellos deriven, entre ellos, ciertamente, el derecho a no ser discriminado, pero también por ejemplo, la integridad moral (21)».

Por tanto, aunque en última instancia el ataque recaiga en la dignidad, el bien protegido no es ésta, sino las manifestaciones concretas de la misma, afectadas por el ataque. De esta manera, se postula que el bien jurídico en estos delitos es el «derecho a no ser discriminado» —cuando el sujeto pasivo es una persona individual— y el derecho a no ser discriminado respecto del resto de la sociedad— cuando el sujeto pasivo es un grupo/colectivo—. En sus palabras:

> «[...] el bien jurídico que entiendo concretamente amparado en el artículo 510.1.a), no siendo la dignidad humana, sí es clarísimamente una de sus manifestaciones: esto es, el derecho a no ser discriminado. De hecho, si recordamos, éste es uno de los ejes que la propia Fiscalía toma en consideración a la hora de determinar el bien jurídico protegido en este artículo. Derecho éste que si bien en el caso de sujetos pasivos individuales puede entenderse como el derecho de la

409 *Vide*: GARCÍA ÁLVAREZ, Pastora: «El artículo 510.1.a) del Código Penal a la luz de la Circular 7/2019, de 14 de mayo, de la Fiscalía General del Estado, sobre pautas para interpretar los delitos de odio tipificados en el artículo 510 del Código Penal», *Editorial Wolters Kluwer, La Ley Penal, Sección Legislación aplicada a la práctica,* n.º 151, Julio-Agosto 2021, pp. 4 a 6.

persona, individualmente considerada, a no ser discriminada como manifestación de la igualdad, en el sentido del derecho que tienen todas las personas a ser tratadas como les corresponde por ley (22), en la medida en que el sujeto pasivo de este delito van a serlo grupos (23) caracterizados por ciertas notas diferenciadoras, quizás podría entenderse como el derecho del grupo a que no se perpetúe su desigualdad social, o a que no se altere su igualdad respecto al colectivo social».

En un sentido parecido, CORRECHER MIRA (con apoyo en otros autores), se refiere más que a un derecho a no ser discriminado, a la «prohibición de discriminación». Se trataría de proteger a colectivos y a sus miembros, que ya son vulnerables por una situación estructural. Así, este autor señala que,

> «[...] el bien jurídico protegido por el art. 510 CP podría concretarse a partir del reconocimiento en el art. 14 de la Constitución Española del derecho fundamental a la igualdad, con la consecuente prohibición de discriminación que se deriva de su entendimiento en una vertiente material. Así, si bien este precepto rige para el conjunto de la ciudadanía, su posición como fundamento del bien jurídico protegido por el art. 510 CP supone una especial consideración respecto de los colectivos o minorías en posición de vulnerabilidad, en tanto que son estos grupos, por la existencia de una situación de desigualdad estructural, los que pueden verse afectados por la expresión de opiniones incitadoras al odio, violencia, discriminación u hostilidad[410]».

Por su parte, ANDRÉS DOMÍNGUEZ vendría a considerar que si de lo que se trata es de proteger el derecho a la no discriminación, la solución pasaría por penalizar sólo la incitación directa a dicha discriminación, y no la indirecta. En sus palabras:

> «[...] en el Derecho internacional, la tendencia es reclamar la penalización de toda incitación directa a la discriminación y la violencia; no se solicita, por el contrario, la penalización de conductas que, únicamente, de una manera indirecta pueden desembocar en actos discriminatorios. Se busca la protección del derecho a la no discriminación a través de la prohibición de comportamientos lesivos o de comportamientos que se dirigen a incitar de manera directa a la discriminación o a la violencia con móviles discriminatorios. No se trata de penalizar el ejercicio de la libertad de expresión u opinión que sólo indirectamente pueda llegar a generar odio o animadversión hacia determinados colectivos[411]».

---

410 CORRECHER MIRA, Jorge: «La banalización del discurso del odio: una expansión de los colectivos ¿vulnerables?», *InDret* n.° 2, 2021, p. 123. Se puede acceder al artículo en la *URL:* https://indret.com/la-banalizacion-del-discurso-del-odio-una-expansion-de-los-colectivos-vulnerables/ (consultado el 23-1-2022).

411 Andrés Domínguez, Ana Cristina: «Los denominados delitos de odio: análisis dogmático y tratamiento jurisprudencial», *Estudios penales y criminológicos*, vol. XLI, 2021, p. 597.

Hay quienes como DAUNIS RODRÍGUEZ sostienen que el bien jurídico es doble, según se atente contra el individuo o el colectivo al que pertenece. En lo que respecta al plano individual identifica la dignidad con el derecho a no ser discriminado y viceversa. En todo caso, la base en la que se sustenta el bien jurídico protegido es el derecho a no ser discriminado. Expresamente señala que,

> «Llegados a este punto puede afirmarse que los delitos de odio, siempre y cuando partamos de su pertenencia a lo que hemos denominado derecho penal discriminatorio, pretenden proteger o salvaguardar a los individuos pertenecientes a «colectivos minoritarios, vulnerables o vulnerabilizados» de aquellos ataques que puedan sufrir por el mero hecho de pertenecer a tales colectivos.
>
> [...] En términos generales, parece obvio afirmar que el bien jurídico que pretende salvaguardar un tipo de derecho penal que se denomina antidiscriminatorio no puede ser otro que el «derecho a no ser discriminado» por el mero hecho de ser diferente
>
> [...] Respecto a lo que venimos denominando el núcleo del derecho penal antidiscriminatorio —es decir, el art. 22.4 cp. y el art. 510 cp.— el derecho a no ser discriminado (o, si se prefiere, la dignidad) aparece también como bien jurídico salvaguardado pero no como único, ya que, además se reconoce la existencia de otro bien jurídico colectivo o supraindividual que en este caso apuntaría no ya a la víctima concreta que recibe la ofensa, sino al colectivo al que pertenece.
>
> [...] En consecuencia, puede afirmarse que el art. 510 cp. contiene un delito pluriofensivo: de una parte, se atenta contra la dignidad humana y/o al derecho a no ser discriminado del individuo que sufre el comportamiento discriminatorio pero, además, estos comportamientos afectan a todo el colectivo discriminado generando una sensación de intranquilidad, desasosiego, amenaza, inseguridad y/o miedo.
>
> En realidad, podríamos decir que el propio derecho a no ser discriminado tiene una doble perspectiva, de una parte, individual, que afecta al sujeto en concreto que sufre el acto discriminatorio y, de otra parte, colectiva, ya que el comportamiento repercute negativamente en el colectivo discriminado al que pertenece la víctima[412]».

Desde el punto de vista colectivo lo que se trata de proteger con los delitos de odio son las condiciones de seguridad del mismo, ya que

> «nos encontramos con un bien jurídico colectivo y con un bien jurídico individual, pero que ambos tienen una misma matriz: el derecho a no ser discriminado, de la cual, pueden derivar o concretarse los bienes jurídicos dignidad humana (individual) y condiciones de seguridad existencial (colectivo)[413]».

---

412 LAURENZO COPELLO, Patricia y DAUNIS RODRÍGUEZ, Alberto: *Odio, Prejuicios y Derechos humanos.* Comaress, Granada, 2021, pp. 295 y 296.

413 *Ibid.*, p. 299.

LANDA GOROSTIZA considera que lo que se trata de proteger son las condiciones de seguridad existencial del grupo o colectivo especialmente vulnerables:

> «Después de la LO 1/2015 las modificaciones realizadas en el tenor literal del artículo 510 CP no hacen, a nuestro juicio, sino reforzar la posición que en su momento ya mantuvimos sobre el bien jurídico protegido que se cifra en la "tutela de las condiciones de seguridad existencial de grupo o colectivos especialmente vulnerables". Y es que desde un punto de vista sistemático el nuevo artículo 510 ha reunido en un solo precepto el conjunto de discursos del odio atrayendo e incorporando las prohibiciones particulares relativas a la justificación del genocidio y prácticas rehabilitadoras de regímenes o instituciones que pudieran ampararlos».

[...] Hablar de «condiciones de seguridad existencial» se justifica porque el discurso del odio en un sentido amplio (odio, violencia, discriminación, hostilidad, menosprecio...) busca minar las bases mismas de la convivencia en una sociedad democrática abogando por enfrentar a unos grupos contra otros. El discurso envenena y aspira a sembrar la cizaña de tal manera que determinados colectivos resulten privados de un estatus normal e igualitario de ciudadano que pueda disfrutar —potencialmente— de todos sus derechos fundamentales. El discurso busca azuzar el enfrentamiento, sembrar eficazmente la discordia, amedrentar, humillar, menospreciar, desacreditar, marginar, quebrar la autoestima de ciudadanos en la medida en que son y pertenecen a grupos a los que se quiere excluir de la «primera clase» y relegar, a una cierta inferioridad («al vagón de cola») [414].

Para LANDA GOROSTIZA es insuficiente acudir a una perspectiva de bien jurídico individual. En sus palabras:

> «Una perspectiva individual nos deja indefensos ante el delito del artículo 510 porque priva a la interpretación de criterios seguros para decidir qué discursos son o no relevantes para el derecho penal. La perspectiva individual, la mera dignidad de la persona y su eventual lesión, es un criterio demasiado general para poder contener la prohibición penal y respetar ámbitos esenciales de la libertad de expresión o ideológica. Además, en todo caso, da pábulo al decisionismo y la arbitrariedad[415]».

Para ALASTUEY DOBÓN, se trataría de proteger las condiciones básicas necesarias para que los miembros de los grupos mencionados en el precepto «puedan desarrollar sus actividades como sujetos de pleno derecho en la sociedad[416]». Se trata de proteger al grupo y no los sentimientos de sus

414 Landa Gorostiza, Jon-Mirena: *Los delitos de odio (Artículos 510 y 22.4 CP 1995)*. Tirant lo Blanch, 2018, pp. 58-59.

415 LANDA GOROSTIZA, Jon-Mirena: «El delito de incitación al odio (artículo 510 CP): *Quo Vadis*». *Azafea: Revista De Filosofía,* n.° 23, 2021, p. 71.

416 ALASTUEY DOBÓN, Carmen: «Consideraciones político-criminales sobre el castigo del dis-

miembros. En este sentido, la autora hace hincapié en la necesidad de respetar el principio de mínima intervención del derecho penal, y de la necesidad de que las conductas que se sancionen representen un mínimo peligro para el bien jurídico protegido:

> «En definitiva, se trata de proteger al grupo, no los sentimientos de sus integrantes. En cualquier caso, la mayoría de las conductas típicas están muy lejos de representar un peligro mínimamente relevante para el mencionado bien jurídico. La respuesta penal se anticipa de manera inaceptable, lo que demuestra una vez más que en los actuales procesos legislativos se ha dejado de atender al principio de intervención mínima[417]».

Para la autora lo que caracteriza los delitos de odio del art. 510 CP. es que se castiga el discurso que incita al odio:

> «Lo que caracteriza a las figuras delictivas contempladas en el art. 510 CP, y las distingue de otros delitos de odio, es que en el mencionado precepto el castigo no recae sobre actos de odio, sino que son objeto de sanción penal las palabras (el discurso) con contenido incitador de actos de odio o humillante para las víctimas de esos actos, así como las manifestaciones que implican negación o apología de delitos de odio. Por tanto, en el art. 510 CP se tipifican delitos de odio cometidos con palabras[418]».

---

curso de odio». Teijón Alcalá, Marco (dir.): *El odio como motivación criminal*. Wolters Kluwer, 2022, p. 155. La autora explica que sigue la línea indicada por Landa Gorostiza. En sus palabras:

Según entiendo, esta tesis puede encontrar apoyo en la referencia a la creación de un «sentimiento de inseguridad o temor entre los integrantes del grupo» en el apartado 4 del art. 510, si bien aquí se exige un requisito de gravedad que daría lugar a la aplicación del tipo agravado. Pero debe ponerse de relieve que la formulación escogida por el legislador es sumamente defectuosa, pues presenta una connotación subjetiva que debería corregirse. En definitiva, se trata de proteger al grupo, no los sentimientos de sus integrantes. En cualquier caso, la mayoría de conductas típicas están muy lejos de representar un peligro mínimamente relevante para el mencionado bien jurídico. La respuesta penal se anticipa de manera inaceptable, lo que demuestra una vez más que en los actuales procesos legislativos se ha dejado de atender al principio de intervención mínima.

417 Alastuey Dobón, Carmen: «Discurso del odio y negacionismo en la reforma del Código Penal de 2015». *Revista electrónica de ciencia penal y criminología*, n.°. 18, 2016, p. 19.

418 Alastuey Dobón, Carmen: «Consideraciones político-criminales sobre el castigo del discurso de odio». Teijón Alcalá, Marco (dir.): *El odio como motivación criminal*. Wolters Kluwer, 2022, p. 138.

Alastuey Dobón señala que parte de la doctrina rechaza la tipificación de la provocación al odio en la medida en que choca con la libertad de expresión:

El odio no es un hecho ilícito, y mucho menos un delito, sino una emoción humana y, por tanto, la penalización de la provocación al odio supone castigar la incitación al rechazo hacia determinadas personas en razón de su pertenencia a los grupos mencionados en el precepto. Dado que el castigo a la instigación de un sentimiento choca frontalmente con el derecho a la libertad de expresión, se trata de una modalidad típica que algunos autores han rechazado de plano.

Para TAPIA BALLESTEROS el elemento esencial de los delitos de odio descansa en proteger la igualdad de personas o colectivos que tienen unas circunstancias particulares. En sus palabras:

«[...] Bajo nuestro punto de vista, el artículo 510, tanto antes de la reforma de 2015 como en su regulación vigente, forma parte del catálogo de delitos antidiscriminatorios y, por lo tanto, el bien jurídico protegido será el valor no ser discriminado. Entendemos que esto es así porque lo fundamental es que el mensaje o el acto realizado que colma cualquiera de los tipos penales que se contemplan en el precepto, son punibles solo porque van dirigidos a una persona o grupo de personas que se caracterizan por ostentar una determinada circunstancia física, ideológica o social. Sin esta selección, los hechos serían constitutivos de otro delito o directamente atípicos.

De este modo, el valor no ser discriminado, como bien jurídico protegido, cuenta con una doble dimensión. Por un lado, una dimensión individual, ya que la conducta discriminatoria va dirigida a una persona concreta que es, precisamente, quien la soporta de forma directa e inmediata. Y, por otro, una dimensión colectiva, en la medida en que el colectivo, la minoría, que ostenta la circunstancia sospechosa de discriminación, se ve afectado porque un acto discriminatorio contra una persona perpetúa, ayuda a normalizar o ahonda en su status de inferioridad.

Este carácter colectivo del bien jurídico protegido se manifiesta claramente en el delito previsto en el artículo 510 ya que, en todas sus modalidades, se limita el sujeto pasivo en atención a que pertenezca a un grupo que presenta alguna de las circunstancias sospechosas de discriminación del catálogo del precepto o, incluso, la conducta vaya dirigida contra el colectivo en general, no exigiéndose siquiera la individualización de la acción en un sujeto concreto, como sí ocurre en otros delitos antidiscriminatorios.

[...] Bajo nuestro punto de vista, en el artículo 510 se tutela el valor no ser discriminado y, en atención al contexto en el que se desarrolle su puesta en peligro, podrán tutelarse también otros bienes jurídicos, como la integridad física o la vida, pero de forma secundaria, casi accidental o instrumental.

[...]Entendemos que mediante el discurso de odio se lesiona o pone el peligro el valor no ser discriminado porque la selección del sujeto o colectivo al que se dirige el mensaje se debe únicamente a que cuenta con una de las características sospechosas de discriminación [...][419]».

ALCÁCER GUIRAO considera que el daño característico del «discurso del odio» es la discriminación:

«A mi parecer, la prevención de la discriminación es el fundamento que ha de justificar el rechazo estatal del discurso del odio, y, en su caso, su prohibición por

---

ALASTUEY DOBÓN, Carmen: «Discurso del odio y negacionismo en la reforma del Código Penal de 2015». *Revista electrónica de ciencia penal y criminología*, n.° 18, 2016, p. 10.

419 TAPIA BALLESTEROS, Patricia: «El discurso de odio del art. 510.1.a) del Código Penal español: la ideología como un caballo de Troya entre las circunstancias sospechosas de discriminación», en *Entre la libertad de expresión y el delito [Cuestiones de la parte especial de los delitos de opinión]*, Aranzadi, 2021.

vía penal. Este derecho a no ser discriminado es, por tanto, el que debe presidir la política criminal del odio, y el que ha de operar como referente teleológico desde el que interpretar el art. 510 CP.

No obstante, sus similitudes, a mi entender ese bien jurídico —el derecho a no ser discriminado— permite prima facie mayores cotas de determinación y concreción de la lesividad que intereses como el honor y la dignidad, en tanto en cuanto se remite a una expectativa social normativizada —a partir de la regulación legal del acceso a determinados derechos, servicios y prestaciones—, desde la que puede ponderarse si la conducta expresiva presenta idoneidad para menoscabar ese estatus social. Expresado en otros términos, ese bien jurídico proporciona un más aprehensible componente de lesividad, al venir conformado no solo por un elemento deontológico o principalista imposible de mensurar —tal como acontece con la dignidad—, sino también por un elemento consecuencialista, y susceptible por tanto de un cierto refrendo empírico, relativo a los efectos que la concreta conducta expresiva puede generar sobre las posibilidades de participación social de los miembros del grupo[420]».

Rey Martínez defiende la idea de un derecho antidiscriminatorio; es más claro utilizar el concepto de «discurso discriminador» que el de «discurso del odio»

«[...] En mi opinión, la expresión "discurso discriminador" sería, probablemente, menos expresiva, pero sí más útil y precisa. El "odio" es una actitud interna del sujeto que se puede traducir en una conducta discriminatoria que, a su vez, puede ser o no violenta. El "odio" sería, pues, la munición ideológica de la discriminación. Y la violencia es una especie del género "discriminación". En otras palabras, el concepto central es el de la discriminación. Ese "odio" es la expresión más radical de racismo, o xenofobia, o sexismo, o fundamentalismo religioso, u homofobia, etc. según su contenido[421]».

El autor recalca que no se puede acudir únicamente al Derecho penal para combatir la discriminación. En sus palabras:

«De eso se trata. De tomar en serio el discurso de odio (mejor: el discurso contra la discriminación) en España. De comprender el problema en el contexto real social actual. De no conformarse con tratarlo únicamente como un asunto de Derecho penal para cubrir las apariencias con el Derecho europeo, asegurando, de paso, un déficit de aplicación real respecto de los grupos sociales particularmente protegidos por el art. 14 CE, y que tenga un superávit de aplicación real para reprimir

420 Alcácer Guirao, Rafael: *La libertad del odio. Discurso intolerante y protección penal de las minorías*, Marcial Pons, Madrid, 2020, p. 195.

421 Rey Martínez, Fernando: *Derecho Antidiscriminatorio*. Thomson Reuters Aranzadi, Cizur Menor (Navarra), 2019, p. 64. La misma idea se recoge en Rey Martínez, Fernando: «Discurso del odio y racismo líquido». Revenga Sánchez, Miguel (dir.): *Libertad de expresión y discursos del odio*. Editorial Universidad de Alcalá, 2015, p. 54.

ideologías molestas. Por supuesto, no se postula limitar alegremente el libre intercambio de ideas en relación con cómo manejar la diversidad social. No se solicita el retorno de una nueva inquisición a partir de nuevas moralidades colectivas como puede ser el rechazo del discurso racista, homófobo, etc. Es importante tomar en serio el efecto disuasorio de un debate realmente libre que pueda provenir del establecimiento de límites poco seguros, pero anchos, de la libertad de expresión. No se trata de coagular el diálogo social sobre los temas más espinosos. Y tampoco es cuestión de remitir al Derecho (no digamos ya sólo al Derecho penal) la única respuesta frente al racismo o cualquier otra heterofobia. En una sociedad decente es crucial que se ataque las causas culturales o ideológicas del odio. El auténtico desafío es convivir con respeto y tolerancia en una sociedad crecientemente diversa[422]».

C. El derecho a la igualdad conectado con la dignidad humana

Se trata de una posición mixta/híbrida sostenida, por ejemplo, por Comas de Argemir Cendra. Dicha postura no marca una diferencia sustancial sino que sostiene una conexión estrecha entre la dignidad y el derecho a la igualdad. Tal y como señala, «(e)l bien jurídico protegido es la igualdad de todas las personas protegido en el art. 14 CE y, en consecuencia, el derecho a no ser discriminado, en íntima conexión con el respeto a la dignidad de la persona del art. 9 CE»[423].

Por su parte, Monterde Ferrer expresa dicha conexión entre la igualdad y la dignidad como que aquella no deja de ser una manifestación de la dignidad. Y, por tanto, la esencia vendría constituida por la dignidad, inherente a todo ser humano. En sus palabras:

> «Por ello entendemos que en realidad el llamado delito de odio (que aparece muy pocas veces nombrado entre los más numerosos motivos que recoge el texto legal), forma parte del grupo jurídico penal más amplio de delitos de discriminación, basados en el atentado al bien jurídico protegido y constitucionalmente consagrado en el art 14 de la CE, consistente en la "igualdad".
>
> [...] La igualdad aparece como valor superior del ordenamiento jurídico (art. 1.1 CE), es decir, como pilar sobre el que se asienta toda la estructura de garantías, y tanto ella como la no discriminación sólo pueden ser consideradas como una expresión de la propia dignidad humana.

---

422 Rey Martínez, Fernando: *Derecho Antidiscriminatorio*. Thomson Reuters Aranzadi, Cizur Menor (Navarra), 2019, p. 80. La misma idea se plasma en Rey Martínez, Fernando: «Discurso del odio y racismo líquido». Revenga Sánchez, Miguel (dir.): *Libertad de expresión y discursos del odio*. Editorial Universidad de Alcalá, 2015, p. 88.

423 Comas de Argemir Cendra, Montserrat: «Evolución jurisprudencial en los delitos de provocación al odio y a la discriminación: los límites a la libertad de expresión», *Cuadernos Digitales de Formación,* Consejo General del Poder Judicial, n.° 32, 2015, p. 2.

Dignidad, que debe ser entendida como el respeto que merece y el valor que debe otorgarse a cualquier ser humano por el mero hecho de serlo, en cuanto es una cualidad inherente, que se reconoce y protege pero que no se otorga, y que se conforma como el presupuesto que posibilita el libre desarrollo de la personalidad, es decir, la libre elección que toda persona tiene para optar por un proyecto de vida digna dando cauce a sus capacidades, naturales o adquiridas, al margen de cualquier otra consideración[424]».

D. Orden democrático y social

Dolz Lago argumentó que, en realidad, los delitos de odio protegen los valores constitucionales. Para él es un error confrontar la libertad de expresión con los delitos de odio. Estos no constituyen los límites negativos de la libertad de expresión, sino que su existencia serviría precisamente para garantizar la libertad de expresión: «sin libertad no existirían los delitos de odio, que son su negación, y sin delitos de odio no hay libertad, que es protegida por ellos».

En atención a su ubicación sistemática dentro del Código penal consideró que lo que se trata de proteger es el orden político y la paz social. En este sentido señala que,

> «[...] en un Estado social y democrático de Derecho es obligado penalizar, en su calidad de conductas intolerables para la convivencia, aquellas que minan o destruyen el fundamento de su orden político y paz social.
>
> Los delitos de odio entran de lleno en estas consideraciones. Atacan la libertad y la igualdad y destruyen el fundamento del orden político democrático y su paz social.
>
> De ahí, que su bien jurídico protegido no sea sólo la no discriminación o la protección de la igualdad o de la diferencia, según la perspectiva que se aborde, sino los propios valores superiores del ordenamiento jurídico y los fundamentos del orden político y social.
>
> Se puede decir que aquél será el bien jurídico protegido mediato o indirecto mientras que la no discriminación será el inmediato o directo, pero en esta cuestión no creemos oportuno diferenciar por esas categorías el bien jurídico protegido, dada la innegable dimensión comunitaria o colectiva de la conducta prohibida. Ya que no se trata de vulnerar el derecho a la no discriminación de una persona individual por los motivos que expresa el precepto penal sino socavar el orden democrático a través de la lesión a la persona individual o al grupo vulnerable socialmente al que pertenece.
>
> En relación con los bienes jurídicos colectivos o de dimensión colectiva frente a los individuales, puede reflexionarse que cuando se ataca un bien jurídico protegido individual, como el derecho a la vida de un individuo mediante una acción homicida, también se ataca un bien comunitario o social, el orden social.

424 Monterde Ferrer, Francisco: «Delito de odio. ¿existe?», *Diario La Ley*, n.º 9951, 2021.

Es cierto. Pero este orden social queda en el marco del derecho individual. Se protege el derecho individual en sí mismo considerado, con independencia de su marco social. Órdenes sociales no democráticos también protegen penalmente derechos individuales como el derecho a la vida, si bien —según la intensidad antidemocrática del sistema— esta protección puede verse matizada en función a los intereses de ese mismo sistema (v.gr. prohibición o no de la pena de muerte).

En el caso de los delitos del odio, como otros que atacan bienes jurídicos supraindividuales o de esta dimensión, el orden social democrático no enmarca el derecho protegido sino que es el mismo objeto de protección, es el bien jurídico protegido[425]».

E. Síntesis de las posturas acerca del bien jurídico protegido

Desde el punto de vista de la FGE, del TS, del TC, y de algún autor como Sánchez Melgar, de manera clara, constante, y reiterada, el bien jurídico que se protege con los delitos de odio es la dignidad. Sin embargo, la mayoría de la doctrina (con diversos matices) considera que se protegen manifestaciones de esa dignidad, en especial el derecho a la igualdad (si se formula de manera positiva) o el derecho a no ser discriminado (si se plantea en sentido negativo); o el derecho a una existencia segura (desde el prisma de los colectivos). A partir de estas posiciones existe una tercera vía que sería híbrida, entremezclando los conceptos de dignidad e igualdad. Mención aparte merece la posición adoptada por Dolz Lago en cuanto consideró que lo que se protege es el orden democrático y social como valor constitucional.

6.4.4.2. Naturaleza jurídica

La naturaleza jurídica del delito permite establecer qué ofensas al bien jurídico deben ser castigadas[426]. Dependiendo de la intensidad/grado del ataque que se puede tolerar habrá diferentes posturas. Serán delitos de resultado

425 *Ibid.*, p. 9.

426 En este sentido es clarificador Muñoz Conde:

La ofensa al bien jurídico, que constituye la esencia del juicio de antijuricidad, puede consistir en una lesión o en una puesta en peligro de dicho bien jurídico.

La lesión del bien jurídico es un concepto normativo. Por tal no sólo debe entenderse la destrucción o daño de un objeto material, sino también las ofensas inferidas a bienes jurídicos de tipo ideal que no tienen un sustrato material. Tan lesión es la destrucción de la vida o de una cosa ajena en los delitos de homicidio y de daños, como la ofensa al honor en el delito de injurias. Normalmente, la forma consumada de los tipos delictivos contiene una lesión del bien jurídico protegido en dicho tipo.

Pero junto a la lesión, en el Derecho penal se castiga también la puesta en peligro de bienes jurídicos.

Vide: Muñoz Conde, Francisco, García Arán, Mercedes, y García Álvarez, Pastora: *Derecho penal: parte general*, Tirant lo Blanch, Valencia, 2019, p. 285.

para quienes consideren preciso que debe existir una lesión del bien jurídico. Por el contrario, serán considerados como delitos de peligro si se cree suficiente para su castigo con la creación de un riesgo para el bien jurídico que se quiere proteger.

A. Delito de peligro en abstracto[427]

Para la FGE[428] los delitos de odio son delitos de peligro en abstracto, salvo el delito del art. 510.2.a) que exige expresamente la producción de un resultado. Para la FGE se trata de «anticipa(r) la barrera punitiva adquiriendo entidad propia aquellas conductas que generan un riesgo para bienes jurídicos relevantes en el sistema democrático».

Por este motivo se considera que para la comisión de este tipo de delitos no se precisa incitar a la realización de actividades/actos criminales concretos, sino que es suficiente con que se cree un «caldo de cultivo» para la proliferación del odio. En sus palabras: «no requiere el fomento de un acto concreto sino la aptitud o idoneidad para generar un clima de odio o discriminación que, en su caso, sea susceptible de provocar acciones frente a un grupo o sus integrantes, como expresión de una intolerancia excluyente ante los que son diferentes».

Para el TS el delito de odio sería el género/arquetipo del discurso de odio, mientras que el resto de preceptos penales serían supuestos específicos, concretados de ese odio. En sus palabras:

> «El ordenamiento español se ha hecho eco de esta modalidad agresiva a la convivencia y recoge en varios artículos, modalidades enmarcadas en el denominado discurso del odio. El art. 510 del Código penal, como arquetipo del discurso que el odio; el artículo 578, el delito de enaltecimiento, y el de menosprecio a las víctimas;

427 *Ibid.*, p. 287:

(L)os delitos de peligro abstracto son delitos de mera actividad en los que el legislador castiga una conducta que, según la experiencia, suele ser peligrosa para un bien jurídico, aunque en el caso concreto no lo sea. Es decir, el delito se consuma con la realización de la conducta prohibida sin que haya que demostrar que en el caso concreto existió un peligro real para el bien jurídico.

En los delitos de peligro abstracto la creación del peligro no pertenece, por tanto, al tipo. Por eso los indicios de peligrosidad se encuentran recogidos de manera vinculante en la propia ley, mientras que en los delitos de peligro concreto, como hemos visto, la concurrencia del peligro, como elemento del tipo, debe ser constatada por el juez en el caso de que se trate. Por eso, cuando se convierte una conducta en delito, si se usa la técnica del peligro abstracto se castigarán más conductas que si se usa la del delito de peligro concreto, pues en el primer caso se castigarán tanto casos en los que haya existido un peligro real para el bien jurídico como aquellos en los que éste no haya sido puesto en peligro en modo alguno. Esta clase de delitos puede llevar, por tanto, a una punibilidad excesiva y cuestionable.

428 *Ibidem*.

el art. 579, con un contenido que amenaza a la ejecución de delitos de terrorismo al exigir la incitación a la comisión de delitos de terrorismo; el artículo 607, en su redacción anterior a 2015, cuando acogía la provocación, incitación al delito de genocidio, y anteriormente, la negación al holocausto; así como otras manifestaciones en las cuales aparece, de alguna forma, concernida la libertad de expresión y ataque a instituciones[429]».

El TS considera igualmente que se trata de un delito de peligro en abstracto. Por ello, basta con que se cree un peligro, es decir, es el propio discurso de odio lesivo en sí mismo. En sus palabras:

«Por su parte, el art. 510 CP. sanciona a quienes fomentan promueven la discriminación, el odio o la violencia contra grupos o asociaciones por distintos motivos que son recogidos, en el precepto. El elemento nuclear del hecho delictivo consiste en la expresión de epítetos, calificativos, o expresiones, que contienen un mensaje de odio que se transmite de forma genérica. Se trata de un tipo penal estructurado bajo la forma de delito de peligro, bastando para su realización, la generación de un peligro que se concreta en el mensaje con un contenido propio del "discurso del odio", que lleva implícito el peligro al que se refieren los Convenios Internacionales de los que surge la tipicidad. Estos refieren la antijuricidad del discurso del odio sin necesidad de una exigencia que vaya más allá del propio discurso que contiene el mensaje de odio y que por sí mismo es contrario a la convivencia por eso considerado lesivo. El tipo penal requiere para su aplicación la constatación de la realización de unas ofensas incluidas en el discurso del odio pues esa inclusión ya supone la realización de una conducta que provoca, directa o indirectamente, sentimientos de odio, violencia, o de discriminación. De alguna manera son expresiones que por su gravedad, por herir los sentimientos comunes a la ciudadanía, se integran en la tipicidad[430]».

El TS ha mantenido esta doctrina de manera constante al subrayar que,

«es preciso hacer alguna consideración en torno a la naturaleza del delito contemplado en el art. 510.1 CP, y, para ello, partimos de considerarlo como un delito de riesgo abstracto puro, potencial o posible; es, por lo tanto, también, un delito de mera actividad, que se consuma por la sola incitación a las variables discriminatorias que en el mismo ha contemplado el legislador; en consecuencia, los únicos elementos que exige el tipo son la emisión del mensaje provocador o discriminatorio (elemento objetivo) y la voluntad de emitirlo, pese a ser conocedor de ese contenido (elemento subjetivo), al que, si se quiere, habrá que añadir ese riesgo, pero insistiendo que se trata de un riesgo abstracto, entendido en el sentido de que sea potencialmente idóneo a la incitación, aunque sin necesidad de que se consiga lo que con ella se persiga, pues, hay que insistir, el delito se consuma con la simple

429 *STS (Sección 1.ª) n.º 185/2019, de 2 de abril, FD III y STS (Sección 1.ª), n.º 47/2019, de 4 de febrero, FD II.*

430 *STS (Sección 1.ª) n.º 72/2018, de 9 de febrero, FD único.*

realización de esa conducta idónea generadora del riesgo; el delito aflora de su propia descripción típica, porque no precisa de ningún resultado.

La naturaleza propia del delito que nos ocupa, como delito de riesgo abstracto, que no de riesgo concreto, implica que en aquellos, a diferencia de estos, queda consumado, aun cuando no se produzca un resultado de peligro, porque lo que el legislador persigue es que se castigue una acción, que, por ser peligrosa en sí misma, pone en peligro el bien jurídico (generalmente colectivo, difuso, inmaterial) que protege el tipo, y esto es propio de esos delitos de riesgo abstracto, como delitos que, por su mera actividad, ponen en peligro el bien jurídico de que se trate, debido a que en ellos el legislador ha dado primacía al desvalor de la acción, por su propia peligrosidad, frente a su resultado. Podríamos decir que en los delitos de peligro concreto se exige la creación de una situación de peligro, mientras que en los de peligro abstracto no es preciso, porque es la peligrosidad inherente a la acción la que merece el correspondiente reproche penal, y habrá, por lo tanto, delito aunque no se haya llegado a producir un efectivo peligro concreto, porque la mera peligrosidad de la acción es motivo de su tipificación; la protección penal se ha adelantado a los resultados de la conducta, quedando consumado el delito con la ejecución de la acción, sin necesidad de añadir ningún resultado específico, y es por ello, por lo que relegábamos a un segundo lugar que, la de este art. 510.1, se trate de una provocación directa o indirecta, porque lo fundamental será precisar si el comportamiento desplegado por el acusado resultó idóneo para incitar a la actividad discriminatoria a que se refiere el tipo.[...][431]».

Para Dolz Lago[432] también se trata de delitos de peligro en abstracto y fundamenta su base en la experiencia histórica vivida durante la Segunda Guerra Mundial con el régimen nazi y el holocausto.

«En el marco de estas consideraciones dogmáticas, siempre es bueno "aterrizar" sobre la realidad social y jurídica para darle practicidad a las mismas en el cumplimiento de la finalidad tuitiva penal que demanda el bien jurídico protegido.

Desde esta perspectiva, los delitos de odio, en especial su incitación, que es la que ofrece más discrepancias doctrinales sobre el ajuste constitucional de su tipificación penal, representan por sí misma considerada una conducta cuya peligrosidad queda acreditada por datos históricos innegables.

La peligrosidad de estas conductas debe considerarse ex ante sin que se exija un resultado posterior, sin que sea necesario acreditar la peligrosidad ex post.

Y lo es ex ante por experiencia histórica más que por otras consideraciones. El odio que se incita es destructivo del orden social democrático y se proyecta ante los individuos por razón de su pertenencia a grupos cuya vulnerabilidad social

431 *STS (Sección 1.ª) n.º 675/2020, de 12 de diciembre, FD I.2.*

432 Dolz Lago recordó la diferencia entre el peligro concreto y el abstracto que depende de la inmediatez del riesgo. En sus palabras: «los delitos de peligro pueden ser de peligro concreto o abstracto, según requieran la creación de un peligro de lesión inmediata al bien jurídico protegido o sólo los que se presume este peligro en virtud de la propia conducta descrita en el tipo penal». *Op. cit.,* p. 10.

viene acreditada en el transcurso de la historia. Surgieron al finalizar la II Guerra Mundial tras el Holocausto nazi. No es una hipótesis de laboratorio. Y es sabido que los pueblos que no conocen su Historia están obligados a repetirla.

De ahí, que estas conductas están tan próximas al bien jurídico protegido que si queremos ser efectivos en su protección ex art. 9 CE (LA LEY 2500/1978), no podemos sancionarlas como meros actos preparatorios ex art. 18 CP (LA LEY 3996/1995) ni como delitos cuya naturaleza exija la prueba de la lesión material del bien jurídico sino sólo su puesta en peligro potencial, ya que esa aptitud es suficiente para colmar la antijuricidad material de la acción y respetuosa con el principio de ofensividad, que justifica a la postre la tipificación penal de las mismas[433]».

Dentro de la doctrina científica, ANDRÉS DOMÍNGUEZ, vendría a considerar que este delito está configurado como delito de peligro en abstracto. Pero, en su opinión, dicho precepto así regulado es inconstitucional. Ello por varias razones, tales como la inseguridad jurídica que genera el tipo penal o la vulneración de la doctrina del TC en cuanto a la prohibición de tipificar conductas que no supongan una incitación directa o indirecta a la violencia o la intimidación. En sus palabras:

«[...] en ningún momento se exige que dicha conducta implique el riesgo de crear un clima de violencia que puede llegar a cristalizar en actos concretos de discriminación.

[...] Pero, sin duda, de las conductas tipificadas en este apartado primero a) del artículo 510 del Código penal, la que mayores críticas suscita es la relativa a la incitación pública, directa o indirecta, al odio y la hostilidad. El odio y la hostilidad son actitudes o sentimientos que no representan un peligro relevante para los colectivos protegidos. El odio es simplemente un sentimiento que ni siquiera está vinculado a la realización de actos lesivos; incitar al odio es intentar generar una opinión de animadversión por medio de la opinión misma. Al castigarse la incitación directa o indirecta al odio y la hostilidad, se está sancionando con pena la mera creación de un sentimiento de antipatía o aversión fundado en motivos discriminatorios, sin ninguna capacidad para crear o incrementar el peligro de lesión del bien jurídico.

La tipificación de esta conducta vulnera no solo el derecho fundamental a la libertad de expresión, sino, también, los principios más básicos y fundamentales del Derecho penal, en especial, los principios de intervención mínima y de lesividad, ya que se han elevado a la categoría de delito conductas que ni siquiera implican una puesta en peligro del bien jurídico, dando lugar a un adelantamiento excesivo de las barreras de protección penal. Pero la crítica no solo se dirige a las conductas tipificadas en el artículo 510. 1 a) del Código penal, sino que la misma se extiende a la pena señalada en el precepto; se castigan con la misma sanción comportamientos de distinta naturaleza y con distintos niveles de ofensividad, lesionando así el principio de proporcionalidad. En definitiva, el apartado primero a) del artículo 510 del Código penal suscita muchas e importantes dudas sobre su constitucionalidad, por cuanto el mismo colisiona con el derecho fundamental a la libertad de expresión, así

433 *Ibid.*, p. 14.

como con los principios fundamentales del Derecho penal –tanto en relación con la tipificación de las conductas como con la determinación de la pena– como son los principios de intervención mínima, lesividad, taxatividad o proporcionalidad[434]».

DAUNIS RODRÍGUEZ opina que la mayor parte de la doctrina es favorable a considerar que se trata de delitos de peligro en abstracto. Sin embargo, esto no es lo relevante para él, sino que ya sean delitos de peligro en abstracto, ya de lesión, lo esencial es que deben ser interpretados de manera restrictiva. De lo contrario, existe el riesgo de desnaturalizar este tipo de delitos.

> «En puridad, el hecho de calificar el comportamiento como delito de lesión o como delito de peligro no debe impedirnos establecer límites destinados a restringir la aplicación de la norma.
>
> [...] En definitiva, con independencia de que configuremos la prohibición como un delito de peligro o de lesión, resulta imprescindible imponer una serie de criterios restrictivos que limiten la aplicación del tipo, ya que, los verbos típicos pueden convertir la prohibición en un verdadero «coladero» donde cualquier comportamiento basado en el odio merezca reproche penal.
>
> [...] la afección debe tener la suficiente gravedad para afectar a los bienes jurídicos salvaguardados por la norma: de una parte, la dignidad personal de la víctima, y, de otra parte, las condiciones de seguridad existencial del colectivo discriminado. Y no basta con cualquier comportamiento para poder afectar a tales condiciones.
>
> [...] Se hace necesario imponer estos criterios restrictivos para limitar la aplicación de un delito que corre el riesgo de desnaturalizarse por completo y, en lugar de utilizarse para salvaguardar a los colectivos más discriminados, se acabe usando para salvaguardar también a los poderosos o, incluso, a las propias instituciones y no necesariamente ante ataques especialmente lesivos sino también frente a meras opiniones, actos o representaciones con un interés meramente satírico[435]».

B. Delito de peligro hipotético[436]

GARCÍA ÁLVAREZ discrepó de la argumentación dada por la FGE. Por un lado, en relación al art. 510.2.a) consideró que se trata de un delito de peligro

434 ANDRÉS DOMÍNGUEZ, Ana Cristina: «Los denominados delitos de odio: análisis dogmático y tratamiento jurisprudencial», *Estudios penales y criminológicos*, vol. XLI, 2021, pp. 608 a 612.

435 LAURENZO COPELLO, Patricia y DAUNIS RODRÍGUEZ, Alberto: *Odio, Prejuicios y Derechos humanos.* Comaress, Granada, 2021, pp. 301 y 302 y 310.

436 *Vide* MUÑOZ CONDE, Francisco, GARCÍA ARÁN, Mercedes, y GARCÍA ÁLVAREZ, Pastora: *Derecho penal: parte general,* Tirant lo Blanch, Valencia, 2019, p. 288:
(L)*os delitos de peligro abstracto-concreto o hipotético son aquellos tipos en los que la acción típica, en general peligrosa, tiene que ser idónea en el caso concreto para crear una situación de riesgo (cuya existencia efectiva no tiene que ser, sin embargo, comprobada). Son, pues, delitos de peligro cuyo supuesto de hecho exige una «aptitud» o «idoneidad» de la acción típica para producir resultados lesivos para el bien jurídico protegido. En la práctica son fácilmente reconocibles, pues generalmente incorporan en el tipo términos como susceptible de, capaz de, etc.*

concreto ya que «se incriminan dos modalidades delictivas distintas, siendo una de ellas de resultado lesivo (en cuanto empieza diciendo "Quienes lesionen la dignidad ..."); y la otra, de peligro hipotético ("sean idóneos para lesionar la dignidad ...")»[437].

Por otro lado, García Álvarez razonó que la argumentación dada por la FGE conduce a pensar que antes de encontrarnos con delitos de peligro en abstracto nos hallaríamos ante delitos de peligro hipotéticos, los cuales

> «se entienden generalmente admisibles en la medida en que, al menos, se está pidiendo para el castigo de la conducta tipificada, el que ésta revista la idoneidad suficiente como para afectar al bien jurídico protegido. En este caso concreto, la Fiscalía exige que la conducta que se lleve a cabo (encuadrable como «discurso del odio») ha de ser idónea para generar no ya sólo un clima de odio o discriminación —que también—, sino que es que exige que esa situación conlleve el riesgo —habrá que entender real— de que se materialicen conductas intolerantes contra los grupos objeto de protección[438]».

La postura de Landa Gorostiza se encuentra a caballo entre considerar estos delitos ya sea como de «peligro en abstracto» ya como de «peligro hipotético». El corolario de considerar que el bien jurídico que se trata de proteger son las condiciones de seguridad es que existirá el delito cuando estas se pongan en peligro. Para ello habrá de analizarse el contexto concreto:

> «El artículo 510 CP es un delito de peligro abstracto, peligro hipotético o posible, cuyo bien jurídico protegido se cifra en las condiciones de seguridad existencial de colectivos o minorías especialmente vulnerables. Estas últimas serán criminológicamente el centro de los ataques y comprobar la relevancia penal de los discursos prohibidos será en su caso una tarea más sencilla. El tipo penal, no obstante, puede proyectar su ámbito de tutela sobre cualquier colectivo al margen de su objetiva vulnerabilidad (minorías no vulnerables e incluso mayorías). La seguridad existencial, como bien jurídico, va más allá de la protección de las conductas que pongan en peligro la vida o la integridad física de las personas pertenecientes al colectivo en cuestión y que puede alcanzar constelaciones de casos en los que el peligro generado afecta a las esferas de libertad de otros derechos fundamentales que se ven reducidas a escala grupal. El peligro típicamente relevante se producirá sólo en determinados contextos en los que la incitación o la injuria colectiva en sus diversas modalidades «hace crisis»; esto es, despliega un efecto de amenaza que, aunque indirecta o velada, excepcionalmente priva de seguridad normativa al colectivo en cuestión en términos intersubjetivos. Cualquier miembro del colectivo diana, en tal situación, vería peligrar sus espacios de libertad más allá de lo que podría ser únicamente un discurso inquietante, chocante e incluso perturbador o contrario al sistema democrático. El plus de afección de derechos o bienes relevan-

437 *Ibid.*, pp. 9-10.

438 *Ibidem*.

tes constitucionalmente que residía, según el TC, en los elementos tendenciales, se remite asía al juicio de peligro ex ante en el que aquéllos deberán detectarse en contextos particulares: en contextos "críticos"[439]».

C. Delito de peligro concreto/cierto

ROIG TORRES[440] criticó la postura de la FGE al considerar que vulneró el principio de taxatividad al orientar una interpretación no restrictiva de la naturaleza jurídica de estos derechos. Para ello se apoyó en la jurisprudencia del TEDH y del TC, en especial en la STC (Sala 1.ª) n.° 112/2016, de 20 de junio y STC (Pleno) n.° 35/2020, de 25 de febrero[441]. ROIG TORRES valoró que con-

---

439 LANDA GOROSTIZA, Jon-Mirena: *Los delitos de odio (Artículos 510 y 22.4 CP 1995).* Tirant lo Blanch, 2018,p. 138. En idéntico sentido *vide*: LANDA GOROSTIZA, Jon-Mirena: «El discurso de odio criminalizado: propuesta interpretativa del artículo 510 CP» LANDA GOROSTIZA, Jon-Mirena (dir.), GARRO CARRERA, E (dir.): *Delitos de odio: Derecho comparado y regulación española.* Tirant lo Blanch, 2018, pp. 258-259.

440 *Op. cit.*, pp. 277 a 283.

441 El TC resolvió el recurso de amparo presentado por D.° César Augusto Montaña Lehman (caso Strawberry).
PRESNO LINERA subrayó que en esta STC a diferencia de lo que hizo el TS es muy relevante la ponderación de los factores que intervienen: los destinatarios del mensaje (que en el discurso del odio ha de dirigirse contra colectivos vulnerables —necesitados de protección—); el contenido y la difusión del mensaje; así como la intencionalidad del emisor del mensaje, puesta en relación con la trayectoria tanto profesional como de persona influyente; y los efectos que produjo. En sus palabras:
[...] Finalmente, resulta oportuno, en lo que respecta al contexto que suponen las propias redes sociales, detenerse algo más en el caso Strawberry y la STC 35/2020, cuyo núcleo radica en el análisis de si la sentencia del Tribunal Supremo que condenó a César Strawberry como autor de un delito de enaltecimiento del terrorismo o humillación a las víctimas (art. 578 CP) por haber publicado seis tuits a la pena de un año de prisión, con seis años y seis meses de inhabilitación absoluta, vulneró el derecho a la libertad de expresión.
El TC (FJ 4) se remite a su doctrina, con una amplísima referencia a la STC 112/2016, y a la del TEDH para recordar, en primer término, la relevancia de este derecho en una sociedad democrática y la exigencia de que cuente con un ámbito «lo suficientemente generoso como para que pueda desenvolverse sin angostura; esto es, sin timidez y sin temor»; añade algo ya bien sabido: no es un derecho absoluto y ello justifica «considerar necesario en las sociedades democráticas sancionar e incluso prevenir todas las formas de expresión que propaguen, inciten, promuevan o justifiquen el odio basado en la intolerancia y que, del mismo modo, la libre exposición de las ideas no autoriza el uso de la violencia para imponer criterios propios». Más adelante el TC se refiere, a mi juicio de manera innecesaria, al discurso del odio, que no parece venir a cuento en este asunto dado que las expresiones cuestionadas no se dirigían contra un colectivo vulnerable y, por tanto, necesitado de especial protección. Sí viene a cuento dilucidar si los mensajes incorporaban amenazas o intimidaciones o si se trataba de conductas de exaltación o justificación de actos terroristas o de sus autores, lo que requeriría una situación de riesgo para las personas o derechos de terceros o para el propio sistema de libertades como condición para justificar su compatibilidad con el estándar del derecho de la libertad de expresión por ser necesaria esa injerencia en una sociedad democrática.

forme a la doctrina del TC relativa al delito de enaltecimiento al terrorismo, y extrapolable a los delitos del art. 510 CP., el ámbito penal queda restringido a comportamientos que, en definitiva, generen un peligro en concreto; esto es, que inciten a la realización de actos específicos, sin bastar una indeterminada generación de clima/atmósfera que pudiera propiciar el odio, hostilidad y la violencia o intimidación. Debe existir una incitación siquiera indirecta a la comisión de delitos o a realizar actos violentos. Por tanto, según esta autora,

> «[...] no basta la mera promoción del clima que se prevé en esa norma para sancionar el enaltecimiento, negación y trivialización grave del genocidio y de los demás delitos.
>
> [...] las SSTC 112/2016 y 35/2020 requirieron que dichas expresiones puedan considerarse una manifestación del "discurso del odio" por propiciar o alentar, aunque sea de forma indirecta, una situación de riesgo para las personas o derechos

---

A este respecto, el TEDH tiene dicho, como recuerda también esta STC (FJ 4.c), que podría resultar justificada una limitación de la libertad de expresión cuando pueda inferirse que supone un riesgo para la seguridad nacional, la integridad territorial o la seguridad pública, la defensa del orden o la prevención del delito (por ejemplo, STEDH asunto Leroy c. France), bien sea como apoyo moral a la actividad —mediante el enaltecimiento de la propia actividad o como apoyo moral a la ideología a través de la loa a quienes desarrollan esa actividad —mediante el enaltecimiento de sus autores.

Y a efectos de valorar la concurrencia de los citados riesgos han de tenerse en cuenta una serie de circunstancias: el mayor o menor impacto de difusión pública dependiendo de la naturaleza de la conducta desarrollada, las circunstancias personales de quien realiza la conducta; que la conducta desarrollada coincidiera en el tiempo con actos terroristas o que se acreditara un contexto de violencia en que esa manifestación hubiera tenido alguna influencia o el contenido de las concretas manifestaciones proferidas, destacando que la valoración debe ser especialmente cautelosa cuando, aunque se trate de tonos hostiles e incluso de la defensa de objetivos contrarios al orden legal y constitucional establecidos, no puedan ser identificados como defensa de actitudes violentas en la consecución de esos objetivos.

Y el TC concluye (FJ 5), a nuestro juicio con razón, que el TS no tuvo en cuenta, las «diversas circunstancias concurrentes en el caso» a pesar de que "así lo impone el principio de supremacía de la Constitución y de respeto a los derechos fundamentales". En particular, en su sentencia condenatoria el TS no valoró el contenido, emisión y efectos de los mensajes.

No es, pues, irrelevante, antes al contrario, sostener, como hizo el TS, cuál era la intención —irónica, provocadora o sarcástica— del recurrente al emitir sus mensajes, en relación con su trayectoria profesional como artista y personaje influyente, con el contexto en que se emitían los mensajes y con el mantenimiento de una línea de coherencia personal de condena de la violencia como medio de solución de conflictos. «Aquella intención, en ausencia de otros factores que puedan ser reveladores respecto de los restantes elementos a que se ha hecho referencia, lejos de constituir una falacia, resulta ser uno de los aspectos indispensables en el análisis, pues su preterición en tales circunstancias hace definitivamente imposible ponderar si el acto comunicativo debe entenderse como realizado en el ejercicio legítimo de aquel derecho» (FJ 5).

Vide Presno Linera, Miguel Ángel: «El tipo de lenguaje y el contexto de las expresiones emitidas en las redes sociales» *OTROSÍ.: Revista del Colegio de Abogados de Madrid*, n.º. 10, 2021, p. 27.

de terceros o para el propio sistema de libertades. Por tanto, la primera declara que la labor de control de constitucionalidad, bajo el artículo 20.1 CE, debe limitarse a comprobar si la expresión era discurso del odio, que incitaba a la violencia.

[...] De manera que, de acuerdo con la lectura que el ATC 4/2008 y las SSTC 112/2016 y 35/2020 efectuaron de aquella resolución, el enaltecimiento del genocidio y de los demás delitos o de sus autores, ha de conllevar una incitación indirecta al delito o a realizar actos violentos contra las personas pertenecientes a los colectivos discriminados.

[...] Por otra parte, expliqué también que, en mi opinión, no basta la creación del clima que prevé el tipo para provocar esos efectos.

Me parece censurable que una de las máximas instancias jurídico-penales, se aparte de las directrices, tanto de la STC 112/2016, como del TEDH, e inste a los y las Fiscales para que persigan las conductas que puedan propiciar actos de violencia, de discriminación, "de hostilidad", o algo todavía más paradójico, "actos de odio". Además, en este caso resulta difícil discernir a qué sucesos se refiere la Fiscalía, en la medida en que el odio es un sentimiento, y, además, esos actos se mencionan de modo separado de los de violencia, hostilidad y discriminación. Por lo tanto, en lugar de hacer una interpretación restrictiva, requiriendo que el clima pueda concretarse en acciones violentas o delictivas, hace lectura confusa que infringe el principio de taxatividad[442]».

Alcácer Guirao no se ha pronunciado en términos de naturaleza jurídica del tipo penal, pero de su obra se desprende que considera que para acudir al Derecho Penal (utilizar la represión penal) no basta una incitación indirecta, sino que ha de ser:

«incitación directa a la violencia y a actos concretos de discriminación que constituyan delito. También ante insultos directos a personas concretas, desconectados de un discurso sobre aspectos con relevancia pública. Y, por supuesto, ante amenazas concretas que lesionen la libertad de las personas. Además de la lesividad inherente a tales conductas, lo cierto es que quedan extramuros del contenido protegido de la libertad de expresión, por lo que no existirían realmente razones de aceptación[443].

442 Roig Torres, Margarita: «El enaltecimiento de los delitos previstos en el art. 510 Cp a la luz de la última jurisprudencia constitucional», *Estudios penales y criminológicos*, vol. XLI, 2021, pp. 278, 279 y 283.

443 Alcácer Guirao, Rafael: «Discurso del odio, protección de minorías y sociedad democrática» , *Revista Crítica y Poder* n.° 18, 2019, p. 25.
En una sociedad con relativas dosis de estabilidad social - como la nuestra - la alternativa a reprimir penalmente el discurso del odio debe ser asegurar por otras vías - civiles, administrativas, económicas - que los grupos minoritarios, potenciales víctimas del odio o la discriminación, o quienes hablen por ellos dispongan de posibilidades expresivas de respuesta, que accedan en condiciones de igualdad a los medios de comunicación; que puedan, en suma, hacerse oír socialmente. Y restringir el uso de la sanción penal a los supuestos de provocación directa e inminente a una conducta lesiva de la seguridad de los individuos o grupos. La tolerancia hacia el otro ha de inculcarse con la palabra, no puede imponerse con la sanción penal.

[...] con la incitación al odio —y más con la incitación indirecta al odio— estaríamos, por expresarlo gráficamente, ante la prohibición de actos preparatorios de un acto preparatorio de delitos relacionados con la violencia o discriminación. [...] De igual modo, se produce una restricción desproporcionada de la libertad de expresión: lo que se castiga es, en realidad, la mera manifestación de ideas execrables, contrarias a los valores constitucionales[444]».

Para TERUEL LOZANO lo deseable sería que se exigiera una peligrosidad concreta, si bien sería suficiente la existencia de una doctrina basada en el *clear and present danger*[445]consistente en que exista un peligro cierto e inminente de que lleguen a producirse actos de violencia o de discriminación delictivos.

Ibidem p. 26.

444 Alcácer Guirao, Rafael: *La libertad del odio. Discurso intolerante y protección penal de las minorías*, Marcial Pons, Madrid, 2020, p. 200.

445 TERUEL LOZANO, Germán M: «La jurisprudencia del Tribunal Constitucional ante los delitos de opinión que castigan discursos extremos comentario a la STC 35/2020 y más allá». *Teoría y Realidad Constitucional*, n.° 47, 2021, p.435.
[...] La gran insuficiencia de esta doctrina estaría, a mi entender, en no haber aclarado cuál es ese grado de peligrosidad que justifica la intervención penal, a diferencia por ejemplo del Tribunal Supremo norteamericano que sí que ha consolidado su canon del «clear and present danger», el cual ha sido asumido en importantes instrumentos que, aun siendo soft law, ofrecen una pauta más segura para dotar de solidez al juicio de peligrosidad. Unos instrumentos que abogan por la exigencia de inminencia y de una «razonable probabilidad». Peligrosidad que, además, debería proyectarse sobre el riesgo de que pudieran producirse actos de violencia o de discriminación delictivos, y no la pura generación de odio o de difusos actos de hostilidad.
Traducido al lenguaje penal, este canon constitucional del peligro cierto e inminente de actos delictivos se valoraría en un juicio ex ante, como ha afirmado el Tribunal Constitucional, y no tendría por qué comportar una exigencia de peligrosidad concreta, como a mi juicio habría sido deseable. [...]*No basta, por tanto, con afirmar que una conducta se difundió por redes sociales y que potencialmente podría tener gran alcance. Debe haber una base fáctica que permita acreditar que en el momento en el que se produjo la conducta se estaba encendiendo una mecha que con gran certeza e inminencia iba a terminar explotando.*[...]
En el mismo sentido *vide* TERUEL LOZANO, Germán M: «Cuando las palabras generan odio: límites a la libertad de expresión en el ordenamiento constitucional español». *Revista Española de Derecho Constitucional*, n.° 114, 2018, p. 35:
La provocación o la incitación a actos ilícitos también puede proscribirse en atención al peligro que generan. El nudo gordiano se encuentra entonces en definir cuál es el riesgo o peligro que justifican una limitación a la libertad de expresión en un ordenamiento abierto y personalista; un punto en el que se ha advertido que la jurisprudencia del Tribunal Constitucional español, que incorpora a su vez la del Tribunal Europeo, debe reputarse insuficiente. A mi entender, por muy graves que sean los males que se pretenden evitar, ello no justifica legitimar que se pueda restringir la libertad de expresión ante peligros potenciales. Y, por ello, se propone incorporar a nuestro ordenamiento el criterio más depurado del peligro «cierto e inminente» de que se cometan actos ilícitos (violentos o discriminatorios, en nuestro caso), según la clásica formulación de la jurisprudencia estadounidense.

D. Síntesis de las posturas acerca de la naturaleza jurídica

Existe unanimidad en considerar que los delitos de odio son delitos de peligro. A partir de aquí hay tres posturas, considerarlos delitos de peligro en abstracto, hipotético o concreto. La postura mayoritaria sostenida por la FGE y por el TS, así como por la mayor parte de la doctrina, consiste en entender que los delitos de odio son delitos de peligro en abstracto, lo que significa que es suficiente con generar un riesgo de suscitar sentimientos de *odio, hostilidad, violencia, o de discriminación*; esto es, basta con que exista la probabilidad *ex ante* de «prender la mecha», y que con ello se pueda derivar en producir acciones de violencia o intimidación. Una parte de la doctrina defiende que se trata de delitos de peligro hipotético y, por tanto, es preciso que exista un riesgo de afectación/lesión del bien jurídico protegido por los delitos de odio. Otra parte de la doctrina, con cita de sentencias del propio Tribunal Constitucional, exige algo más, una concreción del peligro para poder ser castigado penalmente. Dicho de otro modo, es preciso que el riesgo sea de realización de acciones concretas que afecten al bien jurídico protegido. Así, no sería suficiente con crear la probabilidad de que pudieran llevarse a cabo conductas violentas, sino que se exigiría un riesgo claro de materializarse con acciones concretas que atenten con claridad contra los bienes jurídicos protegidos por los delitos de odio.

6.4.4.3. Sujetos pasivos

El concepto de sujeto pasivo tiene varias acepciones:

> «2. Pen. Titular del bien jurídico protegido en el tipo, que frecuentemente se menciona en los delitos contra bienes jurídicos individuales, mientras que suele ir implícito, pero no mencionado expresamente, en el tipo en los delitos contra bienes jurídicos de la sociedad o el Estado. Este es el sujeto pasivo propiamente dicho, también denominado sujeto pasivo del delito, que es la clase más importante de víctima del delito.
>
> 3. Pen. Sujeto pasivo de la acción, es decir, persona sobre quien directamente recae la acción típica, sea o no el titular del bien jurídico[446]».

Existe una controversia acerca de valorar si lo realmente importante son las condiciones de las víctimas/sujetos pasivos que determinan que sean atacadas, o si, por el contrario, lo esencial para considerar que estamos ante un delito de odio, es la motivación del autor/sujeto activo.

---

446 Definición recogida en el Diccionario panhispánico del español jurídico (*v.* https://dpej.rae.es/lema/sujeto-pasivo consultado el 12-3-2022).

Para la FGE[447] la esencia del delito recae en la «motivación discriminatoria[448]». De hecho, la FGE, de forma expresa en relación a las circunstancias agravantes del art. 22. 4 CP. consideró que no es necesario que el sujeto pasivo/las víctimas pertenezcan a un colectivo vulnerable; sino que basta con que el sujeto activo crea (por error o por asociación) que la víctima pertenece o está relacionada con ese colectivo, y por ello atenta contra ella:

> «El móvil discriminatorio ha de concurrir en relación de causa-efecto con la conducta realizada, lo que exigirá probar no solo el hecho delictivo y la participación del acusado, sino también la intencionalidad del autor, sobre la base de un juicio de inferencia que podrá venir facilitado mediante los indicadores de polarización que se exponen en el apartado correspondiente de esta Circular.
>
> Sin embargo, pese a la naturaleza subjetiva de la agravante, la misma no sólo operará cuando la cualidad personal objeto del móvil discriminatorio concurra en el sujeto pasivo, dado que lo relevante es que es que el sujeto actúe por alguno de los motivos contemplados en el art. 22.4.ª CP, no la condición de la víctima.
>
> En consecuencia, los/las Sres./Sras. Fiscales apreciarán la agravante de discriminación "por asociación", en los supuestos de una víctima que tenga relación con el colectivo de que se trate, aunque no forme parte del mismo y la agravante de discriminación "por error" en la percepción del sujeto activo sobre la pertenencia de la víctima a un determinado grupo[449]».

Además, la FGE consideró que la existencia de los móviles discriminatorios previstos en el CP. supone por sí sola la existencia de una situación de vulnerabilidad:

> «El origen del delito de odio está relacionado con la protección a los colectivos desfavorecidos, pero la vulnerabilidad del colectivo no es un elemento del tipo delictivo que requiera ser acreditado, sino que el legislador, haciendo ese juicio de valor previo, al incluirlo en el tipo penal, ha partido de esa vulnerabilidad intrínseca o situación de vulnerabilidad en el entorno social. Tampoco lo es el valor ético que pueda tener el sujeto pasivo. Así una agresión a una persona de ideología nazi, o la incitación al odio hacia tal colectivo, puede ser incluida en este tipo de delitos» (Circular, p. 11).

---

447 *Ibidem* pp. 10-11.

448 La cual está sujeta a un *numerus clausus,* razón por la que la Circular destaca que quedaran fuera de este tipo penal los supuestos de aporofobia y de gerontofobia. Sin perjuicio de valorar «si cabe la aplicación del art. 173 CP, u otras agravantes, como puede ser el abuso de superioridad».

449 *Ibidem* conclusión 15.ª. Esta postura fue defendida años atrás por Aguilar García —Fiscal delegado de la especialidad de delitos de odio en la Fiscalía Provincial de Barcelona—, *vide*: Aguilar García, Miguel Ángel (director) y otros: *Manual práctico para la investigación y enjuiciamiento de delitos de odio y discriminación.* Generalitat de Catalunya, Centre d´Estudis Jurídics i Formació Especialitzada, 2015. pp. 27 a 29.

La tesis de la FGE sobre la no necesidad de pertenencia al colectivo vulnerable de la víctima fue recientemente acogida por el legislador de manera expresa. Así, la disposición final 6.1 de la Ley Orgánica 8/2021, de 4 de junio de protección integral a la infancia y la adolescencia frente a la violencia estableció dentro de las circunstancias agravantes de la responsabilidad penal del art. 22:

> «4.ª Cometer el delito por motivos racistas, antisemitas u otra clase de discriminación referente a la ideología, religión o creencias de la víctima, la etnia, raza o nación a la que pertenezca, su sexo, edad, orientación o identidad sexual o de género, razones de género, de aporofobia o de exclusión social, la enfermedad que padezca o su discapacidad, con independencia de que tales condiciones o circunstancias concurran efectivamente en la persona sobre la que recaiga la conducta[450]».

Sin embargo, para el TS debe concurrir esa condición personal/discriminatoria en el sujeto pasivo. Así lo ha establecido en relación a las circunstancias agravantes de la responsabilidad penal *(v.gr. STS (Sección 1.ª) n.º 458/2019 de 9 de octubre de 2019, FD V*, caso Alsasua[451]): «no operará cuando la cualidad personal objeto del móvil discriminatorio no concurra en el sujeto pasivo del delito».

Desde el punto de vista doctrinal, DAUNIS RODRÍGUEZ discrepó frontalmente de la posición de la FGE. En lugar de poner el acento en la motivación del sujeto activo consideró que lo relevante es que las víctimas/sujetos pasivos pertenezcan realmente a los colectivos que el CP. trata de proteger: «no parece descabellado, ni tampoco incompatible con el principio de legalidad, entender que el sujeto pasivo solo puede estar comprendido por individuos que pertenezcan a grupos discriminados[452]». De modo que, en su opinión, la

450 Dicha redacción puso sobre la mesa dos cuestiones: en primer lugar, si la motivación por *error* o por *asociación* es aplicable como criterio de interpretación al resto de delitos de odio. En segundo lugar, supuso desaprovechar la reforma legislativa para incluir la *aporofobia* o la *exclusión social* no sólo como circunstancia agravante, sino también para incluirlas dentro del catálogo de protección de colectivos del art. 510 Cp. No obstante, en la reforma de 2022 con la Ley Orgánica 6/2022, de 12 de julio, complementaria de la Ley 15/2022, de 12 de julio, integral para la igualdad de trato y la no discriminación sí se aprovechó para incluirlas.
Como veremos al analizar *infra* la *STS (Sección 1.ª) n.º 66/2022, de 27 de enero, FD III* parece que el TS sigue decantándose por la necesidad de que la acción se dirija contra el sujeto pasivo que se trata de proteger con el tipo penal.

451 A su vez se apoya, entre otras, en las *SSTS 983/2016, de 11 de enero de 2017, 302/2015, de 19 de mayo, y 314/2015, de 4 de mayo.*

452 LAURENZO COPELLO, Patricia y DAUNIS RODRÍGUEZ, Alberto: *Odio, Prejuicios y Derechos humanos.* Comaress, Granada, 2021, p. 291. Según DAUNIS RODRÍGUEZ si no se establecen criterios restrictivos existe el riesgo de desnaturalizar los delitos de odio y que los mismos en lugar de proteger a los más discriminados, sean utilizados para proteger a los poderosos o incluso a las propias instituciones incluso frente a meras opiniones (*ibidem* p. 310).

motivación del sujeto activo no puede determinar la respuesta del derecho penal.

García Álvarez en un sentido crítico con la postura de la FGE reflexionó que lo verdaderamente importante es que concurran en los colectivos las condiciones previstas en el CP. En sus palabras:

> «(L)as notas o factores diferenciadores que conforman el delito del artículo 510 CP necesitan de una interpretación que permita entender cuándo efectivamente la conducta realizada en atención a las mismas, se hace merecedora del reproche penal, precisamente en atención al origen histórico de este tipo de delitos (45). Por ello considero que siempre habrá de tratarse de notas diferenciadoras que permitan caracterizar al colectivo por ellas identificado como un colectivo histórica y sistemáticamente marginado (46). Lo contrario supondría desatender, como pone de manifiesto Laurenzo Copello, el componente discriminador propio del concepto internacional del «discurso del odio[453]».

Hernández Royo también fue crítico con la Circular de la FGE. El autor se alineó con la posición de considerar a los sujetos pasivos como aquellos que tienen esas notas diferenciadoras. El acento lo puso en que de no ser así podríamos generar inseguridad, y dar más importancia al sujeto activo que al hecho que comete —nos acercaríamos al Derecho Penal de autor—. Así señaló que:

> «(C)ualquier colectivo atacado ha pretendido ser sujeto pasivo del delito de odio por excelencia y, por ende, objeto de tutela jurídica, obviándose que el art. 510 CP protege a miembros de colectivos especial, histórica y supuestamente vulnerables (20). [...] La falta de claridad del precepto —y su trasfondo de represión de la heterodoxia— ha conllevado su utilización para fines políticos, ocupando noticias sobre imputaciones absurdas desde un punto de vista jurídico, pero de un gran rédito electoral.
>
> Y es que la necesidad de certeza es conditio sine qua non para evitar la arbitrariedad en la aplicación de la norma penal y, además, frenar la peligrosa tendencia actual de política criminal que nos conduce a una expansión sin freno del ius puniendi, con una limitación excesiva de derechos y libertades en aras a garantizar el interés público, reconsiderándose el enemigo, que ha pasado de ser el «pará-

453 García Álvarez, Pastora: «El artículo 510.1.a) del Código Penal a la luz de la Circular 7/2019, de 14 de mayo, de la Fiscalía General del Estado, sobre pautas para interpretar los delitos de odio tipificados en el artículo 510 del Código Penal», *Editorial Wolters Kluwer, La Ley Penal, Sección Legislación aplicada a la práctica,* n.º 151, Julio-Agosto 2021, pp. 10-11. La autora es dura con la posición de la FGE: es irrelevante el punto de vista ético argumentado por la misma en la Circular. Para ella no puede gozar de la misma protección un nazi en una agresión porque se desnaturalizan los delitos de odio: «La ideología nazi podrá ser minoritaria, pero la misma no convierte al grupo que la profese en un colectivo merecedor de protección. No es una cuestión del valor «ético» del sujeto pasivo. Es que esa nota diferenciadora, por mucho que sea una cuestión de ideología, no los convierte en un grupo desfavorecido ni vulnerable».

sito», «subhumano» o «enemigo del Estado», como sucedió en los totalitarismos del siglo XX, al mero disidente o crítico con el Sistema, que verá cómo el poder represivo del Estado se instrumentaliza con la limitación de la libertad de expresión y la tipificación de conductas incómodas, desde un punto de vista político, como discurso del odio, produciéndose una confusión entre la ineficacia de la norma y la ineficacia de la personalidad asignada al individuo por la norma penal. Señalaba Günther JAKOBS, quien acuñó la expresión «Derecho Penal del enemigo», que sus características eran: a) adelantamiento de la punibilidad; b) falta de proporción en la pena, y c) pérdida de garantías procesales. Como se verá a lo largo del presente estudio, tales circunstancias se dan, todas ellas, en el delito del art. 510 CP, vulnerándose con ello el principio de responsabilidad por el hecho, rector de nuestro Derecho Penal[454]».

Por su parte CORRECHER MIRA criticó la Circular de la FGE en primer lugar porque consideró que banaliza los delitos de odio al olvidar que la esencia del art. 510 CP. es proteger a los colectivos vulnerables:

«Dentro de este ámbito, puede destacarse el contenido de la Circular 7/2019 de la Fiscalía General del Estado (FGE) sobre pautas para interpretar los delitos de incitación al odio tipificados en el art. 510 CP, donde se establece una extensión de los sujetos pasivos del delito, abandonando la referencia a la noción de vulnerabilidad que integra la interpretación del tipo, para considerar cualquier grupo o colectivo susceptible de ser protegido por el precepto, con la consiguiente restricción de la libertad de expresión que ello supone. Esta tendencia ha sido asumida por los tribunales, abrazando una interpretación extensiva del art. 510 CP, desvirtuando su significado y banalizando la posición que ocupa dentro de la normativa penal antidiscriminatoria[455]».

En segundo lugar, afirmó que no puede protegerse a los grupos nazis y, en este sentido, reprochó que la Circular de la FGE pueda llegar a considerarles sujetos pasivos:

«(L)a Circular 7/2019, la FGE considera que, pese a la conexión del art. 510 CP con la protección de colectivos desfavorecidos, no es necesario acreditar la vulnerabilidad del grupo como elemento constitutivo del tipo. Después de esta matización, continúa afirmando que tampoco se considerarán valoraciones de tipo ético, pasando a sostener, como desafortunado ejemplo, la posibilidad de proteger mediante el art. 510 CP a los grupos nazis cuando puedan ser sujetos pasivos de discursos de odio. Así, esta Circular muestra otra forma de tolerancia institucional hacía el discurso xenófobo, en tanto que la protección ofrecida a estos colectivos,

---

454 HERNÁNDEZ ROYO, Alejandro: «El delito de incitación al odio del artículo 510 CP: cuando la vieja excepcionalidad deviene en nueva normalidad» *Editorial LA LEY, Diario La Ley Penal, Sección Estudios*, n.º 145, Julio-Agosto 2020, pp. 5 y 6.

455 CORRECHER MIRA, Jorge: «La banalización del discurso del odio: una expansión de los colectivos ¿vulnerables?», *InDret* n.º 2, 2021, p. 89

además de desvirtuar la esencia del art. 510 CP, supone blanquear la ideología que da cabida a estos colectivos[456]».

En tercer lugar, criticó de la Circular que la existencia de los móviles discriminatorios previstos en el CP. suponga por sí solo la existencia de una situación de vulnerabilidad:

«El art. 510 CP contempla entre los motivos discriminatorios cuestiones como la ideología, raza, la situación familiar o la orientación sexual. Si no se ha errado en la interpretación de la Circular, lo que su apartado 2.4 aduce es que estos móviles, per se, reflejan una situación de vulnerabilidad, sin entrar en las distintas opciones que estas categorías encierran. Esto es, si la orientación sexual representa en sí misma una categoría vulnerable, lo que sostendría una interpretación estricta de la Circular es que se puede castigar cualquier tipo de expresión de opiniones contrarias, por ejemplo, a una opción tan convencional, y tan lejos de la vulnerabilidad, como la heterosexualidad. Lo mismo podría decirse en relación con la situación familiar, si entendiéramos que mensajes contra la institución del matrimonio podrían ser considerados como discurso de odio. O, por cerrar esta enumeración, si se estima que la categoría raza tiene atribuida de forma directa la etiqueta de vulnerabilidad, de forma que pueda castigarse cualquier comunicación pública contraria a las personas de raza blanca[457]».

---

456 *Ibid.*, p. 98. La crítica se desarrolló en las pp. 140-141:
Asimismo, por lo que respecta a la posición del Estado en la gestión de los conflictos derivados del ejercicio del derecho a la libre expresión de ideas, resulta del todo incoherente la instrucción contenida en la Circular de la FGE, donde se considera que los grupos de ideología nazi, incluyendo aquí cualquier tipo de ideología fundada en la intolerancia y la negación de los valores democráticos, pueden ser considerados sujetos pasivos del art. 510 CP. El daño que produce esta Circular no se inserta sólo en la mera interpretación dogmática del tipo, sino que supone una afirmación dudosa desde la perspectiva de un Estado democrático respetuoso con los Derechos Humanos, esto es, la equiparación en el plano discursivo de la ideología nazi con cualquier otra opción política, del mismo modo que considera que una persona defensora de esta tendencia requiere de la misma protección que, por ejemplo, un migrante en situación irregular empleado en los invernaderos de la provincia de Almería. Esta posibilidad, además de ignorar lo dispuesto por los estándares internacionales en materia de interpretación del discurso del odio —la reciente jurisprudencia del TEDH es una buena muestra de ello— supone de facto una legitimación institucional del pensamiento intolerante. Con esto no quiere decirse que estos grupos no tengan derecho a expresar libremente sus opiniones en el marco de un Estado democrático, cuestión del todo saludable desde la perspectiva de la libertad de expresión, sino que lo que se discute es la protección institucional que la literalidad de la Circular ofrece a la ideología nazi pues, al considerarla objeto de protección, la equipara a cualquier otro motivo discriminatorio (raza, género, identidad sexual, etc.) recogido por el art. 510 CP. En su defensa extrema de la (in)tolerancia, la Circular viene a sesgar la posibilidad de, en el plano discursivo, mostrar el necesario rechazo que cualquier Estado democrático, también su ciudadanía, debería manifestar ante una posición ideológica que, precisamente, persigue la supresión de las políticas antidiscriminatorias que terminan dando abrigo a su intolerancia.

457 *Ibid.*, p. 123.

Finalmente, CORRECHER MIRA concluyó que si no se tiene en cuenta que se trata de proteger a colectivos vulnerables lo que se logra es ampliar la intervención del Derecho Penal, y banalizar este tipo de delitos en detrimento de la libertad de expresión.

> «(A)partarse de la noción de vulnerabilidad y abrir la aplicación del art. 510 CP a cualquier grupo o colectivo que se identifique con los motivos discriminatorios descritos en el tipo, no sólo limita la libertad de expresión, sino que supone una desnaturalización del impacto antidiscriminatorio que se le presupone a este tipo penal. Obviamente, esto no obsta para considerar que se haría un flaco favor a estos colectivos si se considerara que sólo mediante el recurso al castigo penal se puede erradicar la discriminación en el medio social. Todo lo contrario, como se ha expuesto en estas líneas, la consideración del Derecho penal como ultima ratio impone que el Estado despliegue las políticas públicas necesarias para limitar la propia vulnerabilidad de estos grupos, reservándose la sanción penal que representa el art. 510 CP para los casos más extremos, para así garantizar la propia promoción de lo dispuesto por el art. 14 CE, pero también para salvaguardar el respeto a la libertad de expresión recogida en el art. 20 CE[458]».

LANDA GOROSTIZA mantiene que la orientación de este tipo penal se dirige a proteger a minorías vulnerables, si bien, reconoció que la tendencia que se sigue es ir ampliando los sujetos protegidos:

> «Tanto la tradición interpretativa europea (TEDH), como la evolución legislativa y jurisprudencial de los Estados Unidos atestiguan que las prohibiciones penales de odio han venido girando primeramente sobre colectivos diana del ámbito étnico y, sólo por evolución posterior, se va ampliando el círculo de protección a colectivos sociales construidos sobre el sexo u otras circunstancias (discapacidad, situación familiar, profesional...). La normativa anti-odio por tanto mantiene una orientación de protección de minorías vulnerables perro se va expandiendo a proyectarse sobre todo tipo de colectivo (minorías o no; vulnerables o no) que en contexto se vean amenazados y agredidos[459]».

Para LANDA GOROSTIZA la ampliación del sujeto pasivo protegido debe hacerse con criterios claros, pero restrictivos:

> «Es el colectivo étnico el que está en el origen y marca la precomprensión cabal de los delitos de odio y sólo a partir de estos grupos diana, tanto en Europa como en Estados Unidos, se ha ido expandiendo su ámbito de tutela a otros colectivos. Pero una tal expansión se produjo en aquellos círculos jurídicos de una forma contenida y cautelosa. España, por el contrario, abrió desde el principio el arco de protección a demasiados grupos: hoy, además, tras la reciente entrada en vigor

458 *Ibid.*, pp. 140-141.

459 LANDA GOROSTIZA, Jon-Mirena: *Los delitos de odio (Artículos 510 y 22.4 CP 1995).* Tirant lo Blanch, 2018,pp.137-138.

de la LO 8/2021, de protección de la infancia y la adolescencia, se sigue intensificándola total apertura del instrumento penal a todo tipo de colectivos. Y esa apertura, combinada con la irresistible tentación de aplicar los delitos de odio a debates ideológicos o la transposición en bloque de las cadenas argumentales de la violencia de género, puede acabar siendo la tumba de cualquier racionalización de este tipo de preceptos.

No saber bien en qué consistían los delitos de odio cuando se introdujeron al ordenamiento jurídico; una ampliación legislativa desmedida y sin criterio de su arco de protección; la ausencia radical de su aplicación jurisprudencial al principio; y la reciente deriva hacia su funcionalización para el control ideológico asimétrico y arbitrario o para abordar confusamente la violencia de género, son todas razones que pueden acabar por dar al traste definitivo con unos preceptos que, antes de nada, deberían proteger a quienes son sus destinatarios naturales: minorías vulnerables o mayorías que puedan acceder a ese estatus equivalente de estar en situación de necesidad de tutela como grupo diana en peligro.

Quo Vadis. A mi humilde entender sólo propuestas que retomen la perspectiva colectiva del daño y que se centren en ir construyendo criterios claros pero restrictivos de delimitación por grupos de sujetos pasivos (grupos diana), podrán ayudar a racionalizar una deriva interpretativa que, de lo contrario, puede acabar convirtiendo a los delitos de odio en una suerte de contra programa de lo que debería ser el derecho penal del hecho en un Estado de Libertades. Si se impone una visión individualista del daño, como nudo refuerzo penal del principio de igualdad, no haremos sino multiplicar las penas por los hechos en atención al foro interno. Y eso es lo contrario del derecho penal propio de un Estado social y democrático de Derecho donde los que deberían importar son los hechos (cogitationis poenam nemo patitur)[460]».

---

460 Landa Gorostiza, Jon-Mirena: «El delito de incitación al odio (artículo 510 CP): *Quo Vadis*». *Azafea: Revista De Filosofía,* n.° 23, 2021, pp. 76-78. El autor, con anterioridad, ya propuso contención a la hora de acudir al Derecho Penal como herramienta para combatir la discriminación:

España convirtió desde un principio la ultima ratio del derecho penal en esta materia en una prima ratio a modo de política antidiscriminatoria penal. Esa distorsión amenaza el edificio antidiscriminatorio en su conjunto y nos remite, permítaseme la expresión, a la estrategia del «matar moscas a cañonazos».

Predicar contra la expansión del derecho penal en esta materia es ir a contracorriente.

La comprensible militancia e implicación de los colectivos más afectados elevan el nivel emocional hasta un punto en que parece que oponerse a más derecho penal depende de la convicción no de la razón. Pero esta última, sin tener que dimitir de la primera, aconseja, también por eficacia, una política criminal en la materia contenida.

Contenida en el estándar «fuerte» y preciso de incitación (canon Rabat); contenida en grupos diana; contenida en figuras penales; contenida en lo penal como indican los estándares cristalizados a nivel universal; cauta respecto de corrientes político-criminales regionales y especialmente respecto de la deriva que representa la Recomendación General 15 de la ECRI. Y ello apoyado en una política antidiscriminatoria no penal que sigue siendo en España la gran asignatura pendiente.

Vide Landa Gorostiza, Jon-Mirena: «Delitos de odio y estándares internacionales: una visión crítica a contra corriente». *Revista Electrónica de Ciencia Penal y Criminología*, n.°

GÓMEZ MARTÍN, por el contrario, se acercó más a la postura de la FGE, y en relación con la interpretación de las circunstancias agravantes defendió su aplicación cuando el móvil discriminatorio esté en el sujeto activo, aunque no concurra en las víctimas/sujetos pasivos:

> «Para que pueda apreciarse la circunstancia, basta con que el sujeto activo del delito actúe impulsado por la motivación especialmente indeseable, con independencia de si la cualidad personal objeto del móvil discriminatorio concurre efectivamente o no en el sujeto pasivo de la conducta. Por esta razón, la circunstancia también será aplicable, por ejemplo, cuando se lesiona a una mujer por estar casada con alguien de una determinada raza, o a un periodista o político por defender a minorías raciales, ideológicas, etc. Del mismo modo, y en contra de lo afirmado por la el art. 22.4.ª CP también será de aplicación cuando el sujeto activo actúe por motivos racistas o discriminatorios creyendo erróneamente que concurre en el sujeto pasivo la cualidad objeto del móvil (pertenencia a una determinada raza, homosexualidad, etc.). No obstante, la jurisprudencia mayoritaria no considera aplicable la circunstancia cuando la cualidad personal objeto del móvil discriminatorio no concurre en el sujeto pasivo del delito[461]».

ALCÁCER GUIRAO considera que la nota clave es la vulnerabilidad del grupo destinatario del odio

> «Según he destacado, uno de los elementos definitorios del discurso hostil es la identificación de los grupos destinatarios del odio en torno a características comunes que, como la raza, la etnia o el género, están asociadas a situaciones históricas y/o presentes de marginación o discriminación. En este sentido, existe un inequívoco aire de familia entre la definición de discurso de odio y prohibición de discriminación recogida en el art. 14.2 CE».

[...] Desde tales presupuestos, lo que persigue la prohibición del discurso del odio es evitar el incremento o fomento de una situación de discriminación ya previamente existente, o sobre la que ya existe un riesgo, siquiera latente, de acaecimiento. Como digo, ese *telos* debiera tener notables consecuencias en la interpretación del art. 510 CP: a partir de ese criterio teleológico, para determinar la tipicidad de la conducta será preciso atender a la concreta posición social que, en una determinada comunidad política, ocupa el grupo contra el que se dirige el mensaje hostil, siendo el citado precepto solo aplicable cuando la conducta expresiva se dirija contra grupos que se hallen en

---

22-19, 2020, pp. 29-30.

461 GÓMEZ MARTÍN, Víctor: «Los delitos de odio y discriminación en el código penal español. Nuevo escenario tras la reforma de 2015». Ponencia organizada dentro de la *Actividad formativa: Unión Progresista de Fiscales. Delitos de odio* organizada por el *CEJ,* Madrid, 20-21 de noviembre de 2018, pp. 6 y 7.
El autor citó p.ej. las SSTS 1145/06, 23-11, F.J. 6º; 1341/02, 17-7, que precisamente exigen que las cualidades recaigan en el sujeto pasivo.

esa situación de marginación o potencial discriminación. Sensu contrario, faltará ese elemento del tipo cuando el grupo destinatario del mensaje hostil ostente una posición social hegemónica o, aun siendo cuantitativamente minoritario, no se halle en un riesgo real o latente de discriminación. La nota clave es, en suma, la de la vulnerabilidad si bien no es preciso que el grupo concreto se halle en una situación inminente y existente marginalidad; por el contrario, también situaciones históricas arraigadas de discriminación —baste pensar en los judíos— permitirá considerar al grupo como víctima del discurso del odio[462].

Por esta razón «deben excluirse del ámbito de aplicación del art. 510 CP (y del concepto del discurso de odio) la incitación al odio o la difamación pública contra los miembros de la Casa Real, de la Policía o de los toreros[463]».

6.4.4.4. Motivos de odio/elemento subjetivos del tipo

El concepto de elemento subjetivo del tipo tiene varias acepciones:

«1. Pen. Elemento psíquico requerido por el tipo delictivo.

El tipo delictivo contiene siempre, además de elementos objetivos, algún elemento subjetivo, normalmente el dolo, pero en algunos delitos basta con la falta del cuidado debido, la imprudencia, elementos que determinan el desvalor subjetivo de la acción, sin el cual no hay infracción de norma alguna y por ello no habrá antijuridicidad, injusto. No obstante, la doctrina más tradicional considera que dolo e imprudencia son elementos de la culpabilidad.

2. Pen. Elemento anímico específico distinto del simple dolo en cualquiera de sus formas (o de la imprudencia), requerido adicionalmente por un tipo de injusto; son, por tanto, elementos subjetivos específicos del tipo, que se denominan también, desde la perspectiva de la antijuridicidad, elementos subjetivos del injusto o del ilícito.

Ello sucede en los delitos de tendencia o tendencia intensificada, que requieren dolo directo y no se conforman con el dolo eventual; en los delitos de intención o de tendencia trascendente, tipos que requieren un ánimo que trasciende o va más allá del propio tipo, lo que sucede tanto en el delito cortado de resultado, que exige finalidad de causar un resultado más allá del propio tipo, como en el delito mutilado de dos actos, que exige la finalidad de llevar a cabo un segundo acto no contenido en el tipo; o en tipos con elementos de actitud interna, como los móviles bajos o la crueldad o ensañamiento[464]».

462 Alcácer Guirao, Rafael: *La libertad del odio. Discurso intolerante y protección penal de las minorías*, Marcial Pons, Madrid, 2020, p. 196.

463 *Ob. cit.* p. 197.

464 https://dpej.rae.es/lema/elemento-subjetivo-del-tipo (consultado el 2-4-2022).

Para la FGE: «Los delitos de odio se configuran como tipos delictivos dolosos. No se exige un ánimo específico, sino que basta con el dolo genérico consistente en conocer los elementos del tipo penal y actuar conforme a esa comprensión. La jurisprudencia también es reiterada en este sentido».

A continuación examinaremos los diferentes «motivos de odio» que recoge el CP. Para ello partiremos de las definiciones dadas por los diferentes instrumentos internacionales recogidos en por la Circular de la FGE, añadiremos referencias a sentencias del TS, y, en su caso, a comentarios doctrinales que enriquezcan su comprensión.

A. Motivos racistas

FGE:

> «La Convención Internacional sobre la Eliminación de todas las Formas de Discriminación Racial, aprobada por la Asamblea General de las Naciones Unidas el 21 de diciembre de 1965 (BOE de 17 de mayo de 1969) define la expresión discriminación racial como "toda distinción, exclusión, restricción o preferencia basada en motivos de raza, color, linaje u origen nacional o étnico que tenga por objeto o por resultado anular o menoscabar el reconocimiento, goce o ejercicio, en condiciones de igualdad, de los derechos humanos y libertades fundamentales en las esferas política, económica, social, cultural o en cualquier otra esfera de la vida pública" (art. 1.1)».

Para Aguilar García el racismo ha mutado, y aunque la base del mismo sustenta una creencia de superioridad, en la actualidad no se centra solo en la raza, sino que engloba etnias y culturas:

> «El racismo es una creencia y una actitud discriminatorias que consiste en considerar la superioridad natural de un grupo sobre otro, tanto en el aspecto individual como en el institucional. Ello comporta involucrar prácticas
> una mutación clara y eufemística, ya que no se refiere únicamente a razas, sino también a etnias y culturas, dando lugar al llamado nuevo racismo o racismo sutil, contra el que es más difícil luchar[465]».

Díaz López consideró que la raza en sentido amplio abarca factores culturales:

> «No parece aconsejable admitir una "noción biológica" de raza, pues ello carece de sustento científico alguno (en puridad, se podría hablar de razas humanas para diferenciar a un homo sapiens de un homo erectus, pero no para distinguirnos conforme a nuestro color de piel). Puede, por el contrario, admitirse una noción amplia de raza que incluiría en buena medida el origen étnico. Esta noción amplia de raza

465 Aguilar García, Miguel Ángel (director) y otros: *Manual práctico para la investigación y enjuiciamiento de delitos de odio y discriminación.* Generalitat de Catalunya, Centre d´Estudis Jurídics i Formació Especialitzada, 2015, p. 44.

es, además, la que parece compartir nuestro Tribunal Constitucional. Por lo tanto, admitiendo que raza y etnia no son sinónimos, pero que resulta difícil diferenciar los conceptos, podríamos admitir que por raza se entiende la construcción cultural (propia de ideologías racistas) para incluir o excluir a las personas en determinados grupos, en función de su genotipo o de su fenotipo: un criterio esencial sería el color de la piel, aunque también podrían incluirse otras características morfológicas si inciden de forma análoga en la identidad personal.

La etnia, que podría entenderse subsumida en la noción omnicomprensiva de raza, pondría el acento en las características culturales como factor de diferenciación [...][466].»

B. Motivos antisemitas

FGE:

«La RPG n.° 15 ECRI define el antisemitismo como "el prejuicio, odio o discriminación contra los judíos como grupo étnico o religioso". Se trata de un fenómeno sui generis, puesto que abarca una combinación excepcional de formas diversas discriminación por motivos étnicos, religiosos, culturales, sin descartar los de tipo económico y político».

C. Motivos referentes a la ideología, religión o creencias

FGE:

«La ideología, señalan algunos autores, viene referida exclusivamente al ámbito político, es decir, a las distintas concepciones sobre la forma de organización de un Estado, por la forma en que la víctima cree que debe ser la organización del modelo político. Desde esta perspectiva la ideología incluiría cualquier creencia en una determinada forma de organización política del Estado: ya sea con el mantenimiento del actual Estado español como monarquía parlamentaria, su transformación en un Estado totalitario, su mutación en República federal, su disolución

466 Díaz López, Juan Alberto: *Informe de delimitación conceptual en materia de delitos de odio.* Secretaría General de Inmigración y Emigración, Observatorio Español del Racismo y la Xenofobia, 2020, pp. 64-65. En el mismo lugar, puso como ejemplo una sentencia de la AP de Madrid que consideró la lengua como una particularidad que puede ser una diferencia a nivel cultural:

A este respecto, la SAP de Madrid n.° 115/2005, de 28 noviembre, consideró que vascos y castellanos pertenecían a la misma raza. Sin embargo, puede que no pertenezcan a la misma etnia, en tanto que pueden existir divergencias a nivel cultural (como la lengua). Esta noción de "etnia" es amplia, y puede llegar a abarcar otras condiciones personales que mencionadas expresamente por los listados de los delitos de odio (nacionalidad, religión, etc.). Por lo tanto, si la raza incluye las diferencias de tipo físico, y existen otras condiciones personales enumeradas por los listados que pueden considerarse como manifestaciones particulares de la etnia, podemos dotar de sentido a la específica mención a la «etnia» (concepto general) interpretando que abarca la lengua.

y creación de otros Estados independientes, o cualesquiera otras formas de organización política.

Ello, no obstante, la ideología puede exceder del ámbito exclusivamente político. En efecto, puede también referirse al sistema social, económico e incluso al cultural. Es cierto que la ideología referida a estas facetas puede y suele tener su cauce de expresión a través de la ideología política, pero no tiene por qué ser siempre así. Cabe la posibilidad, a modo de ejemplo, de que el sujeto pasivo sea un grupo ecologista, un grupo feminista o una organización de protección de los derechos de los trabajadores o de defensa de los inmigrantes, todos ellos sin adscripción política expresa.

La motivación por la religión o las creencias se reserva para los dogmas o doctrinas referentes a la divinidad, a una concepción del mundo en clave espiritual o trascendente, o a un sistema ético o moral.

En estos conceptos también han de incluirse las convicciones ateas o agnósticas. Como señalan las sentencias del TEDH de 25 de mayo de 1993, Kokkinakis contra Grecia, y de 15 de enero de 2013, Eweida y otros contra Reino Unido, la libertad de pensamiento, conciencia y religión protege "los elementos más esenciales de la identidad de los creyentes y de su concepción de la vida, pero también es un bien preciado por los ateos, los agnósticos, los escépticos o los indiferentes".

Finalmente, aunque la religión no aparece en la definición de discriminación racial contenida en el art. 1 de la Convención Internacional sobre la Eliminación de todas las formas de Discriminación Racial, el Comité para la Eliminación de la Discriminación Racial, en la Recomendación General n.º 35 sobre la Lucha contra el discurso de Odio Racista (CERD/C/GC/35, de 26 de septiembre de 2013), reconoce que el discurso de odio se extiende al "dirigido contra las personas pertenecientes a determinados grupos étnicos que profesan o practican una religión distinta de la mayoría, por ejemplo las expresiones de islamofobia, antisemitismo y otras manifestaciones de odio similares contra grupos etnorreligiosos, así como las manifestaciones extremas de odio tales como la incitación al genocidio y al terrorismo"».

El TS: En la *STS (Sección 1.ª) n.º 458/2019 de 9 de octubre de 2019, FD V,* caso Alsasua analizó la circunstancia agravante de ideología.

Los hechos enjuiciados consistieron en la agresión que en octubre de 2016 sufrieron un Teniente y un Sargento de la Guardia Civil y sus parejas cuando después de cenar se dirigieron al bar Koxka en la localidad de Alsasua. Una vez en el interior fueron increpados por estar en dicho bar y, en un momento dado unas 25 personas les rodearon y agredieron por ser Guardias Civiles.

La aplicación en primera instancia de esta agravante se basó en que los acusados actuaron «guiados por su clara animadversión y menosprecio hacia la guardia civil». Sin embargo, el TS de forma mayoritaria desechó la concurrencia de esta circunstancia agravante por las siguientes razones:

En primer lugar, el TS entendió que en los hechos probados de la sentencia no se hizo una descripción minuciosa de qué ideología tenían las víctimas y, por tanto, no se pudo analizar la situación de discriminación. El TS aclaró que el hecho de pertenecer a un cuerpo policial no implica tener una ideología determinada:

«El hecho probado es escueto en la expresión de lo que pueda ser calificado como presupuesto fáctico de la agravación. No se describe una situación de discriminación, no se describe la ideología, tampoco se establece una comparación entre situaciones desiguales sobre las cuales fundar la discriminación, ni hecho probado contiene una definición ni expresión de la situación objetiva de desigualdad derivada de una ideología del sujeto pasivo del hecho delictivo. Y no puede considerarse que el hecho de pertenecer a un instituto policial sea una ideología. Consecuentemente el hecho probado no permite la aplicación de la circunstancia de agravación».

En segundo lugar, la posición mayoritaria analizó la intención del legislador para sentar un criterio de interpretación. En este sentido, concluyó que con la circunstancia agravante de actuar por motivos ideológicos se trata de proteger a colectivos vulnerables —con lo que los cuerpos policiales quedarían fuera del ámbito de protección[467]—:

«La Exposición de Motivos es clara al respecto al señalar como fundamento de la circunstancia de agravación "la proliferación en distintos países de Europa de episodios de violencia racista y antisemita y que se presentan bajo banderas y símbolos de ideología nazi, obliga a los estados democráticos a emprender una acción decisiva para luchar contra ella" las sucesivas reformas refieren distintos supuestos discriminatorio, y abordar la necesidad de alejar situaciones de violencia contra colectivos vulnerables, todavía, en nuestra cultura.

El legislador al incluir como agravación un contenido propio del derecho antidiscriminatorio otorga protección a las personas vinculadas a colectivos discriminados que se encuentran en desventaja para un desarrollo en libertad de su vida, evitando que ésta pueda sufrir una situación de discriminación por la mera pertenencia a un colectivo minoritario y vulnerable.

467 El TS aclaró que la comisión de delitos puede darse en circunstancias de confrontación, motivadas por odio, pero sólo se aplicará la agravante cuando vaya más allá y afecte no sólo a la víctima, sino a la sociedad:
En todo hecho delictivo, ciertamente se plantea un contexto de enfrentamiento donde pueden emerger sentimientos de odio, ira o rabia, y no por ello la punición del delito precisa una especial valoración jurídica que se traslade a la agravación en el reproche penal, pese a existir esa situación de odio, ira, rabia o venganza. Se hace preciso constatar la existencia de un plus delictivo por el cual es preciso que la sociedad, en su conjunto, se conmueva ante lo discriminatorio de la situación porque en el delito concurre, además de la situación como la descrita en la tipicidad, un plus que afecta a la tolerancia, que afecta la convivencia pacífica, haciendo que la situación fáctica del delito conlleve además una conmoción social sobre el contenido de respeto y de quebranto de la necesaria tolerancia. De esta manera, el hecho no sólo perturba a la víctima, sino también el conjunto de la sociedad puesto que el hecho, además, pone de manifiesto un problema de convivencia por la discriminación en el que se basa.

> Un segundo criterio de interpretación surge del contexto en el cual aparece la agravante de discriminación por ideología. El artículo 22.4 del código penal hace referencia los motivos racistas, antisemitas, religiosos o creencia de la víctima, la etnia, la raza o nación a la que pertenezca, su sexo su orientación sexual, razones de género, enfermedad que padezca o discapacidad. Es decir, se trata de colectivos que presentan unas situaciones objetivas de vulnerabilidad que el legislador tiene en cuenta para proteger de forma especial y conformar un modelo social de tolerancia y de convivencia pacífica, sancionando conductas que perturban, o ponen en peligro, esa convivencia pacífica, al tiempo que persigue conformar una sociedad basada en la necesaria tolerancia. La interpretación de lo que se entienda por discriminación por ideología ha de ser realizada teniendo en cuenta ese contexto de situaciones necesitadas de una especial protección para garantizar la convivencia pacífica y la tolerancia entre distintos grupos sociales a los cuales es preciso respetar».

En tercer lugar, y como recopilatorio, el TS estimó que cuando las víctimas son miembros de las fuerzas y cuerpos de seguridad puede aplicarse la agravante de actuar por razones de ideología, siempre y cuando en los hechos probados se incluya una descripción de la ideología que tenían en concreto —más allá de su pertenencia a un cuerpo policial—. En otro caso, el hecho de ser agente de la Autoridad ya estaría protegido/comprendido en la aplicación del tipo penal de atentado:

> «Podríamos representarnos una situación a la que fuera de aplicación la agravación de discriminación por ideología a un supuesto en el que la víctima fuera miembro de una fuerza de seguridad del Estado, pues ciertamente la agravación va más allá de su consideración de agente de la autoridad, y no es incompatible, con la pertenencia a un cuerpo policial y el respeto que debe generar como depositario del principio de autoridad, pero sería preciso que en el hecho probado resultara patente una situación de discriminación y demás requisitos de la agravación. Reiteramos que en el hecho probado no refiere una situación de comparación, ni refiere una situación de desigualdad, ni una situación ideológica que el autor haya tenido en cuenta como móvil de su actuar.
>
> El que fueran guardias civiles ya ha sido tenido en cuenta para conformar la tipicidad en el delito de atentado, por lo que es de observancia la interdicción del art. 67 CP., cuando dispone que no se aplicarán [a] las circunstancias agravantes o atenuantes que la ley haya tenido en cuenta al describir o sancionar una infracción, ni las que sean de tal manera inherentes al delito que sin la concurrencia de ellas no podría cometerse (principio de inherencia) . Por otra parte, tampoco se describe una situación objetiva de especial vulnerabilidad, y por tal no puede ser tenida la guardia civil. Por todo ello, se estima el motivo y se suprime la aplicación de la agravante de discriminación del art. 22.4 CP».

Los magistrados MAGRO SERVET y DEL MORAL GARCÍA emitieron un voto particular que partió de la premisa de que, efectivamente, la Guardia Civil como institución es políticamente neutra:

> «Hemos de coincidir en la premisa de que una institución del Estado como es la Guardia Civil es políticamente neutra; no tiene una ideología más allá de que como todas las fuerzas y cuerpos de seguridad del estado adquiera un compromiso de especial defensa de la Constitución y las leyes, así como de los derechos y libertades que, principios éstos que, así descritos, no constituyen una ideología en el sentido del art. 22.4 CP».

Sentado lo anterior, los magistrados discreparon del sentir mayoritario en tres aspectos fundamentales: en primer lugar, razonaron que «el concepto «ideología de la víctima» excluiría a la guardia civil como sujeto pasivo del acto de discriminación». Para los magistrados MAGRO SERVET y DEL MORAL GARCÍA lo que determinó la agresión fue precisamente la ideología que tenían los acusados en relación a las víctimas. El móvil giró en torno a la idea de aquellos de que las víctimas representaban al Estado y fueron atacadas no simplemente por ser Guardias Civiles, sino por lo que eso conllevaba para los acusados —ser miembros del Estado—:

> «Los actos excluyentes a las personas que representan instituciones del Estado son actos de discriminación por una cuestión de ideología contra lo que representa el Estado y se proyecta en las victimas como sujetos pasivos por razón de la distinta ideología que para los autores tienen respecto de ellos en este posicionamiento excluyente y, por tanto, discriminatorio.
>
> [...] No se le agrede por esto, por ser guardia civil. Es algo más. Es un plus en la acción desplegada, en la intención de que su "ideología" como miembro perteneciente a una institución del Estado español, era diferente a la de los condenados. Y es un hecho diferencial impuesto por los recurrentes [...]».

En segundo lugar, disintieron de que «la discriminación ya está embebida en el delito de atentado y, en consecuencia, se produciría una infracción del principio non bis in ídem si se aplicara el delito de atentado y al mismo tiempo la agravante del art 22.4 CP». El motivo de diferenciación radica en que el fundamento del delito de atentado y de la agravación son diferentes y, en consecuencia, compatibles —pueden concurrir ambos—. Ello por cuanto con el primero se castigan los ataques contra los agentes de la Autoridad, mientras que con el segundo se sancionan las acciones discriminatorias. En el caso concreto, los acusados fueron más allá de una agresión por ser agentes de la Autoridad, quisieron expulsarles de Alsasua, discriminarles por pertenecer a una institución del Estado. En sus palabras:

> «a.- La agravante del art. 22.4 CP va mucho más allá de una mera ofensa al principio de autoridad y supone, y debe suponer, un mayor reproche penal que el mero hecho de atentar, simplemente a un agente por el hecho de ser agente de la autoridad.
>
> b.- La agravante del art. 22.4 CP tiene un matiz diferenciador cuya reprochabilidad penal se enraiza en una mayor de carga diferenciar entre el sujeto activo y el pasivo primando el matiz subjetivo de desprecio, apartamiento, anulación, deseo

de prohibición de residir en el mismo lugar que el sujeto activo, y, sobre todo, con la carga de odio que conllevan los actos que integran la discriminación y que quedan perfectamente descritos en los hechos probados, con una mayor fuerza que el mero hecho de atacar el principio de autoridad.

c.- Este plus en el ataque debe conllevar la proporcionalidad punitiva de una agravante y una respuesta penal más grave que el mero ataque al principio de autoridad, ya que el hecho probado no describe, tan solo, un mero ataque al principio de autoridad, sino un componente de odio a los sujetos pasivos por su pertenencia a un colectivo. Y ello conlleva la exigencia del reconocimiento de una mayor gravedad del hecho, y, por consiguiente, de un mayor reproche penal.

d.- Se habla, así, de la triple identidad de hechos, sujeto y fundamento, que es lo que constituye el presupuesto de aplicación de la interdicción constitucional de incurrir en bis in idem, sea éste sustantivo o procesal, y delimita el contenido de los derechos fundamentales reconocidos en el art. 25.1 CE

e.- Y la inexistencia de vulneración del principio "non bis in idem" radica, precisamente, en que una cuestión es el dato objetivo que integra el tipo penal de la condición de agente de la autoridad y que conforma el atentado y otra bien distinta es la intención, como elemento subjetivo de agredir a las víctimas por su condición y pertenencia a un colectivo con la intención clara de discriminarlas por su exclusión social en su zona de acción de los recurrentes. No puede darse, por ello, una prohibición del non bis in ídem si se desafecta el dato objetivable de la condición de agente, de la verdadera intención que subyacía al ataque a las víctimas del delito y que integra la agravante de discriminación».

Finalmente, Magro Servet y del Moral García se opusieron al argumento de que «la agravante del art 22.4 CP solo puede aplicarse a colectivos dignos de una especial protección y aquellos sobre los que se trate de personas desvalidas, no estando el colectivo de la Guardia civil en este supuesto de especial protección». La separación del sentir mayoritario se basó en la redacción del art. 22.4 CP. que, a diferencia de lo que sucede con los «delitos de odio», no exige con carácter imperativo que se dirija contra personas/colectivos vulnerables:

«No es preciso que los sujetos pasivos representados en el art. 22.4 CP tengan que referirse a personas dignas de protección o desvalidas. No lo exige categóricamente el precepto. Y así, por razón de raza, no es preciso que la raza del sujeto pasivo sea digna de protección y, sin embargo, se les protege si se le agrede por su "raza diferente", pertenecer a una determinada religión y ser atacado por ello, católica, ortodoxa, etc. no exige que los miembros de esa pertenencia a la religión deban ser dignos de especial protección, y, sin embargo, si se les agrede por esa condición, y, queda probado esa intención de agredir a una persona por su religión, se aplica la agravante sin ser preciso que su religión sea precisa de una protección específica.

Es el acto y su intención lo que conlleva la aplicación de la agravante, no si ese colectivo precisa de protección. [...] Se les discrimina por su pertenencia al colectivo citado, y lo que éste representa como institución del Estado español, y por eso se les agrede. Eso es discriminar por hacerlo al "diferente". De lo que se trataba es de llevar a cabo un ataque a una institución representativa del Estado español y su odio por su presencia en la zona geográfica con un deseo de desaparición del lugar, que es lo que motiva el ataque».

Más reciente la STS n.º 155/2022 de 22 de Febrero, FDIII, caso de los tirantes, analizó el recurso interpuesto por el condenado por un delito de asesinato en el que en primera instancia se apreció la concurrencia de la circunstancia agravante de actuar por motivación ideológica.

Los hechos ocurrieron en la madrugada de diciembre de 2017 en el exterior de un bar en Zaragoza. La víctima estaba sentada y un amigo del agresor le contó que «era de extrema derecha o neonazi y que en ocasiones llevaba tirantes con los colores de la bandera española». A partir de ahí comenzó una agresión que terminó con la muerte de la víctima.

El TS no apreció la agravante de discriminación ideológica en atención al contexto —no quedó suficientemente probado dicha motivación como la que le llevó a asesinar—:

> «(N)o aparece claramente determinado que el actuar lesivo para la vida, el segundo de los descritos, fuera condicionado por un comportamiento de tipo discriminatorio por la ideología de la víctima. El hecho primero, el de los insultos, sí refieren una agresión verbal por motivos ideológicos, pero el posterior puede tener otra causa, principio in dubio por reo, ajena a la ideología y concretada en la conversación que ambos tuvieron en el exterior del bar cuyo contenido se ignora[468]».

Desde un punto de vista doctrinal, Llaquet de Entrambasaguas propuso la redacción de una ley integral dedicada a la protección contra los delitos de odio en la que se recordase a los diferentes responsables religiosos la responsabilidad que tienen por sus palabras:

> «Los predicadores —como personas públicas que son—, deben ser conscientes de la trascendencia de sus intenciones y palabras, y también deben tener en cuenta quienes son los destinatarios de sus discursos religiosos, evitando en todo momento que dichos discursos sean vejatorios, discriminatorios o que fomenten o inciten al odio[469].
>
> Desde diversas instituciones y colectivos se reclama una Ley de protección integral contra los delitos de odio que incorpore políticas públicas antidiscrimi-

468 Tal y como apuntó Vicente Magro Servet en la STS n.º 437/2022 de 4 de mayo ponente, FD IV (estudiada más adelante): «en ese caso, de haberse hecho constar o declarar probado que el ataque tuviera esa connotación, la agravante del art. 22.4 CP se hubiera aplicado, pero no lo fue ante la duda de las razones del ataque final no expresadas y sin constancia clara».

469 Llaquet de Entrambasaguas, José Luis: «Responsabilidades de los ministros de culto que inciten al odio», *Libertad de expresión y discurso de odio por motivos religiosos,* Colección Estudios Jurídicos y Sociales, ediciones Licregdi, 2019, p. 314.

natorias. Esta ley, desde nuestro punto de vista, debería contener una referencia explícita a los ministros de culto, reconociendo su labor humanitaria y su contribución a la convivencia social y, a la vez, que exhortara a los líderes religiosos de los que dependen a formarlos en valores inclusivos y cívicos y a evitar por todos los medios prédicas discriminatorias, vejatorias o que fomenten el odio, sancionándolas en el derecho intraconfesional o, en caso de comisión de delitos, por el derecho penal[470]».

Parejo Guzmán después de recordar qué es la libertad religiosa[471] explicó que las tensiones que pueden existir son bidireccionales; esto es, hay discursos que atacan convicciones religiosas, pero también se dan alocuciones religiosas que pueden ofender a quienes no lo son:

«[...] hay que tener en cuenta que dichos conflictos no solo tienen una dirección sino que pueden provenir de ataques verbales que son difamatorios u ofensivos para las creencias religiosas o también de ciertos discursos que son de inspiración religiosa que pueden ser considerados como contrarios a otros derechos fundamentales. Por lo que este discurso del odio puede darse en estas dos direcciones[472]».

La autora concluyó que parte del discurso del odio es antirreligioso y que de forma intencionada o no, puede atacar a la religión —en especial a la católica—. Con esa finalidad se pueden señalar discursos religiosos que al menos en apariencia atentan contra la mujer desde la perspectiva de género. Por este motivo, invitó a ser cautelosos y distinguir cada caso en concreto para no criminalizar cualquier discurso de inspiración religiosa como delito de odio:

«(L)o que opinamos que está claro es que "todo Estado como el nuestro debe ir en la línea de actuación de no permitir que la libertad religiosa sea la vía para negar a las mujeres el derecho a construir y ejecutar un proyecto de vida en condiciones de igualdad". En este sentido, "para que la libertad de religión no sea contraria a los derechos de la mujer es indispensable que el derecho a la diferencia implicado por esa liberad no se entienda como un derecho a la indiferencia ante la condición de la mujer. Opinamos pues que, por contra a esta inacción, existe la conveniencia de acometer las modificaciones legislativas que sean necesarias en nuestro país para garantizar cuestiones tan básicas e importantes en un Estado social y democrático de Derecho como es el nuestro tales como el reconocimiento, respeto y

470 *Ibid.*, p. 319.

471 «(E)s un derecho fundamental que se refiere a la opción que tiene cada persona de poder elegir libremente su religión, de no elegir ninguna, o incluso de no creer en la existencia de un Dios». *Vide* Parejo Guzmán, María José: «Libertad religiosa y libertad de expresión: la tolerancia y el discurso del odio religioso por razones de género», *Libertad de expresión y discurso de odio por motivos religiosos,* Colección Estudios Jurídicos y Sociales, ediciones Licregdi, 2019, p. 326.

472 *Ibid.*, p. 333.

protección de la dignidad de la mujer, la igualdad sexual y los derechos y libertades más fundamentales".

[...] Como conclusión final diremos que, no obstante, en cualquier caso, consideramos que hay que tratar de objetivar los supuestos que se nos planteen en los que se sospeche que pueda estar produciéndose un discurso de odio religioso por razón de género. Esto es, juzgarlos uno a uno y sin perder de vista los elementos que acabamos de indicar, pero analizando en profundidad, para poder proteger a la figura de la mujer evitando así cualquier posible discriminación por razón de género, si en cada uno de ellos la libertad de expresión ejercida merece ser limitada y restringida porque se esté ejerciendo de una forma tan, permítaseme la expresión, "bárbara" que pueda estar produciendo la comisión de un delito punible penalmente como una conducta propia del discurso de odio religioso por razón de género. En esto consiste lo que proponemos, en analizar los supuestos cuidadosamente uno a uno, sin caer por tanto jamás en generalizaciones o establecimiento de reglas generales para todos los supuestos que puedan producirse, comprobando con detenimiento todos y cada uno de los elementos que acabamos de señalar para saber si de verdad en cada supuesto se está produciendo la comisión del delito de discurso de odio religioso por razón de género del 510 del Código Penal o no. En definitiva, lo que estamos queriendo decir es que hay que tener cuidado porque, de lo que puede ser algo tan loable como tratar de proteger a la figura de la mujer ante un delito de discriminación en el seno de una confesión religiosa, puede caerse, de forma inconsciente y/o de forma premeditada, en utilizar de forma excesiva el recurso a la posible comisión de este delito del discurso de odio religioso por razón de género para aprovechar las ganas de algunos de arremeter contra determinadas confesiones religiosas, que además, por suerte o por desgracia, suelen ser la católica y la musulmana como hemos visto en los supuestos analizados en este trabajo[473]».

SANJURJO RIVO también estudió el discurso religioso que puede catalogarse como «odioso» por razón de género, orientación e identidad sexual. Al igual que PAREJO GUZMÁN exhortó a ir caso por caso. Para él lo relevante es que el mensaje analizado en su contexto genere o no un riesgo/peligro concreto y no en abstracto. En otro caso, supone castigar la «idea odiosa» en lugar de la «acción odiosa»:

«El adelantamiento de la barrera punitiva y el vaciamiento de la carga incitadora del discurso odioso aleja cada vez más la punición de la posible acción intolerante en la misma medida que la aproxima a la de la idea intolerante. Idea que, además, como se ha visto, se somete a un juicio de peligrosidad abstracta, pudiendo incluso desvincularse del concreto contexto en que se emite; o a un juicio de peligrosidad potencial o hipotética en el que la situación de peligro ni siquiera es un elemento del tipo, de suerte que lo que parece penalizarse y, por tanto, excluirse de

473 *Ob. cit.* pp. 342 a 346.

las expectativas de conducta cubiertas por el derecho fundamental a la libertad de expresión es la mera transmisión de este tipo de ideas (odiosas). [...]

No cabe duda de que este tipo de expresiones en general, y en particular —y en lo que concierne a este trabajo— las dirigidas contra mujeres y minorías sexuales, provocan rechazo e incluso repulsión, al menos en la mayoría de la sociedad, y desde luego no facilitan y pueden ser efectivamente nocivas para la convivencia. Pero una cosa es que esa mayoría trate de evitar que este tipo de discursos se conviertan en hegemónicos o dominantes, lo cual constituye un objetivo político legítimo y deseable, y otra distinta es que esa misma mayoría se arrogue la facultad de excluir del debate público este tipo de discursos o ideas execrables. La distancia que media entre una y otra alternativa es exactamente la misma que existe entre la implementación de ciertas políticas públicas (educación cívica, etc.) orientadas, por así decirlo, a generar una inmunidad de grupo frente a este tipo de expresiones, y el recurso a la represión penal para extirparlas del espacio público de debate. Ello no quiere decir, sin embargo, que, en aquellos supuestos —como en algunos de los descritos en este trabajo— en los que este tipo de discursos provocan ciertamente un riesgo de lesión de los bienes jurídicos protegidos no esté justificada la utilización de la vía penal. No lo está, en cambio, a nuestro juicio, cuando —como en la mayoría de los casos con los que se inicia este texto— el hacerlo supone tipificar conductas a pesar del alejamiento y difuminación del riesgo de lesión de los bienes jurídicos objeto de protección que tales conductas ocasionan, lo cual, por una parte, repugna a los principios que informan el derecho penal y, por otra, violenta la configuración constitucional del derecho de libertad de expresión[474]».

D. Motivos relativos a la situación familiar

FGE:

«El art. 23.1 PIDCP establece que "la familia es el elemento natural y fundamental de la sociedad y tiene derecho a la protección de la sociedad y del Estado". En coherencia con lo anterior, el art. 39.1 CE señala que "los poderes públicos aseguran la protección social, económica y jurídica de la familia".

La definición de familia, sin embargo, se ha ido modulando progresivamente en función de la evolución histórica y social de cada comunidad, admitiendo formas de organización diversa. El TEDH ha reconocido que la noción que se recoge en el art. 8.1 CEDH ("toda persona tiene derecho al respeto de su vida privada y familiar") no se limita a la fundada en vínculos matrimoniales y acoge otras situaciones de hecho (STEDH de 26 de mayo de 1994, Keegan contra Irlanda).

Sea como fuere, bajo esa denominación de "situación familiar" se pueden englobar las conductas que discriminen por razón de la filiación, del estado civil o de

474 Sanjurjo Rivo, Vicente A: «¿Es el discurso religioso odioso por razones de género, orientación e identidad sexual un discurso de odio?», *UNED. Revista de Derecho Político,* n.° 112, septiembre-diciembre 2021, pp. 212-213.

cualquier otra condición, actividad, expresión o creencia de los familiares, tutores, adoptantes, o personas encargadas de la guarda o acogimiento».

E. Motivos por pertenencia de sus miembros a una etnia, a una raza, antigitanismo[475]

FGE:

«Tal y como expresa la STEDH de fecha 13 de diciembre de 2005, Timishev contra Rusia, "La etnicidad y la raza están relacionadas y son conceptos que se solapan. Mientras la noción de raza está basada en la idea de clasificación biológica de los seres humanos en subespecies según características morfológicas como el color de la piel o características faciales, la etnicidad tiene su origen en la idea de grupos sociales marcados por una nacionalidad común, afiliación tribal, creencias religiosas, lenguaje compartido u orígenes y antecedentes culturales y tradicionales". Por lo tanto, el concepto raza hace referencia a cuestiones de índole físico o biológico, mientras que la noción de etnia es más amplia por cuanto abarca aspectos de naturaleza cultural o social».

F. Motivos relativos a la nación, al origen nacional

FGE:

«La introducción ex novo del término "nación" no ha impedido mantener el "origen nacional" —recogido con anterioridad en el precepto— de forma diferenciada. El origen nacional debe interpretarse como lugar de nacimiento o procedencia, ya que puede tratarse de una nación distinta de aquella a la que actualmente se pertenezca o en la que se resida.

El origen nacional responde al concepto de "ascendencia" de la DM 2008/913/JAI».

---

475 Se trata de odio hacia las comunidades gitanas. En la obra de AGUILAR GARCÍA, Miguel Ángel (director) y otros: *Manual práctico para la investigación y enjuiciamiento de delitos de odio y discriminación.* Generalitat de Catalunya, Centre d´Estudis Jurídics i Formació Especialitzada, 2015, pp. 64 y 65 encontramos la siguiente definición:

[...] *hacer referencia a una forma específica de racismo, intolerancia y discriminación hacia las comunidades gitanas. Para describir esta realidad, aunque con algunos matices, se utilizan también términos como romafobia y antiziganismo.*

Para describir esta realidad, aunque con algunos matices, se utilizan también términos como romafobia y antiziganismo La Comisión Europea contra el Racismo y la Intolerancia (ECRI) del Consejo de Europa define el antigitanismo como «una forma específica del racismo, una ideología basada en la superioridad racial, una forma de deshumanización y de racismo institucional alimentado por una discriminación histórica, que se manifiesta, entre otras cosas, por la violencia, el discurso del miedo, la explotación y la discriminación en su forma más flagrante, haciendo hincapié en el hecho de que el antigitanismo es una forma de racismo particularmente persistente, violenta, recurrente y banalizada, y convencida de la necesidad de combatir este fenómeno a todos los niveles y por todos los medios».

Magro Servet como ponente de la STS n.º 437/2022 de 4 de mayo, FD IV, confirmó la condena impuesta por la AP de Barcelona por tres delitos de odio (tres delitos contra la integridad moral del art. 173.1 CP en concurso de normas con tres delitos contra el ejercicio de los derechos fundamentales del art. 510.2 siendo estos de aplicación por el principio de especialidad del art. 8.1 CP.)

Los condenados pertenecían a un grupo radical violento llamado *desperdicis* que en junio de 2016 en Barcelona atacaron a un grupo de la plataforma *Barcelona con la selección* que había instalado una carpa «que tenía por objetivo hacer una campaña divulgativa en defensa de la instalación de pantallas gigantes para que la ciudadanía pudiera ver los encuentros deportivos en los que jugara la selección y entre ellos, los correspondientes al torneo de la Eurocopa de Francia de 2016».

La defensa argumentó que no cabía aplicar el artículo 510 CP. por cuanto las víctimas no pertenecían a un colectivo vulnerable. Sin embargo, el TS consideró que lo que movió a los recurrentes fue el odio a la nación española y no era necesario que perteneciesen a un grupo minoritario. Así, en primer lugar, respecto de la motivación razonó lo siguiente:

> «[...] se perpetra el odio a las víctimas por razón del concepto nación pretendiendo la exclusión personal presencial de lo que pueda simbolizar a España además de por la ideología sobre lo que representa la nacionalidad. No se trata de odio por razones deportivas o futbolísticas. No es eso lo que se desprende de los hechos probados.
>
> [...] ataque a las víctimas (lo fue) por su nacionalidad de pertenencia a España, pero también por la ideología sobre la nacionalidad y la creencia sobre ese dato objetivo, y, obviamente, por instalar una carpa que hacía referencia a la selección española, pero esencialmente un ataque a lo que representa la nacionalidad española y los que allí estaban apoyándolo.
>
> Por ello, el ataque se produce por razón de:
>
> 1.- La nacionalidad española de las víctimas y el odio que exponen y manifiestan hacia ello con sus actos los autores.
>
> 2.- La ideología sobre la nacionalidad de las víctimas que representa para los autores con un componente de odio hacia las mismas.
>
> 3.- La creencia sobre ese dato objetivo que para los autores se expresa con sus actos agresivos de odio a lo que no aceptan por razón de nacionalidad e ideología sobre lo que conlleva ser español y sus significación de exclusión para los autores».

En segundo lugar, el TS no compartió la tesis de la defensa, no consideró que fuera necesario que las víctimas fuesen vulnerables al no exigirlo expresamente el tipo penal:

> «Hay que señalar que ni el art. 173 ni el 510.2 a) CP señalan que las víctimas sean vulnerables. El concepto de la "vulnerabilidad" no es un elemento del tipo, ya que no forma parte de la estructura de exigencias de los elementos que los

conforman, y si el legislador lo hubiera querido así lo hubiera hecho constar. No se trata de una interpretación extensiva o restrictiva del tipo penal, sino de adecuación a las exigencias de lo que dice el precepto, y ninguno de ellos exige la vulnerabilidad en las víctimas del delito.

Como apunta el Fiscal de Sala, la diferencia entre uno y otro tipo penal radica en que el sujeto pasivo del art. 173.1 del Código Penal puede ser cualquier persona mientras que en el art. 510.2 a) lo son las personas que encajen en alguno de los motivos de discriminación expresamente previstos en el citado tipo penal.

Y, por ello, en este caso la agresión se cometió por el mero y simple hecho de ser españolas y defender la españolidad, en este caso representada por los colores de la selección española de fútbol, en definitiva por su nacionalidad y por no aceptar sus ideas. Son dos los motivos de discriminación que concurren en el caso presente: nación, en este caso representada por la nación española, e ideología, al no aceptar las ideas de las víctimas en defensa de sus postulados.

[...] cuando se acredita que el ataque se produce en razón a la ideología forma parte del discurso del odio al diferente, y consta la ideología en el art. 510.2 a) CP pero que en este caso a la ideología sobre la nacionalidad se añade que el ataque se produce por el concepto afectante al odio a "lo español" y por ser españoles las víctimas y por querer desterrar del lugar donde estaban en la carpa todo lo que se relacione con España, aunque en este caso era la selección española de fútbol. No supuso, pues, un acto de odio a la selección española de fútbol, sino a lo que representa la misma y, en virtud de ello, la presencia de las víctimas en la carpa potenciaba en la mente de los recurrentes la presencia de España en el lugar, que era lo que querían desterrar los recurrentes y así lo expresaron con claridad y consta en los hechos probados».

G. Motivos por razón de su sexo, orientación o identidad sexual

FGE:

«La RPG n.° 15 ECRI define la "orientación sexual" como "la capacidad de cada persona de sentir una profunda atracción emocional, afectiva y sexual por personas de un género diferente al suyo, o de su mismo género, o más de un género, así como la capacidad de mantener relaciones íntimas y sexuales con estas personas". De lo que se deduce su diferencia conceptual con el "sexo", entendido éste como sexo biológico, y con la identidad sexual.

En efecto, de nuevo la RPG n.° 15 ECRI se refiere a la identidad de género como "la vivencia interna e individual del género tal como cada persona la siente profundamente, la cual podría corresponder o no con el sexo asignado en el momento del nacimiento, incluyendo la vivencia personal del cuerpo (que podría involucrar la modificación de la apariencia o la función corporal a través de medio médicos, quirúrgicos o de otra índole, siempre que la misma sea libremente escogida) y otras expresiones de género, incluyendo la vestimenta, el modo de hablar y los modales". En definitiva, la identidad sexual debe entenderse como la forma que cada persona siente que se define sexualmente, con independencia del sexo biológico».

H. Motivos por razones de género

FGE:

«Como recuerda el Preámbulo de la LO 1/2015, la palabra "género" ha de ser entendido de conformidad con el Convenio n.° 210 del Consejo de Europa, sobre prevención y lucha contra la violencia contra las mujeres y la violencia doméstica, aprobado en Estambul por el Comité de Ministros del Consejo de Europa el 7 de abril de 2011. En ese documento se define el género como "los papeles, comportamientos o actividades y atribuciones socialmente construidos que una sociedad concreta considera propios de mujeres o de hombres". En este sentido, se habría manejado un concepto social o cultural del género que puede constituir un fundamento de acciones discriminatorias diferente del que abarca la referencia al sexo.

No obstante, hoy en día está ampliamente aceptado que la mención al "género" ha de entenderse referida a las mujeres. Y en tal sentido, la Convención de Naciones Unidas sobre la Eliminación de todas las Formas de Discriminación contra la Mujer, hecha en Nueva York el 18 de diciembre de 1979 (BOE 21/03/1984), define la discriminación contra la mujer como "toda distinción, exclusión o restricción basada en el sexo que tenga por objeto o por resultado menoscabar o anular el reconocimiento, goce o ejercicio por la mujer, independientemente de su estado civil, sobre la base de la igualdad del hombre y la mujer, de los derechos humanos y las libertades fundamentales en las esferas política, económica, social, cultural y civil o en cualquier otra esfera" (art. 1).

La STS 565/2018, de 19 de noviembre, dice: "En suma, y como dice la doctrina más autorizada, la agravante de género debe aplicarse en todos aquellos casos en que haya quedado acreditado que el autor ha cometido los hechos contra la víctima mujer por el mero hecho de serlo y con intención de dejar patente su sentimiento de superioridad frente a la misma, es decir, en aquellos casos en que se cometió el hecho por esa motivación, que atenta contra el principio constitucional de igualdad. Por el contrario, la circunstancia mixta de parentesco del artículo 23 del Código Penal responde a parámetros objetivables relacionados directa o indirectamente con la convivencia. Es por ello que responden a fundamentos distintos y pueden aplicarse de manera conjunta respecto de un mismo supuesto, siempre que en el relato fáctico de la Sentencia se hagan constar los hechos que dan lugar a la aplicación de una y otra"».

TS ha continuado en la misma línea, p.ej. la *STS (Sección 1.ª) n.° 444/2020 de 14 de septiembre, «FD III al considerar que la agravante de género se basa en una concepción desigual de la mujer en base a concepciones sociales; razón por la cual se protege a todas las mujeres —sin que sea preciso para su apreciación que el agresor sea o haya sido pareja—».*

«Los términos sexo y género aluden a diferentes realidades. Ambos han sido definidos por la OMS: "El sexo se refiere a las características biológicas y fisiológicas que definen a los hombres y a las mujeres. El género se refiere a los papeles, comportamientos, actividades y atributos construidos socialmente, que la sociedad considera apropiados para los hombres y para las mujeres". No es el sexo de los sujetos activo y pasivo lo que el legislador toma en consideración con efectos agravatorios cuando de discriminación por razones de género se trata, sino el carácter especialmente lesivo de ciertos hechos a partir del ámbito relacional en el que se producen y/o del significado objetivo que adquieren como manifestación de una grave y arraigada desigualdad. Desigualdad no sustentada en la condición biológica de la mujer, sino ensamblada en una concepción social sobre los roles de relegación y subordinación al varón que tradicionalmente se le han atribuido.[...]

A partir de tales pautas, como señaló la STS 565/2018, de 19 de noviembre, marcando una línea seguida por otras posteriores, el ámbito de aplicación de la agravante de discriminación por razones de género extravasa las relaciones conyugales o de pareja. En cuanto a los delitos sobre los que puede operar, siempre que su configuración lo permita, en principio no habrá que establecer más exclusiones que la de aquellos que incluyan en su descripción típica factores de género. En concreto, su compatibilidad con los delitos contra la libertad sexual, que no incorporan en su descripción típica, ya lo hemos dicho, ningún elemento vinculado al género, queda fuera de toda duda. Así lo refrendó expresamente la STS 99/2019, de 26 de febrero. No olvidemos, en la órbita de lo señalado por el Convenio de Estambul, la violencia sexual, especialmente en el ámbito de víctimas adultas, afecta desproporcionadamente a las mujeres.

[...] No requiere la agravante de un elemento subjetivo específico entendido como ánimo dirigido a subordinar, humillar o dominara la mujer, (así lo hemos dicho en la STS 99/2019) pero sí que objetivamente, prescindiendo de las razones específicas del autor, los hechos sean expresión de ese desigual reparto de papeles al que es consustancial la superioridad del varón que adquiere así efecto motivador. Todo ello determinado a partir de las particulares circunstancias que rodean los hechos y del contexto relacional de agresor y víctima, no limitado al ámbito conyugal o de pareja, desde luego no lo impone el precepto (artículo 22.4 CP), sino a todos aquellos en los que se conciten hombres y mujeres, y sean susceptibles de reproducir desiguales esquemas de relación que están socialmente asentados. Por ello bastará para estimarse aplicable la agravante genérica que el hecho probado de cuenta de tales elementos que aumentan el injusto, porque colocan a la mujer víctima en un papel de subordinación que perpetúa patrones de discriminación históricos y socialmente asentados; y en lo subjetivo, que al autor haya asumido consciente y voluntariamente ese comportamiento que añade el plus de gravedad.

El de las relaciones sexuales es claramente uno de estos ámbitos en el que tradicionalmente han operado marcados estereotipos de género que relegaban a la mujer a la procreación, o a la condición de mero objeto de placer. Ahora bien, no todo delito contra la libertad sexual perpetrado por un varón sobre una sobre una mujer será tributario de la agravación, pues además de ese ámbito relacional es necesario que las circunstancias que rodean los hechos, revelen que se trata de un acto de dominio machista. Circunstancias que podrán ser de toda índole, en cuanto rebasen los elementos de tipicidad de la modalidad aplicada, sea la básica o alguna de las agravadas, en todo caso huyendo de supuestos de doble incriminación. Sin la pretensión de elaborar un catálogo exhaustivo, habrá de colocarse el foco, en la especial vinculación entre agresor y víctima, en las expresiones proferidas, el carácter especialmente denigratorio las practicas desarrolladas, el número de actores, el simbolismo de determinados actos, entre otros [...]».

Más reciente la *STS (Sección 1.ª) n.º 66/2022, de 27 de enero, FD III*, abordó otro supuesto del que se pueden extraer consecuencias para todos los motivos de discriminación. El TS descartó la aplicación de la circunstancia agravante de género en un caso en el que se condenó a un hombre por matar a otro por el único motivo de relacionarse con su ex pareja. Las acusaciones defendieron que lo que movió al condenado a matarle fue precisamente su relación con su ex mujer, como una forma de hacerle daño a ella. Sin embargo, el TS razonó que pese a la disposición final 6.1 de la Ley Orgánica 8/2021, de 4 de junio de protección integral a la infancia y la adolescencia frente a la violencia es preciso que la motivación se refiera a condiciones de la víctima; y que la actuación delictiva se proyecte sobre la víctima en sentido estricto —sin que se pueda extender al concepto legal de víctima conforme al Estatuto de la víctima—. En este sentido valoró que la Exposición de Motivos no modificó la estructura de la agravante. En sus palabras:

> «Si bien la mención del último inciso expresa que la agravación se aplicará con independencia de que tales condiciones o circunstancias concurran efectivamente en la persona sobre la que recae la conducta, esto no supone que el legislador haya dejado de exigir que el autor proyecte su desprecio sobre el sujeto pasivo de la acción delictiva. El artículo 22.4..ª del Código Penal sigue exigiendo que la motivación que impulsa el delito esté referida a determinadas condiciones que atribuye a la víctima, si bien aclara que, a efectos de aplicar la agravación, resulta irrelevante que estas circunstancias sean realmente concurrentes o que se hayan atribuido a la víctima de forma errónea o ficticia, subrayando así que no será necesario realizar un juicio probatorio sobre la concurrencia de tal condición.
>
> 13.7. Consecuentemente, la disección de los elementos precisos para la aplicación de la circunstancia de agravación, con la conclusión de que el artículo 22.4..ª del Código Penal exige que el autor haya impulsado el delito por proyectar su discriminación sobre la víctima, impone aclarar lo que debe entenderse por víctima del delito.
>
> Al respecto, la Ley 4/2015, de 27 de abril, del Estatuto de la víctima del delito, ofrece en su artículo 2 el alcance del concepto de víctima, previendo:
>
> i) Que por víctima directa se entiende a toda persona física que haya sufrido un daño o perjuicio sobre su propia persona o su patrimonio, en especial lesiones físicas o psíquicas, daños emocionales o perjuicios económicos directamente causados por la comisión de un delito y
>
> ii) Que el concepto únicamente se expande hacia perjudicados indirectos, en los casos de muerte o de desaparición de una persona que haya sido causada directamente por un delito, salvo que se tratare de los responsables de los hechos, considerando que en estos supuestos se atribuirá la condición de víctima:
>
> 1.º A su cónyuge no separado legalmente o de hecho y a los hijos de la víctima o del cónyuge no separado legalmente o de hecho que en el momento de la

muerte o desaparición de la víctima convivieran con ellos; a la persona que hasta el momento de la muerte o desaparición hubiera estado unida a ella por una análoga relación de afectividad y a los hijos de ésta que en el momento de la muerte o desaparición de la víctima convivieran con ella; a sus progenitores y parientes en línea recta o colateral dentro del tercer grado que se encontraren bajo su guarda y a las personas sujetas a su tutela o curatela o que se encontraren bajo su acogimiento familiar y

2.º En caso de no existir los anteriores, a los demás parientes en línea recta y a sus hermanos, con preferencia, entre ellos, del que ostentara la representación legal de la víctima.

Una consideración legal de víctima que se establece para definir su estatuto, pero que no puede ser susceptible de interpretación extensiva para su operatividad en preceptos penales sancionadores».

Desde un punto de vista doctrinal, según Simón Castellano la *STS 444/2020* creó una nueva y autónoma circunstancia agravante de carácter genérico:

«[...] estamos delante de la creación jurisprudencial ex novo de una agravante, autónoma, que no es lo mismo que recoge strictu sensu el artículo 22.4 del Código Penal, que se limita a incluir un motivo discriminatorio más.

Las referencias a los móviles racistas y homófonos operan, como decíamos anteriormente, en pie de igualdad, y son equiparables a los motivos sexistas, entre los que se encuentran la discriminación por razón de sexo, orientación sexual, identidad de género o razones de género.

No siempre empero resultará fácil poder acreditar ante los tribunales la capacidad cognoscitiva y volitiva relacionada con el origen de la agresión. Una acción que tenga su origen en una incepción arraigada en sesgos discriminatorios bien puede pasar desapercibida a ojos de terceros, incluidos nuestros jueces y tribunales, por mucha que sea la carga de la prueba y por las dificultades prácticas en probar aquello que no ha exteriorizado de forma alguna el autor.

Así las cosas, parece indudable que el artículo 22.4 no puede ser interpretado desde una óptica subjetiva o subjetivizante, más bien al contrario, está condenado a ser interpretado de forma restrictiva y a resultar, en definitiva, una circunstancia agravante apreciable sólo en aquellos casos en los que el autor ha acompañado la acción de un efecto propagandístico o intimidatorio.

Su aplicación, entonces, en el ámbito de la discriminación racista, quedaría reducida a los supuestos en los que el autor con ello pretende perpetuar la idea de superioridad racial; o, en el ámbito de las agresiones sexistas, a los supuestos en los que el autor exterioriza la idea de dominación masculina y de discriminación secular contra mujeres o contra varones no heterosexuales (en caso de agresiones homofóbicas).

Sea como fuere, y para lo que aquí interesa, lo que hizo el legislador en sentido estricto fue incorporar un nuevo motivo discriminatorio. La jurisprudencia, sin embargo, parece haberse alejado de la interpretación literal de la dicción del precepto y ha contribuido a crear de facto una nueva agravante, en la medida que cada vez son más las resoluciones que interpretan que en realidad lo que incorpora el artículo 22.4 del CP es una agravante genérica para delitos contra las personas. Tal interpretación amplía la protección más allá de los tipos penales que ya contemplan una modalidad agravada por violencia de género (arts. 153 y 171.4, entre otros), y permite apreciar la agravante en aquellas conductas movidas o basadas en la idea de dominación del hombre sobre la mujer, cuando la acción se exterioriza acompañada de connotaciones propias de la subcultura machista[476]».

Cuenca García destacó, por un lado, que la agravante de género no se limita a un ámbito privado, sino también público: «violencia por razones de género no sólo se produce en el ámbito privado de las relaciones de pareja, sino que puede aparecer, también, en un ámbito público, espacio éste ahora abarcado por la nueva circunstancia, no condicionando su aplicación a la previa relación entre autor y víctima[477]».

De otro lado, se planteó en hipótesis la posibilidad de que la víctima fuera un hombre —que para los agresores no cumple con sus deberes/funciones de género masculinas—:

«[...] Pues bien, como lo más probable es que se mantenga el sistema mixto que he señalado, considero que el ámbito de aplicación de esta nueva circunstancia discriminatoria, en aras a garantizar el principio de igualdad del art. 14 CE, no sólo debe proteger a la mujer por el hecho de ser mujer, sin exigir ninguna relación de pareja o expareja, sino también al hombre cuando su comportamiento o su forma de hacer no se corresponde con su supuesto género. Si bien es cierto que su aplicación se circunscribirá, en la mayoría de los casos a los supuestos en los que el hombre cometa los hechos contra la víctima mujer por el mero hecho de serlo, y con la intención de dejar patente su dominación y superioridad; también cabrá encontrarse supuestos en los que la víctima sea hombre, en los que el autor o autores justifique o fundamente su ataque por el hecho de que no actúa de acuerdo al estereotipo que le corresponde como hombre[478]».

Sánchez Melgar planteó que la razón de ser de la agravante de género reside en que se incrementa la antijuridicidad de la acción y tiene su base en castigar los ataques contra las mujeres (sin ser necesario que el agresor sea o haya sido pareja) por el mero hecho de serlo y por considerarlas como unos seres inferiores:

«(L)a agravante de género supone una situación de subyugación o dominación por parte del sujeto activo del delito sobre el pasivo, pero con la novedad de que

476 Simón Castellano, Pere: «La construcción jurisprudencial de la agravante de género: notas a la STS de 14 de septiembre de 2020», *Diario La Ley, Wolters Kluwer, Sección Tribuna*, n.° 9728, 4 de Noviembre de 2020.

477 Cuenca García, María José: «Ámbito de aplicación de la nueva circunstancia agravante de discriminación por razón de género (art. 22.4 cp.): análisis doctrinal y jurisprudencial», *La investigación en Derecho con perspectiva de género*, Dykinson, 2020, pp. 348.

478 *Ibid*. p.351.

no se concreta de forma exclusiva el ámbito de aplicación de la agravante sólo a las relaciones de pareja o ex pareja, sino en cualquier ataque a la mujer con efectos de dominación, por el hecho se ser mujer[479]».

Lo relevante es acreditar la existencia de los actos de dominación[480].

I. Aporofobia

Conforme a la RAE se define como «Fobia a las personas pobres o desfavorecidas[481]».

«Se trata del desprecio a los pobres, la fobia, la aversión, o el rechazo u odio al pobre, al sin techo, a las personas sin hogar[482]».

J. Motivos por enfermedad

FGE:

«La RAE define el término enfermedad como "alteración más o menos grave de la salud". El Preámbulo de la Constitución de la Organización Mundial de la Salud (1946) define el término "salud" como "un estado de completo bienestar físico, mental y social, y no solamente la ausencia de afecciones o enfermedades".

Estas nociones, sin embargo, son demasiado amplias. La enfermedad como categoría de discriminación contemplada en el precepto penal parece limitarse a la de carácter permanente o duradero, como sostienen algunos autores. El caso más común, aunque no el único, es el de quienes actúan por odio discriminatorio a personas portadoras del VIH (en este sentido, Resolución 1536 [2007], de 25 de enero, de la Asamblea Parlamentaria del Consejo de Europa sobre VIH/Sida en Europa)».

---

479 Sánchez Melgar, Julián: «La agravante de género, fundamento y requisitos: repaso jurisprudencial», *Derecho penal, Tirant lo Blanch*, 2021, p. 601.

480 El autor pone ejemplos según se produzcan dentro de la relación de pareja o fuera de ella: Por ejemplo, dentro de la relación de pareja con actos de control de la manera de vestir, relaciones sociales, de su autonomía económica, o con actos de humillación diciendo que no vale para nada, etc. Por ejemplo, fuera de la relación de pareja se darán en supuestos de delitos contra la libertad sexual en los que dentro de su ejecución se dan actos de naturaleza sexual humillantes para la víctima. *Vide* p. 609.

481 https://dle.rae.es/aporofobia (consultado el 16-3-2023).

482 Aguilar García, Miguel Ángel (director) y otros: *Manual práctico para la investigación y enjuiciamiento de delitos de odio y discriminación.* Generalitat de Catalunya, Centre d´Estudis Jurídics i Formació Especialitzada, 2015, p. 63. El término *fue fijado por la catedrática de Ética de la Universidad de Valencia Adela Cortina y es el resultado de la unión de dos palabras griegas: áporos («pobre», «escaso de recursos», «sin salida») y fobia («temor»), que permite definir una realidad, constatada en sus estudios, que no tenía definición.*

K. Motivos por discapacidad

FGE:

«En este punto habrá que remitirse a la interpretación recogida en el art. 25 CP, según el cual:

"A los efectos de este Código se entiende por discapacidad aquella situación en que se encuentra una persona con deficiencias físicas, mentales, intelectuales o sensoriales de carácter permanente que, al interactuar con diversas barreras, puedan limitar o impedir su participación plena y efectiva en la sociedad, en igualdad de condiciones con las demás.

Asimismo, a los efectos de este Código, se entenderá por persona con discapacidad necesitada de especial protección a aquella persona con discapacidad que, tenga o no judicialmente modificada su capacidad de obrar, requiera de asistencia o apoyo para el ejercicio de su capacidad jurídica y para la toma de decisiones respecto de su persona, de sus derechos o intereses a causa de sus deficiencias intelectuales o mentales de carácter permanente".

Finalmente hay que señalar que la ausencia de una cláusula general de cierre que abarque otras situaciones o circunstancias personales o sociales, y la aplicación de principios básicos del Derecho Penal como la interpretación restrictiva y la taxatividad de los tipos penales, impide aplicar el art. 510 CP a supuestos distintos de los previstos expresamente en este precepto.

Al igual que ocurriera con el elemento doloso, la concurrencia de una motivación de odio o discriminación ha de acreditarse normalmente a través de parámetros indiciarios, que serán objeto de especial tratamiento en el apartado siguiente».

6.4.4.5. Conductas típicas/elementos de los tipos penales

La conducta típica tiene varias acepciones:

«Pen. Conducta o actuación humana descrita con sus características objetivas y, en su caso, subjetivas en el tipo de delito.

No se trata de la existencia de una conducta o acción humana en general, positiva o excepcionalmente pasiva, como base de cualquier delito, sino precisamente de la clase de conducta activa u omisiva legalmente tipificada, que puede consistir exclusivamente en uno o varios actos o en la no realización de un acto en los delitos de mera conducta: de mera actividad o de omisión pura o propia, o en los tipos resultativos o de resultado en describir la causación de un resultado, bien de cualquier modo o manera en los delitos puros de resultado, bien especificando las actividades concretas que causan el resultado en los delitos de resultado con modalidades limitadas de ejecución o de acción.

[...] acción, conducta, delito con modalidades limitadas de acción o de ejecución, delito de mera actividad, delito de resultado, omisión, tipo[483]».

483 Definición recogida en el Diccionario panhispánico del español jurídico (*v.* https://dpej.rae.es/lema/conducta-t%C3%ADpica consultado el 5-6-2022).

En definitiva, se trata de plasmar en el CP. aquellos comportamientos que pretenden sancionarse por la sociedad.

A continuación, analizaremos la jurisprudencia generada al interpretar los diferentes preceptos que integran los delitos de odio:

A. Art. 510.1 CP

«510.1. a)

Quienes públicamente fomenten, promuevan o inciten directa o indirectamente al odio, hostilidad, discriminación o violencia contra un grupo, una parte del mismo o contra una persona determinada por razón de su pertenencia a aquel, por motivos racistas, antisemitas, antigitanos u otros referentes a la ideología, religión o creencias, situación familiar, la pertenencia de sus miembros a una etnia, raza o nación, su origen nacional, su sexo, orientación o identidad sexual, por razones de género, aporofobia, enfermedad o discapacidad».

La interpretación jurisprudencial ha tratado de acotar/delimitar la interpretación del precepto para evitar una expansión indeseada. Así:

- STS (Sección 1.ª) n.º 488/2022, de 19 de mayo[484], FD II y III.

El recurrente fue condenado por un delito contra los derechos fundamentales del art. 510.1 a) y 3 del Código Penal a dos años y seis meses de prisión, con la accesoria de inhabilitación especial para el ejercicio del derecho de sufragio pasivo durante el tiempo de la condena; y al pago de una multa de nueve meses y un día de multa con una cuota diaria de dos euros; así como a la pena de inhabilitación especial para profesión u oficio educativo, el ámbito docente, deportivo y de tiempo libre por tiempo de siete años.

Los hechos que motivaron la condena consistieron en que el recurrente hizo uso de la red social *Facebook* (a través de tres perfiles) para difundir el discurso de odio. En concreto, en primera instancia se consideró probado que la usó para:

«dar publicidad a su conversión a aquella religión y exteriorizar públicamente la superioridad de la misma, no solo respecto a las demás religiones sino también en relación a las otras ramas del Islam, al propio tiempo ha utilizado tales perfiles para comunicar y promover sentimientos de repulsión, intolerancia y discriminación hacia determinados colectivos y personas individuales en tales colectivos integradas y en razón de su pertenencia a los mismos, instigando la hostilidad y aversión hacía los mismos y sugiriendo e instigando a la realización de actos violentos contra ellos».

---

484 Confirmó la STSJ de Madrid, Sala de lo Civil y Penal, n.º 223/2020, de 24 de septiembre.

Los grupos hacia los que dirigió los mensajes fueron catalogados del modo siguiente: «(e)n relación con otras ramas del Islam»; «(e)n relación al pueblo español en general y a los andaluces en particular»; «(e)n relación a su intolerancia respecto a la diversidad sexual»; «(e)n relación al colectivo de las mujeres»; y «(e)n relación con la ideología política que identifica de derechas».

La defensa argumentó que «no promovió ni incitó al odio con sus palabras, ya que sólo expresaba sus opiniones o ideas, sin organizar ninguna estrategia que suponga la elaboración de un plan para promover alguna actuación conjunta o en grupo».

Sin embargo, el TS no acogió dicha argumentación: en primer lugar, analizó la antijuridicidad de la conducta (FD II). Al hacerlo puso de relieve la dificultad interpretativa que presenta el precepto. No se trata de castigar los sentimientos, sino acciones; tampoco se pueden considerar delictivos los hechos simplemente porque sean *intolerables*; ni se deben castigar discursos porque no se consideren *éticos*.

El TS, valoró que las frases difundidas por el recurrente tenían pleno encaje en el art. 510 CP. sin que cupiese excluir la antijuridicidad de las mimas: no cabe apreciar la libertad de expresión como una causa de justificación del art. 20.7 CP. —ejercicio legítimo de un derecho—. En este sentido, el TS citó la STC 112/2016, de 20 de junio:

> «puede considerarse necesario en las sociedades democráticas sancionar e incluso prevenir formas de expresión que propaguen, promuevan, o justifiquen el odio basado en la intolerancia. La función jurisdiccional consiste, en estos casos, en valorar, atendiendo a las circunstancias concurrentes, la expresión de las ideas vertidas y las circunstancias concurrentes esto es, si la conducta que se enjuicia constituye el ejercicio legítimo ilícito del derecho fundamental a la libertad de expresión y, en consecuencia, se justifica por el valor predominante de la libertad o, por el contrario, la expresión es atentatoria a los derechos y a la dignidad de las personas a que se refiere, situación que habrá de examinarse en cada caso concreto».

En concreto, el TS consideró que «el discurso del acusado tiene un potencial efecto erosivo de los pilares de la tolerancia que hacen posible la convivencia»; ya que « invita a la acción, a la violencia, a la lucha armada». Así, destacó que *al menos en dos ocasiones, se ofrece a aquél que pueda proporcionarle armas*: «...ya sabéis donde estoy, un arma, información, no me importa acabar muerto o en la cárcel si es tratando de asesinar faxas». Y en otro momento dijo: «...soy Ali Hakim/ Si consigues armamento/ te ayudo a matar faxas».

En segundo lugar, el TS (FD III) consideró que el elemento subjetivo que exige el precepto no es específico, basta con legitimar/justificar el uso de la violencia:

> «la plena conciencia y voluntad de que se está difundiendo un mensaje de odio en el que se menosprecia todo aquello que resulta no aceptado por la particular

visión del mundo y de la vida que suscribe el emisor y en los que se invita a luchar contra el «enemigo» recurriendo, si resulta preciso, a la violencia. Basta con asumir como propia la justificación de una forma violenta de enfrentarse a los «diferentes». Es suficiente, en fin, con la reiteración consciente de esos mensajes [...]».

En tercer lugar, el TS remarcó que se trata de un peligro en abstracto, y no de resultado, lo que conlleva que no es preciso que «ese mensaje desencadene de forma efectiva acciones ejecutadas por terceros estimulados por el mensaje destructivo del agente».

- STS (Sección 1.ª) n.º 675/2020, de 11 de diciembre, FD I y II.

Los recurrentes eran miembros de los grupos musicales *RAC/ OI, Batallón de Castigo y Más Que Palabras*, que celebraron conciertos en el año 2010 en las localidades de Sabadell y de Madrid. Dichos conciertos fueron grabados, y se pudo acceder a su contenido a través de *Internet*. Fueron condenados a un año de prisión, y al pago de una multa de seis meses.

Los hechos fueron cometidos antes de que entrase en vigor la reforma del CP. operada por la L.O. 1/2015, de 30 de marzo; en relación a lo cual, el TS recordó que es *«fundamental la STC 235/2007, de 7 de noviembre de 2007, en la que se hace un repaso por el derecho a la libertad de expresión, que, para lo que aquí nos ocupa, podemos resumir diciendo que no ampara mensajes racistas o xenófobos, porque no es un derecho absoluto»*. De este modo, el TS recalcó que se trata de un delito de peligro en abstracto. En sus palabras:

> lo fundamental no es entrar en disquisiciones sobre si la provocación ha de ser directa o indirecta, adjetivos cuyos contornos no siempre no están claros, sino en precisar la eficacia de esa provocación, esto es, si es capaz de incitar al odio, la violencia o la discriminación, porque, si esto es así, el delito, como de riesgo abstracto que es, quedará consumado.

El TS analizó las actuaciones (incluso la interacción/*feedback* entre los grupos y los asistentes), las letras, su difusión (tuvo en cuenta tanto el número de asistentes, como el alcance/reproducciones por *Internet*), y concluyó que con sus canciones se defendió la supremacía de la raza y se provocaron sentimientos xenófobos y antisionistas.

- STS n.º 72/2018, de 9 de febrero, FD Único

El recurrente fue condenado a la pena de dos años y seis meses de prisión, y al pago de nueve meses de multa con una cuota diaria de 40 euros. Los hechos objeto del procedimiento consistieron en difundir mensajes en contra de las mujeres víctimas de violencia de género, a través de la red social *Twitter*[485].

---

485 Las expresiones divulgadas a través de la red social fueron entre otras:
1-En fecha de 17 de diciembre de 2015 «53 asesinadas por violencia de género machista en lo que va de año, pocas me parecen con la de putas que hay sueltas».

El TS consideró que dichas expresiones constituyeron discurso de odio por razón de género, en atención a su contenido y contexto. En sus palabras: «[...] el contenido de las frases revela el carácter agresivo de las expresiones y la constatación del odio al ir referidas a situaciones en las que desea encontrar a mujeres a las que se refiere en términos agresivos en un contexto de género (art. 510 1 a) CP.».

> «510.1. b
>
> Quienes produzcan, elaboren, posean con la finalidad de distribuir, faciliten a terceras personas el acceso, distribuyan, difundan o vendan escritos o cualquier otra clase de material o soportes que por su contenido sean idóneos para fomentar, promover, o incitar directa o indirectamente al odio, hostilidad, discriminación o violencia contra un grupo, una parte del mismo, o contra una persona determinada por razón de su pertenencia a aquel, por motivos racistas, antisemitas, antigitanos u otros referentes a la ideología, religión o creencias, situación familiar, la pertenencia de sus miembros a una etnia, raza o nación, su origen nacional, su sexo, orientación o identidad sexual, por razones de género, aporofobia, enfermedad o discapacidad.»

- STS (Sección 1.ª) n.º 675/2020 de 11 de diciembre, FD III

Esta misma sentencia, reseñada *supra,* confirmó la condena por el contenido de los materiales intervenidos:

> «merchandising tales como camisetas, polos, sudaderas, parches, banderas, insignias, posters, bolsos, llaveros, pulseras, carteras, pins de contenido racista, xenófobo, antisemita y homófobo así como reproducción de simbología propia del régimen del III Reich de Alemania y de sus líderes, entre ellos Adolf Hitler».

El TS valoró que las ventas de los mismos (ya físicamente, ya por *Internet*) pretendió extender el odio y la violencia generada por la homofobia, xenofobia y antisionismo. Lo relevante para el TS es que se trata de un delito de peligro en abstracto, de mera actividad. De manera que, los recurrentes eran conscientes del riesgo potencial de la distribución de dichos materiales. Y sin que, en ningún caso, pudieran ser amparados por la libertad ideológica o de expresión «dado ese sentido supremacista de desprecio y/o de hostilidad contra individuos de determinados grupos, por el mero de formar parte de una colectividad que no se tolera».

> «510.1. c)
>
> *Quienes públicamente nieguen, trivialicen gravemente o enaltezcan los delitos de genocidio, de lesa humanidad o contra las personas y bienes protegidos en*

2-El 30 de diciembre de 2015 «Y 2015 finalizará con 56 asesinadas, no es una buena marca pero se hizo lo que se pudo, a ver si en 2016 doblamos esa cifra, gracias»
3-El 31 de diciembre de 2015 «Ya tengo los explosivos preparados para esta noche liarla en Sol, Feliz Año, Alá es grande» [...]

caso de conflicto armado, o enaltezcan a sus autores, cuando se hubieran cometido contra un grupo o una parte del mismo, o contra una persona determinada por razón de su pertenencia al mismo, por motivos racistas, antisemitas, antigitanos, u otros referentes a la ideología, religión o creencias, la situación familiar o la pertenencia de sus miembros a una etnia, raza o nación, su origen nacional, su sexo, orientación o identidad sexual, por razones de género, aporofobia, enfermedad o discapacidad, cuando de este modo se promueva o favorezca un clima de violencia, hostilidad, odio o discriminación contra los mismos».

- SAP Barcelona (Sección 8.ª) n.º 99/2020, de 3 de marzo

La Audiencia de Barcelona condenó (con la conformidad del acusado) por un delito del art. 510.1.a) y .3 y. 5 en concurso ideal del art. 77.1 y .2 con un delito del 510.1.c) y .3 y .5 a la pena de dos años de prisión y multa de 9 meses con una cuota diaria de 5 euros.

El acusado era el cantante y guitarrista del grupo *WolfSSturm* —que se define como *NSBM (Nacional Socialista Black Metal)*—e interpretó música *R.A.C* [486]. En concreto, se enjuiciaron dos álbumes: *«Our Enemies must burn»* y *«Unión Bélica Antisemita»*. En atención a las letras de las canciones distribuidas por redes sociales se consideró que trató de fomentar la intolerancia y odio a extranjeros, judíos y musulmanes. De entre las canciones enjuiciadas destaca *6 millones de mentiras* en clara alusión al Holocausto —cuya realidad negaron—.

B. Art. 510.2 CP

«510.2.a)

Quienes lesionen la dignidad de las personas mediante acciones que entrañen humillación, menosprecio o descrédito de alguno de los grupos a que se refiere el apartado anterior, o de una parte de los mismos, o de cualquier persona determinada por razón de su pertenencia a ellos por motivos racistas, antisemitas, antigitanos u otros referentes a la ideología, religión o creencias, situación familiar, la pertenencia de sus miembros a una etnia, raza o nación, su origen nacional, su sexo, orientación o identidad sexual, por razones de género, aporofobia, enfermedad o discapacidad, o produzcan, elaboren, posean con la finalidad de distribuir, faciliten a terceras personas el acceso, distribuyan, difundan o vendan escritos o cualquier otra clase de material o soportes que por su contenido sean idóneos para

486 Según los hechos probados *WolfSSturm* es una *palabra que en lengua alemana combina las palabras «Wolf» (lobo)+S+Sturm (tormenta), intercalando «SS», letras que son el emblema de los escombros Sig de Schultzstaffel, una organización de la Alemania Nazi que nació en 1925 de la mano de Adolf Hitler y guardia personal de la alta jerarquía del Partido Nacional Socialista*.
La música R.A.C *(Roc Against Comunism) o música «Oi»* explica la sentencia *que además de ser difundidas masiva e indiscriminadamente por Internet y redes sociales,* [...], *se interpretan en conciertos que difunden el racismo, la xenofobia, el antisemitismo y la intolerancia más extrema*.

lesionar la dignidad de las personas por representar una grave humillación, menosprecio o descrédito de alguno de los grupos mencionados, de una parte de ellos, o de cualquier persona determinada por razón de su pertenencia a los mismos».

1. Ataques homófobos

- STSJ Madrid n.º 187/2022 de 19 de mayo, FD IV

Los recurrentes fueron condenados a las penas de seis meses de prisión; tres años de inhabilitación especial para profesión u oficio educativos, en el ámbito docente, deportivo y de tiempo libre; y seis meses de multa con una cuota diaria de seis euros.

Los hechos consistieron en que los condenados —por motivación homófoba— fueron contra la víctima, cuando salía del baño del establecimiento en que se encontraban. A continuación, le dijeron varias veces: «maricón, maricón de mierda, te estabas pajeando con tu amigo». Asimismo, le cerraron la puerta del aseo de manera violenta, y provocaron en la víctima un sentimiento de humillación.

La AP consideró que realmente insultaron a la víctima, y cuando lo hicieron manifestaron con claridad una alusión a su orientación sexual. En concreto, la AP expuso:

> «no se limitaron a una transmisión de ideas constitucionalmente amparadas por muy execrables que fueran, sino antes bien insultaron a la víctima aludiendo a una condición personal importante como es la opción en materia de sexualidad, le dirigieron afrentas vituperándola no con una crítica acerada sino con expresiones humillantes para él en su condición individual y como perteneciente a un colectivo y esto es claro si recordamos que se hizo una imputación en extremo grosera que implicaba a otra persona, todo ello con cierta publicidad como demuestra la circunstancia de que fue oído por la testigo Sra. Marta. El carácter doloso de la actuación no ofrece duda, por el propio tenor de las frases, que a la vez presentan intensidad bastante para descartar constituyeran mera reiteración de un estereotipo o sátira, por mucho que sostengan los apelantes son comunes en Latinoamérica locuciones como "marica" o "maricón" empleadas al uso de interjección coloquial o jerga habitual, tibieza en este caso descartable porque a los insultos siguió la otra frase alusiva al comportamiento sexual íntimo, y un acto de violencia física cual es un portazo [...]».

- Audiencia Provincial de Madrid, Sección 30.ª, Sentencia n.º 53/2022 de 3 de febrero, FD II:

La AP de Madrid condenó a seis meses de prisión; seis meses de multa con una cuota diaria de 6 euros; e inhabilitación especial para profesión u oficio educativos en el ámbito docente, deportivo y de tiempo libre por tiempo de tres años y seis meses.

Los hechos enjuiciados consistieron en que el acusado estaba dentro de una cervecería, y cuando vio en la terraza a dos hombres y una mujer, se dio cuenta de que ellos eran homosexuales. A partir de ahí, el acusado empezó a burlarse de ellos y a decir *sí, sí, maricón, que sois maricones,* y a repetir partes de la conversación que uno de ellos mantuvo por teléfono. Cuando las víctimas le pidieron explicaciones el acusado les increpó *maricón, sois unos maricones, tenían que ahorcaros a todos*.

La AP sintetizó los requisitos jurisprudenciales que deben concurrir para apreciar la comisión de este tipo delictivo:

«Centrando aún más el debate, siendo que este tipo puede cometerse no sólo contra el colectivo protegido en general, o no sólo contra una parte del mismo, sino también, como sucede en el caso presente, contra cualquier persona que pertenezca a ellos, en este último caso, se exige:

"a) Como conducta típica, una acción del sujeto activo que entrañe humillación, menosprecio o descrédito (términos que ya han sido definidos) del sujeto pasivo.

"b) Dicha acción ha de desarrollarse contra el sujeto pasivo precisamente por razón de su pertenencia a ese colectivo y, por lo tanto, por motivos racistas, antisemitas u otros referentes a la ideología, religión, creencias, situación familiar, la pertenencia de sus miembros a una etnia, raza o nación, su origen nacional, su sexo, orientación o identidad sexual o por razones de género, enfermedad o discapacidad.

Y c) la conducta ha de producir como resultado una efectiva lesión de la dignidad de las personas afectadas, sin que se exija en el tipo penal que la lesión sea grave"».

Con dichas premisas la AP descendió a los hechos concretos enjuiciados. Así, en primer lugar, valoró que la conducta desplegada por el acusado supuso de por sí una conducta de menosprecio/humillación para las víctimas. En segundo lugar, ponderó que los hechos se dieron en un local abierto al público al que las víctimas iban con frecuencia. En tercer lugar, se otorgó especial importancia al hecho de que no hubo un incidente previo entre ellos, el móvil/ánimo del acusado fue homófobo —su acción fue gratuita—:

«Es relevante señalar que tales insultos o menosprecios no surgieron en el curso de un enfrentamiento acaecido por otras motivaciones, como elemento ofensivo adicional, sino que el acusado actuó de forma totalmente gratuita, interfiriendo en una conversación ajena y, cuando el incidente parecía concluido, provocando a uno de los afectados de forma grave y atentatoria contra su dignidad. Por tanto, actuó por razones de intolerancia y homofobia, ya que no había ninguna otra razón explicativa de su comportamiento, sin otra finalidad aparente que cercenar o limitar la libertad de los sujetos pasivos, por su condición sexual, de desenvolver su personalidad en un espacio público».

Finalmente, en cuarto lugar, se consideró que la lesión a la dignidad fue grave, ya que por las circunstancias expuestas y conjuntamente valoradas era razonable que las víctimas temiesen encontrarse de nuevo con el acusado (al haberse producido los hechos en un local al que solían ir).

> «La lesión a la dignidad de los afectados es grave. Se produce en un lugar público, en la localidad en la que habitan y en un local que frecuentan. El efecto intimidatorio que produce este tipo de comportamientos es relevante, ya que las víctimas temen encontrarse ante una situación similar y pueden acabar eludiendo su presencia en dichos lugares para evitar el conflicto. Así se han expresado los interesados, que temen encontrarse con el acusado en situaciones similares».

En el mismo sentido, la SAP Madrid (Sección n.º 16) n.º 516/2021 de 5 de octubre, FD I.

2. Supuestos de nacionalidad

- STS n.º 437/2022 de 4 de mayo[487] FD IV

Los recurrentes fueron condenados por distintos delitos, de diferente naturaleza. En lo que nos interesa, la mayor parte de los recurrentes fue condenada a nueve meses de prisión, y nueve meses de multa con una cuota diaria de 6 euros por la comisión de delitos contra la integridad moral en concurso de normas con los delitos contra el ejercicio de los derechos fundamentales.

Los hechos tuvieron lugar en junio de 2016 en Barcelona, cuando con motivo de la Eurocopa de Francia los integrantes de la plataforma *Barcelona por la selección* instalaron una carpa de apoyo a la selección española. Los voluntarios iban con camisetas de la selección, y habían instalado banderas de España, y productos de la selección. En este contexto, los acusados, fueron hacia ellos y comenzaron a increparles *«putas españolas, fuera de aquí, os vamos a matar, putos españoles de mierda, perras españolas, iros a vuestro país, hijos de putas»*. Acto seguido, causaron desperfectos, y les agredieron físicamente causándoles lesiones. Tras lo cual, cuando las víctimas comenzaron a recoger uno de los acusados condujo un vehículo y:

> «[...] con igual ánimo de vejación, humillación y animadversión a lo español y con el fin de crear miedo y desasosiego personal se dirigió a Lidia increpándola con expresiones como "¿qué es esto?, esto no debería estar aquí, fuera la bandera española, puta España!!!, puta de mierda!!!", "sois unos hijos de punta, aquí no tenéis que estar putos españoles, tú eres una cerda española, hija de puta", "iremos a por vosotras!!!" os mataremos", todo ello a la vez con cara de odio y haciendo el gesto de cortarle el cuello, procediendo acto seguido con ánimo de vejarla y humillar a escupirle y tirarle un vaso con lo que parecía cerveza que llevaba y abandonando el lugar conduciendo el vehículo con el que dio un fuerte volantazo para incrementar el miedo de su víctima [...]».

487 Se trata de la sentencia que resolvió la agresión a quienes en el verano de 2016 fomentaron el seguimiento de la selección española en Barcelona —*Barcelona por la selección*—.

El eje central de la defensa giró en torno a la condición de los sujetos pasivos para aplicar este precepto penal — solo los colectivos necesitados de una especial protección, minoritarios o vulnerables son aquellos que merecen dicha protección penal—. Sin embargo, el TS razonó, por un lado, que no es precisa esa vulnerabilidad, ya que el precepto no lo exige. Por otro lado, el TS consideró que el ataque/la agresión se produjo precisamente por razones ideológicas —por ser españoles y defender la *españolidad*—.

Para llegar a esta conclusión el TS analizó varios factores: en primer lugar, las circunstancias de los recurrentes —quienes pertenecían a grupos violentos—. En segundo lugar, no se trató de un encuentro casual, sino que los condenados fueron directamente al lugar, en cuanto tuvieron conocimiento de la instalación de la carpa. En tercer lugar, las expresiones humillantes hicieron clara referencia a la nacionalidad española. En cuarto lugar, la acción desplegada no terminó con ese primer ataque, sino que uno de los acusados volvió contra las víctimas.

> «510.2.b)
> Quienes enaltezcan o justifiquen por cualquier medio de expresión pública o de difusión los delitos que hubieran sido cometidos contra un grupo, una parte del mismo, o contra una persona determinada por razón de su pertenencia a aquel por motivos racistas, antisemitas, antigitanos u otros referentes a la ideología, religión o creencias, situación familiar, la pertenencia de sus miembros a una etnia, raza o nación, su origen nacional, su sexo, orientación o identidad sexual, por razones de género, aporofobia, enfermedad o discapacidad, o a quienes hayan participado en su ejecución.
> Los hechos serán castigados con una pena de uno a cuatro años de prisión y multa de seis a doce meses cuando de ese modo se promueva o favorezca un clima de violencia, hostilidad, odio o discriminación contra los mencionados grupos».

C. Art. 510.3 CP

> «Las penas previstas en los apartados anteriores se impondrán en su mitad superior cuando los hechos se hubieran llevado a cabo a través de un medio de comunicación social, por medio de Internet o mediante el uso de tecnologías de la información, de modo que, aquel se hiciera accesible a un elevado número de personas».

- La STS (Sección 1.ª) n.º 488/2022, de 19 de mayo, FD III

Como hemos visto *supra* en esta sentencia se condenó por difundir el discurso del odio a través de la red social *Facebook*. La defensa consideró que dichas manifestaciones tan solo llegaron a unas 13 ó 14 personas; es decir, no alcanzó a un elevado número de personas. Sin embargo, el TS ponderó otras circunstancias, que se consideraron probadas en el juicio histórico de la sentencia combatida. En concreto, atendió al número de perfiles creados, su uso prolongado en el tiempo, la cifra de seguidores, la vocación de permanencia y al carácter transnacional de *Internet*.

- **STS n.º 72/2018, de 9 de febrero, FD único**

El TS confirmó la aplicación del tipo agravado por utilizar la red social *Twitter* para difundir el discurso del odio contra mujeres víctimas de violencia de género:

> «es obvio que tales expresiones se vierten a través de la red social cuyos contenidos se encuentran en Internet, por lo tanto, son de aplicación las respectivas agravaciones previstas en el articulado que invoca. La fundamentación de la agravación radica en la proyección, buscada por el autor, del mensaje que se emite[...]».

D. Art. 510.4 CP[488]

> «Cuando los hechos, a la vista de sus circunstancias, resulten idóneos para alterar la paz pública o crear un grave sentimiento de inseguridad o temor entre los integrantes del grupo, se impondrá la pena en su mitad superior, que podrá elevarse hasta la superior en grado».

E. Art. 510.5 CP

> «En todos los casos, se impondrá además la pena de inhabilitación especial para profesión u oficio educativos, en el ámbito docente, deportivo y de tiempo libre, por un tiempo superior entre tres y diez años al de la duración de la pena de privación de libertad impuesta en su caso en la sentencia, atendiendo proporcionalmente a la gravedad del delito, el número de los cometidos y a las circunstancias que concurran en el delincuente».

La interpretación de este precepto no ha generado discrepancias: su carácter imperativo ha supuesto su aplicación sistemática en todos los casos[489].

F. Art. 510.6 CP

> «El juez o tribunal acordará la destrucción, borrado o inutilización de los libros, archivos, documentos, artículos y cualquier clase de soporte objeto del delito a que

488 En el momento de entrega de la obra no constan interpretaciones jurisprudenciales acerca de su aplicación.

489 Como supuestos más recientes, entre otros, la SAP de Valencia (Sección 3.ª) n.º 366/2022 de 27 de junio, dictada por conformidad: se impusieron cinco años de inhabilitación especial para profesión u oficio educativo en el ámbito docente, deportivo y de tiempo libre. Los hechos probados consistieron en diferentes publicaciones a través de distintos perfiles de la red social de *Facebook* constitutivos de discurso de odio contra: el judaísmo, el colectivo *LGTBI*, los chiitas, el cristianismo, y contra España.

se refieren los apartados anteriores o por medio de los cuales se hubiera cometido. Cuando el delito se hubiera cometido a través de tecnologías de la información y la comunicación, se acordará la retirada de los contenidos.

En los casos en los que, a través de un portal de acceso a Internet o servicio de la sociedad de la información, se difundan exclusiva o preponderantemente los contenidos a que se refiere el apartado anterior, se ordenará el bloqueo del acceso o la interrupción de la prestación del mismo».

El carácter categórico de la disposición ha supuesto su aplicación constante[490].

6.4.4.6. Casos paradigmáticos de supuestos excluidos

A. Insultos entre aspirantes a elecciones

- SAP de Cáceres (Sección 2.ª) n.º 250/2021, de 30 de septiembre, FD III

La AP de Cáceres confirmó la absolución en un caso en el que se investigaron las expresiones vertidas entre los candidatos, tras el recuento de votos de unos comicios electorales. En concreto, los investigados se dirigieron a otros aspirantes de etnia gitana y les gritaron «gitanos de mierda, que habéis venido aquí a ocupar el pueblo, a ver si creéis que vais a ganar las elecciones, gitanos de mierda».

La sala valoró que las expresiones objetivamente sí eran propiamente *discurso de odio* dirigido hacia una determinada etnia. Sin embargo, consideró que no concurrió el elemento subjetivo del tipo en atención a las concretas circunstancias —«nos encontramos en un supuesto de "situación incontrolada o una reacción momentánea", incluso emocional, ante una circunstancia que el sujeto no ha sido capaz de controlar»—.

B. Mensajes de odio contra pensamientos políticos

- ATS (Sección 1.ª) causa especial n.º 20430/2021, de 10 de enero, FD II

El TS confirmó la inadmisión de una querella contra una ministra del Gobierno que había llamado nazi al partido político *VOX* en el transcurso de las elecciones a la Asamblea de Madrid en 2021[491]. El TS se basó principal-

490 Entre otras, la SAP Barcelona (Sección 8.ª) n.º 99/2020, de 3 de marzo (antes citada), acordó conforme a este precepto en relación con los arts. 127 y ss. Cp. y arts. 8 y 11 de la Ley 34/2002, de 11 julio reguladora de los Servicios de la Sociedad de la Información y del Comercio Electrónico, el comiso y destino legal de contenidos concretos de *YouTube*, *Facebook*, *Blog spot* y *Twitter*.

491 https://elpais.com/espana/2021-09-08/el-supremo-archiva-una-querella-de-vox-contra-la-ministra-ione-belarra-por-llamarles-nazis-a-cara-descubierta.html (consultado el 14-8-2022)

mente en dos aspectos, por un lado, en la calificación jurídica de la expresión y, por otro lado, en atención al sujeto pasivo en los delitos del odio. De suerte que, la expresión más que calificable de discurso de odio era subsumible en un insulto:

> «El discurso del odio, para que sea delictivo, se dirige frente a determinados colectivos sociales que son de esta forma vilipendiados, cosificados, vejados y sujetos a un riesgo, al menos potencial, de agresión física, pretendiéndose en muchos casos su desaparición o erradicación. De ahí la gravedad del delito y su justificación como un tipo penal de indudable impacto social y de soporte jurídico para luchar contra este tipo de comportamientos, porque son la antesala de la agresión, la destrucción o, como hemos dicho, la erradicación del colectivo.
>
> Pero en el caso sometido a nuestra consideración, estamos más bien ante un insulto, desde luego conducta reprochable e impropia para el mantenimiento de las relaciones que deben presidir la confrontación dialéctica concurrente en cualquier debate público, que se integra más bien por un rechazable e inapropiado comportamiento de descalificación del adversario, pero sin que pueda generar el delito de odio tipificado en el art. 510 del Código Penal».

Por otro lado, el TS consideró que los partidos políticos no son sujeto pasivo del delito de odio:

> «El delito de odio protege de tales injustos ataques y riesgos inherentes a los mismos, a esas minorías sociales, citadas en el texto del precepto comentado, pero no a otros colectivos, como es el caso de los partidos políticos, cuyo acomodo más natural se residencia en los delitos contra el honor, siempre que concurran sus requisitos».

- ATS (Sección 1.ª) n.º 10452/2020 de 16 de noviembre, FD IV

El TS archivó la querella interpuesta contra un miembro del partido político *VOX,* quien en el transcurso de una tertulia televisada (a propósito de la exhumación de los restos de Franco del Valle de los Caídos) se pronunció acerca de la memoria histórica y *las 13 rosas*[492] en los siguientes términos:

> «- Pedro (nombre ficticio dado al querellado): "Si hablamos de memoria histórica, hablemos de toda la memoria histórica, no solo de una parte. Contemos a las generaciones actuales y a las futuras todo lo que ocurrió en esa guerra, para que nunca vuelva a ocurrir".
>
> - ENTREVISTADOR: Está documentado en todos los libros de historia.
>
> - Pedro: "No, no, ¿A que Vd. ha visto pocos reportajes?, seguramente ha visto pocos reportajes hablando de las checas de Madrid, por ejemplo".
>
> - ENTREVISTADOR: Bueno, unos cuantos hay.

492 https://elpais.com/espana/2020-11-26/el-supremo-no-ve-delito-en-las-afirmaciones-de-ortega-smith-sobre-las-trece-rosas-y-archiva-el-caso.html (consultado el 14-8-2022).

- Pedro: ¿Sabe Vd. las torturas que se hacían en las checas? ¿sabe Vd. cómo se ha mentido en la historia hablando de algunas de las que llamaban las trece rosas que resulta que lo que hacían era torturar, violar y asesinar vilmente... ?
- ENTREVISTADOR: ¿Las trece rosas violaron?
- Pedro: Sí, sí, cometieron crímenes brutales en las checas».

La base de la decisión del TS para archivar fue, por un lado, el principio de proporcionalidad en el uso del derecho penal; y, de otro lado, la inexistencia de riesgo en las manifestaciones realizadas. En cuanto al principio de proporcionalidad, el TS consideró que un uso excesivo del derecho penal puede suponer una limitación en la libertad de expresión: «no correr el riesgo de hacer del Derecho penal un factor de disuasión del ejercicio de la libertad de expresión, lo que, sin duda, resulta indeseable en el Estado democrático».

Respecto de la inexistencia de peligro, el TS atendió de una parte al tiempo transcurrido en relación a los hechos a que hizo referencia el querellado (más de 80 años) y que al final de su intervención introdujo unas matizaciones que el TS consideró conciliadoras:

«¿ Sabe Vd. lo que ocurre? Al final una guerra es una situación terrorífica en la que se pierde cualquier concepto de justicia y se prima la fuerza cuando se comete este, esta situación en un país, lo que hay que hacer, lo que hay que hacer es buscar la fraternidad, curar heridas e intentar evitar que las generaciones futuras vuelvan a (sentir). Hay jóvenes que no han conocido la guerra...».

- Tribunal Superior de Justicia de la Comunidad Valenciana, Sala de lo Civil y Penal, Sentencia 276/2021, de 13 de octubre, FD IV y V

El TSJ de Valencia confirmó la absolución en un caso en el que se investigaron los comentarios realizados a través de *Facebook* con carácter *anticomunista.* En primera instancia, la absolución se fundamentó en que dichos mensajes no tuvieron repercusión «para colaborar en la creación de un estado de opinión agresivo contra personas que compartieran la ideología comunista».

El TSJ explicó que al tratarse de un recurso contra una sentencia absolutoria debía respetar los hechos probados —sin poder realizar nuevas valoraciones probatorias—. No obstante, si coincidió en que hubo un

«absoluto desbordamiento del derecho a la libertad de expresión que tiene lugar con tal tipo de mensajes (con expresiones que en los sucesivos mensajes van incrementando en su intensidad) con un contenido plenamente rechazable en un Estado democrático de Derecho, y que se revelan como justificativas del proceso judicial y enjuiciamiento realizado, conllevando no sólo su absoluta falta de respeto a personas que tienen otra ideología sino que denotan una desproporcionada y rechazable exclusión del discrepante político, e, inclusive, en los aumentos de intensidad de los mensajes cuando son contestados, hacen referencia a la eliminación del mismo ("eliminar mierda comunista", "que bueno fue don Francisco Franco con vuestros abuelos joder", "Regelios de mierda al paredón, que blando fue don Francisco Franco con vuestros abuelos ....")».

C. Fuerzas y cuerpos de seguridad del Estado

- SAP Teruel (Sección 1.ª) n.º 32/2020 de 18 de junio, FD IV

En el caso enjuiciado se valoraron las expresiones vertidas por diferentes usuarios en las redes sociales con motivo del asesinato de dos agentes del Cuerpo de la Guardia Civil.

La AP consideró que la policía no puede ser sujeto pasivo/víctima de los delitos de odio; ya que no forma parte de los colectivos protegidos por el precepto penal —sin perjuicio de poder incardinarse en otros tipos penales—.

D. Colectivo taurino

- Juzgado de lo Penal n.º 1 de Segovia, en su sentencia n.º 419/2019 de 15 de noviembre, FD II y III

La sentencia consideró atípica la conducta consistente en publicar en la red social de *Facebook* comentarios en los que a raíz de la muerte de un torero arremetió contra el mismo y contra el colectivo taurino[493]. La *ratio decidendi* de la absolución fue el principio de legalidad: «los entes subjetivos protegidos (por los delitos de odio) son los mismos y no incluyen al gremio de la tauromaquia como ya apuntamos dentro de los denominados grupos diana señalados expresamente por el legislador, no pudiendo extrapolarse e incorporar este grupo».

- Juzgado de lo Penal n.º 2 de Valencia n.º 42/2019, de 19 de septiembre, FD I

Esta sentencia resolvió en el mismo sentido que la anterior en relación a comentarios contra un niño que padecía cáncer y quería ser torero[494]. Si bien la *ratio decidendi* fue que las expresiones no tuvieron la gravedad suficiente para lesionar la dignidad:

> «[...] sin que pese al palmario mal gusto, alcancen la gravedad suficiente para considerar que las mismas puedan tener repercusión penal, sin perjuicio que, por ese ataque al honor y por los perjuicios que haya sufrido la familia, la normativa de naturaleza civil ampare y tutele los derechos de la persona que se siente ofendida».

E. Acciones feministas contra la religión cristiana

- Juzgado de lo Penal n.º 10 de Sevilla n.º 448/2019 de 9 de octubre, FD III

Conforme a la sentencia, de igual modo, no tienen encaje en los delitos de odio respecto de acciones feministas en contra de la religión cristiana con

493 La noticia puede leerse en: https://www.rtve.es/noticias/20160709/muere-torero-victor-barrio-tras-recibir-cornada-plaza-teruel/1368960.shtml (consultado el 14-8-2022).

494 https://www.elmundo.es/comunidad-valenciana/2019/09/20/5d850004fdddff70848b45bd.html (consultado el 22-8-2022).

independencia de la repercusión que dichos hechos pudieran tener en los medios sociales[495]:

> «[...] El citado precepto castiga el hecho de fomentar y promover o incitar directa o indirectamente al odio y ello no ocurre en el presente caso por la sencilla razón que durante la celebración de la profesión del coño insumiso no se efectuaron por parte de las acusadas arengas ni proclamas de este tipo y es más, la realidad de pensamiento existente en la sociedad antes y después de dicha procesión fue exactamente la misma. El hecho de que tuviera repercusión en medios sociales la citada procesión, se quedó en lo anecdótico pues aquellos que estaban satisfechos con el "trabajo" realizado ya tenían el pensamiento formado y aquellos otros que se enteraron en ese momento o incluso después tampoco consta que haya modificado sus ideas hacia la religión católica. [...]».

F. Por falta de prueba de los elementos del tipo

- STS (Sección 1.ª) n.º 155/2022 de 22 de febrero, FD III

El TS desestimó la concurrencia de la circunstancia agravante del art. 22.4 CP. de actuación por motivación ideológica[496]. Los hechos consistieron en un asesinato acaecido en 2017 en un bar de la ciudad de Zaragoza, y se desencadenaron cuando un amigo del recurrente le contó que la víctima «era de extrema derecha o neonazi y que en ocasiones llevaba tirantes con los colores de la bandera española». A partir de ahí, el TS distinguió dos momentos, el primero cuando el acusado fue hacia la víctima y le dijo *facha y fascista, y que ese era un barrio antifascista, que no querían nazis en el barrio, y que no era bienvenido*. Y un segundo momento, tras encontrarse fuera del establecimiento, de modo que no se sabe de qué discutieron en esa ocasión —previa al fatal desenlace—, con lo cual el TS consideró que no estaba acreditada la concurrencia de dicha agravante:

> «en un momento posterior sitúa a los intervinientes en otro escenario, esta segunda no aparece sujeta a la ideología, sino que ambos "mantuvieron un encuentro fuera del establecimiento y Paulino se volvió a meter hacia el fondo del bar". Ese segundo momento tiene un contenido que se ignora, no se sabe de qué hablaron y de qué discutieron en el exterior, solo que fue posterior a los insultos con un contenido no precisado. Ese último hecho pudo ser el acto determinante de la posterior reacción agresiva que produjo el resultado de muerte. En este sentido el motivo se estima pues no aparece claramente determinado que el actuar lesivo para la vida, el segundo de los descritos, fuera condicionado por un comporta-

495 https://elpais.com/politica/2019/10/03/actualidad/1570091358_434950.html (consultado el 14-8-2022). Se trata del caso de la manifestación del *coño insumiso*.

496 https://www.elmundo.es/espana/2022/03/15/62306fd4fc6c83400a8b457e.html (consultado el 14-8-2022).

miento de tipo discriminatorio por la ideología de la víctima. El hecho primero, el de los insultos, sí refieren una agresión verbal por motivos ideológicos, pero el posterior puede tener otra causa, principio in dubio por reo, ajena a la ideología y concretada en la conversación que ambos tuvieron en el exterior del bar cuyo contenido se ignora».

- STSJ Madrid n.° 89/2022 de 8 de marzo de 2022, FD III

El TSJ confirmó la absolución del acusado por la publicación en el año 2019 en la red social de *Twitter* de la siguiente expresión: «El otro día me hicieron la mejor mamada de mi vida. El secreto fue que la chica uso muchas babas. Alguna ventaja tenía que tener el síndrome de Down[497]».

La defensa argumentó que se ejerció la libertad de expresión en su vertiente artística, ya que su autor era humorista. El TSJ consideró que si bien la conducta era a todas luces reprobable no apreció «móviles discriminatorios, ni entidad para lesionar la dignidad del colectivo al que se refiere». En este sentido, destacó que se trató de un mensaje aislado; que la cuenta en la que se difundió contenía publicaciones humorísticas, y sin estar destinadas a ningún *colectivo vulnerable o diana*; y que, poco después publicó una explicación desde su punto de vista y pidió disculpas.

G. Otros supuestos

- STS n.° 1023/2021 de 17 de enero de 2022

El procedimiento que dio lugar a que el TS se pronunciase tuvo por objeto las publicaciones en la red social de *Twitter* en relación a la desgracia del menor *Julen* en el año 2019 —murió atrapado en un pozo [498]—:

> «hoy se guardará un minuto de silencio por David en todos los campos de golf; un juzgado abre diligencias en el caso David . Veis como no estaba en el pozo, sino en un carruaje para viajeros?; soluciones habitacionales David; David, el espermatozoide de dios; embutidos el pozo patrocina este rescate, el pozo lo ha hecho un pozo no? Pues violencia machista; como has podido caer tan bajo, David; si es molesto aguantar las obras del vecino, imaginad lo agobiado que tiene que estar David con las perforaciones, etc».

Por el Juzgado de Instrucción n.° 6 de Madrid se acordó continuar el procedimiento por un delito contra la dignidad de las personas del art. 510 CP. y dio traslado para formular acusación. Dicha decisión fue recurrida y la AP de Madrid (Sección 29) acordó el sobreseimiento libre por considerar que

497 https://elpais.com/espana/madrid/2021-12-23/absuelto-el-humorista-david-suarez-hay-que-saber-distinguir-el-mal-gusto-de-lo-que-es-delito.html (consultado el 14-8-2022).

498 https://www.rtve.es/noticias/20200113/ano-muerte-julen-tras-caer-pozo-totalan-rescate-titanico-mantuvo-vilo-espana/1995417.shtml (consultado el 14-8-2022).

los hechos no eran constitutivos de delito. Contra su decisión se interpuso recurso de casación y el TS acordó revocar el sobreseimiento y continuar el procedimiento para en el seno del juicio oral valorar la concurrencia o no de los elementos subjetivos y objetivos del delito. Lo relevante fue que lo hizo en relación a un delito contra la integridad moral del art. 173 CP., pero no por un delito de odio que no entendió justificado[499].

No obstante, hubo un voto particular por parte del Magistrado Javier Hernández quien consideró que debió confirmarse el sobreseimiento libre al considerar que los hechos no tenían encaje penal y debió acudirse a la vía civil:

> «8. Pues bien, en el caso, coincido plenamente con mis colegas que conforman la mayoría que el ejercicio de la libertad de expresión no puede servir de excusa para el insulto, ni tampoco convertirse en un instrumento para menoscabar la dignidad del ser humano y su propio valor como persona. También comparto, sin matices, que el contenido de los tuits redactados y divulgados por el Sr. Jose Francisco, durante el proceso de búsqueda del cuerpo del niño David y de su posterior sepelio, pese a su pretendido tono sarcástico y humorístico, patentizan, de contrario, inhumanidad e insensibilidad hacia el dolor y el sufrimiento de los familiares del niño fallecido en tan traumáticas circunstancias. Y que, por ello, pueden suponer una fuente de daño moral que podría justificar su condena al resarcimiento.
>
> 9. Pero creo que dicha obligación de reparación debería exigirse exclusivamente por la vía civil ex artículo 1902 CC y L.O 1/82. Considero, como anticipaba, que los hechos no son constitutivos de delito y que su provisoria subsunción en el tipo del artículo 173.1 CP, como título de inculpación, no supera, ya en este momento del proceso, la primera condición del test convencional de restricción pues creo que no hay acción típica —sin perjuicio, además, de la marcada desproporcionalidad que podría darse en caso de condena por la imposición de una pena privativa de libertad que podría llegar a los dos años de prisión—».

6.4.4.7. Síntesis de la interpretación jurisprudencial de los delitos de odio

En primer lugar, el ámbito de aplicación de los delitos de odio ha resultado difícil de determinar. El recurso al derecho penal para combatir expresiones *intolerables* ha obligado al TS a delimitar su extensión. El propio TS ha reconocido expresamente la dificultad para fijar el alcance de los delitos de odio. En este sentido, resulta muy interesante partir de lo que no persigue CP.: no se trata de castigar los sentimientos, sino acciones; tampoco se pueden considerar delictivos los hechos simplemente porque sean *intolerables*; ni

499 De hecho la sentencia no entró a valorar la concurrencia de indicios respecto del delito de odio; sino que, analizó la estructura del delito contra la integridad moral.

se deben castigar discursos porque no se consideren *éticos*. En palabras del TS[500]:

> «No es, desde luego, tarea fácil la fijación del espacio de tipicidad de un precepto como el art. 510 del CP, [...] La dificultad se deriva, no sólo de la necesidad de delimitar, en cada caso concreto, qué afirmaciones están amparadas por la libertad de expresión, sino de cuestionarse en qué medida el derecho penal puede ser utilizado como un instrumento para evitar un sentimiento que forma parte de la propia condición humana. La tendencia al odio, la aversión hacia alguien cuyo mal se desea puede definir el estado de ánimo en cualquier persona. Desde esta perspectiva, es obvio que el derecho penal no puede impedir que el ciudadano odie. El mandato imperativo ínsito en la norma penal no puede concebirse con tal elasticidad que conduzca a prohibir sentimientos.
>
> Pero la claridad de esta idea, que ha de operar como inderogable premisa, es perfectamente compatible con la necesidad de criminalizar, no sentimientos, sino acciones ejecutadas con el filtro de esa aversión que desborda la reflexión personal para convertirse en el impulso que da vida a conductas que ponen en peligro las bases de una convivencia pacífica.
>
> [...] El significado de principios como el carácter fragmentario del derecho penal o su consideración como ultima ratio, avalan la necesidad de reservar la sanción penal para las acciones más graves. No todo mensaje inaceptable o que ocasiona el normal rechazo de la inmensa mayoría de la ciudadanía ha de ser tratado como delictivo por el hecho de no hallar cobertura bajo la libertad de expresión. Entre el odio que incita a la comisión de delitos, el odio que siembra la semilla del enfrentamiento y que erosiona los valores esenciales de la convivencia y el odio que se identifica con la animadversión o el resentimiento, existen matices que no pueden ser orillados por el juez penal con el argumento de que todo lo que no es acogible en la libertad de expresión resulta intolerable y, por ello, necesariamente delictivo. [...]».

En segundo lugar, la interpretación jurisprudencial del elemento subjetivo considera suficiente para colmarlo que legitime/justifique el uso de la violencia/intimidación. No cabe apreciar la libertad de expresión como una causa de justificación del art. 20.7 CP. —ejercicio legítimo de un derecho—. Basta con que se sea consciente del riesgo potencial de la conducta desplegada.

En tercer lugar, se trata de un delito de peligro en abstracto, de mera actividad; no es preciso que «ese mensaje desencadene de forma efectiva acciones ejecutadas por terceros estimulados por el mensaje destructivo del agente»:

> «No es preciso un peligro concreto, siendo suficiente el peligro abstracto, si bien puede entenderse que es suficiente el peligro potencial o hipotético a medio

500 STS (Sección 1.ª) n.º 488/2022, de 19 de mayo, FD II y III.

camino entre aquellos, según el cual lo que importa es la capacidad de la conducta para crear el peligro[501]».

En cuarto lugar, del análisis jurisprudencial podemos destacar los factores a ponderar en cada caso concreto: primero, las circunstancias de los acusados (p.ej. si pertenecían a grupos violentos). Segundo, el lugar y momento en que ocurren los hechos —no es lo mismo que suceda de modo casual/fortuito, que directamente perseguido—. Tercero, los propios hechos, las acciones, y expresiones realizadas: su naturaleza ofensiva/agresiva, intensidad, duración en el tiempo (si fue fugaz e ininterrumpida; o constante y reiterada), medios empleados para su realización, nivel de difusión, etc. El uso de *Internet* conducirá a la aplicación del tipo penal agravado en atención al número de perfiles usados en redes sociales, su uso prolongado en el tiempo, la cifra de seguidores, la vocación de permanencia y al carácter transnacional de *Internet*[502].

En quinto lugar, resulta claro que quedan excluidos de la protección dada por los delitos de odio (sin perjuicio de acudir a otros tipos penales) aquellos supuestos en los que las víctimas/sujetos pasivos son: aspirantes a elecciones; los partidos políticos; las Fuerzas y Cuerpos de Seguridad del Estado; el colectivo taurino y sus simpatizantes; acciones feministas contra la religión cristiana; y en general, en todos los casos en que con motivo de una desgracia (que sufre una persona no incluida en el ámbito de protección) se hace escarnio de la misma.

Los motivos de exclusión recogidos por la jurisprudencia se basan en diferentes principios. Por un lado, y como presupuesto imprescindible, por el principio de legalidad —*nullum crimen nulla poena sine lege*— recogido en el art. 25 CE.: «1. Nadie puede ser condenado o sancionado por acciones u omisiones que en el momento de producirse no constituyan delito, falta o infracción administrativa, según la legislación vigente en aquel momento».

Por otro lado (en relación a las Fuerzas y Cuerpos de Seguridad del Estado), por no poseer las condiciones de vulnerabilidad:

> «no poseen las condiciones de vulnerabilidad previstas por razón del principio de igualdad y no discriminación.
>
> Éste no está trazado en función de las instituciones y poderes del Estado, sino de los ciudadanos y grupos de ciudadanos, grupos que se identifican desde los principios del pluralismo político, ideológico y religioso. Por ello, no es concebible que las referidas instituciones del Estado, formando parte del poder ejecutivo, puedan considerarse un grupo comprendido en el marco de protección de la norma [...]».

501 STS (Sección 1.ª) n.º 675/2020, de 11 de diciembre, FD I y II.

502 La STS (Sección 1.ª) n.º 488/2022, de 19 de mayo, FD III.

En otras ocasiones, se llegará al mismo resultado por aplicación del principio de proporcionalidad en el uso del derecho penal; y, de otro lado, la inexistencia de riesgo en las manifestaciones realizadas. En cuanto al principio de proporcionalidad, un uso excesivo del derecho penal puede suponer una limitación en la libertad de expresión: «no correr el riesgo de hacer del Derecho penal un factor de disuasión del ejercicio de la libertad de expresión, lo que, sin duda, resulta indeseable en el Estado democrático». Respecto de la inexistencia de peligro, será relevante el tiempo transcurrido en relación a los hechos a que hizo referencia y que si durante su intervención se introdujeron matizaciones conciliadoras.

Finalmente, no se puede olvidar que en nuestro ordenamiento jurídico tenemos unos cánones de garantías constitucionales esenciales; conforme a los cuales nos encontraremos con causas en que *prima facie* podemos entender que concurren los requisitos analizados; y, sin embargo, tras el despliegue de pruebas en el plenario, no resultan acreditados de manera suficiente para enervar la presunción de inocencia.

6.4.5. Origen del delito de injurias a la Corona con la CE de 1978

Desde el momento en el que la Constitución española de 1978 estableció como «forma política del Estado español» la Monarquía parlamentaria (art. 1.3 CE) se planteó la necesidad de proteger penalmente a la Corona.

Es interesante destacar que el Ministerio Fiscal, en los albores constitucionales, reflexionó acerca de cómo acometer dicha función de protección, así como los demás encargos que le encomendó la CE en su artículo 124. La *Circular de la FGE n.º 7/1978, de 30 de diciembre, Misiones en relación con los preceptos contenidos en la Constitución*[503] fue el fruto de dicho estudio.

Dentro de la Circular se dedicó un apartado entero a la protección de la Corona, habida cuenta de que a falta de un nuevo Código Penal ésta no podía quedar indefensa[504]. A lo largo de la circular se plantearon una serie de cues-

503 *Vide: RCL 1979\613, Thomson Reuters Aranzadi.*

504 Hasta entonces la protección a las formas de Gobierno se contemplaba en los arts. 163 y 164 del Código Penal de 1973 aprobado por el Decreto 3096/1973, de 14 de septiembre:
Sección 3.ª Delitos contra la forma de Gobierno
163. El que ejecutare actos directamente encaminados a sustituir por otro el Gobierno de la Nación, a cambiar ilegalmente la organización del Estado o a despojar en todo o en parte al Jefe del Estado de sus prerrogativas y facultades, será castigado con la pena de reclusión mayor si el culpable fuere promovedor o tuviere algún mando, aunque fuere subalterno, o estuviere constituido en autoridad, y con la de prisión mayor en los demás casos.
Cuando para la consecución de dichos fines se empleare la lucha armada, la pena será de reclusión mayor a muerte para los promotores y jefes, así como para quienes cometieren

tiones sobre las que, incluso en la actualidad, siguen pivotando los debates. Así, en primer lugar, se destacó la aparente *antinomia* entre la inviolabilidad del Rey y el derecho a la libertad de expresión. En sus palabras:

> «Los señores Fiscales deben atender cuidadosamente a superar la aparente antinomia que pudiera deducirse entre la declaración contenida en el artículo 1.3 de la Constitución respecto a la forma política del Estado como Monarquía parlamentaria, el contenido de todo el Título II, "De la Corona", que la consagra con la categoría supralegal que la inclusión en el texto constitucional representa y la inviolabilidad que se atribuye a la persona del Rey en el artículo 56.3, de una parte, y los derechos a la libertad de expresión que se consignan en el artículo 20 de la Constitución, y que pudieran alegarse como fundamento para cuestionar aquellos principios o sustentar otros contrarios, de otra».

En segundo lugar, el bien jurídico protegido con la Corona es su carácter simbólico de la unidad y permanencia del Estado.

En tercer lugar, los ataques de los que se debe de proteger comprenden no solamente las ofensas, sino también las informaciones maliciosas, en cualquier forma:

> «No sólo el insulto o la ofensa, en cualquiera de sus formas de expresión, sino la información maliciosa, la utilización insidiosa del nombre o de la imagen, el dibujo o la alegoría atrevidos —y en todo caso políticamente innecesarios— la impugnación o discusión pública de la legítima autoridad del Rey, deben entenderse como actos dolorosos contra la más alta representación pública y exterior del Estado y de la Patria y, por lo tanto, incursos en los citados artículos del Código punitivo. La política es discutible; el rey es inviolable».

En cuarto lugar, el respeto a la libertad de expresión tendrá como límites en su forma de manifestarse que la misma no suponga un ataque/agresión *virulentos*[505] contra la Monarquía:

> «Habrán de reconocerse compatibles con los principios constitucionales la expresión y difusión de pensamientos, ideas u opiniones favorables a formas de

---

actos de grave violencia, la de reclusión menor para los meros participantes.

164. Serán castigados con la pena de reclusión menor:

1.° Los que en las manifestaciones o reuniones públicas o en sitios de numerosa concurrencia dieren vivas u otros gritos que provocaren aclamaciones directamente encaminadas a la realización de cualquiera de los fines determinados en el artículo anterior.

2.° Los que en dichas reuniones y sitios pronunciaren discursos, leyeren o repartieren impresos o llevaren lemas o banderas que provocaren directamente a la realización de los fines mencionados en el artículo anterior.

505 La Circular (en otro apartado) apeló a la *prudencia* como primera virtud cardinal del Ministerio Fiscal a la hora de interpretar las normas: «Y para cuando la Ley escrita ofrezca dudas o confusiones, deben los Fiscales, con la prudencia que -como primera virtud cardinal debe ser norma de su actuación- interpretar las normas, ayudándose, entre otros criterios, por el de la realidad social del tiempo en que han de ser aplicadas y atendiendo a su espíritu y finalidad».

gobierno distintas a la Monarquía parlamentaria. Sin embargo, cuando esas ideas u opiniones constituyan agresión a la misma o se conformen como actos de ataque o contradicción a sus símbolos o representaciones o, en fin, de planteamiento beligerante contra la forma de gobierno que se ha dado libremente el pueblo español, pueden incidir según su virulencia, en actividad penal, puesto que la de los partidos políticos, expresión del pluralismo que conforma la democracia, declara su libertad (art. 6) "dentro del respeto a la Constitución y a la Ley".

Dicho sea con expresión más concreta: Esta Fiscalía General del Estado entiende lícita la libre expresión ideológica de cuantas ventajas puedan entender los ciudadanos respecto a formas políticas de Estado distintas de la Monarquía parlamentaria, pero considera penalmente ilícito e incurso en la tipología del artículo 163 del Código Penal, cuanto de irrespetuosa y agresiva discrepancia con el texto constitucional se plantee, exprese y difunda con ánimo de sustituir por caminos de ilegalidad o con ánimo de pública perturbación, la forma de gobierno que conforma el Estado español».

6.4.6. Redacción del delito de injurias y calumnias a la Corona en el Código Penal dada por la Ley Orgánica 10/1995, de 23 de noviembre

Inicialmente[506] el proyecto de Ley el n.° 3 del art. 469 tenía la siguiente redacción:

«Al que calumniare o injuriare al Rey o a su cónyuge, al Regente o a algún miembro de la Regencia, o al Príncipe heredero de la Corona, en su presencia o en escrito a ellos dirigido será castigado con la pena de prisión de seis meses a dos años si fueren graves, y con la de multa de seis a doce meses si no lo fueren».

Por su parte el art. 470 era del siguiente tenor literal:

«1. Las calumnias o injurias contra cualquiera de las personas mencionadas en e1 artículo anterior inferidas fuera de su presencia o por escrito que no estuviere a ellas dirigido serán castigadas con la pena de multa de seis a veinticuatro meses si fueren graves, y con multa de cuatro a diez meses si fueren leves.

2. Se impondrá la pena de multa de seis a veinticuatro meses al que utilizare la imagen del Rey, o de su cónyuge, o del Regente o de algún miembro de la Regencia, o del Príncipe heredero, de cualquier forma que pueda dañar el prestigio de la Corona».

506 El proyecto de ley se puede consultar en: http://www.congreso.es/public_oficiales/L5/CONG/BOCG/A/A_077-01.PDF (consultado el 24-10-2020). Su regulación se encontraba dentro de los delitos contra la Corona, capítulo II del Título XVIII relativo a *Delitos contra la Constitución.*

Para entender el proceso de evolución desde esa simiente hasta su redacción final hemos de transitar por los trámites parlamentarios que tuvieron lugar.

A. Enmiendas introducidas en el Congreso de los Diputados[507]

En relación al art. 469.3:

1. Enmienda n.° 479, del G.P. Popular. Se trata de una enmienda de modificación, cuyo tenor literal era:

> «Al que calumniare o injuriare al Titular de la Corona, o a su consorte, sus ascendientes o descendientes, al Regente o algún miembro de la Regencia o al sucesor
> ...
> JUSTIFICACIÓN En coherencia con las enmiendas a los artículos anteriores».

En esta enmienda, se trató de ajustar la extensión personal/familiar de las personas protegidas por el precepto penal.

2. Enmienda n.° 831, del G. P. Federal IU-IC. Se trata de una enmienda de modificación. Su tenor literal fue de sustituir:

> « [...] en su presencia o escrito a ellos dirigido por [...] en el ejercicio de sus funciones.
> MOTIVACIÓN Limitar el desacato a la función, no a la persona».

Con esta enmienda, se trató de distinguir a las personas que integran la institución de la Corona en sí. El motivo de dotarlas de mayor protección se debe a la función que realizan, no a su linaje.

Respecto del art. 470:

Por un lado, se propuso su supresión por las enmiendas 832 y 833 presentadas por el G.P IU-IC, al apartado 1 en base a las siguientes justificaciones:

> «- Eliminar figuras que, como las calumnias o injurias cualificadas, no responden a un principio de intervención mínima del derecho penal.

---

507 Fueron las enmiendas con n.° 479 y 831. El índice de las mismas se encuentra en: http://www.congreso.es/public_oficiales/L5/CONG/BOCG/A/A_077-07.PDF (consultado el 24-10-2020). Y el cuerpo de las mismas se localiza en: http://www.congreso.es/public_oficiales/L5/CONG/BOCG/A/A_077-06.PDF (consultado el 24-10-2020).
Las modificaciones propuestas fueron discutidas en el seno de la Comisión de Justicia e interior y quedaron recogidas en el Diario de Sesiones del Congreso de los Diputados n.° 516 de 7-6-1995: http://www.congreso.es/portal/page/portal/Congreso/PopUpCGI?CMD=VERLST&BASE=puw5&DOCS=1-1&QUERY=%28CDC199506070516.CODI.%29#(P%C3%A1gina15755) (consultado el 25-10-2020).

El precepto, habida cuenta de que el apartado 1 castiga las injurias, sólo puede castigar comportamientos amparados por la libertad de expresión y de crítica, o que, por su carácter baladí, deben quedar al margen de la tutela penal».

Por otro lado, en el mismo sentido la enmienda n.° 160 presentada por D.° CHIQUILLO BARBER del Grupo Mixto de Unió Valenciana, propuso la supresión del apartado 2 en base a la siguiente justificación:

«La expresión "prestigio de la Corona" es demasiado amplia, parece una cláusula general que intente recoger todo tipo de críticas hacia la Corona, algo peligroso en un sistema democrático, teniendo en cuenta que ya está penada aparte las injurias y las calumnias vertidas hacia los miembros de la Corona, pudiéndose pues, introducir estas actuaciones en estos delitos».

Por su parte el G.P. Popular en la enmienda n.° 480 propuso modificar el art. 470.2 en el sentido de sustituir *O de su cónyuge* por *la Reina o su consorte*.

B. Enmiendas presentadas en el Senado[508]

En relación al art. 469.3:

1. Enmienda n.° 691 del G.P. Popular en los mismos términos que en el Congreso.

C. Enmiendas propuestas en relación a los delitos de injurias y calumnias en general

Es interesante e importante destacar otras enmiendas que fueron presentadas, tanto en el Congreso, como en el Senado, en relación a otros tipos penales de injurias y calumnias. Ello en la medida en que la motivación de las mismas recoge un poso, unas ideas base, que sustentan en la actualidad los debates que giran en torno a la figura de los delitos contra la Monarquía.

Por un lado, en el Congreso de los Diputados, se plantearon las enmiendas n.° 834 y 841 por parte del Grupo Federal IU-IC, que, en definitiva, postularon la supresión de estos tipos delictivos por los siguientes motivos:

«Eliminar figuras que no responden a un principio de intervención mínima del derecho penal, los supuestos que se pretende cubrir ya están en otros tipos.

Eliminar figuras que, como las calumnias o injurias cualificadas, no responden a un principio de intervención mínima del derecho penal».

508 Fueron las enmiendas con n.° 91, 154, 410, 700, 701 y 702. *Vide* http://www.congreso.es/public_oficiales/L5/SEN/BOCG/II/II0087C.PDF (consultado el 25-10-2020).

En el Senado, se introdujeron las enmiendas n.º 36 a 40[509] del G.P Mixto presentadas por los senadores MARTÍNEZ SEVILLA y NIETO CICUENDEZ. Fueron enmiendas de supresión de distintos artículos relativos a la tipificación de delitos de injurias y de calumnias. La motivación se basó en:

> «Eliminar figuras que, como las calumnias o injurias cualificadas, no responden a un principio de intervención mínima del derecho penal. La solidez de las instituciones democráticas es la que les proporciona y asegura su dignidad, debiendo poder soportar las eventuales críticas, incluso si éstas son exageradas sólo puede castigar comportamientos amparados por la libertad de expresión y de crítica, o que, por su carácter baladí, deben quedar al margen de la tutela penal.
>
> El precepto, [...] castiga las injurias, sólo puede castigar comportamientos amparados por la libertad de expresión y de crítica, o que, por su carácter baladí, deben quedar al margen de la tutela penal».

Tras la discusión de las diferentes enmiendas a lo largo de los trámites que acabamos de exponer, se llegó al art. 490.3, cuyo tenor literal fue:

> «El que calumniare o injuriare al Rey o a cualquiera de sus ascendientes o descendientes, a la Reina consorte o al consorte de la Reina, al Regente o a algún miembro de la Regencia, o al Príncipe heredero de la Corona, en el ejercicio de sus funciones o con motivo u ocasión de éstas, será castigado con la pena de prisión de seis meses a dos años si la calumnia o injuria fueran graves, y con la de multa de seis a doce meses si no lo son».

Y el art. 491:

> «1. Las calumnias e injurias contra cualquiera de las personas mencionadas en el artículo anterior, y fuera de los supuestos previstos en el mismo, serán castigadas con la pena de multa de cuatro a veinte meses.
>
> 2. Se impondrá la pena de multa de seis a veinticuatro meses al que utilizare la imagen del Rey o de cualquiera de sus ascendientes o descendientes, o de la Reina consorte o del consorte de la Reina, o del Regente o de algún miembro de la Regencia, o del Príncipe heredero, de cualquier forma que pueda dañar el prestigio de la Corona».

D. Síntesis de las ideas surgidas durante la tramitación parlamentaria

Podemos agrupar en dos bloques las ideas que fueron eje de la discusión:

1. Limitaciones

La mayoría parlamentaria no cuestionó la necesidad de proteger penalmente a la institución. El debate, en primer lugar, giró en torno a la extensión

509 Se refirieron a los arts. 483.1., 488, 483.2, 496 y 497 respectivamente.

personal/miembros de la institución protegidos; y, en segundo lugar, acerca de la limitación de la protección a los casos en que actuasen en relación a su función constitucional.

En cuanto a la extensión personal de la protección, con motivo de una mejor redacción del tipo, se incluyó a los *ascendientes o descendientes*.

Respecto de la limitación de la protección, ésta se acotó a que el ataque contra la Corona protegido por el art. 490.3 CP lo fuera *en el ejercicio de sus funciones o con motivo u ocasión de éstas.* Es decir, como el amparo lo es a la institución en sí, la extensión del mismo, por su propia naturaleza, se limita al ejercicio de las encomiendas constitucionales a la Monarquía. El art. 491 CP cubriría la protección frente a injurias y calumnias fuera del ejercicio de sus funciones constitucionales.

2. Supresión de tipos penales de injurias y calumnias

A lo largo de la tramitación parlamentaria hubo una minoría parlamentaria que defendió la supresión de este tipo de delitos. Se apeló al principio de mínima intervención del derecho penal; a la solidez de las instituciones democráticas para soportar las críticas; y a la relevancia de la libertad de expresión para dejar fuera de la tutela penal las críticas.

6.4.7. Redacción dada al precepto por la Ley Orgánica 1/2015, de 30 de marzo, por la que se modifica la Ley Orgánica 10/1995, de 23 de noviembre, del Código Penal

En la nueva redacción dada al precepto por la Ley Orgánica 1/2015, de 30 de marzo, se equiparó la figura de la Reina y de la Princesa de Asturias, a la del Rey y Príncipe de Asturias, respectivamente. En concreto, el artículo 259 dispuso:

> «Sustitución de términos en el Código Penal.
>
> 1. Todas las referencias contenidas en la Ley Orgánica 10/1995, de 23 de noviembre, del Código Penal, al Rey se sustituyen por los términos "Rey o Reina".
>
> 2. Todas las referencias contenidas en la Ley Orgánica 10/1995, de 23 de noviembre, del Código Penal, al Príncipe heredero de la Corona se sustituyen por "Príncipe o Princesa de Asturias"».

En su tramitación, en el Congreso de los Diputados se sometió a debate la supresión, con carácter general, de los delitos destinados a proteger a la Corona y, en particular, los relativos al delito de injurias. Ambas posiciones fueron defendidas por el Grupo Mixto representado por Tardà i Coma[510]. En

510 El índice y contenido de las enmiendas puede encontrarse en: https://www.congreso.es/

primer lugar, en la enmienda a la totalidad, la n.º 1, se postuló su supresión en aras de una «mayor calidad democrática». En sus palabras:

> «[...] Finalmente, apelando a una mayor calidad democrática, asegurando la aplicación plena del derecho a la libertad de expresión, nuestro grupo no puede sino reiterar la necesidad de derogar los delitos contra la Corona, previstos en los artículos 490.3 y 491, y de ultrajes a España, previsto en el artículo 543, en la línea de lo previsto en otros Estados de larguísima tradición democrática. Sin embargo, con el presente Proyecto se desaprovecha, una vez más, la oportunidad de adecuar el Código Penal español a los principios que deben regir en cualquier democracia avanzada que garantice plenamente los derechos y libertades de la ciudadanía [...]».

En segundo lugar, en la enmienda n.º 377 se propuso la derogación del art. 490.3, con apoyo en la libertad de expresión:

> «La libertad de expresión es el derecho fundamental de toda persona a expresar ideas libremente, y por tanto sin censura. De hecho, el artículo 19 de la Declaración Universal de los Derechos Humanos señala que "todo individuo tiene derecho a la libertad de opinión y de expresión; este derecho incluye el de no ser molestado a causa de sus opiniones, el de investigar y de recibir informaciones y opiniones, y el de difundirlas, sin limitación de fronteras, por cualquier medio de expresión".
>
> Apelando a una democracia avanzada y moderna donde la ciudadanía tenga asegurado su pleno derecho de la libertad de expresión y tomando como ejemplo otros países de larga tradición democrática, como Estados Unidos de América, en el que su derecho constitucional considera que la quema y otros actos de sacralización de la bandera norteamericana están protegidos, por considerarlos muestras de libertad de expresión. Este ejemplo debería imitarse en el Estado Español, pues que toda vez la tipificación como delitos de la quema de banderas o la sacralización de la imagen del rey y de su familia, que lleva a acusar de delitos contra la Corona, aquellos que haciendo uso de la libertad de expresión, hacen tiras cómicas sobre la imagen del heredero de la Corona como ocurrió con la portada de la revista El jueves o queman la imagen del rey, como ocurrió en 2007 en Girona en razón de la visita del Monarca español, no debieran figurar en el Código penal español, pues deberían ser consideradas como muestras, de un gusto discutible si se quiere, de la libertad de expresión contemplada como derecho fundamental en la Constitución española».

Sin embargo, esta enmienda[511] no salió adelante, más de la mitad de los diputados presentes votaron en su contra.

public_oficiales/L10/CONG/BOCG/A/BOCG-10-A-66-2.PDF (consultado el 15-11-2021).

511 El resultado de las votaciones puede consultarse en: https://www.congreso.es/webpublica/opendata/votaciones/Leg10/Sesion238/20150121/Votacion033/VOT_20201204164523.pdf (consultado el 15-11-2021).

RESULTADO DE LA VOTACIÓN			
	TOTAL	% SOBRE VOTO EMITIDO	% SOBRE COMPOSICIÓN (350)
PRESENTES	319	100	91,14
SI	19	5,96	5,43
NO	182	57,05	52,00
ABSTENCIONES	118	36,99	33,71
NO VOTAN	31	-	8,86

1. Gráfico obtenido de la web del Congreso de los Diputados

6.4.8. Interpretación jurisprudencial del precepto

6.4.8.1. Bien jurídico protegido

En relación a las injurias y a las calumnias del art. 490.3 CP tratan de proteger la institución de la Corona como bien de interés público/colectivo: «El bien jurídico protegido, por la posición constitucional otorgada a la Corona, no puede considerarse nimio o que no merezca protección penal[512]».

Se protege a las personas a que se refiere el tipo penal, como encarnación de la institución, y sólo cuando ejercen sus funciones, o con motivo o con ocasión de estas. En palabras de la Sentencia de la Audiencia Nacional (Sección 1.ª) 5 de diciembre de 2008[513],

> «En el caso de las injurias a las personas señaladas en el artículo 490.3 CP, el bien jurídico protegido es la incolumidad de estas, pues en ellas se personaliza la institución constitucional de la Corona, de modo que a través de la protección de aquellas, cuando están en el ejercicio de sus funciones constitucionales —"en el ejercicio de sus funciones o con motivo o con ocasión de éstas", dice el tipo penal— se protege la Institución, reconduciendo el bien jurídico al interés general.
>
> En el concreto caso del Rey se protege, directamente, la incolumidad del Jefe del Estado que como máxima autoridad de la Nación es objeto de una especial protección, más intensa que la del resto de los ciudadanos pero no más amplia.
>
> A través de este tipo penal, sólo se protege el honor del Rey en tanto vaya asociado al ejercicio de su función constitucional, de modo que cualquier otro ataque a su honor fuera de ese ámbito no tendrá más protección que la general de las injurias de los artículos 208 y siguientes del Código Penal.

512 SAN (Sección 1.ª) n.º 12/2018, de 24 de abril, FD III.

513 Esta sentencia dio origen a la famosa STEDH (Sección 3.ª) Asunto de Stern Taulats y Roura Capellera c. España (Demandas n.º 51168/15 y 51186/15), de 13 de marzo de 2018.

Por lo tanto, la injuria contra el Rey o las personas mencionadas como sujetos pasivos en el artículo 490.3 CP, no protege bienes jurídicos individuales sino colectivos (FJ III)».

Por un lado, se protege la dignidad/honor de las personas que encarnan la institución de la Corona. Por otro lado, se protege a la propia institución: «son delitos pluriofensivos en cuanto que son dos los bienes protegidos jurídicamente: la dignidad personal de quien encarna la Corona y el respeto a la Institución que representa[514]».

Las calumnias e injurias que queden fuera de las funciones constitucionales ejercidas por la Corona quedarán amparadas por el art. 491[515].

6.4.8.2. Elemento subjetivo del tipo

El dolo debe de abarcar el conocimiento de que se ataca a un sujeto pasivo en concreto[516]:

«[...] Este delito es, según lo expuesto, un delito pluriofensivo y de sujeto pasivo restringido, no un delito especial. Como consecuencia, la condición del sujeto pasivo y su conocimiento por parte del sujeto activo son jurídico-penalmente relevantes. Estas circunstancias tienen que estar abarcadas por el dolo del agente y determinan la aplicación de este tipo penal en vez de los comunes porque el artículo 490.3 CP es ley especial, no un delito especial, con relación a los tipos comunes de los artículos 205 y siguientes».

6.4.8.3. Elementos de ponderación de los derechos fundamentales en conflicto

La clave para la valoración acerca de qué derecho debe prevalecer —libertad de expresión u honor— será determinar si las expresiones ofensivas fueron o no innecesarias [517]. También en los casos en los que se plantee el con-

514 En el caso concreto la consideró probado que los calificativos «borrachos, puteros, idiotas, descerebrados, cabrones, ninfómanos, vagos y maleantes» se referían al Rey Juan Carlos.
No obstante, los magistrados GRANDE MARLASKA GÓMEZ, SÁEZ VALCÁRCEL, DE PRADA SOLAESA y RUIZ POLANCO emitieron un voto particular. Consideraron que el artículo pretendió hacer una crítica política al sistema de sucesión de la Corona, y a la inviolabilidad e irresponsabilidad del Rey. Y, en consecuencia, valoraron que al tratarse de un debate público, de interés general, cabe: «recurrir a ciertas dosis de exageración o provocación, incluso a mostrarse un poco inmoderado».

515 SAN (Sección 1.ª) n.º 3/2018, de 2 de marzo, FD III. La sentencia confirmó la condena por los comentarios, frases y archivos subidos a su perfil de *Twitter* (unos 1.915).

516 *Ibidem FJ IV.*

517 *Ibidem FJ VII,* que en el caso concreto consideró innecesaria la quema de fotografías del

flicto con la libertad ideológica[518]. Asimismo, será relevante valorar la fuerza que en su conjunto tienen las expresiones vertidas[519]. Los márgenes de la libertad de crítica son amplios, aunque «pueda molestar, inquietar o disgustar a quienes se dirige, pues así lo requieren el pluralismo, la tolerancia y el espíritu de apertura, sin los cuales no existe sociedad democrática[520]». Sin embargo, no existe un derecho al insulto[521].

Rey para expresar una opinión crítica. En sus palabras:

[...] los dos condenados apelantes, con la cara tapada, se dirigen al centro de la reunión con una gran fotografía del Rey y la Reina y, poniéndola bocabajo, le prenden fuego entre la algarabía general para, seguidamente, retirarse e intentar confundirse con el resto de los asistentes.

Esta acción es innecesaria para defender la opinión de los concentrados y es formalmente injuriosa, sobrepasa los límites amparados por el derecho fundamental a la libertad de expresión y lesiona el derecho al honor de la Institución, la Corona, como institución constitucional democrática.[...].

La SAN (Sección 1.ª) n.º 3/2018, de 2 de marzo, FD III atendió, por un lado, a la gravedad de los *tuits* publicados, para lo que se tuvo en cuenta que con ellos se imputó «delitos inexistentes, como asesinato, robo, connivencia con golpe de Estado e incluso se llega a amenazar a Leon Hipolito y a la Monarquía, con el desahucio o la toma de su Palacio, evidentemente de forma violenta». Por otro lado, se valoró la publicidad que obtuvo.

No obstante, la magistrada Fernández Prado emitió un voto particular. Entendió que por mucho que pudiera provocar actuó dentro de la libertad de expresión. Consideró que:

[...] *lo que se está criticando es el despilfarro de la Corona, y también las relaciones que ha venido manteniendo el* [...] *con la monarquía saudí, ésta última acusada en múltiples publicaciones de amparar de alguna manera al ISIS. Estos mensajes emplean un lenguaje soez, con expresiones como mafioso o mierda, y contienen una crítica acida, pero no por ello puede entenderse que superen los límites de la libertad de expresión y la crítica frente a las instituciones públicas*.

518 SAN (Sección 1.ª) n.º 1/2009 de 18 de mayo, FD II. La sentencia consideró que «la quema de la figura a tamaño real del Rey de España» *no puede ampararse en el derecho fundamental a la libertad ideológica ni a la libertad de expresión, ya que el hecho de no tiene relación con idea política o forma de expresar una controversia de tal carácter*.

519 SAN (Sección 1.ª) n.º 12/2018, de 24 de abril, FD III: «nos encontramos con un mensaje que es caldo de cultivo de un clima de odio hacia el Monarca, que trata de promover acciones violentas contra él, al presentarlas como aceptables, deseables y sobre todo como posibles». La sentencia confirmó la condena por los comentarios vertidos en un perfil de *Facebook* que tenía una imagen del Rey emérito: «corrupto, mal parido, putos descendientes». A dichos comentarios añadió que hubiera podido «cortar la cabeza al malparido de la imagen», «tic tac plato pum...un gran traidor sin cabeza menos».

520 SAN (Sección 4.ª) n.º 14/2018, de 4 de mayo, FD I. La sentencia absolvió por entender que el manifiesto titulado «Por la pitada al Himno Español y al Rey Barbón» publicado en el perfil de *Facebook* por *Catalunya Acció* no contenía epígrafes injuriosos contra el Rey. Por ello, consideró que lo que se hizo fue «aprovechar un acto deportivo al que acudía el Rey para que de forma incívica, impropia, desafortunada y con manifiesta falta de educación, los organizadores evidenciaran con la pitada su radical desacuerdo ante la imposibilidad de seguir adelante con los planes independentistas».

521 SAN (Sección 4.ª) n.º 41/2009 de 18 de septiembre, FD V. La sentencia confirmó la condena impuesta a un alcalde por un discurso que contenía, entre otras, las siguientes expresiones: «El Borbón es el hijo de un crápula»,«El Borbón (era) de condición deleznable

6.4.8.4. Casos paradigmáticos

A. Caso Valtonyc: STS (Sección 1.ª) n.º 79/2018, de 15 de febrero, FD III

El recurrente fue condenado a la pena un año de prisión, e inhabilitación especial para el derecho de sufragio pasivo durante el tiempo de la condena, por el delito de calumnias e injurias graves a la Corona del art. 490.3 CP[522].

---

y el presente no es menos de lo que su padre fue» e «hijo de una persona de condición licenciosa, deplorable, deleznable, no menos licenciosa que la de su esposa», «si atropellara a una niña lo haría por su acostumbrada vinculación etílica», etc.

Como recuerda Urías Martínez la doctrina constitucional que niega la existencia de un «pretendido derecho al insulto» nace de la STC 105/1990, y se ha consolidado hasta la actualidad. *Vide* Urías Martínez, «Insultos en el Tribunal Constitucional (sobre un requisito para el ejercicio de las libertades de expresión e información)», *Revista Española de Derecho Constitucional* n.º 121, 2021, p.278. Urías Martínez (*ibidem*) verificó que:

La locución «pretendido derecho al insulto» con cita expresa de la sentencia del caso original aparece hasta en treinta y cinco sentencias entre 1990 y 2020, sin contar las decisiones referidas a libertad de expresión en el ámbito judicial, en las que suele incluirse su propia cita relativa a la prohibición de insultos en el terreno forense. A partir de 2009 el Tribunal habla ya de «la prohibición constitucional de insultos» integrada como requisito en la delimitación de las libertades comunicativas.

522 También fue condenado por un delito de amenazas no condicionales del art. 169.2 Cp. a seis meses de prisión y a indemnizar con 3.000 euros en concepto de responsabilidad civil. Para Vázquez Alonso este delito de amenazas constituye un ejemplo de cuándo la libertad artística como libertad de expresión se excede y entra en el campo del derecho penal:

Pues bien, creo que el caso del rapero Valtonyc podría servirnos como exponente de cuándo un artista se sitúa al margen de los límites de este derecho. De las tres condenas que le fueron impuestas por sus canciones, una es por la comisión de un delito de amenazas dirigidas a una persona en particular mediante las letras de sus canciones. Los vídeos a través de los cuales difundía estas composiciones incorporaban una foto de la persona aludida, la cual, además, ya había sido objeto de anteriores amenazas condenadas por la justicia, y había, por lo tanto, pruebas evidentes de que existía un peligro real y cierto de que sus bienes y su propia integridad física se vieran agredidas. Entre otras cosas, la composición del rapsoda Valtonyc, insistía, refiriéndose a esta persona, en expresiones como: «llegaremos a la nuez de tu cuello», y en singular, «le arrancaré la arteria y lo que haga falta». Como se ha señalado más arriba, ciertos géneros musicales no pueden entenderse sin su irreverencia radical, la cual se manifiesta en muchos casos a través de expresiones distorsionadoras y ofensivas que, entendidas dentro de ese código, no pueden ser, en mi opinión, susceptibles de represión penal. En este caso, sin embargo, lejos de encontrarnos ante exabruptos genéricos, lo que existe es una elaborada estrategia atemorizadora con un objetivo muy concreto, pudiéndose interpretar que es esa búsqueda del amedrentamiento la que prevalece en una composición. Dicho de otra forma, tomando en consideración de forma objetiva el material musical difundido, y sin excluir un análisis contextual que se sitúe dentro de los códigos propios de su género, se puede concluir que nos encontramos ante un tipo de expresión que, por la singularización que se hace de la persona aludida y por el propio contexto en el que se difunde, puede subsumirse dentro del tipo penal de las amenazas.

Los hechos enjuiciados por el delito de injurias contra la Corona se centraron en las canciones que el recurrente difundió a través de internet, usando la red social de *YouTube.*

Por la defensa se argumentó que se escogieron para su condena expresiones sueltas de las canciones. Las mismas sólo pretendieron ser una crítica política, y no personal. Se defendió que quizás incurrieran en un exceso no protegido por el derecho, pero no en un delito.

Sin embargo, el TS consideró que dichas canciones «injurian, calumnian y amenazan de muerte al Rey o a miembros de la Familia Real». Así explicó que se rebasó el ámbito de la libertad de expresión al no ser proporcional —superando lo que serían críticas *hirientes*, *molestas* o *desabridas*—. En suma, por tratarse de un ataque personal gratuito, que afectó al núcleo último de su dignidad.

B. Caso Pablo Hasél: STS (Sección 1.ª) n.º 135/2020 de 7 de mayo, FD III

El recurrente fue condenado a la pena de doce meses de multa con una cuota diaria de 30 euros, con responsabilidad personal subsidiaria de 6 meses, por un delito de injurias y calumnias contra la Corona, y utilización de la imagen del Rey del art. 491.1 y .2 CP.

La defensa argumentó que con las canciones se trató de reprobar el comportamiento del Monarca. Asimismo, razonó que la posición del Rey no puede impedir que sea criticado. En sus palabras:

> «La posición de neutralidad del Rey en el debate político, de árbitro y de símbolo de la unidad del Estado, no lo pone al abrigo de toda crítica en el ejercicio de sus funciones oficiales o —como en los hechos enjuiciados— en tanto que representante del Estado, al que simboliza, en particular de parte de aquéllos que contesten

Vide VÁZQUEZ ALONSO, Víctor Javier: «Artistas abyectos y discurso del odio». ALONSO SANZ, Lucía (dir.), VÁZQUEZ ALONSO, Víctor Javier (dir.): *Sobre la libertad de expresión y el discurso del odio*. Athenaica Ediciones Universitarias, 2017, p. 297.

Lo esencial para este autor será el análisis contextual del caso concreto:

En definitiva, y por terminar, la libertad artística ampara las expresiones extremas o incluso abyectas pero no en todo caso. En tanto el lenguaje artístico se desenvuelve normalmente en un espacio genérico, ficcional y figurativo, es muy difícil asumir que estos «actos del lenguaje» —por seguir la terminología de Austin— puedan producir unos efectos perlocutivos sobre ciertos bienes jurídicos lo suficientemente ofensivos como para merecer una respuesta penal. Ahora bien, es cuando después de un análisis contextual pueda concluirse que el artista abandona de forma deliberada e incuestionable ese espacio genérico y autorreferencial al que antes hacíamos alusión, cuando su lenguaje pierde el amparo específico de la libertad de creación artística y es susceptible de ser enjuiciado desde una lógica común a la hora de valorar y probar la naturaleza objetivamente ofensiva o amenazante de sus expresiones.

Ob.cit. p. 228.

legítimamente las estructuras constitucionales de este Estado, incluyendo su régimen monárquico. [...] la protección constitucional de la que gozan los miembros de la Corona no es un cheque en blanco para acallar cualquier conducta reprobable de sus componentes».

El TS comenzó su análisis dejando claro que no cabe admitir que la monarquía tenga una «servidumbre de carga», que le obligue a soportar injurias y calumnias vertidas con publicidad. A partir de ahí, el TS comenzó su argumentación citando expresamente la STEDH de 13 de marzo de 2018[523]. El TS afirmó que dicha STEDH no admitió la existencia de esa servidumbre, ni que «pertenecer a la monarquía suponga una minusvaloración de los derechos que se tengan a la protección del honor». De ser así, supondría anular el tipo penal.

A partir de ahí, el TS analizó el bien jurídico protegido con los delitos de injurias y calumnias, que es el honor. En sus palabras:

«La doctrina apunta que el honor puede ser interno o externo. El honor interno, sería el "ideal e intangible, que posee el hombre como ser racional y que se identifica con la dignidad de la persona". El honor externo sería el juicio que la comunidad proyecta sobre el individuo, es decir, la reputación o fama social. Ambos tipos de honor han sido objeto de perturbación en este caso con las expresiones proferidas».

A continuación, el TS estudió los límites de la libertad de expresión en el delito de injurias: cuando «se supera la barrera del límite de la mera crítica», más allá de «los comentarios que molesten o inoportunen». Por esta razón, el TS concluyó que, en realidad, hubo ataques al honor de la familia real, claros y graves.

En cuanto al delito de calumnias, el TS expuso sus elementos, y los ánimos/intenciones, que excluyen su relevancia penal. Así, las calumnias son consideradas como una modalidad agravada de las injurias. En sus palabras consisten en:

«en atribuir un hecho falso constitutivo de delito a otra persona, sea éste perseguible de oficio o a instancia de parte, por lo que la doctrina señala que constituye un tipo agravado de la injuria. Y aquí la doctrina destaca que se requiere un temerario desprecio hacia la verdad, que debe entenderse en el sentido de que se requiere el dolo, es decir, el conocimiento eventual (doloso) de que el hecho de que se imputa es falso. Por consiguiente, "para estimar que concurre calumnia, a ese conocimiento ha de añadirse el de que la expresión que se profiere es ofensiva, sin que quepa exigir un ulterior animus injuriandi, ni utilizar este elemento como un criterio delimitador entre dos derechos fundamentales (la libertad de expresión y el

523 Léase STEDH (Sección 3.ª) Asunto de Stern Taulats y Roura Capellera c. España (Demandas n.° 51168/15 y 51186/15), de 13 de marzo de 2018.

honor) cuyos respectivos límites han de trazarse objetivamente" Y es aquí donde claramente se sobrepasa con las expresiones antes citadas claramente referenciales de imputación de delitos que conlleva la comisión de la calumnia».

Los casos en los que se excluye la aplicación del tipo penal son aquellos en los que concurren algunas de las siguientes intenciones:

«1.- El animus criticandi o propósito de criticar o censurar constructivamente el comportamiento ajeno (STC 51/1989).

2.- Animus narrandi: Elimina toda injuria por desenvolverse dentro del campo jurídico y de la ética.

3.- Animus iocandi: cuando hay una expresión deshonrosa pero dentro de un espíritu de amistad o de broma que excluye toda intencionalidad de ofender. En el caso de la calumnia, hablaríamos del animus difamandi o voluntad de difamar».

A continuación el TS analizó la concurrencia del *animus injuriandi* que se aprecia cuando lo que se pretende es:

«[...] promover en la sociedad el rechazo social hacia una persona mediante una expresión de desprecio, vejativa, pretendiendo el autor causar un daño en el honor del ofendido a través de la imputación (STC 170/1994). Y, además, como se sostiene por la doctrina, la calumnia es un supuesto agravado de la injuria. Se trata de una ofensa al honor a la que hay que añadir la imputación de un delito que puede suponer la posibilidad de que la autoridad judicial instruya el correspondiente sumario contra el agraviado».

Delimitados los hechos, los bienes jurídicos protegidos, y los elementos del tipo, en especial los subjetivos, el TS analizó la meritada STEDH para dilucidar los límites entre la libertad de expresión y el derecho penal. En primer lugar, estableció con claridad que la «crítica política» queda fuera del derecho penal[524]. En segundo lugar, fijó que la clave está en la ponderación de los derechos fundamentales implicado. De un lado, la libertad de expresión. De otro lado, el derecho al honor. Siendo esto así el TS definió el conflicto en los siguientes términos:

«[...] en esa actitud de ponderación de la misma (la libertad de expresión) y de confrontación de derechos en una sociedad democrática, hay que destacar que, también, en esta misma sociedad democrática en la que se tienen derechos de libertad de expresión existe el mismo derecho de las personas a que no se atente a su honor ni que se les calumnie. Y este es el juego de la ponderación de los derechos de libertad de expresión y el del honor, en donde el exceso exacerbado en el primero entra de lleno en el ataque al segundo».

---

524 En palabras del TEDH: «el interés de un Estado en proteger la reputación de su propio Jefe de Estado no puede justificar que se le otorgue a este último un privilegio o una protección especial con respecto al derecho de informar y de expresar opiniones que le conciernen».

En tercer lugar, como resultado de la ponderación, el TS consideró que hubo un exceso y que éste fue grave. Como apoyo argumentativo citó la STEDH antedicha:

> «[...] la tolerancia y el respeto de la igualdad de la dignidad de todos los seres humanos constituyen el fundamento de una sociedad democrática y plural. De ello resulta que en principio se pueda juzgar necesario, en las sociedades democráticas, sancionar, incluso prevenir, todas las formas de expresión que propaguen, inciten, promuevan o justifiquen el odio basado en la intolerancia (incluida la intolerancia religiosa), si se vela por que éstas "formalidades", "condiciones", "restricciones" o "sanciones" impuestas sean proporcionales a la finalidad legítima perseguida"».

Por ello el TS concluyó, en suma, que se puede criticar, pero no existe un derecho al insulto[525]:

> «la libertad de expresión comprende el derecho a la crítica de la conducta de otro, aun cuando la misma sea desabrida o ácida y pueda molestar, inquietar o disgustar a quien se dirige, siempre y cuando, no se incurra en el insulto formal, o en expresiones intrínsecamente vejatorias, como en este caso se ha producido».

Sin embargo, los magistrados Colmenero Menéndez de Luarca y Ferrer García emitieron un voto particular. Su análisis partió de considerar los delitos aplicados como «delitos de expresión». La cuestión que subyace en esta materia es, en sus palabras: «la pulsión entre el interés protegido por

---

525 El TS recogió en dicho fundamento jurídico un resumen de ideas históricas acerca de la libertad de expresión. Entre ellas citó expresamente a Stuart Mill, y la libertad de pensamiento para el descubrimiento. También citó a los jueces estadounidenses Oliver Wendell Holmes Jr. y Louis Brandeis (cuyas opiniones estudiamos en los apartados dedicados a la jurisprudencia de EE. UU.) como exponentes del concepto del *mercado de las ideas.* El TS concluyó que el exceso verbal punible no entra dentro de la libertad de expresión; sino que, se trataría de otra categoría, que denominó como *libertinaje de expresión*.
Urías Martínez, (*ibidem* p. 299) concluye que la libertad de expresión carece de protección cuando se lesiona la dignidad; los insultos contaminan, y excluyen el ejercicio legítimo de otras libertades. En sus palabras:
La configuración constitucional del insulto como único límite a las libertades de expresión e información tiene su razón de ser en una reflexión sobre el valor de la dignidad. Su utilidad radica en remarcar que los actos comunicativos lesivos de la dignidad carecen radicalmente de cualquier protección constitucional. De esa forma, la presencia de insultos contamina cualquier contenido que los acompañe, excluyendo el ejercicio legítimo de otras libertades: la constatación prima facie de que una actividad comunicativa atenta deliberadamente contra el valor mínimo que merece cada persona exime de mayor indagación sobre un eventual ejercicio legítimo de las libertades de información o expresión: si hay insulto, resulta irrelevante si el mensaje es veraz o socialmente relevante.
[...] *La extensión de esta auténtica interpretación constitucional a nuevas categorías, como es el caso de los discursos de odio, solo podría justificarse en la constatación de una afectación actual, no meramente potencial, de la dignidad. Solo si un mensaje busca exclusivamente la humillación ajena, excluyendo ulteriores intenciones comunicativas, podrá excluirse de modo tan radical y apriorístico la concurrencia de alguno de los derechos del art. 20 de la* Constitución.

la norma penal y las libertades de expresión y, en su caso, ideológica, que exige un equilibrado ejercicio de ponderación». A continuación, recordaron la jurisprudencia del TC en relación a la libertad de expresión[526]. Los magistrados destacaron que los límites a la libertad de expresión actúan cuando su ejercicio lleva a la «violencia» y a la «intolerancia». En sus palabras:

> «Por supuesto que es un derecho limitable, especialmente cuando desencadena un reflejo de hostilidad que incita a la violencia y a la intolerancia, incompatibles con los valores democráticos. Pero no es el caso. Los mensajes analizados carecen objetivamente de tal carácter, lo que les diferencia de otros supuestos a los que se les ha reconocido relevancia penal. Por ejemplo, en el caso del también rapero Arsenio (STS 79/2018 de 15 de febrero) o el del ahora acusado por los hechos que propiciaron su anterior condena (STS 106/2015 de 19 de febrero), sustancialmente diferentes a los ahora empleados».

Por todo ello, consideraron en definitiva que al no existir incitación a la violencia y a la intolerancia debió de estimarse el recurso[527].

---

526 En concreto las sentencias STC 177/2015 de 22 de julio y 112/2016 de 20 de junio.

527 Para Vázquez Alonso la sentencia reflejó una especie de *persecución de la inquina* en la que en lugar de valorar la puesta en riesgo de los bienes jurídicos se valoró la presencia de desprecio en el emisor del discurso. En sus palabras:

[...] la idea de discurso odioso ha sido un argumento recurrente a la hora de excluir del ámbito protegido por la libertad de expresión ciertas manifestaciones, instaurándose, de este modo, una suerte de «test de la inquina», en cuya aplicación, muy a menudo, lejos de contrastarse la adecuación real de ciertas expresiones para poner en riesgo determinados bienes jurídicos, o siquiera para generar una atmósfera favorable a la discriminación de colectivos históricamente preteridos y con dificultades materiales para hacer valer sus derechos, se ha juzgado, en último término, lo que podríamos calificar como la mismidad del odio, es decir, la presencia de un sentimiento de desprecio en el emisor del discurso. El binomio prohibición del discurso del odio y tutela de las minorías ha sido sustituido en muchas ocasiones por una argumentación donde la constatación de la inquina tras una determinada expresión es considerada presupuesto para situar extramuros de la libertad de expresión ciertas manifestaciones y, simultáneamente, y casi como consecuencia obligada, considerar su tipicidad.

Vide Vázquez Alonso, Víctor Javier: «Hasél II o La persecución penal de la inquina (a propósito de un texto de Jacobo Dopico)». *Eunomía: Revista en Cultura de la Legalidad*, n.°. 21, 2021, p. 394.

Sin embargo, de esta manera se relativiza el uso del derecho penal —para considerar más típicas penalmente las expresiones empleadas—, lo que consigue el efecto de popularizar a sus autores:

El caso Hasél II demuestra, en este sentido, que el cambio que se produce en nuestra cultura constitucional a la hora de entender qué es y qué no discurso protegido, es paralelo también a una relativización de ciertos principios basilares del derecho penal, dentro de este ámbito de los delitos de expresión, que, en último término, tiene como consecuencia que nuestros jueces operen con juicios subsuntivos demasiado favorables a la hora de considerar la tipicidad penal de ciertas expresiones. Todo ello con el peaje no menor de colmar de celebridad a sus autores.

Ob. cit., p. 397.

6.4.9. Delitos contra los sentimientos religiosos

6.4.9.1. Redacción de los delitos contra la libertad de conciencia, los sentimientos religiosos y el respeto a los difuntos por la Ley Orgánica 10/1995, de 23 de noviembre

Inicialmente el proyecto de Ley[528] contempló su ubicación en los arts. 502 a 505 y tenía la siguiente redacción:

«Artículo 502.

El que con violencia, amenaza, tumulto o vías de hecho, impidiere, interrumpiere o perturbare los actos, funciones, ceremonias o manifestaciones de las confesiones religiosas inscritas en el correspondiente registro público del Ministerio de Justicia e Interior, será castigado con la pena de prisión de seis meses a seis años, si el hecho se hubiere cometido en lugar destinado al culto, y con la de multa de cuatro a diez meses si se realizare en cualquier otro lugar».

«Artículo 503.

El que en templo, lugar destinado al culto o en ceremonias religiosas, ejecutare actos de profanación en ofensa de los sentimientos religiosos legalmente tutelados será castigado con la pena de prisión de seis meses a un año o multa de cuatro a diez meses».

«Artículo 504.

1. Incurrirán en la pena de multa de ocho a doce meses los que, para ofender los sentimientos de los miembros de una confesión religiosa, hicieren públicamente, de palabra por escrito o mediante cualquier tipo de documento, escarnio de sus dogmas, ritos o ceremonias, o vejaren, también públicamente, a quienes los profesaren.

2. En las mismas penas incurrirán los que hicieren públicamente escarnio, de palabra o por escrito, de quienes no profesaren religión alguna».

«Artículo 505.

El que, faltando al respeto debido a la memoria de los muertos, violare los sepulcros o sepulturas, profanare un cadáver o sus cenizas o, con ánimo de ultraje, destruyere o dañare las urnas funerarias, será castigado con la pena de arresto de doce a veinticuatro fines de semana y multa de tres a seis meses».

Para entender los preceptos hemos de transitar por los trámites parlamentarios que tuvieron lugar.

---

528 El proyecto de ley se puede consultar en: http://www.congreso.es/public_oficiales/L5/CONG/BOCG/A/A_077-01.PDF (consultado el 24-10-2020).

6.4.9.2. Enmiendas introducidas en el Congreso de los Diputados[529]

En relación al art. 502:

A. Enmienda n.º 501, del G. P. Popular que propuso una modificación del siguiente tenor literal: «Debe añadirse después "del Ministerio de Justicia e Interior"», la mención «o de las asociaciones ideológicas». Asimismo, debe añadirse después de «lugar destinado al culto», «o a los ritos».

Dicha propuesta se justificó en el principio de igualdad, que, en sus palabras: «exige idéntica tutela de las libertades religiosa e ideológica».

Respecto del art. 503:

A .Enmienda n.º 502, del G. P. Popular propuso como modificación incluir la mención de creencias no religiosas:

> «El que, en lugar destinado al culto o a los ritos, o en ceremonias, ejecutare actos de profanación en ofensa de los sentimientos religiosos o de cualesquiera creencias legalmente tutelados, será castigado con la pena de prisión de seis meses a seis años.
>
> Si los hechos se realizaren fuera de los lugares u ocasiones mencionados en el párrafo anterior, se impondrá esta pena en su mitad inferior».

La motivación de la enmienda descansó igualmente en el principio de igualdad:

> «[...] El principio de igualdad penal exige proporción punitiva entre los delitos de interrupción de actos (artículo 502) y profanación (artículo 503), toda vez que esta última puede ofender tanto más las creencias religiosas o ideológicas que aquella. Esta razón justifica asimismo la incriminación de la profanación en lugar u ocasión distintos de los mencionados por el texto del Proyecto, y de acuerdo con el vigente artículo 208, párrafo 2.º.
>
> La utilización del término "ritos", en esta como en otras enmiendas, corresponde a la doctrina del Comité de Derechos del Hombre de la ONU (Observación de 20 de julio de 1993) según la cual el concepto de rito, como diferente del de culto, comprende los actos rituales y ceremoniales que expresan directamente una "convicción", en cuanto diferente de una "religión"».

---

529 Fueron las enmiendas con n.º. El índice de las mismas se encuentra en: http://www.congreso.es/public_oficiales/L5/CONG/BOCG/A/A_077-07.PDF (consultado el 24-10-2020). Y el cuerpo de las mismas se localiza en: http://www.congreso.es/public_oficiales/L5/CONG/BOCG/A/A_077-06.PDF (consultado el 24-10-2020).
Las modificaciones propuestas fueron discutidas en el seno de la Comisión de Justicia e interior y quedaron recogidas en el Diario de Sesiones del Congreso de los Diputados n.º 516 de 7-6-1995: http://www.congreso.es/portal/page/portal/Congreso/PopUpCGI?CMD=VERLST&BASE=puw5&DOCS=1-1&QUERY=%28CDC199506070516.CODI.%29#(P%C3%A1gina15755) (consultado el 25-10-2020).

B. Enmienda n.º 503, del G. P. Popular por la que se propuso un incremento de las penas al considerarlo conveniente:

«El que en templo, lugar destinado al culto o en ceremonias religiosas, ejecutare actos de profanación en ofensa de los sentimientos religiosos legalmente tutelados será castigado con la pena de prisión de seis meses a dos años».

En referencia al art. 504:

A. Enmienda n.º 504, del G. P. popular fue de adición (por las mismas razones de igualdad y de penalidad agravada) de las referencias a asociaciones ideológicas inscritas, así como aludir a las creencias para protegerlas:

«Debe añadirse a la expresión "confesión religiosa" y a continuación lo siguiente: "o asociación ideológica inscritas".

Después de "escarnio de sus dogmas", debe añadirse lo siguiente: "o creencias".

En el párrafo 2.º a continuación de "religión", debe añadirse "o creencia".

Por último, debe ser incluido un párrafo 3.º que diga:

"3 .Los que realizaren los mismos hechos del párrafo 1.º en el lugar u ocasión mencionados en el artículo precedente (503), serán castigados con la pena superior en grado"».

B. Enmienda n.º 848, del Grupo. Federal. IU-IC, al apartado 2. Propusieron la supresión por considerar que no respondían al principio de mínima intervención del derecho penal.

«Suprimir, desde "... hicieren públicamente..." hasta "... ceremonias, o...", y "..., también públicamente,...".

MOTIVACIÓN

Eliminar figuras que no responden a un principio de intervención mínima del derecho penal».

En relación al art. 505:

A. Enmienda n.º 505, del G. P. Popular. de modificación para tratar de abarcar más acciones que afectasen al lugar donde descansan los muertos:

«"El que, faltando el respeto debido a la memoria de los muertos, violare los sepulcros o sepulturas, profanare un cadáver o sus cenizas o, con ánimo de ultraje destruyere o dañare las urnas funerarias, cometiere actos de vandalismo, como escribir en los muros de un cementerio o panteón, lápida o nicho o borrare o ensuciare sus leyendas, será castigado con la pena de...".

JUSTIFICACIÓN

Se trata de sancionar penalmente los actos externos —como las "pintadas"— que suponen alteración del cerramiento del lugar donde los muertos descansan».

6.4.9.3. Enmiendas presentadas en el Senado[530]

En relación al art. 515 (art. 502 en la numeración original):

A. Enmienda n.º 708 del GP Popular de modificación en el mismo sentido que propusieron en el Congreso.

«Debe añadirse después "del Ministerio de Justicia e Interior", la mención "o de las asociaciones ideológicas". Asimismo, debe añadirse después de "lugar destinado al culto", "o a los ritos".

JUSTIFICACIÓN

La modificación propuesta obedece al principio de igualdad, que exige idéntica tutela de las libertades religiosa e ideológica».

En relación al art. 516 (art. 503 en la numeración original):

A. Enmiendas n.º 709 y 710 del GP Popular, ambas de modificación:

La enmienda 709 fue del siguiente tenor:

«"El que, en lugar destinado al culto o a los ritos, o en ceremonias, ejecutare actos de profanación en ofensa de los sentimientos religiosos o de cualesquiera creencias legalmente tutelados, será castigado con la pena de prisión de seis meses a seis años.

Si los hechos se realizaren fuera de los lugares u ocasiones mencionados en el párrafo anterior, se impondrá esta pena en su mitad inferior".

JUSTIFICACIÓN

La mención de creencias no religiosas, se incluye por las mismas razones que las expuestas en el artículo anterior.

El principio de igualdad penal exige proporción punitiva entre los delitos de interrupción de actos (artículo 5 15) y profanación (artículo 5 16), toda vez que esta última puede ofender tanto más las creencias religiosas o ideológicas que aquélla. Esta razón justifica asimismo la incriminación de la profanación en lugar u ocasión distintos de los mencionados por el texto del proyecto, y de acuerdo con el vigente artículo 208, párrafo 2.º.

La utilización del término "ritos", en esta como en otras enmiendas, corresponde a la doctrina del Comité de Derechos del Hombre de la ONU (Observación de 20 de julio de 1993) según la cual el concepto de rito, como diferente del de culto, comprende los actos rituales y ceremoniales que expresan directamente una "convicción", en cuanto diferente de una "religión"».

---

530 El índice de las enmiendas en el Senado está recogido en: https://www.congreso.es/public_oficiales/L5/SEN/BOCG/II/II0087D.PDF y su desarrollo en https://www.congreso.es/public_oficiales/L5/SEN/BOCG/II/II0087C.PDF. Si bien hay que tener en cuenta que el articulado que tuvieron presente cambió de numeración siendo los arts. 514 a 518 conforme al texto remitido por el Congreso de los Diputados: https://www.congreso.es/public_oficiales/L5/SEN/BOCG/II/II0087A.PDF (las *URL* fueron consultadas el 15-1-2023).

Por su parte, la enmienda 710 propuso la siguiente redacción:

«"El que en templo, lugar destinado al culto o en ceremonias religiosas, ejecutare actos de profanación en ofensa de los sentimientos religiosos legalmente tutelados será castigado con la pena de prisión de seis meses a dos años".

JUSTIFICACIÓN

Es conveniente agravar las penas para las conductas tipificadas».

En relación al art. 517 (art. 504 en la numeración original):

A. Enmienda n.° 711 del GP Popular:

«Debe añadirse a la expresión "confesión religiosa" y a continuación lo siguiente: "o asociación ideológica inscritas".

Por último, debe ser incluido un párrafo 3.° que diga:

"3. Los que realizaren los mismos hechos del párrafo 1.° en el lugar u ocasión mencionados en el artículo precedente, serán castigados con la pena superior en grado".

JUSTIFICACIÓN

Idénticas razones a las que ya expuestas, justifican la inclusión de "asociación ideológica". Parece conveniente mantener una penalidad agravada, como lo hace el artículo 209 del Código Penal vigente para la comisión del delito en el lugar destinado al culto o a los ritos».

En relación al art. 518 (art. 505 en la numeración original):

A. Enmienda n.° 712 del GP Popular de modificación:

«"El que, faltando el respeto debido a la memoria de los muertos, violare los sepulcros o sepulturas, profanare un cadáver o sus cenizas o, con ánimo de ultraje destruyere o dañare las urnas funerarias, cometiere actos de vandalismo, como escribir en los muros de un cementerio o panteón, lápida o nicho o borrare o ensuciare sus leyendas, será castigado con pena de ..." (el resto igual).

JUSTIFICACIÓN

Se trata de sancionar penalmente los actos externos —como las "pintadas»— que suponen alteración del cerramiento del lugar donde los muertos descansan».

Tras la discusión de las diferentes enmiendas a lo largo de los trámites que acabamos de exponer, se llegó a la siguiente redacción:

«Sección 2..ª De los delitos contra la libertad de conciencia, los sentimientos religiosos y el respeto a los difuntos

Artículo 522.

Incurrirán en la pena de multa de cuatro a diez meses:

1.° Los que por medio de violencia, intimidación, fuerza o cualquier otro apremio ilegítimo impidan a un miembro o miembros de una confesión religiosa practicar los actos propios de las creencias que profesen, o asistir a los mismos.

2.° Los que por iguales medios fuercen a otro u otros a practicar o concurrir a actos de culto o ritos, o a realizar actos reveladores de profesar o no profesar una religión, o a mudar la que profesen.

Artículo 523.

El que con violencia, amenaza, tumulto o vías de hecho, impidiere, interrumpiere o perturbare los actos, funciones, ceremonias o manifestaciones de las confesiones religiosas inscritas en el correspondiente registro público del Ministerio de Justicia e Interior, será castigado con la pena de prisión de seis meses a seis años, si el hecho se ha cometido en lugar destinado al culto, y con la de multa de cuatro a diez meses si se realiza en cualquier otro lugar.

Artículo 524[531].

El que en templo, lugar destinado al culto o en ceremonias religiosas, ejecutare actos de profanación en ofensa de los sentimientos religiosos legalmente tutelados, será castigado con la pena de prisión de seis meses a un año o multa de cuatro a diez meses.

Artículo 525.

1. Incurrirán en la pena de multa de ocho a doce meses los que, para ofender los sentimientos de los miembros de una confesión religiosa, hagan públicamente, de palabra, por escrito o mediante cualquier tipo de documento, escarnio de sus dogmas, creencias, ritos o ceremonias, o vejen, también públicamente, a quienes los profesan o practican.

2. En las mismas penas incurrirán los que hagan públicamente escarnio, de palabra o por escrito, de quienes no profesan religión o creencia alguna.

Artículo 526[532].

El que, faltando al respeto debido a la memoria de los muertos, violare los sepulcros o sepulturas, profanare un cadáver o sus cenizas o, con ánimo de ultraje, destruyere, alterare o dañare las urnas funerarias, panteones, lápidas o nichos, será castigado con la pena de arresto de doce a veinticuatro fines de semana y multa de tres a seis meses».

Síntesis de las ideas surgidas durante la tramitación parlamentaria

La redacción propuesta y aprobada giró en torno a la libertad religiosa y los sentimientos religiosos. Sin embargo, las propuestas de enmiendas formuladas por el Grupo Popular quisieron aumentar las penas e incluir dentro de la protección a las asociaciones ideológicas, así como las creencias no religiosas. La base de su postulación descansó en el principio de igualdad.

---

531 Fue modificado por el art. único 152 de la Ley Orgánica 15/2003, de 25 de noviembre: Artículo 524.
El que en templo, lugar destinado al culto o en ceremonias religiosas ejecutare actos de profanación en ofensa de los sentimientos religiosos legalmente tutelados será castigado con la pena de prisión de seis meses a un año o multa de 12 a 24 meses.

532 Fue modificado por el art. único 153 de la Ley Orgánica 15/2003, de 25 de noviembre: Artículo 526.
El que, faltando al respeto debido a la memoria de los muertos, violare los sepulcros o sepulturas, profanare un cadáver o sus cenizas o, con ánimo de ultraje, destruyere, alterare o dañare las urnas funerarias, panteones, lápidas o nichos será castigado con la pena de prisión de tres a cinco meses o multa de seis a 10 meses.

Por su parte, el Grupo. Federal. IU-IC, lo que planteó en la enmienda que presentó fue la supresión al entender que «no responden a un principio de intervención mínima del derecho penal»

6.4.9.4. Interpretación jurisprudencial de los delitos contemplados en los arts. 524 y 525

6.4.9.4.1. Bien jurídico protegido

Estos preceptos penales tratan de proteger la libertad religiosa, los sentimientos religiosos[533].

Desde el punto de vista jurisprudencial se plasma esta idea en «la necesidad de proteger incluso bajo la coerción penal, a los creyentes, no de una determinada creencia, sino de cualquier creencia de la sociedad española, ante las agresiones y ataques que puedan sufrir por razón de estas mismas creencias» *(v.gr. AAP de Sevilla (Sección 1.ª) n.º 438/2021 de 25 de julio, FD III).* Dicha protección debe ponderarse cuando entra en juego la libertad de expresión, y atender a cada caso concreto.

> «Ambos bienes jurídicos, susceptibles y dignos de protección, tanto constitucional como legalmente, entran en colisión en no pocas ocasiones [...] (la libertad de expresión) tiene límites y se trata sencillamente de poner en una balanza los bienes jurídicos en conflicto, analizar caso a caso y atendiendo a las circunstancias concretas, y decidir de manera razonada, ponderada y a luz de la jurisprudencia, que suele ser muy amplia a la hora de fijar dichos límites, pero existen[534]».

Para una parte de la doctrina se trata de proteger la libertad religiosa. Así, para Rodríguez Lainz[535] «la libertad religiosa y de conciencia y sus manifestaciones,

533 AAP de Barcelona (Sección 10.ª), de 14 de febrero de 2017, FD III:
En la tutela de libertad religiosa, el Código Penal quiere proteger no sólo su ejercicio material sino también los íntimos sentimientos que a la misma se asocian. No se trata de defender a un determinado grupo religioso, sino de proteger la libertad de los individuos, religiosos o laicos (ver artículo 525.2), en el ejercicio de sus derechos fundamentales. Se reconoce además que esta libertad religiosa se integra no sólo por la realización de actos materiales que la exterioricen, sino también, y en ocasiones principalmente, por el respeto a los sentimientos que conforman su esfera íntima. Es cierto que tales sentimientos pueden parecer de escaso interés para quienes no participan de determinada creencia, pero el legislador ha querido valorar la realidad del sentimiento religioso como un aspecto relevante del desarrollo de la personalidad del individuo. No se trata aquí de salvaguardar cualquier sentimiento, se trata de reconocer que existe un sentimiento religioso colectivo de quienes profesan, en este caso, la religión católica, sentimiento que es digno de protección también para el Estado laico.

534 *SAP de Madrid (Sección 16.ª) Rec. 747/2016 de 16 de diciembre, FD I.*

535 Rodríguez Lainz, José Luis: «Los delitos contra los sentimientos religiosos» *Diario La Ley, Wolters Kluwer*, n.º 8985, Sección Doctrina, 23 de Mayo de 2017.

auténtico bien jurídico protegido que se extiende a todos los tipos penales que serán objeto de análisis». Por tanto, el autor propone que se debe atender al sentimiento religioso. En sus palabras, «(l)a valoración de las conductas típicas debe realizarse desde una dimensión interna, de la valoración del sentimiento religioso desde la perspectiva de quienes profesan esa religión».

También BAGES SANTACANA considera que el bien jurídico protegido es la libertad religiosa —que conecta con la dignidad de la persona [536] — y en este tipo de delitos hay que ponerla en relación con la libertad de expresión. Para él la cuestión clave será la «gravedad del ataque». En sus palabras:

> «Cuando se trata de un ataque mínimo, el conflicto se resuelve a favor de la libertad de expresión declarando la irrelevancia penal de la conducta. En cambio, cuando el ataque reviste mayor entidad, la prevalencia de la libertad de expresión pasa por decretar que la conducta está justificada —por consistir en el ejercicio legítimo de un derecho—, pese a su lesividad para la libertad religiosa. Por último, tan sólo cuando el comportamiento no consiste en el ejercicio legítimo del derecho a la libertad de expresión, es posible afirmar que la conducta realiza el tipo de injusto de un delito contra la libertad religiosa[537]».

Para este autor se trata de proteger que una persona se pueda autorrealizar en el entorno en el que vive:

> «La protección penal de los sentimientos religiosos únicamente está justificada por su afectación de las posibilidades de autorrealización individual en el entorno social. La tutela penal del sistema de ideas de una religión considerado en sí mismo —esto es, al margen de sus consecuencias sobre la personalidad de los creyentes— supondría un posicionamiento del Estado en cuanto a la corrección o veracidad del dogma en cuestión, lo que dinamitaría la neutralidad ideológica que los poderes públicos deben observar en un régimen democrático. Si en éste la protección penal de los sentimientos religiosos siempre debe relacionarse con intereses individuales, la prohibición de la difamación de las religiones a través de los delitos de blasfemia resulta inadmisible. No existe ninguna razón de peso para excluir el islam de este criterio general de "prohibición de la prohibición" de la difamación de las religiones[538]».

Para otra parte de la doctrina se trata de proteger los sentimientos religiosos, así según LANDETE CASAS:

> «Su nota común es la de proteger la integridad de las creencias religiosas de una persona o confesión. Defienden los sentimientos religiosos frente a cualquier

---

536 BAGES SANTACANA, Joaquín: *La Protección Penal de los Sentimientos Religiosos*, Tirant lo Blanch, 2019, p.309.

537 BAGES SANTACANA, Joaquín: *La Protección Penal de los Sentimientos Religiosos*, Tirant lo Blanch, 2019, p.161.

538 *Ibidem* conclusión XIV, p. 312.

intromisión ilícita. Protegen la dimensión estática de la libertad religiosa, o dicho de otro modo, limitan la actuación de los demás en aras al respeto debido a los sentimientos religiosos de la persona o confesión religiosa [539]».

Para Muñoz Conde el factor que aglutina estos delitos es el sentimiento religioso:

> «la esencia de estos delitos consiste en una ofensa global a sentimientos que generalmente tienen un contenido relacionado con la libertad religiosa y de culto consagrada en el art. 16.1 CE, aun cuando también pueden afectar a otros bienes jurídicos más específicos [...] Este "sentimiento religioso" se convierte así en el verdadero factor aglutinante de estos delitos, por más que sea un concepto difuso y difícil de precisar. Pero la misma imprecisión y vaguedad del concepto choca con la libertad ideológica, religiosa y de culto a la que se refiere el art. 16.1 CE. Por eso hay que interpretar restrictivamente estos preceptos y reducir su aplicación a aquellos casos en los que la ofensa al sentimiento religioso se concreta además en la ofensa a algún otro bien jurídico más específico[540]».

Para este autor el art. 524 CP. lo que protege «no sólo es la libertad religiosa o ideológica [...], sino un sentimiento religioso (o en el art. 525.2, no profesar ninguno»[541]).

En la misma línea, para Bernal del Castillo los sentimientos religiosos:

> «constituyen un auténtico bien jurídico entendido como una de las concreciones del derecho fundamental a la libertad religiosa. Los sentimientos fundados en el hecho religioso expresan y concretan lazos sociales fuertes y condicionan la vida relacional de numerosas personas, también en el campo de intercambio de ideas y opiniones, razón por la cual puede sostenerse el merecimiento de la protección penal de esos sentimientos[542]».

6.4.9.4.2. Elementos del tipo

A. Art. 524 CP

Exige la acreditación de los siguientes elementos del tipo *(v.gr. SAP de Madrid (Sección 16.ª) de 16 de diciembre de 2016, FD III; y SAP de Madrid (Sección 30.ª), n.º 102/2019 de 21 de febrero, FD I, b) .3 y .4)*:

---

539 Landete Casas, José: «La reforma de los delitos contra la libertad religiosa», p. 376. Dentro de la obra colectiva José León Alapont (dir.) *Temas clave de derecho penal presente y futuro de la política criminal en España*, J.M. Bosch, 2021.

540 Muñoz Conde, Francisco: *Derecho Penal Parte Especial*, Tirant lo Blanch, 2022, p. 819.

541 *Ibidem*, p. 820.

542 Bernal del Castillo, Jesús: «Protección penal de los sentimientos religiosos y delito de escarnio», *Revista General de Derecho Canónico y Derecho Eclesiástico del Estado* n.º 55, 2021, p. 21.

«a) Debe ejecutarse un acto de profanación

b) Dicho acto debe ser ejecutado en templo o lugar destinado a culto o en ceremonias religiosas, y

c) Dicho acto debe llevarse a cabo con intención de ofender y debe además ofender los sentimientos religiosos».

B. Art 525 CP

Precisa la concurrencia de los siguientes requisitos *(v.gr. AAP de Barcelona, (Sección 10.ª), de 14 de febrero de 2017, FD III)*:

Por un lado, un elemento objetivo que consiste en «hacer escarnio» y otro subjetivo que consiste en querer ofender:

«El tipo penal exige una conducta objetiva, descrita por el legislador como el "hacer escarnio" público de dogmas, creencias, ritos o ceremonias propios de una confesión religiosa. Se define escarnio por la RAE como "burla tenaz que se hace con el propósito de afrentar". La definición hace por tanto referencia a una burla, pero no a cualquiera, sino sólo a aquélla que se cualifica como "tenaz"; incluye además la definición lo que llamaríamos un elemento subjetivo, señalando que la acción ha de tener un propósito; el de afrentar, es decir, "causar afrenta, ofender, humillar, denostar".

[...] Este elemento subjetivo del tipo ha sido definido por el Tribunal Supremo y la doctrina como el dolo específico que exige el tipo penal qué nos ocupa, entendido éste como ánimo deliberado de ofender los sentimientos religiosos legalmente tutelados. Es decir, es necesario que la acción ejecutada por el autor esté específicamente destinada a obtener o conseguir dicha finalidad, de forma que, por definición, no es posible cometer este tipo de delitos, no sólo a título imprudente sino tampoco mediante otras modalidades del dolo, distintas al dolo directo, singularmente el dolo eventual, desde el momento en que dicho tipo de dolo es incompatible con la exigencia legal de que el sujeto actúe movido por una especial y concreta finalidad o intención, en el presente caso, la de ofender los sentimientos religiosos de las personas».

6.4.9.4.3. Casos paradigmáticos

Del art. 524 CP.:

A. Rita Maestre[543]: SAP de Madrid (Sección 16.ª) de 16 de diciembre de 2016, FD III

Fue condenada en primera instancia a la pena de 12 meses de multa. Sin embargo, resultó absuelta en segunda instancia.

543 https://www.publico.es/politica/rita-maestre-absuelta-del-delito.html (consultado el 23-1-2023).

La defensa alegó que la intención fue únicamente la de protestar, «quejarse de la actitud de la jerarquía católica para con las mujeres y reivindicar la separación entre la Iglesia y los poderes del Estado».

La AP centró su análisis en el elemento objetivo del tipo y en concreto acerca de si hubo un acto de profanación. Al respecto destacó la escasa jurisprudencia existente y citó algunos supuestos de sentencias condenatorias de los que concluyó que deben reflejarse «situaciones o actos físicos de claro contenido profanador en la medida en que implican un trato directo vejatorio, físicamente violento, contra algún elemento básico de la liturgia católica o de las representaciones propias de esta religión». Centrado así el elemento objetivo consideró que no se acreditó la comisión del delito, ya que:

> «No tocaron el sagrario, no alteraron la disposición del altar (según algún testigo, se movió el mantel que lo cubre, sin llegar a caer), no accedieron a ningún elemento de la capilla, no llevaron a cabo actos obscenos ni grotescos (un beso difícilmente puede ser calificado de tal) y salieron a continuación. Esto es, para entendernos, se podría hablar, quizás, de un acto de profanación virtual o gestual, pero no de un acto físico de profanación, pues no llegaron a entrar directamente en contacto con ningún objeto sagrado.
>
> Quede claro, no obstante, que podemos comprender que en ciertos ámbitos este acto puede ser valorado como claramente irrespetuoso en cuanto que se considere altera el silencio y el respeto exigible en el interior de una capilla donde en ese momento varios feligreses se encontraban orando, pero ese componente de profanación exigible por el tipo a nuestro juicio no concurre. El hecho de que en la costumbre más tradicional desnudarse ante el público, y mucho más si ello ocurre dentro de un templo, pueda interpretarse como una falta de consideración y de respeto, la inadecuada vestimenta o ciertos gestos inapropiados no pueden constituir un acto de profanación por sí mismos».

B. Activistas *Femen*[544]: SAP de Madrid (Sección 30.ª), n.º 102/2019 de 21 de febrero, FD I, b) .3 y .4

Fueron absueltas en primera instancia y la AP las condenó a la pena de 12 meses de multa al estimar el recurso de apelación.

La AP aludió a la sentencia de 2016 y explicitó que el precepto penal no exige contacto físico, sino actos físicos:

> «"el delito debe producirse, interpretando la voluntad del legislador, cuando se trata de un acto de profanación claro, directo, evidente y, por supuesto, físico, y no derivado del simple hecho de incumplir determinadas normas sociales, por mucho que ello pueda herir sentimientos religiosos de quienes profesan determinada religión, aunque para este Tribunal resulten comprensibles".

544 https://www.eldiario.es/sociedad/profanacion-activistas-femen-encadenaron-almudena_1_1662549.html (consultado el 23-1-2023).

Aplicada dicha doctrina, que es compartida por este Tribunal, al caso que nos ocupa, sí se observa la existencia de un acto de profanación, en tanto en los hechos probados se declara que las acusadas "se dirigieron a la citada Cruz, se desvistieron de cintura para arriba dejando su torso completamente desnudo, se subieron a la peana de la Cruz citada y se encadenaron a la celosía enrejada antes descrita, con la intención de que sólo pudieran ser desalojadas con la rotura de las cadenas, lo que impediría que el mismo pudiera efectuarse de forma inmediata. En su torso llevaban escritas las expresiones "Altar para abortar", "Gallardón inquisidor", "aborto ilegal" o "tomemos el altar". Además, verbalmente, durante unos cinco minutos del tiempo total que estuvieron encadenadas, gritaron expresiones del tipo Altar para abortar", "aborto ilegal", "tomemos el altar", "aborto es sagrado" y "libertad para abortar", haciendo Sandra varias veces el gesto de santiguarse".

La descripción de hechos probados recoge actos físicos directos sobre el elemento representativo de la religión católica como es la Cruz, como fueron subirse a la peana de la Cruz y encadenarse a la celosía enrejada que la rodea, que unido a la actuación de encontrarse con el torso desnudo, gritando las expresiones que también llevaban escritas en aquél, como "altar para abortar" o "tomemos el altar", mientras una de ellas se santiguaba, que suponen una evidente falta de respeto y con un claro contenido vejatorio para los sentimientos de los católicos.

Por tanto, no nos encontramos aquí ante una mera profanación virtual o gestual, que no traspasaría el límite de la ofensa verbal, sino ante un acto de profanación encajable en el tipo penal del art. 524 CP».

La AP consideró que la conducta de las acusadas no podía considerarse amparada por la libertad de expresión por la gravedad de sus acciones, y porque fueron preparadas para que tuvieran una gran repercusión pública (entraron acompañadas de periodistas). El tenor literal del razonamiento fue:

«[...] pues resulta de los hechos probados que eligieron un templo católico simbólico en Madrid, como es La Almudena, la Catedral de Madrid, para realizar los actos físicos gravemente ofensivos y vejatorios para los sentimientos de los católicos, asegurando además que tendrían la máxima repercusión pública posible, al ir acompañadas de periodistas que grabaron su actuación y fue divulgada con posterioridad a través de múltiples medios de comunicación, con lo que dicha acción tenía por destinatarios a todos los católicos, ofender los sentimientos de los católicos mediante actos ofensivos al símbolo más importante de la Religión Católica como es la Cruz, que no se justifican por su desacuerdo con las ideas de la iglesia Católica acerca de la reforma de la ley del aborto, y que pudieron expresar libremente en otro lugar diferente».

Del art. 525 CP:

A. Leo Bassi[545]: AAP de Valladolid, (Sección 2.ª), n.º 251/2011 de 9 de junio, FD III

La AP confirmó el archivo de la querella por entender que los hechos objeto de la misma no eran constitutivos de delito: se trató de un espectáculo desa-

545 https://www.elnortedecastilla.es/20110610/local/valladolid/audiencia-valladolid-archiva-querella-201106101329.html (consultado el 28-1-2023).

rrollado en la Universidad de Valladolid en octubre de 2010. La AP valoró que el protagonista se autodefine como *payaso* y que el espectáculo fue dirigido a adultos con capacidad crítica. A lo largo del mismo se hizo parodias y se trataron diversos temas polémicos.

LA AP consideró que no se dieron no elementos objetivos del tipo al entender que no hubo escarnio, ni elemento subjetivo: no apreció un dolo de ofender sentimientos religiosos, sino ánimo *iocandi*.

B. Dolors Miquel[546]: AAP de Barcelona, (Sección 10.ª), de 14 de febrero de 2017, FD III

La AP desestimó el recurso contra la inadmisión de la querella dirigida contra la poetisa y la alcaldesa de Barcelona por el poema recitado en la gala de entrega de Premis Ciutat de Barcelona 2015. La letra del poema era[547]:

> «Mare meva, que no ni sé on ets,
> de qui només en tinc el nom...
> Mare nostra que esteu en el zel
> sigui santificat el vostre cony
> l'epidural, la llevadora,
> vingui a nosaltres el vostre crit
> el vostre amor, la vostra força.
> Faci's la vostra voluntat al nostre úter
> sobre la terra.
> El nostre dia de cada dia doneu-nos avui.
> I no permeteu que els fills de puta
> avortin l'amor, facin la guerra,
> ans deslliureu-nos d'ells
> pels segles dels segles,
> Vagina».

La AP consideró que no hubo escarnio, sino que el poema era una creación artística provocadora y remarcó que sería contrario a los principios de legalidad y seguridad jurídica considerar acreditado el delito por la mera idoneidad objetiva de la conducta, sin valorar si las acciones constituyen escarnio y si se realizan para ofender los sentimientos religiosos[548].

546 https://www.elperiodico.com/es/barcelona/20170220/audiencia-barcelona-considera-poema-mare-nostra-de-dolors-miquel-una-satira-5849370 (consultado el 28-1-2023).

547 https://www.catorze.cat/biblioteca/mare-nostra-13231/y https://www.youtube.com/watch?v=orm6ltMWsM8 (consultado el 28-1-2023).

548 El riesgo sería que la existencia o no del delito dependería de lo que considerase cada creyente:
Pero es que, aunque no se compartieran los razonamientos anteriores y se estimara que los actos realizados por las querelladas encajarían en las acciones típicas del delito pre-

C. Willy Toledo: SAP Madrid (Sección 6.ª) n.º 452/2020 de 5 de noviembre

La AP confirmó la absolución acordada por la sentencia del Juzgado de lo Penal n.º 26 de Madrid con n.º 20/2020, de 21 de febrero.

Los hechos consistieron en diversos comentarios publicados en la red social *Facebook*.

La sentencia del penal (*v. FD IV)* se centró en el estudio de la prueba documental que acreditó la existencia de las publicaciones referidas. A partir de las mismas ponderó el contexto, y en especial el momento y modo de difusión — «iban dirigidas a sus seguidores, y personas que compartan las ideas del acusado el gusto por su especial estilo literario»— y llegó a la conclusión de que no resultó probado el elemento subjetivo del tipo penal:

> «Del tenor literal de las publicaciones y su contexto se evidencia la falta de educación, el mal gusto y el lenguaje soez utilizado por el acusado, y que caracteriza sus publicaciones, pero no acreditan por si solos la comisión por parte del mismo de un delito de escarnio contra los sentimientos religiosos por el que ha sido acusado».

---

visto en el artículo 525, faltaría, para poder apreciar la existencia de dicho tipo penal, el elemento subjetivo del injusto que el legislador introdujo en este precepto y que se recoge en la expresión «para ofender los sentimientos de los miembros de una confesión religiosa». En caso contrario, si para integrar el tipo delictivo sólo se exigiera, no ya el efecto subjetivo en determinadas destinatarios, sino, incluso, la mera idoneidad objetiva de la conducta para herir los sentimientos religiosos de la generalidad de los miembros de determinada confesión, prescindiendo de que esa acción constituya, precisamente, un escarnio y se realice justamente para ofender, el catálogo de posibles conductas típicas sería tan amplio como extenso lo es el de las confesiones religiosas y sus distintas corrientes, de modo que dejaríamos en manos de cada creyente la existencia o no del delito, atentando, sin lugar a dudas, contra los principios de legalidad y seguridad jurídica; de tal suerte que, por ejemplo, podría ser delito el sacrificio público de algunos animales, el consumo de alguna de sus variedades o el sacerdocio femenino para aquéllos que, conforme a su religión o creencia, lo tienen prohibido.

7

CONCLUSIONES

La libertad de expresión es uno de los pilares de la democracia y, tal y como ya estableció STUART MILL, una de las herramientas fundamentales para la búsqueda de la verdad y para alcanzar el «bienestar intelectual de la humanidad (del que depende todo otro bienestar)[549]». El derecho a la libertad de expresión exige admitir en el debate las «malas ideas», que «deben de refutarse con buenas ideas en el libre mercado de las ideas[550]», y el discurso con el que no estamos de acuerdo, ya que «nos permite descubrir que las verdades establecidas son en realidad falsas y, por lo tanto, fomenta la posibilidad de nuevas verdades[551]». Incluso, como ha señalado el TEDH, la libertad de expresión admite expresiones *que hieren, ofenden o inquietan* en base al respeto al *pluralismo, la tolerancia y el espíritu de apertura sin los cuales no existe sociedad democrática*[552].

No obstante, como todo derecho fundamental, el derecho a la libertad de expresión no es absoluto. El límite debe estar en los derechos reconocidos a las demás personas, especialmente el derecho al honor o el derecho a la intimidad. La libertad de expresión no puede incluir el derecho al insulto ni

549 STUART MILL, John: *Sobre la libertad*, Alianza Editorial, Madrid, 1994, p. 120.

550 El Juez Oliver WENDELL HOLMES en la sentencia Abrams v. U.S, 250, U.S. 616 (1919) (*vide* https://tile.loc.gov/storage-services/service/ll/usrep/usrep250/usrep250616/usrep250616.pdf) consideró que: «el libre intercambio de ideas [...] la mejor prueba de la verdad es el poder del pensamiento para ser aceptado en la competencia del mercado, y esa verdad es el único terreno sobre el cual sus deseos pueden llevarse a cabo de forma segura. Eso es, en todo caso, la teoría de nuestra Constitución».

551 O'REGAN, Catherine: «Hate speech online: an (intractable) contemporary challenge?», *Current Legal Problems*, 2018, p. 9:
incluso el discurso con el que no estamos de acuerdo, nos permite descubrir que las verdades establecidas son en realidad falsas y, por lo tanto, fomenta la posibilidad de nuevas verdades. Esta afirmación epistémica se basa en el trabajo de JS Mill y Milton y a menudo se conoce como el argumento de Mill de la falibilidad. Subraya la tesis de que la libertad de expresión permite "un mercado de ideas" como se articula en la famosa disidencia del juez Holmes en Abrams v US en la que dijo (y yo parafraseo) que la mejor prueba de la verdad es su poder para ser aceptado en la competencia de la market. Es este principio el que informa el argumento de que la cura para el mal discurso es más discurso.

552 STEDH (Sección 3.ª) Asunto de Stern Taulats y Roura Capellera c. España (Demandas n.º 51168/15 y 51186/15), de 13 de marzo de 2018.

puede amparar intromisiones en la intimidad de las personas. Esos límites están recogidos en nuestra Constitución (artículo 20.4) y están amparados por los tribunales, debiéndose analizar caso por caso. Es más recientemente cuando se reconoce que la dignidad humana exigiría no solo preservar los derechos fundamentales de los individuos, sino también de las instituciones, grupos o sentimientos colectivos. A partir de ese momento se reconoce que el odio hacia instituciones, grupos o sentimientos colectivos puede ser también un límite a la libertad de expresión. En este sentido, el Tribunal Constitucional español reconoce por primera vez en 1991 como titular del derecho al honor al «pueblo judío». Señala el Alto Tribunal:

> «La dignidad como rango o categoría de la persona como tal, del que deriva y en el que se proyecta el derecho al honor (art. 18.1 C.E.), no admite discriminación alguna por razón de nacimiento, raza o sexo, opiniones o creencias. El odio y el desprecio a todo un pueblo o a una etnia (a cualquier pueblo o a cualquier etnia) son incompatibles con el respeto a la dignidad humana, que sólo se cumple si se atribuye por igual a todo hombre, a toda etnia, a todos los pueblos. [...] ni el ejercicio de la libertad ideológica ni la de expresión pueden amparar manifestaciones o expresiones destinadas a menospreciar o a generar sentimientos de hostilidad contra determinados grupos étnicos, de extranjeros o inmigrantes, religiosos o sociales, pues en un Estado como el español, social, democrático y de Derecho, los integrantes de aquellas colectividades tienen el derecho a convivir pacíficamente y a ser plenamente respetados por los demás miembros de la comunidad social[553]».

Una vez reconocida la titularidad del derecho al honor no ya a un individuo, sino a un colectivo, el siguiente paso será la introducción de los delitos de odio en nuestro Código Penal. Estos delitos pretenden preservar la dignidad humana, «fundamento del orden político y de la paz social» (art. 10 CE), en instituciones, grupos o sentimientos colectivos, especialmente si son de carácter minoritario. Tal y como se señala en el Anexo a la *Recomendación No R (97) 20 del Comité de Ministros a los Estados miembros sobre el «discurso del odio»* a la que se remite el TEDH, se entiende que son discursos de odio *todas las formas de expresión que propaguen, inciten, promuevan o justifiquen el odio racial, la xenofobia, el antisemitismo u otras formas de odio basadas en la intolerancia, que se manifiestan a través del nacionalismo agresivo y el etnocentrismo, la discriminación y la hostilidad contra las minorías, los inmigrantes o personas de origen inmigrante*.

Pues bien, con el objetivo de precisar lo máximo posible la aplicación del «delito de odio» como límite a la libertad de expresión, este trabajo ha realizado un análisis pormenorizado de la jurisprudencia, tanto nacional como internacional, incluyendo también la jurisprudencia de EE. UU. por su relevancia, sobre el odio como límite a la libertad de expresión. Se trataría, a par-

553 STC (Sala 1.ª) 214/1991, de 11 de noviembre.

tir del análisis de los delitos de odio tipificados en nuestro Código Penal, de dar seguridad jurídica a la aplicación de un límite a un derecho fundamental que es basilar en toda sociedad democrática. A continuación, concretamos cuáles –desde nuestro punto de vista— serían las propuestas de *lege ferenda* que permitirían una precisión legal adecuada para alcanzar la seguridad jurídica en esta materia, así como los criterios jurisprudenciales que se han de aplicar en su interpretación.

7.1. LA NECESARIA PRECISIÓN LEGAL EN LA LIMITACIÓN DE LA LIBERTAD DE EXPRESIÓN

La extensión y límites de la libertad de expresión no puede depender de la concepción que acerca de la «democracia» tenga el juzgador. A lo largo del estudio, he podido comprobar que existen diferencias interpretativas irreconciliables. Por ello, creo que hay que tratar de alcanzar unos «mínimos» que en el plano teórico nos permitan «convivir» y, en el plano práctico, cuanto menos, nos faciliten «coexistir».

Es responsabilidad del Poder Legislativo legislar. Desde el punto de vista constitucional, para proteger los derechos fundamentales como la libertad de expresión, es ineludible que las leyes sean *precisas* y absolutamente *claras*. He aquí la esencia del principio de legalidad (art. 9.3 CE): no basta simplemente que las normas se vistan de leyes, sino que han de tener un mínimo de calidad. De suerte que no es posible trasladar la responsabilidad de arreglar el ropaje jurídico al Poder Judicial. Corresponde al Poder Legislativo establecer el marco jurídico a aplicar para que cualquiera de nosotros conozca con claridad y previamente *las reglas del juego*. En este sentido, dentro de la técnica jurídica, no cabe emplear términos o conceptos excesivamente abiertos e interpretables. Y menos en el ámbito penal donde rige el principio de taxatividad.

Conforme a Naciones Unidas el principio de legalidad no se refiere únicamente al rango de la norma necesario para poder establecer límites a la libertad de expresión, sino que también abarca cómo debe de ser redactada. La ley ha de ser clara y precisa, sin ser excesivamente abierta, para que todos podamos conocer *ex ante* qué comportamientos son «correctos» y cuáles no[554]. En el mismo sentido se pronuncia el TEDH: la ley ha de tener una

554 La libertad de expresión tiene unos límites igualmente universales que están recogidos en los artículos 19 y 20 del *Pacto Internacional de Derechos Civiles y Políticos*. El Comité de Derechos Humanos en la Observación General 34, CCPR/C/GC/34, Ginebra, 11 a 29 de julio de 2011 en relación al PIDCP remarcó que cualquier restricción debe sujetarse a una serie de requisitos (*vide* § 22) como son el principio de legalidad, finalidad legítima, necesidad y proporcionalidad. En cuanto al principio de legalidad explicó que no se refiere únicamente al rango de la norma necesario para poder establecer límites a la libertad de expresión, sino que también abarca cómo debe de ser redactada. La ley ha de ser clara y

mínima calidad, «requiriendo que sea accesible para el interesado y previsible en cuanto a sus efectos[555]».

Las mismas exigencias de claridad y precisión en la limitación legal del derecho a la libertad de expresión se establecen en el ordenamiento jurídico español. Según ha determinado el Tribunal Constitucional, «por mandato expreso de la Constitución, toda injerencia estatal en el ámbito de los derechos fundamentales y las libertades públicas, ora incida directamente sobre su desarrollo (artículo 81.1 CE), ora limite o condicione su ejercicio (artículo 53.1 CE), precisa una habilitación legal» (por todas, STC 49/1999, de 5 de abril, FJ 4). Por tanto, en primer lugar, para que un poder público (un gobierno) limite un derecho se exige que el Parlamento, como representante de la soberanía popular, prevea esa posible limitación. Además, cuando se trate de restringir derechos de la Sección I del Capítulo II del Título Primero, como el derecho a la libertad de expresión (art. 20 CE), no es suficiente con una ley ordinaria, tiene que preverse la limitación por una ley orgánica, que exige mayoría absoluta (la mitad más uno) para su aprobación (art. 81 CE).

Pero, en esta tarea, el legislador no es libre. Tiene que respetar el contenido esencial del derecho (art. 53.1 CE). Durante más de cuarenta años de jurisprudencia constitucional, el Tribunal Constitucional ha ido precisando el significado del «contenido esencial» del derecho que debe respetar el legislador. Muy tempranamente el TC (STC 11/1981, de 8 de abril, FJ 8) mencionó dos caminos complementarios que pueden conducir al análisis del contenido esencial:

1. El TC delimita el contenido esencial de un derecho subjetivo como «aquellas facultades o posibilidades de actuación necesarias para que el derecho sea recognoscible como perteneciente al tipo descrito y sin las cuales deja de pertenecer a este tipo y tiene que pasar a quedar comprendido en otro, desnaturalizándose». En esta configuración ha de tenerse presente «el momento histórico de que en cada caso se trata y las condiciones inherentes en las sociedades democráticas, cuando se trate de derechos constitucionales».

---

precisa para que todos podamos conocer *ex ante* qué comportamientos son «correctos» y cuales no (*vide* § 24 a 26).

Por su parte, el «Test de Rabat» (recogido en el anexo del Informe anual del Alto Comisionado de las Naciones Unidas para los Derechos Humanos, A/HRC/22/17/Add.4 de 11 de enero de 2013 en relación a la DUDH) entiende que el principio de legalidad no sólo significa que la restricción se establezca por ley, sino que además ha de hacerse de forma clara y precisa, sin ser excesivamente abierta. Asimismo, en el anexo se remitió a los principios de Camden, en concreto al n.° 11.

555 En la STEDH (Sección 3.ª) Stomakhin c. Rusia (Solicitud n.° 52273/07) de 9 mayo 2018 el Juez Keller emitió un voto particular en el que consideró que dicho principio no se respetó. En sus palabras: «Esta ley es en última instancia poco más que un cheque en blanco que permite a las autoridades nacionales imponer una amplia gama de sanciones, sin proporcionar mucha claridad o previsibilidad a los posibles acusados».

2. Lo considera también como «aquella parte del contenido del derecho que es absolutamente necesaria para que los intereses jurídicamente protegibles, que dan vida al derecho, resulten real, concreta y específicamente protegidos». El contenido esencial del derecho queda, pues, violado, rebasado o ignorado cuando «queda sometido a limitaciones que lo hacen impracticable, lo dificultan más allá de lo razonable o lo despojan de la necesaria protección».

La evolución de la jurisprudencia constitucional ha llevado a precisar los límites al legislador y a concretar cuándo el derecho se hace irreconocible o impracticable. En este sentido, señala el Tribunal constitucional que un derecho fundamental puede ser restringido «por medio de la ley, siempre que ello responda a **un fin de interés general, y los requisitos y el alcance de la restricción estén suficientemente precisados en la ley y respeten el principio de proporcionalidad**» (STC 76/2019, FJ 5). Si la ley que restringe el derecho carece de la precisión necesaria, «no sólo lesionaría el principio de seguridad jurídica (artículo 9.3 CE), concebida como certeza sobre el ordenamiento aplicable y expectativa razonablemente fundada de la persona sobre cuál ha de ser la actuación del poder aplicando el Derecho (STC 104/2000, FJ 7, por todas), sino que al mismo tiempo dicha ley estaría lesionando el contenido esencial del derecho fundamental así restringido, dado que la forma en que se han fijado sus límites lo hacen irreconocible e imposibilitan, en la práctica, su ejercicio (SSTC 11/1981, FJ 15; 142/1993, de 22 de abril, FJ 4, y 341/1993, de 18 de noviembre, FJ 7)».

Como ha explicado el propio Tribunal Constitucional en sus sentencias, son dos las razones que explican la necesaria previsión legal de la limitación de derechos fundamentales. Por una parte, ha de ser el Parlamento, como sede de la pluralidad política y representante de la soberanía popular, el que fija la necesidad de estas limitaciones y sus condiciones. Por otra parte, «en un Ordenamiento jurídico como el nuestro en el que los Jueces y Magistrados se hallan sometidos "únicamente al imperio de la Ley" y no existe, en puridad, la vinculación al precedente constituye, en definitiva, el único modo efectivo de garantizar las exigencias de seguridad jurídica en el ámbito de los derechos fundamentales y las libertades públicas» (STC 49/1999, de 5 de abril, FJ 4).

7.2. ¿EL ODIO A INSTITUCIONES, GRUPOS O SENTIMIENTOS COLECTIVOS COMO LÍMITE A LA LIBERTAD DE EXPRESIÓN? EL FIN DE INTERÉS GENERAL QUE PERSIGUEN LOS DELITOS DE ODIO

Según la normativa internacional, los delitos de odio tratarían de impedir que puedan darse de nuevo fatalidades como el *Holocausto.*

En primer lugar, el El CERD en la Recomendación general N.° 15 relativa al artículo 4 de la Convención Internacional para la Eliminación de todas las Formas de Discriminación Racial recordó la obligación de los Estados miembros de castigar:

> «[...] cuatro categorías de comportamiento indebido:
> i) la difusión de ideas basadas en la superioridad o el odio racial;
> ii) la incitación al odio racial;
> iii) los actos de violencia contra cualquier raza o grupo de personas de otro color y origen étnico;
> y iv) la incitación a cometer tales actos».

En segundo lugar, el TEDH ha confirmado las condenas impuestas en Alemania[556] por hechos relativos al nazismo en base a la experiencia histórica. Esa necesidad social de evitar el resurgimiento del nazismo y de mantener la paz política constituyen el marco dentro del cual Alemania tiene un margen de apreciación para sancionar penalmente las conductas tal y como recoge su Código Penal: «los Estados que han experimentado los horrores nazis tienen una responsabilidad moral especial de distanciarse de las atrocidades masivas perpetradas por los nazis[557]».

Al hilo de la prohibición de partidos políticos que pretenden la instauración de regímenes totalitarios, y de forma consecuente, el TEDH también ha considerado que no violan el artículo 10 del CEDH aquellas condenas a organizaciones políticas con doctrinas incompatibles con el CEDH por llevar a cabo determinadas actividades. Así el TEDH ha considerado que el Nacional Socialismo es una doctrina totalitaria incompatible con la democracia y con los derechos humanos y, por tanto contraria al propio CEDH[558]. Por ese motivo no ampara nunca actividades por las que se ensalza al Tercer Reich, las SA, las SS o se niega, el asesinato sistemático de judíos en las cámaras de gas[559].

El TEDH es absolutamente claro y tajante, no cabe tampoco la utilización de símbolos de organizaciones inconstitucionales. «(L)os Estados que han experimentado los horrores nazis tienen una responsabilidad moral especial

556 Y también en Austria (*v.gr.* Decisión de la Comisión Europea de Derechos Humanos (Sala 1.ª) Herwig Nachtmann c. Austria, (Solicitud n.° 36773/97) de 9 de septiembre de 1998).

557 Decisión del TEDH (Sección 5.ª) Nix c. Alemania (Solicitud n.° 35285/16) de 13 de marzo de 2018. En el mismo sentido en la Decisión de la Comisión Europea de Derechos Humanos (Sala 1.ª) Gerd Honsik c. Austria (Solicitud n.° 25062/94), de 18 de octubre de 1995 en relación a publicaciones que se alejaban de cualquier objetividad científica para negar el asesinato de judíos en los campos de concentración mediante el uso de gas tóxico.

558 Decisión de la Comisión Europea de Derechos Humanos B.H, M.W, H.P y G.K. c. Austria (Solicitud n.° 12774/87), de 12 de octubre de 1989.

559 Decisión del TEDH (Sección 5.ª) Hans Jorg Schimanek c. Austria (Solicitud n.° 32307/96) de 1 de febrero de 2000

de distanciarse de las atrocidades masivas perpetradas por los nazis[560]». Sólo cabe el uso de simbología nazi con una oposición clara y obvia a la ideología nazi y se hace con el objetivo de «servir a la educación civil, a combatir los movimientos inconstitucionales, promover el arte o la ciencia, la investigación o la enseñanza, informar sobre acontecimientos actuales o históricos, o servir con fines similares[561]».

Con igual rotundidad el TEDH condena el negacionismo, las doctrinas que niegan la realidad histórica del asesinato sistemático de millones de judíos en cámaras de gas en el régimen del Nacional Socialismo, que es una doctrina totalitaria incompatible con la democracia y con los derechos humanos[562]. No se puede tratar de utilizar la libertad de información para llevar a cabo publicaciones contrarias al texto y al espíritu del CEDH. Tales doctrinas son contrarias a los pilares básicos del CEDH, a la justicia, la paz, y a la discriminación racial y religiosa[563]. No importa que la negación se produzca en otro país y en un momento pasado. Lo que es relevante es el comportamiento de quien sostiene dicha doctrina mientras se refiere a ella. Así si se refieren a dichas doctrinas en el marco de una entrevista con relación a declaraciones pasadas es muy relevante valorar si el entrevistado pidió o no que la misma no se transmitiera en un Estado Miembro o que hubiera negociado cómo se publicaría[564].

En tercer lugar, en la STC (Pleno) 235/2007, de 7 de noviembre el máximo intérprete de la CE tuvo ocasión de pronunciarse sobre la constitucionalidad de castigar la negación y la justificación del genocidio; y concluyó que sí era constitucional el castigo de «la difusión de ideas o doctrinas tendentes a justificar un delito de genocidio» siempre y cuando supongan una incitación indirecta a la comisión de delitos como el genocidio o «provo(quen) de modo mediato a la discriminación, al odio o a la violencia, que es precisamente lo que permite en términos constitucionales el establecimiento del tipo de la justificación pública del genocidio».

En definitiva, se trata de establecer un mecanismo de prevención general capaz de evitar que las semillas del odio florezcan y se materialicen en delitos concretos dirigidos contra determinados colectivos y/o sus miembros. La vía civil en estos casos podría ser útil, pero insuficiente. El principio de

560 Decisión del TEDH (Sección 5.ª) Nix c. Alemania (Solicitud n.º 35285/16) de 13 de marzo de 2018.

561 *Ibidem.*

562 Decisión de la Comisión Europea de Derechos Humanos (Sala 1.ª) Herwig Nachtmann c. Austria, (Solicitud n.º 36773/97) de 9 de septiembre de 1998.

563 Decisión de la Comisión Europea de Derechos Humanos (Sala 1.ª) Gerd Honsik c. Austria (Solicitud n.º 25062/94), de 18 de octubre de 1995.

564 Decisión del TEDH (Sección 5.ª) Williamson c. Alemania (Solicitud n.º 64496/17) de 8 de enero de 2019.

excepcionalidad, el carácter fragmentario y de mínima intervención favorece acudir a la vía penal como último recurso: en atención a que el mal que se trata de evitar es superior al perjuicio de la pena que pudiera recaer. No se trata de perseguir el *odio* por tener un contenido *odioso,* sino por suponer un peligro de que se llegue a emplear la violencia, intimidación o intolerancia, que erosione la dignidad de las personas; y, en definitiva, ponga en riesgo la convivencia pacífica.

7.3. LA NECESARIA PRECISIÓN LEGAL DEL SUJETO PASIVO EN LOS DELITOS DE ODIO

Una de las características de los delitos de odio es que el sujeto pasivo es colectivo o individual siempre que pertenezca al grupo protegido. Este rasgo se desprende, por un lado, del marco internacional y la interpretación de nuestro TC. Y, de otro lado, al analizar el bien jurídico que se trata de proteger con este tipo de delitos.

En primer lugar, desde el plano internacional, el Comité de Derechos Humanos[565] en la Observación General 34 (CCPR/C/GC/34, Ginebra, 11 a 29 de julio de 2011 en relación al PIDCP) especificó que por «derechos» habrán de entenderse los reconocidos en el propio PIDCP y «los demás» comprende tanto a personas individuales como a colectivos: «La expresión "los demás" puede referirse a otras personas a título individual o como miembros de una comunidad, por ejemplo a una comunidad definida por su fe religiosa o a un grupo étnico».

En segundo lugar, en nuestro ordenamiento interno, el Tribunal Constitucional como hemos reseñado *supra* reconoció por primera vez en 1991 al «pueblo judío» como titular del derecho al honor.

En tercer lugar, desde el punto de vista del bien jurídico protegido, considero que conviven tanto los colectivos como los individuos. Para el TC [566], el TS[567] y la FGE[568] el bien jurídico protegido es la dignidad humana, tanto en su dimensión individual como colectiva. Y, la doctrina aunque defiende otras

565 También en EE. UU. se contempla a los colectivos: «solo puede ser restringida cuando incite a la violencia y genere un "peligro claro e inminente" sobre el colectivo al que se dirige el discurso odioso» (VALERO HEREDIA, Ana: «Los discursos del odio. Un estudio jurisprudencial», *Revista Española de Derecho Constitucional,* n.° 110, 2017, p. 330.).

566 *Vide* STC (Sala 1.ª) 214/1991 de 11 de noviembre, STC (Sala 2.ª) 176/1995 de 11 de diciembre, STC (Pleno) 235/2007, de 7 de noviembre, STC (Pleno) 177/2015, de 22 de julio y STC (Sala 1.ª) 112/2016, de 20 de junio.

567 *V.gr.* STS (Sección 1°) 646/2018 de 14 de diciembre, FD Único; STS (Sección 1.ª) n.° 185/2019, de 2 de abril, FD III; y STS (Sección 1.ª), n.° 47/2019, de 4 de febrero, FD II.

568 *Vide Circular FGE n.° 7/2019, de 14 de mayo, sobre pautas para interpretar los delitos de odio tipificados en el artículo 510 del Código Penal.*

posturas (como hemos recogido *supra*), coincide en la dimensión colectiva del sujeto protegido.

Desde esta triple perspectiva resulta claro que existe consenso acerca de la necesidad de castigar los delitos de odio cuando afecten a determinados colectivos o grupos; sin que sea suficiente con proteger a través de los derechos fundamentales a cada uno de los individuos afectados. En esencia porque de esta manera se pretende alcanzar una protección global, de todos los miembros que integran el colectivo, sin necesidad de que hayan sido personal y directamente atacados (anticipando su protección, antes de que sean verdaderamente dañados).

Desde mi punto de vista, ambos, el individuo y la comunidad, están íntimamente conectados: si solo se protege al individuo se dejará desprotegido al resto que comparte las mismas cualidades como grupo (es insuficiente la protección individual para salvaguardar al colectivo). Considero insuficiente una protección individualizada a través de los derechos fundamentales atinentes a la persona directamente atacada. Por un lado, supone cargar excesivamente a las víctimas con la responsabilidad de defender sus derechos no solo por ellas mismas en particular, sino como un esfuerzo por el bien del colectivo al que pertenecen. Por otro lado, me parece ineficaz desde el punto de vista de la prevención general, que se trate de proteger a todo un grupo de la sociedad a través de un procedimiento particular[569].

Desde esta perspectiva me decanto por considerar que la base fundamental de los delitos de odio es la protección de la dignidad humana tanto a nivel personal como de grupo. En mi opinión, se trata de proteger nuestra esencia, lo que nos hace humanos, nuestra dignidad, frente a los ataques que tratan de discriminar y combatir al *diferente* mediante una intolerancia violenta, intimidante, hostil y discriminatoria.

Sentado lo anterior, considero que la protección debe limitarse a las minorías (y personas que las integran). A favor de esta postura contamos con la normativa internacional en la que literalmente se alude a «minorías»: el Anexo a la *Recomendación No R (97) 20 del Comité de Ministros a los Estados miembros sobre el «discurso del odio»* hace una mención expresa a las minorías:

> «todas las formas de expresión que propaguen, inciten, promuevan o justifiquen el odio racial, la xenofobia, el antisemitismo u otras formas de odio basadas en la intolerancia, que se manifiestan a través del nacionalismo agresivo y el etnocentrismo, la discriminación y la hostilidad **contra las minorías**, los inmigrantes o personas de origen inmigrante».

569 Cuestión distinta sería la protección penal de derechos sin una dimensión pública o social como el derecho al honor: se limitaría la protección a través de las figuras de las injurias y de las calumnias. Si bien creo que este tipo de delitos deben desaparecer conforme explicaré *infra*.

Más recientemente la Decisión Marco 2008/913/JAI obligó a la tipificación de la negación del genocidio —como forma de incitar al odio **contra las minorías** —. De hecho, la modificación del artículo 510 del Código Penal por la Ley Orgánica 1/2015, de 30 de marzo, obedeció a dichas exigencias internacionales, además de prestar la debida atención a la STC n.º 235/2007, de 7 de noviembre, que supuso una novedad en relación a la interpretación del delito de negación del genocidio: sólo sería sancionable cuando constituyese «una incitación al odio u hostilidad **contra minorías**».

Tanto la Fiscalía General del Estado como el Tribunal Supremo, y la doctrina han reflexionado acerca de si en los delitos de odio es preciso que los sujetos pasivos sean o no vulnerables, y de si esa vulnerabilidad ha de concurrir necesariamente o no en el sujeto pasivo.

Para la Fiscalía General del Estado los motivos de discriminación penalmente relevantes son un *numerus clausus* (tan solo los integran los expresamente contemplados en el CP.) y consideró que la existencia de los móviles discriminatorios previstos en el CP. supone por sí solo la existencia de una situación de vulnerabilidad. En el mismo sentido se alineó el legislador con posterioridad a la Circular de la FGE. Por tanto, desde la perspectiva de la FGE, en el sujeto no debe concurrir necesariamente la cualidad de vulnerabilidad.

GÓMEZ MARTÍN también defendió la tesis de la FGE: «basta con que el sujeto activo del delito actúe impulsado por la motivación especialmente indeseable, con independencia de si la cualidad personal objeto del móvil discriminatorio concurre efectivamente o no en el sujeto pasivo de la conducta[570]».

Discrepo de esta tesis porque considero que la realidad objetiva que se trata de proteger (pertenencia a un colectivo) debe primar sobre lo que se representa el sujeto activo que es (aunque no sea).

Por su parte, el TS también considera que la protección otorgada por el CP. lo es en atención a que el legislador ha incluido en el precepto «(e)l bien jurídico protegido por el tipo penal del art. 510 es la dignidad de las personas, y colectivos de personas, a los que por su especial vulnerabilidad el Código otorga una protección específica en el mencionado artículo[571]». Si bien no hay que acreditar que exista una vulnerabilidad concreta en las víctimas, ya que el tipo penal no lo exige[572]. Me parece una postura que da seguridad jurídica y evita tener que ir más allá de lo que exige el tenor literal del precepto. En mi opinión es muy importante recalcar que no se trata de proteger

570 GÓMEZ MARTÍN, Víctor: «Los delitos de odio y discriminación en el código penal español. Nuevo escenario tras la reforma de 2015». Ponencia organizada dentro de la *Actividad formativa: Unión Progresista de Fiscales. Delitos de odio* organizada por el *CEJ,* Madrid, 20-21 de noviembre de 2018, pp .6 y 7.

571 *V.gr:* STS (Sección 1º) 646/2018 de 14 de diciembre, FD Único; STS (Sección 1.ª) n.º 185/2019, de 2 de abril, FD III; y STS (Sección 1.ª), n.º 47/2019, de 4 de febrero, FD II.

572 STS n.º 437/2022 de 4 de mayo, FD IV.

sentimientos y emociones. Qué sea o no delito de odio nunca puede depender de la sensibilidad de cada cual —dependiendo del grosor de la piel unas conductas serían típicas y otras no—. Ello conduciría inexorablemente a la inseguridad jurídica, lo que es contrario a los principios del derecho penal.

Coincido con DAUNIS RODRÍGUEZ[573] en que lo importante no es la atención en exclusiva a la motivación del sujeto activo, sino que las víctimas/sujetos pasivos pertenezcan realmente a los colectivos que el CP. trata de proteger. A efectos probatorios facilita la acreditación del tipo y evita una extensión innecesaria e hiperbólica del derecho penal según la exclusiva voluntad del autor/a (lo que rayaría el derecho penal del enemigo). En este sentido estoy de acuerdo con las críticas de HERNÁNDEZ ROYO en la medida en que puede vulnerarse el principio de responsabilidad por el hecho rector de nuestro Derecho Penal si la tipificación se usa con fines políticos y se obvia *que el art. 510 CP protege a miembros de colectivos especial, histórica y supuestamente vulnerables*[574].

Suscribo la importancia de que concurran en los sujetos pasivos la condición de haber sido consideradas históricamente marginadas/discriminadas como expuso GARCÍA ÁLVAREZ:

> «(L)as notas o factores diferenciadores que conforman el delito del artículo 510 CP necesitan de una interpretación que permita entender cuándo efectivamente la conducta realizada en atención a las mismas, se hace merecedora del reproche penal, precisamente en atención al origen histórico de este tipo de delitos (45). Por ello considero que siempre habrá de tratarse de notas diferenciadoras que permitan caracterizar al colectivo por ellas identificado como un colectivo histórica y sistemáticamente marginado (46). Lo contrario supondría desatender, como pone de manifiesto Laurenzo Copello, el componente discriminador propio del concepto internacional del "discurso del odio[575]"».

---

573 LAURENZO COPELLO, Patricia y DAUNIS RODRÍGUEZ, Alberto: *Odio, Prejuicios y Derechos humanos.* Comaress, Granada, 2021, p. 291.

574 HERNÁNDEZ ROYO, Alejandro: «El delito de incitación al odio del artículo 510 CP: cuando la vieja excepcionalidad deviene en nueva normalidad» *Editorial LA LEY, Diario La Ley Penal, Sección Estudios*, n.° 145, Julio-Agosto 2020, pp. 5 y 6.

575 GARCÍA ÁLVAREZ, Pastora: «El artículo 510.1.a) del Código Penal a la luz de la Circular 7/2019, de 14 de mayo, de la Fiscalía General del Estado, sobre pautas para interpretar los delitos de odio tipificados en el artículo 510 del Código Penal», Editorial Wolters Kluwer, *La Ley Penal, Sección Legislación aplicada a la práctica,* n.° 151, Julio-Agosto 2021, pp.10-11. La autora es dura con la posición de la FGE: es irrelevante el punto de vista ético argumentado por la misma en la Circular. Para ella no puede gozar de la misma protección un nazi en una agresión porque se desnaturalizan los delitos de odio: «La ideología nazi podrá ser minoritaria, pero la misma no convierte al grupo que la profese en un colectivo merecedor de protección. No es una cuestión del valor «ético» del sujeto pasivo. Es que esa nota diferenciadora, por mucho que sea una cuestión de ideología, no los convierte en un grupo desfavorecido ni vulnerable».

Y en esta línea me parece esencial la coherencia: no podemos proteger de igual manera y por el mismo precepto a «víctimas» y «verdugos». No se pueden proteger del mismo modo a *nazis* y *judíos*. Al respecto me parecen acertadas las críticas de CORRECHER MIRA:

> «(L)a Circular 7/2019, la FGE considera que, pese a la conexión del art. 510 CP con la protección de colectivos desfavorecidos, no es necesario acreditar la vulnerabilidad del grupo como elemento constitutivo del tipo. Después de esta matización, continúa afirmando que tampoco se considerarán valoraciones de tipo ético, pasando a sostener, como desafortunado ejemplo, la posibilidad de proteger mediante el art. 510 CP a los grupos nazis cuando puedan ser sujetos pasivos de discursos de odio. Así, esta Circular muestra otra forma de tolerancia institucional hacía el discurso xenófobo, en tanto que la protección ofrecida a estos colectivos, además de desvirtuar la esencia del art. 510 CP, supone blanquear la ideología que da cabida a estos colectivos[576]».

El TEDH es claro al inadmitir las solicitudes en virtud del art. 17 del CE que han presentado por ser condenados por hechos relativos al nazismo. De algún modo me parece un contrasentido: no podemos equiparar/poner al mismo nivel de protección a quienes siguen corrientes neonazis que a los judíos (grupo históricamente perseguido por aquellos). La razón de ser de los delitos de odio es proteger a grupos vulnerables. En este caso, a partir del tremendo exterminio ocurrido durante el *Holocausto* surgió la necesidad de proteger a sus víctimas (no a sus *verdugos*).

A lo largo de este trabajo hemos visto diferentes puntos de vista acerca de quién debe considerarse como destinatario de la protección en los delitos de odio. Como acabamos de ver a nivel internacional se considera que han de ser minorías. En mi opinión, no todos los colectivos están protegidos por medio de los «delitos de odio», sino solamente aquellos que protegen a minorías históricamente discriminadas y recogidas en el CP. Una vez contempladas en el precepto considero que no debe acreditarse una vulnerabilidad especial de la persona que forma parte del mismo. Desde este punto de vista, no basta con que el sujeto activo considere (acertada o erróneamente) que concurren en la víctima las circunstancias que le instan a atacarle, considero que la realidad objetiva que se trata de proteger (pertenencia a un colectivo) debe primar sobre lo que se representa el sujeto activo que es. A efectos probatorios facilita la acreditación del tipo y evita una extensión innecesaria e hiperbólica del derecho penal según la exclusiva voluntad del autor/a (lo que rayaría el derecho penal del enemigo) lo que es contrario al principio penal de responsabilidad por el hecho.

576 CORRECHER MIRA, Jorge: «La banalización del discurso del odio: una expansión de los colectivos ¿vulnerables?.», *InDret* n.º 2, 2021, p. 98.

En definitiva, resultaría esencial para la aplicación del delito que en las víctimas concurra la condición de haber sido consideradas históricamente marginadas/discriminadas. Y por coherencia con el marco internacional y de respeto a las víctimas históricamente consideradas, no podemos proteger de igual manera y por el mismo precepto a «víctimas» y «verdugos».

7.4. LA NECESARIA DESTIPIFICACIÓN DE LOS DELITOS CONTRA SENTIMIENTOS RELIGIOSOS O INSTITUCIONES

Coincido con STUART MILL en cuanto a que las formas de expresarse tienen límites. Y suscribo sus palabras:

> «[...] sea cualquiera la parte del argumento en que se coloque, debe ser condenado todo aquel en cuya requisitoria se manifiesta la mala fe, la maldad, el fanatismo o la intolerancia, pero no deben inferirse otros vicios del partido que la persona tome, aunque sea lo opuesto al nuestro en la cuestión; y debe reconocerse el merecido honor a quien, sea cual sea la opinión que sostenga, tiene la calma de ver y la honradez de reconocer lo que en realidad son sus adversarios y sus opiniones, sin exagerar nada que pueda desacreditarlas, ni ocultar lo que pueda redundar en su favor. Esta es la verdadera moralidad en la discusión pública [...][577]».

El odio debe funcionar como límite a la libertad de expresión, también, desde mi perspectiva, en caso de odio dirigido a grupos y sentimientos colectivos, tal y como he precisado, que sean minoritarios. Pero desde el principio de excepcionalidad y proporcionalidad que deben regir en el derecho penal, los supuestos protegidos deben ser precisos y limitados. Desde esta perspectiva, considero que debería quedar fuera de la órbita penal, residenciándola bien en la vía civil, bien en la vía administrativa, la protección de los sentimientos religiosos o instituciones. En ninguno de los dos casos concurre la vulnerabilidad que justifica la protección penal.

En primer lugar, los delitos contra *los sentimientos religiosos y el respeto a los difuntos* de los arts. 524 y 525 CP. no pueden considerarse como «delitos de odio» y, por tanto, no es necesaria su penalización. La razón estriba en que a nivel internacional no que se protegen creencias, ideologías o religiones sino a grupos de personas. Tal y como establece el «Test de Rabat[578]», no

---

577 STUART MILL, John: *Sobre la libertad,* Alianza Editorial, Madrid, 1994, p. 122.

578 *Vide* § 19 del apéndice del «Test de Rabat» recogido en el anexo del Informe anual del Alto Comisionado de las Naciones Unidas para los Derechos Humanos, A/HRC/22/17/Add.4 de 11 de enero de 2013 en relación a la DUDH.
En cuanto a la prohibición de hacer críticas contra la religión o sistemas de creencias, incluidas las «leyes sobre la blasfemia», no es compatible con el PIDCP según el Comité de Derechos Humanos (Observación General 34, CCPR/C/GC/34, Ginebra, 11 a 29 de julio de 2011 en relación al PIDCP).

existe un derecho a que la religión o creencia propios no sea objeto de crítica o de burla. Se trata de proteger a las personas tanto individualmente como a las comunidades que formen. No se protegen sistemas de creencias o de religiones, que pueden ser legítimamente criticados. En términos parecidos se pronuncia también la «Declaración de Beirut» y el TEDH[579]: la libertad religiosa comprende la libertad de no creer; protege tanto a los creyentes, como a los no creyentes, como a los agnósticos. Cuestión distinta será si hay *«ataques personales mediante el insulto, la ridiculización o la difamación de determinados colectivos y de grupos específicos de población, o la incitación al odio y a la violencia contra una persona por razón de su religión»* cuya sanción vendría no por estos preceptos, sino como «delito de odio»[580].

En segundo lugar, deberían suprimirse los tipos penales dirigidos a proteger de las injurias, calumnias, y ultrajes tanto a la Corona como al resto de las Instituciones del Estado y Autonómicas; así como a las Fuerzas y Cuerpos de Seguridad del Estado. Tal y como señala el TS, las instituciones no tienen una «servidumbre de carga», que les obligue a soportar injurias y calumnias vertidas con publicidad. Sin embargo, su protección no debe recaer en el derecho penal —cuya aplicación ha de ser excepcional y proporcional, la *ultima ratio* —. En este sentido, tal y como señala el TEDH, en el supuesto de ampliar la protección al ofendido en detrimento de la libertad de expresión, se conseguiría un resultado perverso «probablemente perjudicaría al pluralismo, a la tolerancia y al espíritu de apertura sin los cuales no existe ninguna sociedad democrática[581]».

El razonamiento de base descansa en que cualquier penalización de los ataques contra una religión o sistema de creencias concreto supone discriminar a unas por encimas de otras. No existe un derecho a que la religión o creencia propios no sea objeto de crítica o de burla. En este sentido, las «leyes contra la blasfemia» son contraproducentes porque censuran el diálogo, y, en ocasiones, son utilizadas para perseguir las religiones o creencias minoritarias o disidentes. Se trata de proteger a las personas tanto individualmente como a las comunidades que formen. No se protegen sistemas de creencias o de religiones, que pueden ser legítimamente criticados.

579 STEDH (Sección 3.ª) Ibragim Ibragimov y otros c. Rusia (Solicitudes n.° 1413/08 y 28621/11) de 28 de agosto de 2018. Cuando la materia objeto del discurso es religiosa corresponde a los estados actuar de manera neutral e imparcial y proteger el pluralismo para garantizar el orden público. Los estados no pueden intervenir eliminando una forma de tensión, sino que deben de garantizar la tolerancia. El límite de lo tolerable se encuentra en que esa difusión de creencias religiosas no suponga la difusión de doctrinas hostiles a la fe de los demás, ni incite al odio o a la intolerancia religiosa.

580 STEDH (Sección 5°) Sanchez c. Francia (Solicitud n.° 45581/15) de 2 de septiembre de 2021.

581 STEDH (Sección 3.ª) Asunto de Stern Taulats y Roura Capellera c. España (Demandas n.° 51168/15 y 51186/15), de 13 de marzo de 2018.

Más recientemente hemos estudiado la STEDH (Sección 5.ª) Asunto de Fragoso Dacosta c. España (Demanda n.° 27926/21), de 8 de junio de 2023.

Precisamente porque la fortaleza de las instituciones recae en la confianza que generan, y no en el temor al castigo por ser criticadas, considero que no se puede justificar ningún privilegio o protección especial en relación al derecho a expresar opiniones o a informar en relación al mismo. En este sentido, es muy relevante que desde el punto de vista internacional el mensaje es claro: el ejercicio de la libertad de expresión debe prevalecer en el caso de críticas políticas a personajes de relevancia pública o instituciones del Estado[582].

Respecto de las Fuerzas y Cuerpos de Seguridad del Estado en general y del resto de cuerpos policiales ya sean autonómicos o locales, conforme al TEDH[583] no dejan de ser unas instituciones públicas, y como tales, no parece que tengan encaje en la categoría de grupo social vulnerable o desprotegido.

7.5. LA NATURALEZA JURÍDICA. LA CONCRECIÓN DEL PELIGRO Y EL PROBLEMA DE PRUEBA

Existe unanimidad en considerar que los delitos de odio son delitos de peligro. Uno de los *nudos gordianos* acerca de los delitos de odio es considerarlos delitos de peligro en abstracto, hipotético o concreto.

La postura mayoritaria, sostenida por la FGE[584] y por el TS[585], así como por la mayor parte de la doctrina, consiste en entender que los delitos de odio son delitos de peligro en abstracto, lo que significa que es suficiente con generar un riesgo de suscitar sentimientos de *odio, hostilidad, violencia, o de discriminación*; esto es, basta con que exista la probabilidad *ex ante* de «prender la mecha», y que con ello se pueda derivar en producir acciones de violencia o intimidación. Si bien algún autor pone el acento en una interpretación restrictiva del precepto, ya se considere delito de peligro en abstracto, ya de delito de lesión[586].

---

582 Respecto de los «destinatarios» del mensaje emanado del ejercicio de la libertad de expresión el CCPR ha subrayado que debe prevalecer la libertad de expresión en el caso de críticas políticas a personajes de relevancia pública o instituciones del Estado. Ello por cuanto el CCPR entendió que en dichos supuestos no concurre el principio de necesidad para justificar una limitación.

583 STEDH (Sección 3.ª) Savva Terentyev c. Rusia (Solicitud n.º 10692/09) de 28 de agosto de 2018.

584 *Circular FGE n.º 7/2019, de 14 de mayo, sobre pautas para interpretar los delitos de odio tipificados en el artículo 510 del Código Penal.*

585 STS (Sección 1.ª) n.º 185/2019, de 2 de abril, FD III y STS (Sección 1.ª), n.º 47/2019, de 4 de febrero, FD II, STS (Sección 1.ª) n.º 72/2018, de 9 de febrero, FD único y STS (Sección 1.ª) n.º 675/2020, de 12 de diciembre, FD I.2.

586 Daunis Rodríguez (*vide* Laurenzo Copello, Patricia y Daunis Rodríguez, Alberto: *Odio, Prejuicios y Derechos humanos.* Comaress, Granada, 2021, pp. 301 y 302 y 310) opina

Otra parte de la doctrina[587] defiende que en realidad la postura de la FGE viene a considerar que se trata de delitos de peligro hipotético y, por tanto, es preciso que exista un riesgo de afectación/lesión del bien jurídico protegido por los delitos de odio.

Sin embargo, otros autores, con cita de sentencias del propio Tribunal Constitucional[588], exigen algo más: una concreción del peligro para poder ser castigado penalmente. Dicho de otro modo, es preciso que el riesgo sea de realización de acciones concretas que afecten al bien jurídico protegido. Así, no sería suficiente con crear la probabilidad de que pudieran llevarse a cabo conductas violentas, sino que se exigiría un riesgo claro de materializarse con acciones concretas que atenten con claridad contra los bienes jurídicos protegidos por los delitos de odio.

Según mi parecer el considerar los «delitos de odio» como delitos de «peligro en abstracto» lleva aparejado una serie de problemas. Por un lado, el riesgo de incrementar la dificultad probatoria de su comisión. Esa dificultad se traduce en inseguridad jurídica: a mayor dificultad probatoria, mayor inseguridad; a *sensu contrario,* cuanta mayor claridad en la interpretación del tipo, mayor facilidad probatoria, y, en consecuencia mayor previsibilidad de las consecuencias (más certeza jurídica).

Por otro lado, resulta difícil de acreditar la idoneidad de una conducta para generar un *clima* de discriminación, hostilidad, odio y violencia porque para ello, en mi opinión, rebasamos con creces lo que es la práctica habitual del foro en materia de probática. Incluimos aspectos relativos al contexto político, cultural y social, lo que, en definitiva, conduce bien a una insegu-

---

que lo relevante es que para evitar desnaturalizar estos delitos deben ser interpretados de manera restrictiva.

587 Para García Álvarez la argumentación dada por la FGE conduce a pensar que antes de encontrarnos con delitos de peligro en abstracto nos hallaríamos ante delitos de peligro hipotéticos (*vide* García Álvarez, Pastora: «El artículo 510.1.a) del Código Penal a la luz de la Circular 7/2019, de 14 de mayo, de la Fiscalía General del Estado, sobre pautas para interpretar los delitos de odio tipificados en el artículo 510 del Código Penal», Editorial Wolters Kluwer, *La Ley Penal, Sección Legislación aplicada a la práctica,* n.° 151, Julio-Agosto 2021, p. 9).

588 La autora Roig Torres con apoyó en la jurisprudencia del TEDH y del TC, en especial en la STC (Sala 1.ª) n.° 112/2016, de 20 de junio y STC (Pleno) n.° 35/2020, de 25 de febrero, valoró que conforme a la doctrina del TC relativa al delito de enaltecimiento al terrorismo, y extrapolable a los delitos del art. 510 Cp., el ámbito penal queda restringido a comportamientos que, en definitiva, generen un peligro en concreto; esto es, que inciten a la realización de actos específicos, sin bastar una indeterminada generación de clima/atmósfera que pudiera propiciar el odio, hostilidad y la violencia o intimidación. Debe existir una incitación siquiera indirecta a la comisión de delitos o a realizar actos violentos.
Vide Roig Torres, Margarita: «El enaltecimiento de los delitos previstos en el art. 510 Cp. a la luz de la última jurisprudencia constitucional», *Estudios penales y criminológicos*, vol. XLI, 2021, pp. 278, 279 y 283.

ridad jurídica, bien a una carga de la prueba excesiva que imperativamente ha de jugar en favor del reo, caer del lado de la presunción de inocencia.

Considero que el precepto penal deberá incluir como delito de odio la negación de hechos históricos condenados por tribunales internacionales[589] y la incitación al odio a grupos históricamente vulnerables, siempre que se acredite un peligro real e inminente. El resto de discursos habrán de ser objeto de escrutinio individualizado; en atención a las concretas circunstancias, y atendiendo, cada vez más, a las consecuencias reales: «acreditación de un peligro real e inminente». Cuanto menor sea el número de factores con peso a tener en cuenta, tanto mayor la certeza del resultado.

De cara a futuro probablemente, siguiendo la doctrina de EE. UU. del *clear and present danger,* la naturaleza de los «delitos de odio» en España mutará de «peligro en abstracto» a «peligro concreto/cierto». Y he aquí uno de los *quids* de la cuestión: en la medida en que sean considerados como delitos abstractos estarán más alejados del *clear and present danger*. Por el contrario, estarán más próximos si se valoran bien como delitos de resultado, o cuanto menos, de peligro en concreto. Ese día transitaremos de la dificultad de acreditar *ex ante* un peligro en abstracto, a deber probar un peligro concreto y cierto. La consecuencia será que para aplicar las sanciones por delitos de odio la prueba deberá acreditar que los discursos tienen consecuencias fácticas: producen efectivamente violencia, intimidación u odio. De esta manera, se reducirá el número de delitos de odio perseguidos y condenados. Pero a cambio, conseguiremos mayor seguridad jurídica, y evitaremos (o reduciremos sensiblemente) las posibilidades de revocar una posible sentencia condenatoria en las posteriores, y sucesivas múltiples vistas, en las que años después, *ex post,* se ha podido constatar que no se ha materializado el supuesto peligro en acciones reales. En definitiva, el odio será un límite a la libertad de expre-

---

589 En esta misma línea, Elósegui Itxaso señala que «la tipificación como crimen de la justificación del genocidio en los códigos penales debería referirse explícitamente al Tribunal de Nuremberg y a la Convención de la ONU y/o concretar en qué consisten exactamente esos delitos». Se trataría de fomentar la seguridad jurídica que merece un precepto penal. De suerte que, con carácter previo, se supiera con certeza cuándo se está cometiendo este delito. En este sentido, Elósegui Itxaso consideró adecuado el criterio seguido por el TEDH. En sus palabras: «resulta más positivo el criterio del Tribunal Europeo de Derechos Humanos, que establece que el delito sea la negación y/o justificación de hechos históricos criminales reconocidos y calificados como tales por los tribunales penales internacionales». *Vide:* Elósegui Itxaso María: «La negación o justificación del genocidio como delito en el Derecho Europeo. Una propuesta a la luz de la Recomendación número 15 de la ECRI», *Revista de Derecho Político*, n.º 98, 2017, pp. 284 a 286.
Por el contrario, en la DM de la UE no se exige de este modo, su redacción es facultativa y no se cierne exclusivamente a pronunciamientos de Tribunales Internacionales, lo que ocasiona problemas de inseguridad jurídica. Por ello, me parece que favorece a la seguridad jurídica que en relación al genocidio el derecho penal se remita a genocidios considerados como tales por tribunales internacionales.

sión cuando alcance la posibilidad de incitar, alentar a la acción, violencia, intimidación, hostilidad o discriminación (se rebasa el uso de moderado) y se convierte en chispa, en el dedo que aprieta el gatillo. De esta forma, la distancia inicial entre la doctrina de Estados Unidos y la del Consejo de Europa está actualmente en convergencia. La doctrina del *clear and present danger* ha llegado a los instrumentos internacionales la ONU[590], al TEDH como *imminent risk*[591] y de ahí está calando en el TC[592]

---

590 «Test de Rabat» recogido en el anexo del Informe anual del Alto Comisionado de las Naciones Unidas para los Derechos Humanos, A/HRC/22/17/Add.4 de 11 de enero de 2013 en relación a la DUDH. §29 (f)

591 Esta evolución ha podido observarse en las siguientes SSTEDH:
- STEDH (Gran Sala) Karataş c. Turquía (Solicitud n.° 23168/94) de 8 de julio de 1999. El Juez Bonello coincidió con la mayoría, pero apoyándose en la doctrina estadounidense del *clear and present danger*. En su opinión se infringió la libertad de expresión del denunciante porque en el caso no hubo un peligro claro, real e inminente de violencia.
- STEDH (Sección 1.ª) Erbakan c. Turquía (Solicitud n.° 59405/00) de 6 julio 2006. El TEDH para resolver centró parte de su argumentación en que los tribunales nacionales no razonaron que hubiera un peligro claro e inminente para la sociedad en el momento de iniciar el procedimiento penal.
- STEDH (Sección 2.ª) Fáber c. Hungría (Solicitud n.° 40721/08) de 24 julio 2012, §40. El Tribunal destacó que al analizar el contexto no se argumentó acerca de si hubo una mayor probabilidad de violencia ni si hubo una clara amenaza o peligro inminente de violencia (*resulted in a clear threat or present danger of violence)*.
- STEDH (Sección 3.ª) Asunto de Stern Taulats y Roura Capellera c. España (Demandas n.° 51168/15 y 51186/15), de 13 de marzo de 2018. Dentro de los argumentos valoró que no hubo incitación a la violencia. Para ello aunque no citó la doctrina del *clear and present danger* tuvo en cuenta la puesta en escena y el contexto *presente*/ del momento en que se llevaron a cabo los hechos, y no ponderó los *incidentes* producidos con posterioridad.
- STEDH (Sección 5º) Sánchez c. Francia (Solicitud n.° 45581/15) de 2 de septiembre de 2021. Recuerda que un rasgo característico del discurso de odio es la incitación a cometer actos de violencia, intimidación, hostilidad o discriminación. A la hora de valorarlo es preciso bien una intención clara de cometerlos, bien la existencia de «un **riesgo inminente** de que tales hechos ocurran como consecuencia de haber utilizado el discurso de odio». Es en esta frase donde aprecio siquiera de forma indirecta una alusión a la doctrina del *clear and present danger*.

592 Hemos podido observar esta evolución en las siguientes SSTC:
- STC (Pleno) 235/2007, de 7 de noviembre. A la hora de redactar tipos penales exigió la necesidad de que recogiesen un peligro cierto que pueda concretarse en actos específicos.
En cuanto a la «negación» el TC consideró que el precepto literalmente castigaba la transmisión de ideas, sin exigir una lesión de otros bienes protegidos por la CE. Con ese punto de partida recordó que conforme al ordenamiento constitucional *no (se) permite la tipificación como delito de la mera transmisión de ideas, ni siquiera en los casos en que se trate de ideas execrables por resultar contrarias a la dignidad humana que constituye el fundamento de todos los derechos que recoge la Constitución y, por ende, de nuestro sistema político*. Por tanto el *quid* de la cuestión era que para poder castigar la transmisión de unas ideas era preciso que dicha comunicación lesionase otros bienes jurídicos; esto es, que *impli(que) necesariamente una incitación directa a la violencia contra determinados grupos o un menosprecio hacia las víctimas de los delitos de genocidio*.
Respecto de la «justificación» el TC concluyó que sí era constitucional el castigo de «la difusión de ideas o doctrinas tendentes a justificar un delito de genocidio» siempre y cuando supongan una incitación indirecta a la comisión de delitos como el genocidio o «provo(quen)

y en el TS[593]. El derecho penal debe ser la última ratio para intervenir, y sólo en los casos más graves. Siguiendo la doctrina consagrada en EE. UU. sobre la necesidad de acreditar *clear and present danger*, debería apostarse por la consideración de que los delitos de odio tienen una naturaleza jurídica de delito de peligro concreto.

7.6. LOS FACTORES A PONDERAR EN EL DELITO DE ODIO POR LOS TRIBUNALES

Tal y como hemos comprobado a lo largo de este estudio, la interpretación jurisprudencial del delito de odio puede resultar muy aleatoria, lo que supone que es muy difícil prever cómo se aplicarán los delitos de odio. No existe seguridad jurídica desde el momento en que no conocemos con certeza cuál será la respuesta judicial final ante una determinada acción. En gran medida, la falta de seguridad jurídica en este ámbito se debe a la cantidad de variables que se toman en cuenta y la relevancia que se le da a cada una de las variables, lo cual depende de la perspectiva del juzgador. A este respecto es de destacar la ausencia o minoría de sentencias adoptadas por unanimidad, lo que refleja sin dudas las incertezas y complejidades de la materia que nos ocupa. Al final, el peso de los ojos con que se miran los asuntos tiene su reflejo en soluciones dispares. Estas diferencias de interpretación pueden darse ya desde el inicio (en la misma época en que se deciden por primera vez). E inevitablemente pueden aumentar al tiempo de resolverse por

de modo mediato a la discriminación, al odio o a la violencia, que es precisamente lo que permite en términos constitucionales el establecimiento del tipo de la justificación pública del genocidio».

- STC (Pleno) 177/2015, de 22 de julio. Hubo tres votos discrepantes con la opinión mayoritaria. En primer lugar el voto particular de la magistrada Asua Batarrita al que se adhirió el magistrado Valdés Dal-Ré. La premisa mayor partió de considerar que la libertad de expresión prácticamente no tiene límites cuando «se trata de manifestación de opiniones sobre aspectos políticos o institucionales, sobre la actuación de gobernantes o de quienes desempeñan poderes constitucionales». A partir de ahí el razonamiento discurrió analizando dos límites que afectan a la libertad de expresión. En primer lugar la ausencia de violencia, y, en segundo lugar el «discurso del odio». Respecto de la violencia citó expresamente la doctrina americana del *clear and present danger* y consideró que el sentir mayoritario se basó más bien en hipótesis, ya que no se apoyó en datos fehacientes que acreditasen un peligro real, acuciante e inminente para los Reyes.
- STC (Sala 1.ª) 112/2016, de 20 de junio. Recordó la doctrina establecida en la STC 235/2007 en cuanto a que para castigar penalmente una conducta como manifestación del «discurso del odio» es necesario que se genere «una situación de riesgo para las personas o derechos de terceros o para el propio sistema de libertades como condición para justificar su compatibilidad con el estándar del derecho de la libertad de expresión por ser necesaria esa injerencia en una sociedad democrática».

593 STS (Sección 1.ª) n.º 135/2020 de 7 de mayo. En el voto particular emitido por los magistrados Colmenero Menéndez de Luarca y Ferrer García que consideraron en definitiva que al no existir incitación a la violencia y a la intolerancia debió de estimarse el recurso.

otro tribunal diferente, ya que puede tener lugar en distinta época, con un *main stream* distinto.

Tal y como hemos señalado *supra*, para evitar esta inseguridad jurídica es imprescindible la precisión legislativa, aunque siempre habrá algún margen de interpretación, sobre todo en lo concerniente a la existencia de un peligro real e inminente. En este margen de interpretación una ponderación adecuada de los factores implicados[594] puede llevar a introducir certeza con las propuestas que expondré más adelante. Algunos de estos factores podrían también introducirse legalmente como circunstancias atenuantes en su caso.

7.6.1. El contexto

El contexto es todo: la mayor barbaridad dicha en soledad no significa absolutamente nada —no genera riesgo—.

A. El momento histórico

Las restricciones, términos, y alcance de la libertad de expresión no pueden ser iguales en tiempos de paz que en tiempos de guerra. En los primeros, la libertad de expresión ha de alcanzar las máximas cotas; en los segundos, hay que evitar que su reducción suponga una eliminación, pero, inevitablemente se verán disminuidos. Ello por la máxima que considera a la libertad y la seguridad dos caras de la misma moneda. En tiempos de paz, no se precisa de tanta seguridad, y por tanto, habrá más libertad[595]. Sin embargo, cuando la guerra acecha, la libertad, se verá inevitablemente reducida.

B. El interés público

En cuanto a la relevancia para la opinión pública, la injerencia en la libertad de expresión estará menos justificada si es en el ámbito de la discusión y debate político[596] o si se refiere a una cuestión de «interés público», que no

594 Contamos con unos «factores de evaluación» recogidos en el «Test de Rabat» en el §29.

595 La sentencia Schenck and Baer v. U.S. 249, U.S. 47 (1919) tuvo muy en cuenta la situación de guerra en la que se encontraba el país. Ese fue el contexto relevante y determinante para la decisión. No es lo mismo lanzar esas expresiones en tiempos de paz que en tiempos de guerra.
Como hemos visto, el sentir mayoritario de la Corte Suprema de EE. UU., durante la Primera Guerra Mundial, fue el de proteger el alistamiento militar y sancionar los discursos antibelicistas y contrarios al reclutamiento. Por tanto, en un contexto bélico la libertad de expresión se verá afectada y reducida en pos de proteger la seguridad nacional.

596 STEDH (Gran Sala) Perinçek c. Suiza (Solicitud n.° 27510/08) de 15 octubre 2015 y STEDH (Sección 3.ª) Asunto de Asunto Jiménez Losantos c. España (Demanda n.° 53421/10), de 14 de junio de 2016.

afecte a la vida privada[597]. Respecto de la persona destinataria de la crítica, si se trata de un «hombre político», está sujeto a un mayor control público (p. ej. periodístico), y, por tanto, debe ser más permisivo con las críticas que se le puedan hacer cuando se trate de cuestiones políticas, fuera de su vida privada[598].

El interés público del discurso o el carácter público del sujeto pasivo pueden servir de excluyentes de la responsabilidad penal o de atenuantes de la misma.

C. El debate histórico

Tal y como he señalado, la ley debería incluir como delito de odio la negación de hechos históricos condenados por tribunales internacionales. El problema interpretativo se produciría respecto a otros hechos históricos y su negación[599].

En este sentido, el CCPR valoró que no deben imponerse sanciones respecto de opiniones erróneas en relación a acontecimientos del pasado[600]. En

---

597 STEDH (Sección 3.ª) Asunto de Toranzo Gómez c. España (Demanda n.º 26922/14) de 20 de noviembre de 2018.

598 STEDH (Sección 3.ª) Asunto de Stern Taulats y Roura Capellera c. España (Demandas n.º 51168/15 y 51186/15), de 13 de marzo de 2018.

599 Decisión del TEDH (Sección 4.ª) Garaudy c. Francia (Solicitud n.º 65831/01) de 24 junio 2003. El TEDH penetra en el fondo de lo que se quiere transmitir para poner en evidencia los mensajes lanzados con intención racista, que afectan a la dignidad de las víctimas.
En palabras de Elósegui Itxaso, María:
[...] para proteger la libertad de investigación de los historiadores, los delitos de negación y/ o justificación del genocidio deben estar bien delimitados con normas penales precisas. Sin embargo, las conductas expresivas realizadas con intención racista, basándose en un falso revisionismo histórico no deben quedar protegidas por el derecho de libertad de investigación y de expresión. Los actuales negacionistas revisionistas buscan denigrar con intención racista a determinados individuos y/o grupos por sus cualidades de pertenencia a una raza, a un grupo étnico, por su origen nacional o su religión.
En el caso de los revisionistas «de mala fe» nos referimos a personas que están cometiendo en la actualidad un delito de discurso racista, y que incitan al odio. Los negacionistas delinquen, mientras que los historiadores profesionales de buena fe no cometen ningún delito (si se legisla adecuadamente y con la precisión necesaria). De hecho, a excepción de los casos relatados sobre Francia, en todos los demás países europeos y en los casos presentados ante el TEDH se trataba de personas racistas y/o neonazis [...].
Vide: «La negación o justificación del genocidio como delito en el Derecho Europeo. Una propuesta a la luz de la Recomendación número 15 de la ECRI», *Revista de Derecho Político*, n.º 98, 2017, p. 327.

600 Comité de Derechos Humanos, Observación General 34, CCPR/C/GC/34, Ginebra, 11 a 29 de julio de 2011 en relación al PIDCP.
49. Las leyes que penalizan la expresión de opiniones sobre hechos históricos son incompatibles con las obligaciones que el Pacto impone a los Estados partes en lo tocante al respeto de las libertades de opinión y expresión. El Pacto no autoriza las prohibiciones

estos casos, el TEDH valorará si la intervención de los tribunales nacionales era necesaria para la sociedad, y en la duda considerara que se trata de debates y que, mientras no inciten ni al odio ni a la violencia, deberá primar la libertad de expresión. En definitiva, el TEDH[601] pondrá en valor si en definitiva incitaron al odio o a la violencia. Lo mismo sucederá en el caso de que valore condenas por ensalzar personajes históricos de relevancia pública en relación a hechos históricos controvertidos dentro del propio estado nacional[602]: el TEDH es proclive a protegerlos en el ámbito de la libertad de expresión por entender que no le corresponde revisar la historia entrando en un debate en curso entre historiadores. A mayor abundamiento el TEDH[603] ha tenido ocasión de afirmar que a diferencia del Tribunal Penal Internacional no tiene jurisdicción penal sobre cuestiones relativas al genocidio.

Por ello el TEDH[604] considera que los factores relevantes que habrían de ser considerados son: si el contexto político o social era tenso; si las declaraciones fueron correctamente interpretadas, y si en relación con el contexto inmediato incitaron directa o indirectamente a la violencia, o si justificaron la violencia, el odio o la intolerancia; la forma en que se realizaron las declaraciones; y la capacidad directa o indirecta de causar daños.

Nuestro TC[605] acotó la cuestión a debatir, en sus palabras:

> «El problema que debemos tomar en consideración es el de si la negación de hechos que pudieran constituir actos de barbarie o su justificación tienen su campo de expresión en el libre debate social garantizado por el art. 20 CE o si, por el contrario, tales opiniones pueden ser objeto de sanción estatal punitiva por afectar a bienes constitucionalmente protegidos».

Por tanto el *quid* de la cuestión era que para poder castigar la transmisión de unas ideas era preciso que dicha comunicación lesionase otros bienes jurídicos; esto es, que *impli(que) necesariamente una incitación directa a la violencia contra determinados grupos o un menosprecio hacia las víctimas de los delitos de genocidio.*

---

penales de la expresión de opiniones erróneas o interpretaciones incorrectas de acontecimientos pasados. No deben imponerse nunca restricciones al derecho a la libertad de opinión y, en cuanto a la libertad de expresión, las restricciones no deberían exceder de lo autorizado en el párrafo 3, o de lo prescrito en el artículo 20.

601 STEDH (Sección 2.ª) Dink c. Turquía (Solicitudes n.º 2668/07, 6102/08, 30079/08, 7072/09 y 7124/09) de 14 septiembre 2010.

602 STEDH (Gran Sala) Lehideux y Isorni c. Francia (Solicitud n.º 24662/94) de 23 septiembre 1998.

603 STEDH (Gran Sala) Perinçek c. Suiza (Solicitud n.º 27510/08) de 15 octubre 2015.

604 STEDH (Sección 2.ª) Altıntaş c. Turquía (Solicitud n.º 50495/08) de 10 marzo 2020.

605 STC (Pleno) 235/2007, de 7 de noviembre. El TC aludió a la protección reforzada de la libertad científica.

7.6.2. El medio de difusión del mensaje, extensión en el tiempo y alcance/número de personas a las que llega

El medio seleccionado para ejercer la libertad de expresión es muy relevante a la hora de fijar el peligro real e inminente: no es lo mismo dar un discurso de manera espontánea y oralmente, que por escrito. Lo primero, puede ser un acto no reflexivo, y por tanto, no meditado; y con unos efectos que pueden desvanecerse con el tiempo. Este factor se podría ponderar bien para excluir la responsabilidad penal, bien para atenuarla.

Lo segundo, cuando se utilizan medios escritos o audiovisuales que se difunden por internet conlleva *per se* que pueda tener un efecto más lesivo: por la rápida propagación, mayor alcance (más destinatarios) y permanencia de sus efectos (en servidores de todo el mundo, que pueden colaborar o no para su eliminación). Esta realidad justifica una mayor penalidad: por el resultado lesivo y por la culpabilidad (el margen de maniobra para pensar y templar la pluma es mayor). El TEDH[606] ha ratificado decisiones de los tribunales nacionales en base a que eran necesaria en una sociedad democrática (comunicación hecha por un partido político o representante del mismo durante una campaña electoral debido a que el alcance comprende a toda la población). Sin embargo, creo que también puede servir en sentido contrario —para atenuar la responsabilidad penal— en el caso de que se empleen para reparar el daño, rectificar, matizar o retractarse de las declaraciones (el factor temporal será esencial).

El TEDH ha tenido ocasión de analizar los diferentes medios de difusión propiamente dichos que están a nuestro alcance. En este sentido podemos dividirlos en dos categorías genéricas, de un lado los canales «tradicionales»: libros[607]; folletos[608]; anuncios[609], entrevistas[610] y publicaciones en diarios[611]; discursos[612]; programas de radio y televisión[613]; y espectáculos[614]. De otro lado las «tec-

606 STEDH (Sección 2.ª) Féret c. Bélgica (Solicitud n.º 15615/07) de 16 de julio de 2009.

607 (Sección 5.ª) Soulas y otros c. Francia (Solicitud n.º 15948/03) de 10 julio 2008.

608 STEDH (Sección 5.ª) Vejdeland y otros c. Suecia (Solicitud n.º 1813/07) de 9 febrero 2012.

609 STEDH (Sección 5.ª) Leroy c. Francia (Solicitud n.º 36109/03) de 2 octubre 2008.

610 Decisión del TEDH (Sección 5.ª) Le Pen c. Francia (Solicitud n.º 18788/09) de 20 abril 2010. STEDH (Gran Sala) Jersild c. Dinamarca (Solicitud n.º 15890/89) de 23 septiembre 1994. STEDH (Sección 3.ª) Asunto de Otegi Mondragon c. España (Solicitud n.º 2034/07), de 15 de marzo de 2011.

611 STEDH (Gran Sala) Lehideux y Isorni c. Francia (Solicitud n.º 24662/94) de 23 septiembre 1998.

612 STEDH (Sección 1.ª) Erbakan c. Turquía (Solicitud n.º 59405/00) de 6 julio 2006 y STEDH (Sección 2.ª) Faruk Temel c. Turquía (Solicitud n.º 16853/05) de 1 febrero 2011.

613 Decisión del TEDH (Sección 2.ª) Medya FM Reha Radyo ve Iletiim Hizmetleri A. .ª. c. Turquía (Solicitud n.º 32842/02) de 14 noviembre 2006.

614 Decisión del TEDH (Sección 5.ª) M'Bala c. Francia (Solicitud n.º 25239/13) de 20 octubre 2015. Deci-

nologías de la información y comunicación» (*TIC*): portales de noticias en internet, foros de internet[615] y redes sociales[616].

El TEDH[617] considera que los factores relevantes que habrían de ser considerados son: si el contexto político o social era tenso; si las declaraciones fueron correctamente interpretadas, y si en relación con el contexto inmediato incitaron directa o indirectamente a la violencia, o si justificaron la violencia, el odio o la intolerancia; la forma en que se realizaron las declaraciones; y la capacidad directa o indirecta de causar daños.

El TEDH se ha pronunciado sobre la responsabilidad que corresponde a los propietarios[618] de la prensa, que reside en el poder de controlar la dirección editorial de la revista, y por tanto, qué información se recopila y se difunde —máxime en situaciones de conflicto—.

En relación a las «tecnologías de la información y comunicación» (*TIC*) y respecto de los portales de noticias el TEDH[619] para confirmar o no las condenas por responsabilidad civil tendrá en cuenta tres aspectos. En primer lugar, el contexto en que se publicó, si la noticia previsiblemente provocaría comentarios ofensivos. En segundo lugar, si siendo previsible dicho efecto pernicioso se adoptaron las medidas adecuadas, bien para impedir la difusión de los comentarios a través del propio portal de noticias, bien para facilitar su eliminación. En tercer lugar, el TEDH considerará si los agraviados tenían posibilidad real de pedir una indemnización económica a los autores materiales.

7.6.3. La proyección/dimensión pública del orador

La profesión a la que nos dedicamos puede, por un lado, limitar nuestra libertad de expresión[620]; y, por otro lado, reducir la protección frente a los ataques/críticas. En mi opinión, esta dualidad está directamente enlazada con la proyección pública de la profesión, y la inherente exigencia de «ejemplaridad pública» y de «garantizar la protección de los más vulnerables».

---

sión del TEDH (Sección 1.ª) Josip Šimunić c. Croacia (Solicitud n.º 20373/17) de 22 enero 2019.

615 Decisión del TEDH (Sección 4.ª) Abedin Smajić c. Bosnia y Herzegovina (Solicitud n.º 48657/16) de 18 enero 2018.

616 Decisión del TEDH (Sección 2.ª) Fouad Belkacem c. Bélgica (Solicitud n.º 34367/14) de 27 junio 2017.

617 STEDH (Sección 2.ª) Altıntaş c. Turquía (Solicitud n.º 50495/08) de 10 marzo 2020.

618 STEDH (Gran Sala) Sürek c. Turquía (Solicitud n.º 26682/95) de 8 julio 1999.

619 STEDH (Gran Sala) Delfi AS c. Estonia (Solicitud n.º 64569/09) de 16 junio 2015.

620 Los distintos colectivos profesionales cuentan en su mayoría con códigos éticos/deontológicos: p. ej. abogados, periodistas, jueces, fiscales, etc.

De este modo, como si de una moneda se tratase, en el anverso de la misma tenemos que las personas con proyección pública *han de medir sus palabras*, para evitar lastimar a los demás. Esto es lógico, ya que por la influencia que tienen pueden llegar a producir más riesgos de violencia, intimidación e intolerancia en un mayor número de personas.

Y, a su vez, en el reverso de la moneda, gozan de menor protección[621]; en la medida en que han de asumir que pueden ser objeto de críticas.

Cabe añadir a los factores que acabamos de analizar uno más que atiende a las condiciones particulares con que cuenta el emisor del mensaje. En efecto el TEDH ha conocido de solicitudes presentadas por parlamentarios de Estados Miembros condenados. En tales casos el TEDH ha recalcado que los representantes políticos están sujetos a «deberes y responsabilidades[622]». Las declaraciones de los parlamentarios «merecen poca, si la hubiera, protección si su contenido está en contradicción con los valores democráticos del sistema de la Convención[623]». El TEDH recordó que es de vital importancia que «los políticos, en sus discursos públicos, eviten difundir comentarios que puedan alimentar la intolerancia[624]». El *quid* en estos asuntos radica en delimitar los límites de la libertad de expresión en el ámbito de la libertad política. En un lado de la balanza estará el discurso político, que «no puede restringirse sin razones imperiosas» ya que el parlamentario representa a los electores, muestra sus preocupaciones y defiende sus intereses. Y en el otro lado de la balanza estará la tolerancia y el respeto por la igualdad de dignidad de todos los seres humanos, lo que constituye la base de una sociedad democrática y pluralista. Para el TEDH no cabe duda de que en las sociedades democráticas se puede considerar necesario sancionar, o incluso prevenir, todas las formas de expresión que propagan, promueven o justifican el odio basado en la intolerancia siempre que las «condiciones», las «restricciones» o las «sanciones[625]» impuestas sean proporcionadas a un propósito legítimo que se persigue.

En estos casos cabe plantearse una pena de inhabilitación especial para cargo o empleo público si el sujeto activo delito del odio es una autoridad o funcionario público[626]. La posibilidad de incluir la inhabilitación especial para

---

621 Como expondré más adelante, considero que deben despenalizarse determinadas conductas. Sin perjuicio de que por la jurisdicción civil se protejan el honor, el derecho a la propia imagen y a la familiar.

622 Decisión del TEDH (Sección 5.ª) Pastörs c. Alemania (Solicitud n.º 55225/14) de 3 de octubre 2019.

623 *Ibidem*.

624 STEDH (Sección 2.ª) Féret c. Bélgica (Solicitud n.º 15615/07) de 16 de julio de 2009.

625 *Ibidem*.

626 Del mismo modo que así se castiga cuando un funcionario público deniegue la prestación de un servicio público en el art. 511. 3. Cp.

cargo o empleo público perseguiría disuadir a quienes tienen un «altavoz» o posición institucional de usar su posición para difundir el *discurso del odio.*

7.6.4. La forma de expresar las palabras y su contenido

En cuanto al contenido del mensaje, para discernir si se trata de hechos o meros juicios de valor «hay que tener en cuenta las circunstancias del caso y el tono general de las palabras[627]». También se debe ponderar si se trata de expresiones que suponen la imputación de la comisión de un delito, o si, por el contrario, se trata de expresiones coloquiales[628]. En el caso de declaraciones de hechos, el TEDH exige la obligación de verificarlos. Cosa que no se puede hacer cuando se trata de juicios de valor, en los que dicha exigencia se reduce a constatar que tienen «base fáctica suficiente[629]», ya que si no la tuviere podría considerarse como excesivo. El contenido del mensaje comprende «*su naturaleza y redacción, su potencial para dar lugar a consecuencias perjudiciales y las razones aportadas por los órganos jurisdiccionales* [...] *para justificar la injerencia de que se trata*[630]». Pero no solo eso sino que también hay que ponderar[631]

> «si las declaraciones se hicieron en un contexto político o social tenso; si las declaraciones, interpretadas y vistas justamente en su contexto inmediato o más amplio, podrían considerarse como un llamado directo o indirecto a la violencia o como una justificación de la violencia, el odio o la intolerancia; la forma en que se hicieron las declaraciones, y su capacidad —directa o indirecta— para conducir a consecuencias perjudiciales. Es la interacción entre los diversos factores y no cualquiera de ellos tomados de forma aislada lo que determina el resultado de un caso en particular».

Para calificar el contenido de un discurso como de odio el TEDH valora si en el mismo además de basarse en la diferencia cultural entre las comunidades afectadas se da una visión criminógena de las mismas. Y si con dicho contenido es inevitable despertar en el público, en especial en el menos informado, sentimientos de desprecio, rechazo e incluso odio hacia los extranje-

627 STEDH (Sección 3.ª) Asunto de Jiménez Losantos c. España (Demanda n.º 53421/10), de 14 de junio de 2016.

628 STEDH (Sección 3.ª) Asunto de Toranzo Gómez c. España (Demanda n.º 26922/14) de 20 de noviembre de 2018.

629 STEDH (Sección 3.ª) Asunto de Gutiérrez Suárez c. España (Demanda n.º 16023/07), de 1 de junio de 2010.

630 STEDH (Sección 3.ª) Stomakhin c. Rusia (Solicitud n.º 52273/07) de 9 mayo 2018.

631 STEDH (Sección 3.ª) Atamanchuk c. Rusia (Solicitud n.º 4493/11) de 11 febrero 2020.

ros[632]. Para el TEDH la incitación al odio no requiere necesariamente llamar a la comisión de un acto concreto de violencia o delincuencial. Es suficiente, que se insulte, ridiculice o difame o incite a la discriminación de manera que se debilite la dignidad e incluso la seguridad de una parte de la población[633]. En palabras del TEDH[634]:

> «Incitar al odio no implica necesariamente un llamado explícito a un acto de violencia u otros actos criminales. Los ataques contra personas cometidas insultando, ridiculizando o calumniando a grupos específicos de la población pueden ser suficientes para que las autoridades favorezcan la lucha contra el discurso xenófobo o discriminatorio frente a la libertad de expresión ejercida de manera irresponsable».

Toda forma de expresión/comunicación es susceptible de llevar ínsito el odio —incluso los calendarios o la poesía—. Cuanto más claro y directo sea el discurso, tanto menos dudosa será su interpretación: *in claris non fit interpretatio*. En otro caso, habrá que atender a los significados de las palabras empleadas.

En cuanto al lenguaje utilizado el TEDH lo considera protegido dentro de la libertad de expresión, pero se refirió a los límites de su protección en el siguiente sentido[635]:

> «[...] el lenguaje ofensivo puede quedar fuera de la protección de la libertad de expresión si equivale a una denigración sin sentido; pero el uso de frases vulgares en sí mismo no es decisivo en la evaluación de una expresión ofensiva, ya que bien puede servir a propósitos meramente estilísticos. [...] el estilo forma parte de la comunicación como forma de expresión y, como tal, está protegido junto con la sustancia de las ideas y la información expresada».

El arte puede usarse para insultar y amenazar en sus múltiples formas: desde la sátira, los libros, las puestas en escena de representaciones teatrales. Cuando se trate de géneros no espontáneos, sino planificados pueden tener más relevancia a la hora de ponderarlos. A mayor organización mayor responsabilidad: en la medida en que exige una previsión de futuro. Se es consciente del mensaje que se quiere transmitir; y se escoge la manera de hacerlo, para llegar al mayor número de personas con mayor calado. En el caso de la poesía el TEDH[636] consideró dentro de los factores a tener en cuenta número de lectores (en el caso concreto consideró que atrae a una minoría, con lo que su impacto sería más limitado).

---

632 STEDH (Sección 2.ª) Féret c. Bélgica (Solicitud n.° 15615/07) de 16 de julio de 2009.

633 *Ibidem*.

634 STEDH (Sección 3.ª) Atamanchuk c. Rusia (Solicitud n.° 4493/11) de 11 febrero 2020.

635 STEDH (Sección 3.ª) Savva Terentyev c. Rusia (Solicitud n.° 10692/09) de 28 de agosto de 2018.

636 STEDH (Gran Sala) Karataş c. Turquía (Solicitud n.° 23168/94) de 8 de julio de 1999.

En definitiva, y para terminar como comenzamos este trabajo, la tipificación de los delitos de odio como límite a la libertad de expresión no debe convertirse en la protección de sentimientos subjetivos de determinados colectivos, por cuanto esto supondría un vaciamiento arbitrario, dejado a la subjetividad, de la libertad de expresión, siendo ésta como es uno de los pilares de la democracia. Solo una adecuada precisión legal y un acotado margen de discrecionalidad jurisdiccional puede dar la necesaria seguridad jurídica y un adecuado entendimiento de la libertad de expresión, sin pervertir su contenido por el dolor, el rencor o el deseo de venganza, pero tampoco permitiendo que se convierta en un «deber de no ofender» poco compatible con el pluralismo como valor superior de nuestro ordenamiento constitucional. Esperemos que este trabajo haya servido como un paso más en ese camino hacia la seguridad jurídica y hacia el respeto del pluralismo y la libertad de expresión que toda sociedad democrática exige.

8

FUENTES DOCUMENTALES Y BIBLIOGRAFÍA

8.1. FUENTES DOCUMENTALES ONLINE

Organización de Naciones Unidas

- https://www.un.org/es/about-us/universal-declaration-of-human-rights
- https://www.ohchr.org/es/about-us/mission-statement
- https://www.ohchr.org/SP/HRBodies/HRC/Pages/Documents.aspx
- https://www.ohchr.org/SP/HRBodies/CERD/Pages/CERDIndex.aspx
- https://www.ohchr.org/SP/ProfessionalInterest/Pages/CERD.aspx
- https://documents.un.org/api/symbol/access?s=A/RES/48/141&l=es
- https://juris.ohchr.org/
- https://tbinternet.ohchr.org/_layouts/15/treatybodyexternal/Download.aspx?symbolno=INT%2FCERD%2FGEC%2F7487&Lang=es
- https://www.ohchr.org/SP/HRBodies/CCPR/Pages/CCPRIndex.aspx
- https://tbinternet.ohchr.org/_layouts/15/treatybodyexternal/Download.aspx?symbolno=CCPR%2FC%2FGC%2F34&Lang=es
- https://www.ohchr.org/Documents/Issues/Opinion/SeminarRabat/Rabat_draft_outcome.pdf
- https://undocs.org/A/HRC/40/58

Corte Internacional de Justicia:

- https://www.icj-cij.org/en
- https://www.un.org/es/icj/

CONSEJO DE EUROPA:

- https://www.coe.int/en/web/portal/home/
- https://www.venice.coe.int/webforms/events/?lang=EN
- https://www.coe.int/en/web/european-commission-against-racism-and-intolerance/
- https://www.venice.coe.int/webforms/documents/?pdf=CDL-PI(2020)008-e

UNIÓN EUROPEA:

- https://europa.eu/european-union/index_es
- https://eur-lex.europa.eu/homepage.html
- https://eur-lex.europa.eu/legal-content/ES/TXT/?uri=celex:12016P/TXT

OSCE:

- https://www.osce.org/es
- https://hatecrime.osce.org/

TRIBUNAL EUROPEO DE DERECHOS HUMANOS:

- https://www.echr.coe.int/Pages/home.aspx?p=home&c=
- https://www.echr.coe.int/Pages/home.aspx?p=caselaw/reports&c=
- https://www.echr.coe.int/Documents/FS_Hate_speech_ENG.pdf

TRIBUNAL CONSTITUCIONAL:

- https://www.tribunalconstitucional.es/es/Paginas/default.aspx

TRIBUNAL SUPREMO:

- http://www.poderjudicial.es/cgpj/es/Poder-Judicial/Tribunal-Supremo/

FISCALÍA GENERAL DEL ESTADO:

- Circular de la FGE n.º 7/1978, de 30 de diciembre, Misiones en relación con los preceptos contenidos en la Constitución[637].
- Circular 7/2019, de 14 de mayo, sobre pautas para interpretar los delitos de odio tipificados en el artículo 510 del Código Penal https://www.boe.es/buscar/doc.php?id=FIS-C-2019-00007

637 *Vide: RCL 1979\613, Thomson Reuters Aranzadi.*

CORTE DEL TRIBUNAL SUPREMO DE ESTADOS UNIDOS:

- https://www.supremecourt.gov

LIBRERÍA DEL CONGRESO DE ESTADOS UNIDOS:

- https://www.loc.gov/

CONGRESO DE ESTADOS UNIDOS:

- https://www.congress.gov/browse
- https://constitution.congress.gov/constitution/amendment-1/

COLUMBIA UNIVERSITY IN THE CITY OF NEW YORK:

- https://globalfreedomofexpression.columbia.edu/

EUROPEAN JUDICIAL NETWORK (RED JUDICIAL EUROPEA, EJN):

- https://www.ejn-crimjust.europa.eu/ejn/EJN_Home.aspx

TRIBUNAL DE JUSTICIA DE LA UNIÓN EUROPEA:

- https://curia.europa.eu/jcms/jcms/j_6/es/
- https://curia.europa.eu/jcms/jcms/P_126035/es/[638]

CONGRESO DE LOS DIPUTADOS:

- http://www.congreso.es/portal/page/portal/Congreso/Congreso
- https://www.boe.es/buscar/act.php?id=BOE-A-1978-31229

OBERAXE:

- https://www.inclusion.gob.es/oberaxe/es/enlaces/index.htm

THOMSON REUTERS ARANZADI:

- Circular de la FGE n.º 7/1978, de 30 de diciembre, Misiones en relación con los preceptos contenidos en la Constitución[639]

8.2. BIBLIOGRAFÍA

ABA CATOIRA, Ana: «El concepto jurisprudencial de límite de los derechos fundamentales». *Anuario da Facultade de Dereito da Universidade da Coruña*, 1998, pp. 13-32.

638 Consultada el 14-12-19 contempla cómo deben de citarse sus resoluciones.

639 *Vide: RCL 1979\613, Thomson Reuters Aranzadi.*

Aguilar García, Miguel Ángel (director) y otros: *Manual práctico para la investigación y enjuiciamiento de delitos de odio y discriminación.* Generalitat de Catalunya, Centre d´Estudis Jurídics i Formació Especialitzada, 2015.

Alcácer Guirao, Rafael: «Libertad de expresión, negación del holocausto y defensa de la democracia. Incongruencias valorativas en la jurisprudencia del TEDH», *Revista Española de Derecho Constitucional* n.º 97, 2013, pp. 309-341.

Alcácer Guirao, Rafael: «Víctimas y disidentes. El "discurso del odio" en EE. UU. y Europa», *Revista Española de Derecho Constitucional*, n.º 103, 2015, pp. 45-86.

Alcácer Guirao, Rafael: «Discurso del odio, protección de minorías y sociedad democrática»", *Revista Crítica y Poder* n.º 18, 2019, pp. 19-27.

Alcácer Guirao, Rafael: *La libertad del odio. Discurso intolerante y protección penal de las minorías*, Marcial Pons, Madrid, 2020.

Alcácer Guirao, Rafael: «Delitos de odio y discurso del odio: clarificaciones conceptuales». Sergio Martín Guardado (coord.) y Ángela Figueruelo Burrieza (dir), *Desinformación, odio y polarización (I)* Aranzadi, S.A.U. 2023, pp. 23-44.

Alastuey Dobón, Carmen: «Consideraciones político-criminales sobre el castigo del discurso de odio». Teijón Alcalá, Marco (dir.): *El odio como motivación criminal.* Wolters Kluwer, 2022, págs. 135-171.

Alastuey Dobón, Carmen: «Discurso del odio y negacionismo en la reforma del Código Penal de 2015». *Revista electrónica de ciencia penal y criminología*, n.º. 18, 2016.

Alastuey Dobón, Carmen: «La reforma de los delitos de provocación al odio y justificación del genocidio en el Proyecto de Ley de 2013: consideraciones críticas». *Diario La Ley*, n.º 8245, 2014.

Alzina Lozano, Álvaro: «El Derecho penal auspiciado por la Unión Europea para frenar los discursos de odio y la discriminación», *IDP Revista de los Estudios de Derecho y Ciencia Política*, n.º 37, marzo 2023.

Andrés Domínguez, Ana Cristina: «Los denominados delitos de odio: análisis dogmático y tratamiento jurisprudencial», *Estudios penales y criminológicos*, vol. XLI, 2021[640].

Arias Castaño, Abel: *Clear and Present Danger test. La Libertad de expresión en los límites de la democracia,* Marcial Pons, Madrid, 2018.

640 https://revistas.usc.gal/index.php/epc/article/view/7599/10893 (consultado el 27-1-2022).

Bages Santacana, Joaquín: *La Protección Penal de los Sentimientos Religiosos*, Tirant lo Blanch, 2019.

Bernal del Castillo, Jesús: «Protección penal de los sentimientos religiosos y delito de escarnio», *Revista General de Derecho Canónico y Derecho Eclesiástico del Estado* n.º 55, 2021.

Bozza, Juan Alberto: «Navegar en la tormenta. El anticomunismo en la historiografía de los Estados Unidos durante la Guerra Fría», *Sociohistórica*, n.º 33, 2014[641].

Briones Martínez, Irene María: *El delito de odio por razón de religión y de creencias, la educación en la religión contra el terrorismo de la palabra y de la violencia*, Thomson Reuters Aranzadi, Cizur Menor (Navarra), 2018.

Cancio Meliá, Manuel: «Principios del Derecho Penal (II)», *Manual de Introducción al Derecho Penal, Agencia Estatal Boletín Oficial Del Estado*, Madrid, 2019[642], pp. 69 a 84.

Comas de Argemir Cendra, Montserrat: «Evolución jurisprudencial en los delitos de provocación al odio y a la discriminación: los límites a la libertad de expresión», *Cuadernos Digitales de Formación,* Consejo General del Poder Judicial, n.º 32, 2015.

Correcher Mira, Jorge: «La banalización del discurso del odio: una expansión de los colectivos ¿vulnerables?», *InDret* n.º 2, 2021, pp. 86-149[643].

Cuenca García, María José: «Ámbito de aplicación de la nueva circunstancia agravante de discriminación por razón de género (art. 22.4 cp): análisis doctrinal y jurisprudencial», *La investigación en Derecho con perspectiva de género, Dykinson,* 2020, pp. 329-351.

Díaz López, Juan Alberto: *Informe de delimitación conceptual en materia de delitos de odio*. Secretaría General de Inmigración y Emigración, Observatorio Español del Racismo y la Xenofobia, 2020[644].

de la Rosa Cortina, José Miguel: «Libertad de expresión y Derecho penal:

641 https://www.sociohistorica.fahce.unlp.edu.ar/article/view/SH2014n33a01/pdf_8 (consultado el 17-1-20).

642 https://www.boe.es/biblioteca_juridica/abrir_pdf.php?id=PUB-DP-2019-110 (consultado el 10-2-2022).

643 https://indret.com/la-banalizacion-del-discurso-del-odio-una-expansion-de-los-colectivos-vulnerables/ (consultado el 23-1-2022).

644 https://www.inclusion.gob.es/oberaxe/ficheros/documentos/InformeConceptualDelitosOdio.pdf
https://www.inclusion.gob.es/oberaxe/ficheros/documentos/Informe_Delitos_Odio_Final.pdf (consultados el 6-4-2022)

zonas de conflicto». *Revista del Poder Judicial*, Consejo General del Poder Judicial (Madrid) n.º 85, 2007.

de Pablo serrano, Alejandro: *Honor, injurias y calumnias, los delitos contra el honor en el derecho histórico y en el derecho vigente español*, Tirant lo Blanch, 2018.

Dolz Lago, Manuel-Jesús: «Oído a los delitos de odio (Algunas cuestiones claves sobre de la reforma del art. 510 CP por LO 1/2015)», *Editorial LA LEY, Diario La Ley*, n.º 8712, 2016.

Elósegui Itxaso, María: «La negación o justificación del genocidio como delito en el Derecho Europeo. Una propuesta a la luz de la Recomendación número 15 de la ECRI», *Revista de Derecho Político*, n.º 98, 2017, pp. 251-334[645].

García Roca, Javier, **Alberti**, Enoch y otros: *Treinta años de Constitución*, Tirant Lo Blanch, 2010.

García Roca, Javier y **Santolaya**, Pablo (coordinadores): *La Europa de los Derechos. El Convenio Europeo de Derechos Humanos*, Centro de Estudios Políticos y Constitucionales, Madrid, 2014.

Gascón Marcén, Ana: «4. Los códigos de conducta: discurso de odio y desinformación», en *Desafíos jurídicos ante la integración digital aspectos europeos e internacionales*, Thomson Reuters Aranzadi, 2021, p.RB-4.6

Gómez Martín, Víctor: «Los delitos de odio y discriminación en el código penal español. Nuevo escenario tras la reforma de 2015». Ponencia organizada dentro de la *Actividad formativa: Unión Progresista de Fiscales. Delitos de odio* organizada por el *CEJ*, Madrid, 20-21 de noviembre de 2018.

Hernández Royo, Alejandro: «El delito de incitación al odio del artículo 510 CP: cuando la vieja excepcionalidad deviene en nueva normalidad» *Editorial LA LEY, Diario La Ley Penal, Sección Estudios*, n.º 145, Julio-Agosto 2020.

Landa Gorostiza, Jon-Mirena: *Los delitos de odio (Artículos 510 y 22.4 CP 1995)*. Tirant lo Blanch, 2018.

Landa Gorostiza, Jon-Mirena: «El discurso de odio criminalizado: propuesta interpretativa del artículo 510 CP.» Landa Gorostiza, Jon-Mirena (dir.), Garro Carrera, E (dir.): Delitos de *odio: Derecho comparado y regulación española*. Tirant lo Blanch, 2018, pp. 221-260.

645 https://zaguan.unizar.es/record/63415/files/texto_completo.pdf (consultado el 23-1-2021).

Landa Gorostiza, Jon-Mirena: «Delitos de odio y estándares internacionales: una visión crítica a contra corriente». *Revista Electrónica de Ciencia Penal y Criminología,* n.º 22-19, 2020, pp. 1-34[646].

Landa Gorostiza, Jon-Mirena: «El delito de incitación al odio (artículo 510 CP): *Quo Vadis». Azafea: Revista De Filosofía*, n.º 23, 2021, pp. 57–81[647].

Landete Casas, José: «La reforma de los delitos contra la libertad religiosa», pp. 357 a 384. Dentro de la obra colectiva León Alapont, José (dir.): *Temas clave de derecho penal presente y futuro de la política criminal en España*, J.M. Bosch, 2021.

Laurenzo Copello, Patricia: «La discriminación en el Código Penal de 1995». *Estudios Penales y Criminológicos*, Servizo de Publicacións da Universidade de Santiago de Compostela n.º 19, 1996, pp. 221-288[648].

Laurenzo Copello, Patricia y **Daunis Rodríguez**, Alberto: *Odio, Prejuicios y Derechos humanos.* Comaress, Granada, 2021.

López Calvo, José: «Libertad de expresión e información y privacidad en Internet. Los "guardianes de acceso a internet». A propósito de la Carta de Derechos Digitales", *Editorial Sepin* n.º. 44, 2022

López Castillo, Antonio (coordinador) y otros: *La Carta de Derechos Fundamentales de la Unión Europea. Diez años de Jurisprudencia*. Tirant Lo Blanch, 2019[649].

Martín Herrera, David: *Extreme speech y libertad de expresión: análisis de la jurisprudencia constitucional de la Corte Suprema estadounidense*, Dykinson, Madrid, 2018.

Monterde Ferrer, Francisco: «Delito de odio. ¿existe?», *Diario La Ley*, n.º 9951, 2021.

Muñoz Conde, Francisco, **García Arán**, Mercedes, y **García Álvarez**, Pastora: *Derecho penal: parte general,* Tirant lo Blanch, Valencia, 2019.

Muñoz Conde, Francisco: *Derecho Penal Parte Especial*, Tirant lo Blanch, 2022.

646 http://criminet.ugr.es/recpc/22/recpc22-19.pdf

647 https://doi.org/10.14201/azafea2021235781

648 https://minerva.usc.es/xmlui/handle/10347/4131 (consultado el 7-11-2020), ISBN 84-8121-523-6. Se puede consultar en la http://hdl.handle.net/10347/4131 (consultado el 7-11-2020).

649 Autores: Mariano García Pechuán, Abraham Barrero Ortega, María Luz Martínez Alarcón, Leire Escajedo San Epifanio, Miguel Azpitarte Sánchez, Ágata M.ª Sanz Hermida TOL7.671.842.

O'Regan, Catherine: «Hate speech online: an (intractable) contemporary challenge?», *Current Legal Problems*, 2018, pp. 1-27.

Presno Linera, Miguel Ángel: «La libertad de expresión del disidente y su articulación jurisprudencial en Estados Unidos y en Europa». *Teoría y derecho: revista de pensamiento jurídico*, n.° 32, 2022, págs. 16-43.

Presno Linera, Miguel Ángel: «El tipo de lenguaje y el contexto de las expresiones emitidas en las redes sociales» *OTROSÍ.: Revista del Colegio de Abogados de Madrid*, n.°. 10, 2021, págs. 26-27.

Presno Linera, Miguel Ángel: «La libertad de expresión en internet y las redes sociales: análisis jurisprudencial». *Revista catalana de dret públic*, n.°. 61, 2020 (Ejemplar dedicado a: La llibertat d'expressió a l'era digital), págs. 65-82.

Presno Linera, Miguel Ángel: «La libertad de expresión según el Tribunal Europeo de Derechos Humanos» *Revista de la Facultad de Derecho de México*, Vol. 70, n.° 276, 2020, págs. 461-492.

Presno Linera, Miguel Ángel: «Del odio como discurso al odio como delito, pasando por el discurso del odio». *Estudios de casos líderes europeos y nacionales. Vol. XIV. La libertad de expresión en el siglo XXI: Cuestiones actuales y problemáticas* / coord. por Vázquez Alonso, Víctor Javier; Efrén Ríos Vega, Luis (dir.), Spigno, Irene (dir.) Tirant lo Blanch, 2021, pp. 323-354.

Presno Linera, Miguel Ángel: "El discurso del odio contra las minorías sexuales: respuestas penales y administrativas". *La protección de los derechos fundamentales de las personas LGTBI*. Matia Portilla, Francisco Javier (dir.), Elvira Perales, Ascensión (dir.) y, Arroyo Gil, Antonio (dir.), Tirant lo Blanch, Ministerio de Economía, Industria y Competitividad, Universidad de Valladolid, e Instituto de Estudios Europeos, 2019, págs. 279-312.

Presno Linera, Miguel Ángel y **Teruel Lozano**, Germán M.: «La libertad de expresión en América y Europa». *Juruá Editora*, 2017.

Rey Martínez, Fernando: «Discurso del odio y racismo líquido». **Revenga Sánchez**, Miguel (dir.): *Libertad de expresión y discursos del odio*. Editorial Universidad de Alcalá, 2015, pp. 51-88.

Rey Martínez, Fernando: *Derecho Antidiscriminatorio*. Thomson Reuters Aranzadi, Cizur Menor (Navarra), 2019.

Rodríguez Lainz, José Luis: «Los delitos contra los sentimientos religiosos», *Diario La Ley, Wolters Kluwer*, n.° 8985, Sección Doctrina, 23 de Mayo de 2017.

Roig Torres, Margarita: «El enaltecimiento de los delitos previstos en el art. 510 CP a la luz de la última jurisprudencia constitucional», *Estudios penales y criminológicos*, vol. XLI, 2021[650].

Sánchez Melgar, Julián: «Discursos discriminatorios (Art. 510). Apología y negación del genocidio. Enaltecimiento del terrorismo y humillación de las víctimas», *Revista del Ministerio Fiscal*, Fiscalía General del Estado, Madrid, n.° 7, 2019, pp. 112 a 131.

Sánchez Melgar, Julián: «La agravante de género, fundamento y requisitos: repaso jurisprudencial», *Derecho penal, Tirant lo Blanch*, 2021, pp. 599 a 622.

Sanjurjo Rivo, Vicente A: «¿Es el discurso religioso odioso por razones de género, orientación e identidad sexual un discurso de odio?», *UNED. Revista de Derecho Político,* n.° 112, septiembre-diciembre 2021, pp. 175-214.

Serrano Maíllo, Isabel: «El derecho a la libertad de expresión en la jurisprudencia del Tribunal Europeo de Derechos Humanos: dos casos españoles», *UNED. Teoría y Realidad Constitucional,* n.° 28, 2011, pp. 579-596.

Simón Castellano, Pere: «La construcción jurisprudencial de la agravante de género: notas a la STS de 14 de septiembre de 2020», *Diario La Ley, Wolters Kluwer, Sección Tribuna,* n.° 9728, 4 de Noviembre de 2020.

Stuart Mill, John: *Sobre la libertad,* Alianza Editorial, Madrid, 1994.

Tapia Ballesteros, Patricia: «El discurso de odio del art. 510.1.a) del Código Penal español: la ideología como un caballo de Troya entre las circunstancias sospechosas de discriminación», en *Entre la libertad de expresión y el delito [Cuestiones de la parte especial de los delitos de opinión]*, Aranzadi, 2021.

Teruel Lozano, Germán M: *La lucha del Derecho contra el negacionismo: una peligrosa frontera,* Centro de Estudios Políticos y Constitucionales, Madrid, 2015.

Teruel Lozano, Germán M: «La jurisprudencia del Tribunal Constitucional ante los delitos de opinión: límites a la libertad de expresión en el ordenamiento constitucional español». *Revista Española de Derecho Constitucional*, n.° 114, 2018, pp. 13-45[651].

Teruel Lozano, Germán M: «La jurisprudencia del Tribunal Constitucional ante los delitos de opinión que castigan discursos extremos comentario a la STC 35/2020 y más allá». *Teoría y Realidad Constitucional*, n.° 47, 2021, pp. 411-436.

650 https://revistas.usc.gal/index.php/epc/article/view/6998/10658 (consultado el 27-1-2022).

651 https://doi.org/10.18042/cepc/redc114.01

Urías Martínez, Joaquín: «Insultos en el Tribunal Constitucional (sobre un requisito para el ejercicio de las libertades de expresión e información)», *Revista Española de Derecho Constitucional* n.° 121, 2021, pp. 271-301[652].

Valero Heredia, Ana: «Los discursos del odio. Un estudio jurisprudencial», *Revista Española de Derecho Constitucional,* n.° 110, 2017, pp. 305-333.

Valiente Martínez, Francisco: *La democracia y el discurso del odio: límites constitucionales a la libertad de expresión.* Dykinson, S.L, Madrid, 2020.

Vázquez Alonso, Víctor Javier: «La censura "privada" de las grandes corporaciones digitales y el nuevo sistema de la libertad de expresión». *Teoría y derecho: revista de pensamiento jurídico*, n.°. 32, 2022, págs. 108-129.

Vázquez Alonso, Víctor Javier: «Hasél II o La persecución penal de la inquina (a propósito de un texto de Jacobo Dopico)». *Eunomía: Revista en Cultura de la Legalidad*, n.°. 21, 2021, págs. 392-398.

Vázquez Alonso, Víctor Javier: «Artistas abyectos y discurso del odio». Alonso Sanz, Lucía (dir.), Vázquez Alonso, Víctor Javier (dir.): *Sobre la libertad de expresión y el discurso del odio.* Athenaica Ediciones Universitarias, 2017, págs. 221-240.

VV. AA.: «Encuesta sobre la libertad de expresión», *Teoría y Realidad Constitucional*, n.°. 44, 2019, pp. 15-73.

VV. AA.: «Los Principios de Camden Sobre La Libertad de Expresión y la Igualdad», *Article 19,* Londres, 2009[653].

Waldron, Jeremy: *The harm in hate speech.* Harvard University Press, 2014.

Circular de la FGE n.° 7/1978, de 30 de diciembre, Misiones en relación con los preceptos contenidos en la Constitución RCL 1979\613, Thomson Reuters Aranzadi.

652 https://doi.org/10.18042/cepc/redc.121.09 (consultado el 25-11-2021).

653 https://www.article19.org/wp-content/uploads/2009/04/Camden-Principles-SPANISH-web.pdf (consultado el 10-5-2020).

COLECCIÓN
DERECHO PREMIUM

COLEX

TÍTULOS PUBLICADOS

COLECCIÓN DERECHO PREMIUM

—Clásicos—

I Fundamentos del Derecho procesal

COLECCIÓN DERECHO PREMIUM

1 Líneas jurisprudenciales e instrumentos internacionales claves para el análisis del odio como límite a la libertad de expresión

Made in the USA
Monee, IL
08 November 2026

67812142R00195